IM AUFTRAG
DES VORSTANDS DES KLEIST-GEDENK- UND
FORSCHUNGSSTÄTTE e.V.
HERAUSGEGEBEN VON WOLFGANG BARTHEL
UND HANS-JOCHEN MARQUARDT

D1718841

Wieland Förster (geb. 1930)
Begegnung mit Kleist.
Zeichnung, 1977

BEITRÄGE ZUR KLEIST~ FORSCHUNG

KLEIST-MUSEUM
FRANKFURT (ODER)
2000

Die Herausgeber danken dem Bundesministerium des Innern,
dem Ministerium für Wissenschaft, Forschung und Kultur des Landes Brandenburg
und
der Stadtverwaltung Frankfurt (Oder) für Unterstützung

ISBN 3-9806758-7-4

ISSN 0232-7112
© 2000 Kleist-Gedenk- und Forschungsstätte e.V.
Herausgegeben von Wolfgang Barthel und Hans-Jochen Marquardt
Reihengestaltung: Wolfgang Schulz, Berlin
Fotos: Winfried Mausolf, Frankfurt (Oder); Deutsches Theatermuseum, München;
Münchener Stadtmuseum; Kleist-Museum, Frankfurt (Oder)
Gesamtherstellung: Gulde-Druck, Tübingen

INHALTSVERZEICHNIS

7

Jens Reich

WO FIND' ICH ES, DIES FRANKFURT?
Rede, gehalten am 21. Juli 2000 zur Eröffnung
der 10. Kleist-Festtage in Frankfurt an der Oder

Frage. Sprich, Kind, wer bist du?
Antwort. Ich bin ein Deutscher.
Frage. Ein Deutscher? Du scherzest. Du bist in Meißen geboren,
und das Land, dem Meißen angehört, heißt Sachsen!
Antwort. Ich bin in Meißen geboren und das Land, dem Meißen angehört, heißt Sachsen; aber mein Vaterland, das Land, dem Sachsen
angehört, ist Deutschland, und dein Sohn, mein Vater, ist ein Deutscher.
Frage. Du träumst! Ich kenne kein Land, dem Sachsen angehört, es
müßte denn das rheinische Bundesland sein. Wo find' ich es, dies
Deutschland, von dem du sprichst, und wo liegt es?

Dies ist der Zusammenhang, aus dem das Motto der Festspiele, die
heute beginnen, herausgeschnitten wurde. Ein Dialog zwischen
Vater und Sohn, der die merkwürdige Überschrift *Katechismus der
Deutschen – abgefasst nach dem Spanischen, zum Gebrauch für
Kinder und Alte* trägt. Die Frage nach Deutschland klingt harmlos,
und das Kind antwortet auch zunächst geographisch, daß Deutschland „auf der Karte" zu finden sei. Aber schnell wird klar, auf was
die Andeutung „nach dem Spanischen" in der Überschrift anspielt:
Spanien ist das letzte Land in Europa, das energischen Widerstand
gegen Napoleon leistet. Kleist geht es nicht um das geographische
Deutschland. Es geht ihm um das politische Deutschland. Es geht
um das zerrissene. Es geht auch um Sachsen und das rheinische
Bundesland. Es geht auch uns an. Kleist schreibt 1809; aber die Einleitung in den Dialog könnte auch von heute sein. Dennoch sind ein
paar Worte nötig über die Umstände, in denen Kleist in Prag diesen Katechismus verfaßte.

Es ist die Zeit des unbesiegbaren Kaisers Napoleon. Er hatte seit
1803 das Heilige Römische Reich Deutscher Nation zielbewußt

aufgelöst und den Kaiser Franz II. zur Abdankung und zum Rückzug nach Österreich gezwungen. Traurig genug ist die Mithilfe Bayerns, Württembergs, Badens, Hessen-Darmstadts und Hessen-Nassaus, die im Rheinbund ebenso wie zunächst Preußen sich an zahlreichen enteigneten Ländereien sättigten und mit dem französischen Kaiser gegen den deutschen paktierten. Österreich, allein gelassen, wurde natürlich besiegt und verlor seinen Bündnispartner Rußland. Bayern und Württemberg erklärten sich zu Königreichen und traten dem Rheinbund Napoleons bei. Man höre und staune: Bayern und Württemberg traten offiziell aus dem Deutschen Reich aus! Nebenbei gesagt – da kann man sehen, wozu diese Südländer fähig sind! Was uns blühen kann, wenn wir ihnen nicht bald im Länderfinanzausgleich entgegenkommen! Aber auch Sachsen benahm sich nicht patriotischer. Es schloß sich den Franzosen an und trat dem Rheinbund nahe. Preußen selbst hatte nicht lange Freude an seinen Gebietsgewinnen; es wurde 1806 von Napoleon bei Jena und Auerstädt besiegt und französisch besetzt, dann im Tilsiter Frieden gedemütigt und halbiert.

Heinrich von Kleist litt schwer unter all dem. Er engagierte sich in der politischen Opposition gegen die Franzosen und wurde von ihnen verhaftet und 1807 für ein halbes Jahr in Frankreich gefangengesetzt. Als er zurückkehrte, verließ er Preußen und ging nach Dresden. 1809 nun raffte sich der österreichische Erzherzog Karl auf, also nicht der Kaiser. Er veröffentlichte einen patriotischen Aufruf an alle deutschen Länder und rief zum Aufstand gegen Napoleon. Zusammen mit der Kunde vom heldenhaften Aufstand der Spanier faßte Kleist den Entschluß, sich nach Prag zu begeben, um Österreich zu unterstützen, um etwas zu tun und nicht untätig zuzusehen, wie der verhaßte Korse die Herrschaft über ganz Deutschland festschrieb. Er wollte eine Zeitschrift, *Germania*, gründen. Der eingangs zitierte Katechismus war gedacht als einer der Artikel in der ersten Ausgabe, als eine Art patriotisches Lehrstück für deutsche Kinder. Das Ganze wurde kein Erfolg. Es kam nicht zu der Zeitschriftengründung.

Auch Erzherzog Karl scheiterte. Die Unterstützung für ihn war jämmerlich. Wenige Truppen unter dem Herzog von Braunschweig versuchten, ihm zu helfen, ein Detachement, ein Trupp unter dem

Hessen von Dörnberg, eine andere Freiwilligengruppe unter dem preußischen Major Schill – das war alles. Schill glaubte als echter Preuße zu handeln, aber er tat das gegen den ausdrücklichen Willen des preußischen Hofs, der sich lieber diplomatisch zurückhalten wollte. Die Tiroler erhoben sich als einzige Region, die wirklich Widerstand leistete, unter Führung von Andreas Hofer, und sie schlugen die Bayern zweimal energisch aufs Haupt. Jedes Mal mußten französische Truppen zu Hilfe eilen und den Aufstand unterdrücken. Aber aller Widerstand war zu schwach, Österreich wurde in der Schlacht besiegt, Hofer gefangen genommen und getötet, während Schill durch Preußen bis nach Stralsund getrieben wurde, wo er im Straßenkampf gegen Holländer und Dänen, die Napoleon rekrutiert hatte, fiel. Die Schande war vollendet. Wahrhaftig ein schmähliches Bild, das die Deutschen 1809 abgaben, und Kleist litt furchtbar darunter. Seine Selbsttötung zwei Jahre später war neben den persönlichen Depressionen durch diese politischen Enttäuschungen motiviert. Die Befreiungskriege sollte er nicht mehr miterleben.

Das also ist der traurige Hintergrund für Kleists Frage „Wo find' ich es, dies Deutschland?"

Wie ganz anders ist die Situation heute, da wir uns der Frage erinnern! Kein Krieg in Deutschland, keine politische Spaltung, keine Besatzungsmacht, kein Nachbarland ringsum ist mit uns verfeindet. Das Land gehört zu den reichsten der Welt, die Wirtschaft blüht (jedenfalls behaupten das die Wirtschaftsfachleute), der Reichstag wird mit Glas kuppelgekrönt, ein pompöses Kanzleramt entsteht, das Loch mitten in der Hauptstadt füllt sich mit Glamour und Wolkenkratzern – was soll also die bange Frage?

Ja, und trotzdem: Deutschland zehn Jahre nach der Vereinigung – ein reiches Land, aber verbreitet verdrossene Stimmung. Ich bin Ostdeutscher wie Kleist, und was sehe ich, wenn ich durch die Städte der DDR fahre, der DDR, der ich vier lange Jahrzehnte zugehörte: Chemnitz, Halle, Nordhausen, Wittenberge – überall das gleiche Bild. Auf den Hauptstraßen stehen die neuen Glaspaläste, aber wehe, wenn einen eine Umleitung in die Seitenstraßen zwingt: Dann ist man in der untergegangenen DDR.

Wirtschaftsboom und sinkende Arbeitslosigkeit im Westen, und der Osten bleibt abgekoppelt. Kein selbsttragender Aufschwung – heißt es so schön. Eine Million Menschen haben das Ostland seit 1990 verlassen, so lese ich und denke: Das sind ja Größenordnungen wie vor dem Mauerbau. Unser Ruf in der überregionalen Presse ist schlecht; von lethargischer Depression und brutaler Gewalt wird berichtet, bis hin auf den Titelseiten von *New York Times* und *Washington Post*. Ich muß nicht nach Frankfurt kommen, um Ihnen das nachzuerzählen. Sie erleben all das selbst. In meiner Tageszeitung habe ich dieser Tage zwei Berichte über Frankfurt an der Oder gelesen, die einen trübsinnig stimmen konnten: über die Schließung des Theaters und über gewalttätige Attacken auf ausländische Studenten und Informatikspezialisten in dieser Stadt. Ich habe mir dieser Tage die Lektüre von *Leben wie bei Kohl, Arbeiten wie bei Honecker* angetan. Auch die zwei literarischen Hauptwerke von Luise Endlich gehörten zu meiner Vorbereitungslektüre auf diesen Vortrag. *NeuLand* und *OstWind* – in koketter Rechtschreibung: eine schlampig geschriebene, aber wohl zutreffende Reportage über das verklemmte Verhältnis zwischen Ost und West aus der Sicht einer beleidigten Zugereisten.

Wo find' ich es, dies Frankfurt? – so könnte ich melancholisch Kleists Frage variieren.

Das will ich nicht tun. Sie sehen, daß ich keinen Zeigestock halte. Ich bin nicht hier, um besserwisserische Gardinenpredigten zu halten. Ich finde übrigens, daß die Wehleidigkeit nicht mehr der tatsächlichen Lage entspricht. Wir sitzen nicht aussichtslos im Keller. Wir können einiges unternehmen. Wir müssen allerdings die Tatsachen ungeschminkt zur Kenntnis nehmen. Und grade weil ich das Fest, das heute beginnt, für einen Teil der richtigen Therapie halte, will ich meine Diagnose beitragen.

Ich will nicht die verwaltungsbürokratischen und wirtschaftlichen Probleme beschreiben, mit denen die Region um Frankfurt zu kämpfen hat. Ich muß auch nicht über die Mentalitätskonflikte sinnieren, die Schriften wie die von Luise Endlich offenkundig machen. Ich halte es für wichtiger, sich über die historischen Ursachen der östlichen Verstopfung klar zu werden. Und aus dieser Vorgeschichte folgt, daß es nicht an besonderen Defekten der hiesigen Bevölkerung liegt, wenn bei uns die Bürgergesellschaft noch schwach ist. Mit Bürgergesellschaft meine ich alle diejenigen, die sich in die öffentlichen Angelegenheiten ihres Heimatorts einmischen, die den öffentlichen Raum erfüllen, die neben ihrem persönlichen Wohlergehen auch noch das ihres Gemeinwesens als Ziel haben.

Kein Gemeinwesen kann funktionieren, in dem nicht eine engagierte Schicht den öffentlichen Raum besetzt und Mühe und Freizeit für das Gemeinsame einsetzt. Das gilt für alle blühenden Kommunen der Geschichte. Keine der berühmten mittelalterlichen Städte in Deutschland, in Italien, in Frankreich hätte die Jahrhunderte überdauern, Überfälle abwehren, Stadtmauern befestigen, Marktplätze und Rathäuser errichten und nach Feuersbrünsten wieder aufbauen und vor allem herrliche Kathedralen über viele Generationen hin stetig bauen können, wenn es in ihnen nicht das Bewußtsein der gemeinsamen Arbeit im öffentlichen Raum gegeben hätte. Keine Hansestadt (Frankfurt an der Oder war übrigens auch eine) hätte ihren Standort halten können ohne einen solchen Überbau aus Bürgerschaft, aus alteingesessenen Familien! In unserer Gegend gab es diese von ihren Bürgern verteidigten und ausgebauten Städte. Die vorbürgerliche Stadtkultur ist in unserer Gegend durch den dreißigjährigen Krieg weitgehend vernichtet worden. Und erst am Ausgang des 19. Jahrhunderts finden wir in unseren Regionen wieder solche lebendigen Stadtkulturen. Man sieht die Zeichen, wenn man in alten Zeitungen blättert. Da gab es ein weithin sichtbares Netzwerk von – ja, wie soll man sie nennen: Honoratioren? Oder das abgegriffene Wort: Eliten? Oder einfach: Es gab die Bürger, die sich mit ihrem Ort identifizierten. Bürgermeister, Landrat, mittelständischer Unternehmer, Handwerksmeister, Rechtsanwalt, Arzt, Pastor, Schuldirektor, Theaterintendant, Museumskustos, Post- und Eisenbahnbeamte, Frauen, die sich in der Kirchengemeinde und im Wohltätigkeitsverein engagierten. Auf dem Lande gab es die Adelsfamilien. Es gab die Leute, ohne die ein Ort nie ein Gesicht erhalten hätte, keinen Anger bekommen, keine Kirche, keine Schule, kein Krankenhaus, kein Theater, keinen Bahnhof hätte, nichts dergleichen. Das Gefährlichste für ein Gemeinwesen ist, wenn die anständigen Leute die Fensterläden herunterlassen und den öffentlichen Raum sich selbst überlassen.

Dann gibt es keine Kultur, der öffentliche Raum wäre leer und würde in Langeweile, Unordnung, Gewalt und Gesetzesübertretung versinken.

Ich will nun die bürgerliche Lebenswelt des ausgehenden 19.Jahrhunderts nicht glorifizieren. Sie hat Armut und Elend in den Randlagen nicht beseitigen können. Sie hat den öffentlichen Raum zur reinen Männerveranstaltung gemacht. Sie hat den Militarismus gepflegt. Sie war korrumpierbar durch den Nationalismus, der die Weltkriege vorbereiten half. Gleichwohl sind es die Überreste dieser Kultur, die noch heute das Gesicht vieler ostdeutscher Städte bestimmen, dort, wo sie noch ein Gesicht haben, wo sich an vergangene Kultur noch anknüpfen läßt.

Eine Stadt wie Frankfurt an der Oder wurde im zweiten Weltkrieg durch Bomben und Bodenkämpfe fast total zerstört. Die bürgerliche Schicht wanderte fort oder wurde verjagt, Tausende von anderen Vertriebenen kamen hinzu, die nicht in der Tradition des Ortes verwurzelt waren, die nur ein Notobdach suchten. Dann folgte die systematische Beseitigung alles Bürgerlichen in der frühen DDR-Zeit. „Bürgerliche Überreste" waren verpönt. Ich bin in Halberstadt aufgewachsen und habe den Untergang und Weggang all der alten Familien, der Kultur- und Funktionsträger miterlebt. Nur Restbestände bürgerlichen Lebens blieben erhalten, in den Kirchgemeinden etwa. Oder in Städten, deren kulturelle Tradition nicht völlig abgebaut werden durfte, so wie in Dresden mit seinen Galerien, Hochschulen und Museen. Hier überlebte noch Stadttradition, allerdings in verdrossener Defensive. Für die Machthaber war es bequem, die bürgerliche Gesellschaft als überlebte Ausbeutergesellschaft mit verlogenem Kulturüberbau zu diffamieren und alles zu unternehmen, um ihre Stabilisierung und Neuformierung zu unterbinden. Es war allerdings weit schwieriger, die zerstörte Bindekraft ebendieser bürgerlichen Kultur für das Gemeinwesen zu ersetzen.

Zur DDR-Zeit wurde man sich bald der drohenden Leere der Kommunen bewußt und bemühte sich um die Installierung einer kulturtragenden Schicht. Es gelang aber nicht, jedenfalls nicht zufriedenstellend. Die bürgerliche Kultur war, wie gesagt, lange Zeit verfemt. Die Arbeiterklasse, die im 19.Jahrhundert eine Kultur als

Opposition, als Widerstand, als Selbstbehauptung entwickelt hatte, war als kultureller Hegemon nicht geeignet. Die Arbeiterkultur schmolz dahin, als man den Arbeitern erzählte, sie seien die Herrscher, und sie mit ideologischem Weihrauch umnebelte, aber die Spaltung der Arbeiterklasse in Privilegierte und Unterprivilegierte nicht verhindern konnte oder wollte. Da gab es die neue Arbeiteraristokratie, gewisse Handwerke und Berufe, die über Produkte mit hohem Tauschwert verfügten. Massenhaft wurde das Volkseigentum für Häuser und Datschen zusammengeklaut. Die andere Arbeiterklasse war die ohne Tauschwert: im Braunkohlekraftwerk etwa, verantwortlich für den Strom aus der Steckdose, aber ohne die Möglichkeit, am Tauschmarkt teilzunehmen. Die Wertkultur drehte sich um. Wer den Auspufftopf für den Trabanten besorgen konnte, hatte ein höheres Sozialprestige als derjenige, der das Trinkwasser für eine ganze Stadt sauber halten konnte.

Im Ergebnis stellte sich nach einigen Jahrzehnten heraus, daß die herrschende DDR-Klasse nicht in der Lage war, eine Stadtkultur aufzubauen – dafür war die politische Struktur zu zentralistisch und war regionale Identität eher machtgefährdend als erwünscht. Der Bürgersinn ging in die innere Emigration. Ich halte mein Haus in Ordnung, so war die Devise, im öffentlichen Raum soll Honecker sehen, wie er zurecht kommt. Ich habe in Halberstadt von keinem Parteisekretär oder Kreisratsvorsitzenden gehört, der aus der Gegend gewesen und lange am Ort gewirkt hätte. Ein Kommunalmandat war Durchgangsstation in der Kaderlaufbahn. Lokalpatriotische Verwurzelung war gar nicht erwünscht, weil sie die Durchsetzung der zentralen Beschlüsse hätte stören können. Was vom alten Halberstadt übrig war, das verfiel und wurde in den 8oer Jahren mit Bulldozern bekämpft – hier kam der Zusammenbruch der DDR gerade noch rechtzeitig, um einen völligen Kahlschlag der Stadtstrukturen zu verhindern.

Frankfurt ist bei diesen Prozessen besonders benachteiligt gewesen. Die größte Stadt der alten Mark Brandenburg (außer Berlin), Hauptstadt eines preußischen Regierungsbezirks, zu dem neben Cottbus, Finsterwalde, Senftenberg und Forst auch solche Orte mit fast vergessenen Namen wie Arnswalde, Sorau, Friedeberg in der Netze und Königsberg in der Netze, Landsberg an der Warthe, Züllichau und Schwiebus gehörten, diese Stadt fand sich unversehens mit dem Rücken an einer Grenze anstatt in der Mitte einer Region. Vom alten Hinterland war sie zunächst ganz abgeschnitten, und später war sie nur Durchgangsstation für Ostblockverkehr. Stalin in seiner Weisheit hielt es für geraten, seine Erfahrungen als Spezialist für ethnische Säuberungen im eigenen Lande auch ins Ausland zu exportieren und Millionen Ostpolen und Millionen Ostdeutsche zu vertreiben und die vertriebenen Polen rechts der Oder anzupflanzen. Die dadurch kastrierte Stadt Frankfurt war völlig zerstört und mit Umgesiedelten überfüllt. Sie wurde Verwaltungshauptstadt eines Bezirks, der sich wie ein Wurm um Berlin herumwand, mit Gebieten, die nie zu ihr gehört hatten und deshalb schlecht angebunden waren. Bernau etwa lag wenige Kilometer vor den Toren Berlins und war Umland der Hauptstadt der DDR, und alle Menschen-, Waren- und Verkehrsströme waren darauf ausgerichtet – aber die Bezirksverwaltung war irgendwo im fernen Frankfurt. Es wurden Behörden und Bürokratien eingerichtet, die keine Beziehung zur Tradition der Stadt hatten (Parteiapparat, Armee, Staatssicherheit). Die Stadt wurde Grenzort an der Karawanenstraße in den europäischen Osten, ohne so etwas wie eine Karawanserei zu werden, also ein Zentrum, in dem die Handelsströme Halt machen – nein, sie erlebte nur die Grenzkontrollen, und jeder Kontrollierte verließ so schnell wie möglich die ungastliche Gegend. Die DDR-Regierung bemühte sich, der Stadt durch den Bau der Elektronikindustrie Halt zu geben. Das gelang zwar, brachte allerdings weitere massenhafte Zuwanderung von Menschen aus anderen Lokaltraditionen und mit ihnen die DDR-eigenen Probleme der Ansiedlung, Wohnungsnot, Versorgungsmängel, sich fremd fühlende Neubürger. Nicht zufällig äfft Luise Endlich die Hälfte aller Bewohner, die sie trifft, in sächsischem Tonfall nach. Und 1990 schließlich, mit dem Untergang der DDR, verlor die Stadt die Bezirksverwaltungsfunktion. Armee und Stasi wurden zugemacht, die Halbleiterindustrie beendet, und all das hinterließ Tausende Frustrierter und Abgewickelter, die in solchen Neubauvierteln wohnten wie dem mit dem halb slawischen Namen Neu-Beresinchen, das heißt Neu-Birkenau. Die Stadt wurde zu einer Art Vorort von Berlin, ohne wirklich von der Hauptstadt zu profitieren. Der Obrigkeitshammer hing jetzt in Potsdam, ganz hinten, jenseits von Berlin. Der Verkehrsstrom von und nach Osten schwoll an und wurde draußen vor den Stadtgrenzen zum Dauerstau. Das Theater, das ohnehin außerhalb lag, weil sein Vorgänger im Stadtinneren vom Krieg vernichtet worden war, konnte sich nicht halten. Die alte Universität Viadrina, einst der Stolz der Stadt, die 1811 nach Breslau überführt worden war, konnte wieder eröffnet werden, hatte aber Entwicklungsprobleme. Und wer zu einigem Wohlstand kam oder flexibel und unternehmungslustig war, den zog es nach draußen, nach Berlin, oder noch weiter weg, oder auch nur in das mehr und mehr von neuen Wohnsiedlungen der Bessergestellten gefüllte Umland außerhalb der Stadt. Das Stadtinnere war abends nahezu menschenleer.

Es ist also kein Wunder, daß Frankfurt an der Oder sich mit solchen Voraussetzungen und solcher Erblast an europäischer Weltoffenheit noch nicht messen kann mit, sagen wir: Basel oder Straßburg oder Salzburg. Und es ist verständlich, daß die Schicht derer, die diese Stadt zur kulturellen Blüte bringen möchten, lange Zeit noch nicht stark genug gewesen ist, den öffentlichen Raum und die Befindlichkeit der Stadt sozusagen leuchtend zu prägen.

Aber trotz allem: Das könnte sich ändern. Frankfurt hat Zukunft. Man hört Erfreuliches, wenn man genau hinhört. Es gibt nun doch wieder eine konkurrenzfähige High-Tech-Industrie, wenngleich sie nicht massenhaft Arbeitsplätze schaffen kann. Die Zeiten der Großindustrie werden nicht wiederkehren. Die Universität Viadrina hat die Kinderkrankheiten überwunden; sie wird ein europäisches Kulturzentrum werden, da bin ich ganz sicher. Bereits heute wohnen nicht mehr alle Professoren in Berlin. Die Stadt hat Aussichten, ihre periphere Lage zu verlassen, wenn die Ostintegration der EU vernünftig gestaltet wird. Es gibt erfolgreiche Schulen. Es gibt Bürgerinitiativen gegen die Depression und für die Verteidigung des öffentlichen Friedens gegen brutale Schlägergewalt. Es gibt wieder Ansätze zu einem Bürgersinn, ohne den kein Gemeinwesen florieren kann. Die *Märkische Oderzeitung* kann neben Unerfreulichem auch wieder Erfreuliches berichten. Und Frankfurt hat einen Stadtheiligen von allergrößtem Format, hat mit Kleist einen Schriftsteller, der in der romantisch-manierierten Literaturszene des beginnenden 19.Jahrhunderts mit seinen Novellen das unübertroffene Modell moderner, kompakt formulierter und dabei wunderbar klarer deutscher Prosa geschaffen hat. Es ist der Dichter, dem wir das schönste, das traurigste, das fröhlichste Lustspiel der deutschen Sprache verdanken, den *Zerbrochnen Krug*, und der wundervoll gebaute Dramen geschrieben hat von Menschen im Konflikt zwischen Leidenschaft und Ideal, zwischen Gefühl und Pflicht. Die Stadt hat das Kleist-Museum, den Kleist-Förderpreis für junge Dramatiker, und sie hat die Kleist-Festtage, die ein Beitrag sind zu einer sich entwickelnden Stadtkultur, einem Identifikationsangebot für die hier dauernd Lebenden ebenso wie für die, die nur einige Jahre hier leben und dann wieder gehen und sich an mehr erinnern wollen als an ihre Behausungen und ihre Arbeit oder ihr Studium. Diese Stadt wird aufblühen, wenn ihre Bürger die Fensterläden öffnen, sich engagieren, wenn ihre Universität und ihre Bewohner aus der Reserve herauskommen und sich engagieren, in geistigen Austausch treten. Die Stadt wird blühen, wenn sie ihre Zukunftschancen wahrnimmt. Voraussetzung für all das ist ein öffentliches Leben, das den Stadtraum erfüllt, Spaß macht, öffentlichen Frieden garantiert und die lethargische Depression der Wende- und Abwicklungszeit überwindet. Zehn Kleist-Festtage im Sommer 2000 mit ihrer Mischung aus Theater und Wissenschaft, aus Markttreiben und Popkultur, sie sind ein wichtiger Stein zu diesem Gebäude!

ABHANDLUNGEN

Alexander Weigel

DAS IMAGINÄRE THEATER HEINRICH VON KLEISTS
Spiegelungen des zeitgenössischen Theaters im erzählten Dialog
Ueber das Marionettentheater

*In dankbarer Erinnerung an Professor Wolfgang Heise,
der diese Arbeit anregte. Der Schauspielerin Blanche Kommerell
für die ,allmähliche Verfertigung der Gedanken beim Reden'*

I *Ueber das Marionettentheater* in den *Berliner Abendblättern*

I

Der erzählte Dialog *Ueber das Marionettentheater* wurde von Kleist in der von ihm im Verlag von Julius Eduard Hitzig in Berlin herausgegebenen Zeitung *Berliner Abendblätter* veröffentlicht. Vom 12. bis 15. Dezember 1810 (63. bis 66. Blatt) erschien er in vier Teilen jeweils als Titelbeitrag; zwei Teile nehmen drei, zwei etwa zweieinhalb Seiten der insgesamt nur vierseitigen kleinen Zeitung ein. Der erzählte Dialog nimmt sich in ihr in Anspruch und Sprache, zwischen den „Bülletins der öffentlichen Blätter" und den „Polizeilichen Tages-Mittheilungen", etwas seltsam aus. E.T.A. Hoffmann hat in einem Brief an Julius Eduard Hitzig vom 1. Juli 1812 (der einzigen erhaltenen zeitgenössischen Reaktion) darauf hingewiesen: „Herzlichen Dank für die höchst interessanten Abendblätter – sehr sticht hervor der Aufsatz über Marionettentheater [...]"[1]

Es handelte sich um den längsten Beitrag der *Abendblätter*, und er war sorgfältig plaziert. Die Veröffentlichung erfolgte von Mittwoch bis Sonnabend, also ohne Unterbrechung durch den Sonntag, an dem die *Abendblätter* nicht erschienen. Kleist hat in ihnen nur drei seiner vielen eigenen Beiträge mit dem unverkennbaren Signum „H.v.K." gezeichnet (sieht man von vier redaktionellen Erklärungen ab): *Ode auf den Wiedereinzug des Königs* (5. Bl.), *Theater. Unmaßgebliche Bemerkung* (15. Bl.) und eben *Ueber das Marionettentheater*.

Der Text ist nur durch diesen Druck überliefert; ob er für die *Berliner Abendblätter*, damit einige Zeit bzw. unmittelbar vor der Veröffentlichung entstanden ist, oder unabhängig von ihr, das heißt früher – dafür gibt es in anderen Schriften, in Briefen und Lebenszeugnissen keine Hinweise. Für einen engeren Zusammenhang von Entstehung und Veröffentlichung spricht allerdings, daß die einzelnen Fortsetzungen in sich eine gewisse Geschlossenheit haben; die Einteilung ist sehr sinngemäß. Der erste Teil enthält die Darlegungen über das Marionettentheater, über Marionetten und Maschinisten; der zweite, nach der Idee einer idealen Marionette, deren Vergleich mit den Tänzern; der dritte verallgemeinert das Problem der Ziererei als das des Menschen; der vierte verallgemeinert es noch weiter als das der Menschheit. Auch die Anfänge der einzelnen Fortsetzungen klingen nicht nach einer mehr oder weniger gewaltsamen Unterteilung, wie sie bei einem für eine geschlossene Veröffentlichung gedachten Text unvermeidlich gewesen wäre. Geschickt wird der „Faden" des Gesprächs am Beginn jeder Fortsetzung wieder aufgenommen: „Ich äußerte meine Verwunderung zu sehen [...]" (1. Fortsetzung); „Ich sagte, daß, so geschickt er auch die Sache seiner Paradoxe führe [...]" (2. Fortsetzung); „Bei dieser Gelegenheit, sagte Herr C... freundlich, muß ich Ihnen eine andere Geschichte erzählen [...]" (3. Fortsetzung und Schluß). Der zu Beginn genannte konkrete Gegenstand des Gesprächs (die Marionetten; daß ein Tänzer von ihnen lernen könne; die Gründe dafür) wird eigentlich nur in den zwei ersten Teilen der Veröffentlichung behandelt, dann aber verlassen und durch zwei kleine Erzählungen ersetzt, die das Problem des Bewußtseins als allgemein menschliches illustrieren. Ob es sich dabei um einen von vornherein geplanten Verlauf, um eine Veränderung aus „Stoffnoth" (Reinhold Steig)[1a] oder aus anderen Gründen handelte, ist schwer zu beantworten.

Im Folgenden wird der Versuch unternommen, den erzählten Dialog, anders als es bisher fast ausschließlich geschehen ist, in sein zeitgenössisches Umfeld von 1810 einzuordnen.[1b] Dabei wird sich zeigen, welche aktuelle Provokation die die ersten beiden Abschnitte beherrschenden Gegenüberstellungen von „Oper" und „Marionettentheater" („auf dem Markte zusammengezimmert")

sowie „Publicum" und „Pöbel" Ende jenes Jahres in Berlin dar-
stellte.[2] *Ueber das Marionettentheater* als publizistischen Bestandteil der *Berliner Abendblätter*, also für sie geschrieben ansehen zu
wollen, wofür manches spricht, bedeutet allerdings, sich zunächst
mit dem scheinbaren Widerspruch zwischen dieser „idealen Wurst-
zeitung" (Wilhelm Grimm)[3] und dem bedeutenden künstlerischen
Niveau dieses Beitrags auseinandersetzen zu müssen.

2

Kleist kündigte die *Berliner Abendblätter* am 25. September 1810
in der *Vossischen Zeitung* als „ein Blatt" an, „welches das Publikum,
in sofern dergleichen überhaupt ausführbar ist, auf eine vernünftige Art unterhält".[4] In der „Erklärung", mit der er sich als Herausgeber der *Abendblätter* zu erkennen gab, hieß es schon eingehender: „Demnach bleibt der Zweck desselben zwar, in der ersten
Instanz, Unterhaltung a l l e r Stände des Volks; in der zweiten aber
ist er, n a c h a l l e n e r d e n k l i c h e n R i c h t u n g e n, Beförderung
der Nationalsache überhaupt [...]".[5] Einen Tag später, in einem
Brief vom 23. Oktober 1810, mußte er sich gegen „Vorstellungen"
des Prinzen von Lichnowsky verteidigen, der sich an Kleistscher
„Unterhaltung" in Gestalt der Anekdoten *Der Branntweinsäufer
und die Berliner Glocken* und *Anekdote aus dem letzten Kriege* (17.
bzw. 18. Bl.) gestoßen hatte: offenbar, weil in beiden Beiträgen Soldaten die zweifelhaften Helden waren, im ersten Fall sogar „vom
ehemaligen Regiment Lignowsky". In diesem Brief führte Kleist zu
seiner „Entschuldigung an, 1) daß das Blatt, in welchem sie stehen,
ein *Volksblatt*, d.h. (weil es kein Centrum der Nation giebt) ein
Blatt für *alle Stände* des Volks sein soll. 2) daß Aufsätze, wie der
vom Tambour [...] das Volk vergnügen und dasselbe reizen, auch
wohl die anderen Aufsätze, die nicht unmittelbar für dasselbe geschrieben sind, zu überlesen".[6] Eine einem Brief an den Staatskanzler von Hardenberg vom 3. Dezember 1810 beigegebene
„Ankündigung" bezeichnete schließlich die *Berliner Abendblätter*
als „zur Erhebung und Belebung des Antheils an den vaterländischen Angelegenheiten" unternommen.[7]
  Natürlich sind alle diese Äußerungen durch ihren Anlaß einge-
färbt. Dennoch sind in ihnen die wesentlichen Intentionen der

Abendblätter enthalten, zugleich die wesentlichen Gründe für die Schwierigkeiten, in die sie gerieten, und für ihr Scheitern. Die erste gibt in etwa den offiziellen Charakter der neuen Zeitung wieder, ihren engen Zulassungsmodus. Kleist war lediglich die Herausgabe einer nicht politischen, unterhaltenden Zeitung gestattet worden.[8] Die zweite wurde, mit dem bisherigen Erfolg im Rücken und trotz der drohenden Zensur, deutlicher. Es ging Kleist, wie er vorsichtig formulierte, „zwar, in der ersten Instanz", um Unterhaltung, aber nicht nur irgendeines Lesepublikums, sondern „aller Stände des Volks", und hinter der „Unterhaltung" um ein politisches Ziel, die „Beförderung der Nationalsache": eine Formulierung, die angesichts der Zensur eben noch undeutlich genug war. Im (nicht öffentlichen!) Brief an Lichnowsky werden Anliegen und Anspruch Kleists offener ausgesprochen. Die *Abendblätter* sollten ein „Zentrum der Nation", also ein Sammelpunkt nationaler Bestrebungen werden, vor allem aber ein „Volksblatt", in dem „alle Stände des Volks" angesprochen werden, mittelbar und unmittelbar zu Wort kommen und für die „Beförderung der Nationalsache" vereint, „erhoben und belebt" werden sollten. Dabei liegt die Betonung hier eindeutig auf jenen „Ständen" des Volks, zu denen Lichnowsky nicht gehörte und die Kleist, ihres geringeren Bildungsstands wegen, mit Anekdoten und dergleichen zu „reizen" gedachte, „auch wohl die anderen Aufsätze [...] zu überlesen".[9]

„Das Volk vergnügen und dasselbe reizen [...]" deutet auf eine politisch-pädagogische Absicht. Beglaubigt wird sie dadurch, daß der Herausgeber Kleist den anekdotisch-unterhaltenden Teil fast ausschließlich selbst lieferte, um damit, dem Programm des Blatts entsprechend, einen Ausgleich gegenüber Beiträgen anderer (freier) Mitarbeiter herzustellen. Dazu zählen die „Tagesbegebenheiten", „Polizei-Rapporte", „Gerüchte", Anekdoten, Epigramme, Rätsel u. a. Darüber hinaus ist aber auch fast allen anderen Beiträgen Kleists, auch denen mit einem ernsteren Thema, in ihrer publizistischen Methode das Bemühen um leichtere Verständlichkeit anzumerken: Erreicht wird das u. a. durch fingierte Briefe bzw. Aufsätze und fingierte Antworten (zugleich ein Mittel, Leser zur Mitarbeit herauszufordern), volkstümliche Erzählformen, wie die Legende, und reportagehafte Berichte. Eine bildhafte Sprache, anekdotische, satirische und paradoxe Mittel dienen dem gleichen Ziel.

In *Ueber das Marionettentheater* nun werden fast alle diese Mittel angewandt, und der erzählte Dialog ist als Ganzes ein solches Mittel. Er ist offensichtlich vom platonischen Dialog methodisch beeinflußt, unmittelbar wahrscheinlich von der Methodeninterpretation Schleiermachers in seiner Einleitung zu *Platons Werke von F. Schleiermacher*, erschienen 1804.[10] Schleiermachers Plato-Verständnis mit der Auffassung, daß Plato mit seinen Dialogen „auch den noch nicht wissenden Leser wollte zum Wissen bringen" und „nicht nur seinen eignen Sinn Andern lebendig darzulegen, sondern eben dadurch auch den ihren lebendig aufzuregen und zu erheben"[11] gesucht habe, mit seiner Ablehnung also einer esoterischen platonischen Lehre, beruhte auf bürgerlich-aufklärerischen Positionen. Es mag bei der Suche nach einer Methode zur „Beförderung der Nationalsache" in breiteren Volksschichten bei den patriotischen Kreisen in Berlin 1810 wieder eine Rolle gespielt haben. Schleiermacher in der „Einleitung": „Als das Äußere dieser platonischen Form und ihr fast unentbehrliches Schema ist [...] die dialogische Einkleidung angegeben [...] so aber, wie sie durch lebendige Auffassung jener Absicht, den mündlichen Unterricht [...] nachzuahmen, noch eine besondere Eigentümlichkeit annimmt [...] nämlich jene mimische und dramatische Beschaffenheit, vermöge deren Personen und Umstände individualisiert werden [...] Zum inneren und wesentlichen der platonischen Form aber gehört alles, was für die Composition aus der Absicht, die Seele des Lesers zur eignen Ideenerzeugung zu nöthigen, folgt [...]"[12]

Insgesamt stellte Schleiermachers „Einleitung" geradezu einen Methodenkatalog für Kleists erzählten Dialog dar, den man damit als die Nach- und Umbildung eines platonischen Dialogs ansehen kann. Die der Dialogform innewohnende „demokratische" Intention kam der Absicht Kleists entgegen, in den *Berliner Abendblättern* auch kompliziertere Gegenstände für ein breites Publikum, vor allem den „noch nicht wissenden Leser", abzuhandeln. Indem er, zusätzlich, den Dialog erzählte und als selbst Beteiligter zu erinnern vorgab, machte er ihn noch plastischer und „authentischer". Ein Vergleich mit dem Dialog des *Katechismus der Deutschen* von

1809[13] läßt ein angemesseneres Reagieren auf eine konkrete Situation und eine andere Haltung gegenüber dem „Volk" erkennen. Der Katechismus war ganz und gar didaktisch in der Form einer Kinderlehre konzipiert; der erzählte Dialog beginnt bei einem auch ungebildeten Lesern vertrauten Gegenstand und steigert seinen Anspruch. Er vertraut auf geistige Selbsttätigkeit und will „die Seele des Lesers zur eignen Ideenerzeugung [...] nöthigen", als einer achtungsvolleren Methode gegenüber der traditionellen paternalistischen Pädagogik und Politik. Damit ordnet sich der erzählte Dialog den Intentionen der *Berliner Abendblätter* organisch zu, „alle Stände des Volks" zu erreichen.

Die dabei beabsichtigte „Beförderung der Nationalsache" war aber auch aufs engste mit dem existentiellen Bedürfnis des Dramatikers Kleist verbunden, sich ein „Publicum" zu schaffen. Dessen mit den *Berliner Abendblättern* zu entwickelndes nationales Interesse sollte zugleich die Voraussetzung für das Interesse an einem nationalen Theater und einer aktuellen nationalen Dramatik sein. Unter diesem Vorzeichen sind Kleists Beiträge zu ästhetischen Fragen in den *Abendblättern* zu sehen; sie sollten den „noch nicht wissenden" großen Teil dieses „Publicums" auf verständliche Weise an ästhetischen Fragen interessieren, „die Fackel der Untersuchung" (Kleist in *Schreiben eines redlichen Berliners*)[14] in ein ihm bis dahin vornehm verschlossenes Wissensgebiet hineintragen. Ihre von Kleist angestrebte „Popularität" ist deshalb nicht, wie manchmal geschehen, zu belächeln. Nicht mangelnde philosophische und ästhetische Bildung haben diese durchaus nicht „fachgerechten" ästhetischen Beiträge zur Ursache, sondern die Forderungen des Tages, das dringende Bedürfnis, allgemeine nationale und eigene literarisch-theatralische Anliegen mit populären publizistischen Methoden vorzutragen.

3

Kleist war nach Preußen und Berlin zurückgekehrt mit der Hoffnung, daß sich dort, nach Österreichs Niederlage und Verrat von 1809, das Zentrum der nationalen Bewegung entwickeln würde. „Ich auch finde, man muß sich mit seinem ganzen Gewicht, so schwer oder leicht es sein mag, in die Waage der Zeit werfen", hatte er entschieden.[15] Er verband deshalb diese Rückkehr mit zwei Erwartungen: zu aktivem Wirken (und auch zur Sicherung seiner Existenz) im Staatsdienst angestellt und (als „vaterländischer Dichter"[16]) auf dem Königlichen Nationaltheater aufgeführt zu werden.[17]

Im Sommer 1810 veränderte sich jedoch die Situation für Kleist auf eine dramatische Weise. Im Juni wurde der bis dahin leitende Minister von Altenstein auf Betreiben des neuen Staatskanzlers, des Freiherrn von Hardenberg, entlassen. Von Altenstein aber, den er seit längerem persönlich kannte,[18] hatte Kleist mit Sicherheit seine Anstellung erwartet – aus der nun nichts wurde. Und im August ließ August Wilhelm Iffland, der Direktor des Königlichen Nationaltheaters, ihm (auf sein Verlangen, nach mehreren Monaten und durch einen Dritten) das *Käthchen von Heilbronn* mit einer herablassenden Äußerung zurückgeben. Daraufhin beleidigte der Dichter den Direktor schriftlich in einer Weise, die auch jede künftige Beziehung zum Königlichen Nationaltheater unter Iffland ausschloß.[19]

Mit diesen Ereignissen waren für Kleist sowohl die materielle Notwendigkeit zur Herausgabe der *Berliner Abendblätter* gegeben wie ihre zwei wichtigsten Gegenstände, die ihn mithin auf persönlichste Weise angingen: die Regierung Hardenbergs und die Theaterdirektion Ifflands. Mochte er das Verfahren Hardenbergs gegen Altenstein noch als mittelbar, so mußte er das Verhalten Ifflands gegen sich selbst als unmittelbar existenzschädigend ansehen. Die erkennbarsten „Tendenzen" der *Abendblätter*, die abwartende Distanz gegenüber Hardenberg und die eindeutige Ablehnung Ifflands, sind daraus unmittelbar zu erklären; selbstverständlich ging es aber auch um Prinzipielleres.

Von (verhängnisvoller) Bedeutung sollte es jedoch sein, daß diese beiden Gegenstände der *Berliner Abendblätter* (außer dem durch die Zensur des Außenministeriums völlig unterdrückten des Verhältnisses Preußens zum napoleonischen Frankreich) per se die beiden empfindlichsten waren, die man sich denken konnte. Durch ihr enges Verhältnis zur königlichen Souveränität (beide waren dem König direkt unterstellt) galten der Staatskanzler und der Theaterdirektor an sich als nicht kritisierbar, worüber eine überaus strenge Zensur wachte.[20] Die unter diesen Voraussetzungen sich entwickelnde Geschichte der *Berliner Abendblätter* wurde zu einem eindrucksvollen Zeugnis für das während der Regierung Hardenberg wirkende preußische Neben- und Gegeneinander von feudalem Dirigismus und bürgerlicher Reform und die dadurch hervorgerufenen Irritationen. Dazu Achim von Arnim in einem Brief an Wilhelm Dorow: „Schon jetzt sehen die Schüler von Smith-Krause, daß dieses Staatsverbessern, wenn es so aus der Willkür einiger Einzelnen ausgeht, sehr bald in den Händen anderer zu einem Druck, zu einem Zwange wird, der wohl schwerlich in ihrer Absicht war. Diesen Druck, der insbesondere alles Schreiben über Landesangelegenheiten unterdrückt, hat Kleist bei seinen Abendblättern sehr lästig gefühlt; über die Hälfte der Aufsätze wurden von der Zensur der Polizei unterdrückt, häufig mußte er sich mit Lückenbüßern behelfen. Über das Theater ward gar keine freie Äußerung erlaubt; I f f l a n d   u n d   H a r d e n b e r g   h ä n g e n   w i e   R a d   u n d   W a g e n s c h m i e r e   z u s a m m e n [Hervorhebung, W.]. Ein gewöhnliches Lachen über eine schlechte Sängerin, M. Herbst, die eine Hauptrolle bekommen hatte, auf die drei andere nähere Ansprüche machten, hat die Verbannung von fünf jungen Leuten nach sich gezogen; nun soll mir doch niemand von englischer Verfassung und Freiheit reden, der zu gleicher Zeit alle äußere Freiheit in ihren bedeutenden und unbedeutenden Äußerungen aufhebt!"[21]

Arnim war natürlich parteiisch; er gehörte zum Kreis der preußischen Patrioten, die den Reformen Hardenbergs abwartend gegenüberstanden, und war ein „tätiger Mitarbeiter am Abendblatte".[21a] Nach einem Bericht über Humboldts reformerische Bemühung, den Studienzwang aufzuheben, hatte er an Goethe geschrieben: „Befreiungen von andern willkürlichen Beschränkungen sind von der Regierung eingeleitet, es ließe sich manches hoffen […] bloß weil die Autorität des verstorbenen Alten gefallen ist – aber ein Hauch aus Westphalen und es ist alles wie dort Misere, Lüge und französische Komödie."[22] Westphalen – das zielte auf Hardenberg und stellte die nationale Integrität des Kanzlers in Frage, dessen Politik ja offiziell auch profranzösisch war. Diese Haltung Arnims wurde von Kleist sicher geteilt. Nach der Anzahl seiner veröffentlichten Beiträge (14) war Arnim außerdem neben

Adam Müller (14) Kleists wichtigster Mitarbeiter an den *Abend-blättern*; darüber hinaus war noch „beinahe zehn" weiteren Aufsätzen von ihm „das Imprimatur" verweigert worden.[23]

Arnims Äußerungen sind kennzeichnend für die Irritation vieler patriotisch Denkender über das Verhältnis von Inhalt und Methoden, Wesen und Erscheinung in der Politik Hardenbergs. Und sie sind interessant durch den Zusammenhang, der hier zwischen Hardenberg und Iffland (als „Rad und Wagenschmiere"), zwischen Regierung und „Komödie", hergestellt wird. Das Königliche Nationaltheater und sein Verhältnis zur Öffentlichkeit wird Arnim geradezu zum Synonym für das allgemeine Verständnis der Regierung Hardenberg von bürgerlicher Freiheit und kritischer Öffentlichkeit: Das Scheinwesen des Theaters erscheint als Metapher für das Scheinwesen der Regierung, der Kanzler wird mit dem Theaterdirektor (und Schauspieler) in eins gesetzt.

Arnim reflektierte damit auch den allgemeinen Identitätsverlust Preußens, der seit der Katastrophe von 1806 eingetreten war. Eine große Empfindlichkeit gegen die „Lüge", hinter der man das wahre Ausmaß der Niederlage zu verstecken und sich weiter Illusionen über die politische und militärische Bedeutung Preußens zu machen versuchte, teilte er ebenfalls mit Kleist, der den *Berliner Abendblättern* das *Gebet des Zoroaster* vorangestellt hatte: „Durchdringe mich ganz, vom Scheitel zur Sohle, mit dem Gefühl des Elends, in welchem dies Zeitalter darnieder liegt, und mit der Einsicht in alle Erbärmlichkeiten, Halbheiten, Unwahrhaftigkeiten und Gleisnereien, von denen es die Folge ist."[24] Gegen den in der preußischen Politik der Jahre zwischen 1806 und 1810 empfundenen Widerspruch zwischen Sein und Schein ist in den *Berliner Abendblättern* die Suche nach einer neuen nationalen Identität spürbar, die über den engen preußischen Horizont der Regierung Hardenberg hinausreichen sollte.

Arnims Aussage hat, ungeachtet seines persönlichen Engagements, objektiven Charakter. Während die kapitalistische Entwicklung Westeuropas auch in Preußen einen langsamen Umbau wirtschaftlicher Strukturen erzwang, blieben politische Institutionen und Mechanismen ganz die alten: Die Reformen in Preußen gingen den Verordnungsweg. Im Unterschied zum Freiherrn vom

Stein verfolgte Hardenberg auch keinen ideellen Zweck, sondern es ging nur um die innere und äußere Wiederherstellung Preußens; von deutscher Nation oder gar sozialen Interessen war nicht die Rede. Hardenberg war zum einen selbst adliger Grundbesitzer und handelte im Interesse seiner Klasse, zum andern standen hinter ihm die Schatten Napoleons und seines Finanzministers. Die Reformen von 1810/11 hatten vor allem den Zweck, Preußen die Zahlung der ungeheuren Kontributionen an Frankreich zu ermöglichen, die dem Land nach dem verlorenen Krieg von 1806 auferlegt worden waren. Trotz ihres objektiv progressiven Charakters erhielten sie dadurch in den Augen nicht nur reaktionärer, sondern auch der patriotischen Kräfte einen zweifelhaften Zug. Wenn Ursache und Methoden ihrer Durchsetzung Schatten auf die Reformen warfen und Zweifel an ihrer nationalen Identität entstanden, dann beruhte das letzten Endes darauf, daß sie von „oben" und „außen" verordnet erschienen und in der Tat wirtschaftlicher Zwang von außen und keine politische und soziale Bewegung von innen sie zustande brachte.

4

Die Widersprüche in der Politik Hardenbergs waren für Patrioten wie Arnim und Kleist, die davon ganz persönlich in Gestalt der Zensur betroffen wurden, solche zwischen vorgeblichen Zielen und praktizierten Methoden, mithin zwischen Inhalt und Form, Wesen und Erscheinung, wofür sie aus Profession besonders sensibel waren. Dieses gesellschaftliche Grundgefühl wurde zur Grundlage der wichtigsten ästhetischen Beiträge Kleists in den *Berliner Abendblättern*, nicht zuletzt auch des erzählten Dialogs *Ueber das Marionettentheater*. Auffällig genug geht es dort an hervorragender Stelle um das Verhältnis von Inhalt und Form in der literarischen Produktion und der theatralischen Darstellung bzw. um ihre für notwendig gehaltene Übereinstimmung.

Das Königliche Nationaltheater erschien Kleist zunächst im Innern wie nach außen durch Iffland von dem gleichen Dirigismus beherrscht wie die preußische Innenpolitik durch Hardenberg (*Schreiben eines redlichen Berliners*).[25] Dem stellte er die Forderung nach ungehinderter Kritik entgegen, in der er eine der wichtigsten

Voraussetzungen für die künstlerische Entwicklung des Nationaltheaters sah, ähnlich, wie er in „gänzlicher Freiheit der Meinungen, so, wie Ehrfurcht vor das bestehende Gesetz sie, bei einer liberalen Ordnung der Dinge, zu äußern gestatten",[26] ein wichtiges Mittel zu einer besseren als der nur bürokratischen Durchsetzung der Reformen erblickte.

Zum andern stand aber hinter Kleists scharfer Kritik am Repertoire des Königlichen Nationaltheaters (*Unmaßgebliche Bemerkung*)[27] die Frage nach dessen nationaler Identität. Daß es sich hier wiederum um ein existentielles Problem Kleists, nämlich um die Frage nach dem nationalen Charakter der preußischen Politik handelte, ist sicher: Die überempfindliche Aufmerksamkeit dafür stammte noch aus dem Sommer 1809, als Österreich, auf das er alle seine nationalen (und somit persönlichen) Hoffnungen gesetzt hatte, mit Frankreich den verräterischen Wiener Frieden abschloß und damit seine „ganze Thätigkeit überhaupt" vernichtet, ihm „das ganze Geschäfft des Dichtens [...] gelegt" worden war.[28]

Die Theaterartikel Kleists waren also aus mehrfachen Gründen auch „politische" Artikel; sie sollten auf ihre Weise der „Beförderung der Nationalsache" dienen. Es ging in ihnen um eine Reform des „Königlichen" Nationaltheaters und um dessen Verwandlung in ein wirkliches Nationaltheater.

Dabei ging seine Kritik von außen nach innen, ausgehend von der am Verhältnis des Theaters (und damit des Staates) zur Öffentlichkeit bis hin zu der an seinem Repertoire und an seinem Darstellungsstil.

In *Ueber das Marionettentheater*, veröffentlicht vierzehn Tage nach dem Verbot aller Theaterartikel Ende November 1810 und dementsprechend „verallgemeinert" formuliert, unternahm Kleist meiner Meinung nach den Versuch, seine bisherige Kritik am „Königlichen Nationaltheater" mit der Kritik am Darstellungsstil Ifflands und mit Hilfe der ihm entgegengehaltenen Marionetten fortzusetzen und ein ihn als Dramatiker vor allem anderen bewegendes theaterästhetisches Problem der Zeit zu artikulieren.

II Kleists Kritik am Berliner Königlichen Nationaltheater unter August Wilhelm Iffland

I

Um den Zusammenhang von *Ueber das Marionettentheater* mit der Kritik am Königlichen Nationaltheater und an seinem Direktor Iffland zu verstehen, muß im Folgenden von den Theaterartikeln Kleists in den *Berliner Abendblättern* und der Entwicklung seiner Kritik am Königlichen Nationaltheater die Rede sein.

Diese Auseinandersetzung war mit siebenundzwanzig Beiträgen (Artikeln, Kritiken, Meldungen, Erklärungen u. a.) innerhalb zweier Monate, bis zum Eingriff der Zensur Ende November, der umfangreichste Themenkomplex der Zeitung. Daran reichte in etwa nur die durch Adam Müllers Beitrag *Ueber Christian Jakob Kraus*[1] ausgelöste Diskussion um die Reformen Hardenbergs heran, die bis Ende November sechzehn Beiträge von allerdings oft größerem Umfang umfaßte.

Kleist lieferte zum Theaterkomplex die wichtigsten Beiträge selbst, insgesamt, kleinere Meldungen eingeschlossen, fünfzehn. Die Mehrzahl der Beiträge enthielt Kritik am Königlichen Nationaltheater und an seinem Direktor, wegen der Empfindlichkeit des Themas meistens in versteckter Form. Unter den berlinischen Zeitungen und Zeitschriften waren die *Abendblätter* außer dem vorsichtigeren *Freymüthigen* die einzige Publikation, die eine solche Kritik wagte.[2]

Ihre polemische Haltung gegen August Wilhelm Iffland wurde in der Öffentlichkeit bald erkannt.[3] Dafür sorgte Kleist gleich zu Beginn durch drei Beiträge in Blatt 3, 4 und 5, wovon die ersten beiden in unserem Zusammenhang besonders interessant sind.

Das Huldigungsgedicht *An unsern Iffland bei seiner Zurückkunft in Berlin* (3. Blatt), unterschrieben „Von einem vaterländischen Dichter" (d.i. Kleist), nahm die Rückkehr des Direktors von einer seiner in Berlin ungern gesehenen Gastspielreisen zum Anlaß zu „beruhigen": „Wie oft sah't Ihr Ihn reisen, / Mit furchterfüllter Brust. / Ach! seufzten Volk und Weisen: / Nie kehret unsre Lust! / Nein Freunde, nein! und schiede / Er mehr Mal' auch im Jahr, / Daß Er Euch gänzlich miede / Wird nie und nimmer wahr."[4] Daß die in dieser „Huldigung" versteckte Ironie verstanden wurde, beweist ein Bericht im *Archiv für Literatur, Kunst und Politik*, Hamburg, vom 25. Oktober, der daraus die „Tendenz" der *Berliner Abendblätter* ablas, „einige Sarkasmen gegen Individuen in Umlauf zu bringen; hauptsächlich gegen das hiesige Nationaltheater und dessen Direktor, Herrn *Iffland*"[5].

Die Kritik *Theater. Gestern zum Erstenmale: Der Sohn durch's Ungefähr; Posse in zwei Akten* behauptete zwei Tage später von dem Stück: „Es ist ein Nichts", aber gleichzeitig, daß es „mit mehr Präzision und ineinander greifender gegeben wurde, als manch vorzügliches Lust- oder Trauerspiel auf unsrer Bühne"[6]. Das war natürlich eine ironische Kritik am Repertoire und daran, was, nicht nur nach Kleists Meinung, im Königlichen Nationaltheater wichtig genommen wurde und was nicht.

Im 12. Blatt begann Kleist in einer unauffälligen *Miscelle* die Auseinandersetzung mit Ifflands Engagement- und Besetzungspolitik, mit der nicht nur er unzufrieden war.[7]

Schon 1809 hatte Arnim, anläßlich einer *Götz*-Aufführung, Goethe von der „absichtlich schlechten Besetzung mancher Rollen" berichtet.[8] Kleists *Miscelle* meinte mit der „hiesigen Künstlerin, die sehr geschätzt wird" und „eben darum das Theater verlassen" soll, die Sängerin Auguste Schmalz, deren gastweises Auftreten in Berlin im Sommer 1810 überschwengliche Begeisterung hervorgerufen hatte. Um ihr Engagement kam es zu öffentlichen Auseinandersetzungen, weil Iffland nicht geneigt schien, sie zu engagieren. Das wurde als antipatriotisch aufgefaßt, da die Schmalz eine geborene Berlinerin war. Sie hatte, was damals einmalig war, als Deutsche in Italien Erfolg gehabt; nun erschien sie geradezu als ein nationales Symbol.

In der Zeitschrift *Berlin oder der Preußische Hausfreund* hatte ihr Herausgeber, Fr. Heyne, im September 1810 gedichtet: „Du hast den deutschen Ruhm gerettet, / Der Heimath Schande ausgewetzt, / Uns von Verachtung losgekettet, / Dem fremden Hohn ein Ziel gesetzt. / Du hast durch Muth und kühnes Streben / Verdient des Nachruhms späten Zoll, / Dem deutschen Mann' ein Bild gegeben, / Dem er, ermuthigt, folgen soll. / Nimm hin den Kranz! Dich soll er schmücken, / Um deine Schläf' er ewig blüh'n, / Auf dich der deutsche Künstler blicken, / Und höhrer Kraft und That erglühn."[9] Dem folgte eine den patriotischen Überschwang etwas dämpfende Replik von dem Nicht-Preußen Clemens Brentano, in der es hieß: „Wollte Gott, wir hätten die Deutschheit in anderer Hinsicht besser bewahrt, als gerade im Gesange! Eigentlich giebt es in Künsten und Wissenschaft keinen Patriotismus! Beide gehören frei und ungebunden dem ganzen Erdboden an [...]"[10]

Die Auseinandersetzung bewegte über einen längeren Zeitraum heftig die Gemüter und fand schließlich, nach dem doch noch erfolgten Engagement der Schmalz, ihren Höhepunkt in der öffentlichen Auseinandersetzung um die Besetzung der Rolle der Emeline in dem Singspiel *Die Schweizerfamilie* von Castelli, Musik von Weigl.[11] Wieder entschied Iffland gegen die Schmalz und die bereits empfindliche öffentliche Meinung, indem er die Sängerin Herbst besetzte. Daraufhin kam es in der ersten Vorstellung am 21.11. zu einem „Lärmen" im Nationaltheater mit anschließenden polizeilichen Übergriffen, was zu einem noch größeren „Lärmen" in der Vorstellung vom 26.11. führte, die deshalb abgebrochen werden mußte. Dies richtete sich schon eindeutig gegen die Polizei und ihr Vorgehen bzw. die „Regulierung" einer kritischen Öffentlichkeit mit staatlicher Gewalt.[12]

Daraufhin wurden zwei Berliner Zeitungen, die man der publizistischen Vorbereitung des Skandals beschuldigte, alle Theaterartikel verboten: dem *Freymüthigen* und den *Berliner Abendblättern*, ausgelöst durch einen Brief Ifflands an den Staatskanzler Hardenberg, in dem er mit seiner Demission drohte.[13]

Die eigentliche Ursache für diese Intervention und die Drohung Ifflands war aber die bis dahin veröffentliche grundsätzliche Kritik an seiner Theaterleitung in den *Berliner Abendblättern*, und zwar vor allem in den Beiträgen Kleists *Theater. Unmaßgebliche Bemerkung* und *Schreiben eines redlichen Berliners, das hiesige Theater betreffend, an einen Freund im Ausland.*[14]

2

Der erste Beitrag war ein ironischer Angriff auf die Repertoire-Politik Ifflands, der höhere literarische Interessen abgesprochen und rein materielle Interessen, nämlich „die Füllung der Casse", unterstellt wurden. Mit der Ausgangsfrage, „warum die Werke Göthe's so selten auf der Bühne gegeben werden", wurde nicht nur nach der literarischen, sondern auch nach der nationalen Repräsentanz von Ifflands Spielplan gefragt. Nach Kleists Überzeugung war offenbar beides mit einem Verfahren nach den Grundsätzen Adam Smiths (daß nämlich „die Direktion [...] auf ganz unfehlbare Weise, schließen" dürfe, „daß sie gute Stücke auf die Bühne bringt, wenn Logen und Bänke immer, bei ihren Darstellungen, von Menschen wacker erfüllt sind", ähnlich wie „der Bäcker [...] schließen kann, daß seine Semmel gut sei, wenn sie fleißig gekauft wird") nicht zu erreichen. Die Schlüssigkeit eines solchen Verfahrens wird von Kleist durch die Gegenüberstellung von „guten Stücken" und „guten Semmeln" ironisiert; zugleich aber wird es in Verhältnissen für möglich gehalten, „wo das Gewerbe frei, und eine uneingeschränkte Konkurrenz" möglich sei. Vielleicht waren es Erinnerungen an seine Reisen nach Frankreich und Italien, die Kleist annehmen ließen: „In einer Stadt, in welcher mehrere Theater nebeneinander bestehn, wird allerdings, sobald auf irgend einem derselben, durch das einseitige Bestreben, Geld in die Kasse zu locken, das Schauspiel entarten sollte, die Betriebsamkeit eines andern Theaterunternehmers, unterstützt von dem Kunstsinn des besseren Teils der Nation, auf den Einfall geraten, die Gattung, in ihrer ursprünglichen Reinheit, wieder festzuhalten."

Diese bürgerlichen Verhältnisse gab es aber in Preußen aufgrund seiner ganzen politischen und kulturellen Verfassung nicht; dementsprechend verfügte auch das Königliche Nationaltheater über ein „ausschließendes Privilegium". Unter diesen Umständen aber habe, so Kleist, die Direktion „eine Verpflichtung, sich mit der Kritik zu befassen" und bedürfe „einer höhern Aufsicht des Staats".

Es entsprach den Tatsachen, daß weder staatliche Verantwortung noch kritische Öffentlichkeit, als die von Kleist genannten Voraussetzungen für die Entwicklung einer einem Nationaltheater gemäßen Qualität, in Berlin existierten.

Vielmehr stellte das Königliche Nationaltheater ein Gemenge feudaler Organisations- und kleinkapitalistischer Wirtschaftsmethoden dar. Konkret sah das so aus, daß der Direktor zwar dem König direkt unterstellt war, aber von ihm so gut wie nicht finanziell unterstützt wurde. Hohe Schulden beim berlinischen Magistrat waren die Folge und damit das stets erneuerte „einseitige Bestreben, Geld in die Kasse zu locken".[15]

Das dazu notwendige Repertoire kam allerdings durchaus dem bescheidenen Geschmack des Königs entgegen, der ein Liebhaber des bürgerlichen Rührstücks und des Balletts war. Andererseits existierte das, was Kleist mit „Kritik" meinte, noch gar nicht; die Rezensionen in den beiden privilegierten Zeitungen Berlins, der *Vossischen* und der *Spenerschen*, hatte er schon in seiner Besprechung *Der Sohn durch's Ungefähr* mit dem Hinweis abqualifiziert: „Die nähere Beschreibung des Stücks; was alles drin vorkommt, wann der erste Akt aufhört und wann der zweite anfängt, wird wahrscheinlich in den nächsten Blättern unsrer Zeitungen zu lesen sein."[16]

Aus all dem läßt sich schließen, daß Kleist durchaus einen Blick für das aktuell Mögliche hatte, trotz erkennbarer Sympathien für eine „uneingeschränkte Konkurrenz der Bühnen", die ja ihm als Dramatiker größere Chancen eröffnet hätte. Unter den gegebenen Verhältnissen jedoch äußerte er einen ähnlichen Vorbehalt gegen die willkürliche Vermischung traditioneller preußischer und moderner Smithscher Grundsätze wie Achim von Arnim; hier heißt es warnend: „[...] wenn auf einem Theater, wie das Berliner, mit Vernachlässigung aller anderen Rücksichten, das höchste Gesetz, die Füllung der Kasse wäre: so wäre die Szene unmittelbar, den spanischen Reutern, Taschenspielern und Faxenmachern einzuräumen [...]" Das heißt, daß Kleist sowohl den überkommenen Theaterverhältnissen als auch den Gefahren bürgerlicher Kommerzialisierung kritisch gegenüberstand. Im übrigen ist der Beitrag *Unmaßgebliche Bemerkung* einer der drei mit H.v.K. gekennzeichneten; der Autor wünschte offenbar erkannt zu werden und eine offene Auseinandersetzung herbeizuführen.

Als diese nicht zustandekam, wählte Kleist etwa einen Monat später sehr viel provokantere Mittel. In der *Aufforderung* vom 15. 11. forderte er zunächst die Verfasser der Theaterbesprechungen in der *Vossischen Zeitung* auf, durch eine Erklärung angebliche Gerüchte zu widerlegen, sie wären von der Direktion des Nationaltheaters bestochen.[17] Diese „Erklärung" konnte Kleist tatsächlich eine Woche später veröffentlichen.[18] Das mit der *Aufforderung* ebenfalls angegriffene Nationaltheater hüllte sich hingegen in Schweigen.

3

Zwei Tage danach, am 23.11., veröffentlichte Kleist daraufhin das fast das gesamte Blatt einnehmende *Schreiben eines redlichen Berliners*, zu dem er vorgab, es sei ihm „von unbekannter Hand zugesandt worden". Dadurch und indem es zum anderen scheinbar als ein Lob Ifflands formuliert war, war das *Schreiben* zweifach abgesichert, was der sich zuspitzenden Situation nach dem ersten „Lärmen" in der Aufführung der *Schweizerfamilie* (am 21.11.) angemessen war. Andererseits sollten eine vorgebliche Unparteilichkeit und die Briefform nach wie vor Antwort und öffentliche Diskussion herausfordern.

Jeder, der die bisherige Haltung der *Berliner Abendblätter* gegenüber dem Königlichen Nationaltheater kannte, konnte aus dem Iffland scheinbar schmeichelnden „Brief" als Klartext herauslesen, daß dieser Ansehen und Gestalt des Theaters auf eine „merkwürdige" Art bestimmt habe. Falls er immer Direktor bleibe, was zu befürchten sei, werde er dem Theater seinen Charakter in einer nicht wieder gutzumachenden Weise einprägen. Ifflands Grundsätze seien falsch, und er habe das Theater mit Konsequenz in die falsche Richtung gelenkt. Die „Hauptursache", daß ihm das gelang, sei die, daß es keine wirkliche Kritik gebe, sondern nur „in den öffentlichen, vom Staat anerkannten Blättern" eine „Würdigung dessen, was sich auf der Bühne zeigt", auf der Grundlage von „Gleichheit, Übereinstimmung und innerliche[r] Kongruenz der Ansichten". Ein System gegenseitiger Gefälligkeiten habe dazu geführt, daß die meistgelesene Zeitung auf Seiten des Theaters sei und daß wirkliche Kritik höchstens in einem untergeordneten Blatt auftauchen könne, was aber, im allgemeinen, durch die Zensur verhindert werde.

Dadurch sei eine künstlerische Entwicklung des Königlichen Nationaltheaters unmöglich; es verharre im Grunde auf einem „Standpunkt [...] der einmal, auf unabänderliche Weise [...] angenommen ist", in einer unproduktiven „Eintracht [...] zwischen Publikum und Direktion". Zu dieser „‚Theaterheiligkeit'" sei Iffland der „Theaterpapst'", der verhindere, daß „die Fackel der Untersuchung" in sein „Allerheiligstes" hineingetragen werde. Dadurch sei das Königliche Nationaltheater zu einem „kleinen freundlichen Tempel[s]" heruntergekommen und könne als Ersatz für die Kirche gebraucht werden, falls es der „bestimmt wäre, im Strom der Zeiten unterzugehen". Kennzeichnend für das alles sei, daß im sogenannten „Nationaltheater", dem eigentlich „das Geschäft der Nationalbildung und Entwickelung und Entfaltung aller ihrer höhern und niedern Anlagen, Eigentümlichkeiten und Tugenden, vorzugsweise" obliege, vor allem Stücke wie *Pachter Feldkümmel*, *Vetter Kuckuck* und *Rochus Pumpernickel* gespielt würden.[19]

Lag der Hauptakzent der Kritik Kleists in *Unmaßgebliche Bemerkung* noch auf der inneren Verfassung des Königlichen Nationaltheaters, dem Verhältnis von Künstlerischem und Ökonomischem, so wendete nun das *Schreiben* die Aufmerksamkeit vor allem auf das Verhältnis von Theater und Gesellschaft. Das Fehlen von Kritik, einer kritischen Öffentlichkeit überhaupt, sah Kleist als die „Hauptursache" für die falsche Entwicklung und schlechte künstlerische Qualität des Königlichen Nationaltheaters an. Verantwortlich dafür waren nach seiner Meinung Ifflands „unerschütterliche Consequenz", sprich, seine durch königliche Autorität unangreifbare Theaterleitung nach innen und außen, und das „glückliche Verhältnis" des Theaters zu den „vom Staat anerkannten Blättern", d.h. zur preußischen Regierung und ihren politischen Möglichkeiten, z.B. der Privilegierung und der Zensur; „dergestalt daß eine Stimme, die ihre Recensionen durchkreuzte und das Publikum irre zu führen bestimmt wäre, sich nur in untergeordnete und obscure Blätter verlieren und aus diesen in die fremden, ausländischen aufgenommen werden kann". Doch sei „für die Unschädlichkeit solcher Intriguen [...] auf mancherlei Weise, bei uns gesorgt".

Wenn, als Folge einer so schädlichen „Eintracht", Kleist das Königliche Nationaltheater als „kleinen freundlichen Tempel" und als möglichen Ersatz für die Kirche bezeichnete, so ist das ein unmißverständlicher Hinweis darauf, wie er dessen gesellschaftliche Rolle einschätzte: als bestenfalls erbaulich und damit unbedeutend.

„Die Thür unseres kleinen freundlichen Tempels [...] zu verschließen" hieß dann auch, sie vor der politischen, der nationalen
Wirklichkeit zu verschließen, nichts zur „Beförderung der Nationalsache", zur „Erhebung und Belebung des Anteils an den vaterländischen Angelegenheiten" beizutragen. Am Ende wurde Ifflands Beitrag zur Entwicklung von „höhern Anlagen" der Nation
– das war der Gipfel der Ironie – als in der Aufführung dreier plat-
ter Possen bestehend bezeichnet.[20]

4

Kleists im Hinblick auf die Person Ifflands sicher subjektive Kritik
traf gleichwohl in allen entscheidenden Fragen: der des Repertoires, der der künstlerischen Qualität und der des Verhältnisses
zur Öffentlichkeit, den wirklichen Zustand des „Königlichen Nationaltheaters". Der „Theaterpapst" Iffland, als berühmtester deutscher Schauspieler, als erfolgreicher Dramatiker und als mit dem
Staatskanzler Hardenberg sich bestens stehender Direktor, stellte
nach außen, gegen jede Kritik, eine geradezu göttliche „Dreieinigkeit" dar; nach innen aber übte er als Dramatiker und Schauspieler
auf Spielplan und Spielweise des Königlichen Nationaltheaters einen beherrschenden Einfluß aus.

Kleists Kritik vernachlässigte demgegenüber gewisse objektive
Tatbestände, deren Opfer auch Iffland geworden war. Das waren
insbesondere die von seinem guten Willen unabhängige organisa-
torische und ökonomische Verfassung des Königlichen Nationaltheaters und die Folgen von Krieg und französischer Besatzung
seit 1806.

Das Königliche Nationaltheater „ressortierte" hinsichtlich seiner Direktion vom Hofe. Aber „das Theater erhält sich [...] durch
seine Tages-Einnahme. Des Königs Majestät geben für ihre Logen
einen jährlichen Beitrag von 5400 Thln, welcher in monatlichen Ratio bezahlt wird."[21] „Dieser Beitrag wurde auch bis zum letzten Januar 1807 aus der [...] königlichen Casse bezahlt. Von diesem Zeit-
punct an hörten jedoch die Zahlungen der Königlichen Cassen
auf."[22] „Späterhin gelang es der unterzeichneten Direction, die
französischen Autoritäten zur ferneren Zahlung dieses [...] Beitra-
ges zu vermögen, und sind [...] diese Beitragsgelder [...] bis zum

letzten Novbr. 1808 richtig an die Theater-Casse gezahlt worden".[23] Dann erhielt das Theater zunächst kein Geld mehr aus den wieder „etablierten" königlichen Kassen; erst im April 1809 war der Staatsrat Sack gezwungen, „in Rücksicht der dringenden Lage"[24] des Nationaltheaters, eine Zahlung von 3.000 Talern zu verfügen, die Iffland aber lediglich als Kompensation für den ausgefallenen Beitrag der Krone akzeptieren mußte. Nach Ifflands Aussage war der „königl. Jahres Beitrag [...] überall, bei den Aussichten aber, die nun [d.h. in der Zeit der Besetzung, W.] bevorstanden, völlig unzulänglich". Denn „die Abwesenheit alles Preußischen Militairs, die sogleich eingetretene sehr starke Entfernung derer Beamten, welche dem königlichen Hause folgen mußten, so wie die sehr zahlreiche Abreise und Auswanderung anderer Personen [...] gaben die traurigsten Aussichten in Betreff der Erhaltung des Schauspiels".[25]

Unter diesen Umständen mußte Iffland beim Magistrat betteln gehen, der auch half, und zwar bis April 1809 mit insgesamt 69.734 Talern und 22 Silbergroschen. (Diese Forderung des Magistrats an die Staatskasse, inzwischen, mit Zinsen, auf 83.687 Taler und 22 Silbergroschen angewachsen, bestand noch 1826.)[26] Zu der demütigenden finanziellen Lage kam, daß sich das Theater, um sich erhalten zu können, zwischen 1806 und 1808 weitgehend den Bedürfnissen der französischen Besatzung anpassen mußte. Dabei spielte (der Sprachbarriere wegen) das Ballett eine besonders wichtige Rolle.

„Bei dem Einrücken der Französischen Armee erhielt [...] die Direction, nach Schilderung ihrer ganzen Lage [...] von der damaligen Administration, unter Vorsitz des Herrn Fürsten Hazfeld Durchlaucht, die offizielle Anweisung ‚alles anzuwenden, daß die Fremden im Schauspiele Vergnügen finden könnten, die Zuziehung des Balletts zu bewirken, und daß, wenn es, bei so viel thunlich sparsamer Oekonomie, alsdann gleichwohl fehlen sollte, die Stadtcasse in's Mittel treten würde, das Theater zu erhalten'." Doch stellte sich bald heraus: „Die Ballette, welche an sich den Fremden, besonders bei ihrer Unkunde der deutschen Sprache, lieb seyn mußten, sind mehr ein Gegenstand der Ausgabe für uns, als der Einnahme [...] Die bis jetzt gegebenen 14 Ballets und die 9 gegebenen Divertissements, kosten bis heut, vom 26ten Octbr. an, die Summe von 1819 Thalern."[27] Am Beispiel des Balletts wird in *Ueber das Marionettentheater* das Problem der verlorenen Anmut und der Ziererei behandelt; hier wird deutlich, daß dies sowohl als antinapoleonische Anspielung wie als Kritik an preußischer Kollaboration verstanden werden konnte.

Die Verschiebung im Repertoire des Königlichen Nationaltheaters wurde jedoch auch nach dem Abzug der Franzosen nicht korrigiert. Die schlechte finanzielle Lage des Theaters, Ifflands geschmackliche Unsicherheit und seine Nachgiebigkeit gegenüber einem Publikum mit wachsenden Bedürfnissen nach Ablenkung von der bedrückenden politischen Lage, führte zu einer Inflation bürgerlicher Rührstücke, Lust- und Singspiele, Possen und kleiner Opern, nach denen ebenfalls getanzt wurde, neben selbständigen Ballettabenden. (Unter letzteren *Apoll und Daphne*, worauf Kleist in *Ueber das Marionettentheater* anspielte.)[28] Bessere Stücke (von Lessing, Goethe, Schiller) wurden fast nur bei Schauspieler-Gastspielen (besonders im August) in alten Dekorationen wieder hervorgeholt. Auch diese Gastspiel-Aufführungen wurden vorwiegend aus finanziellen Gründen veranstaltet. Im September fand eine Vorstellung der *Jungfrau von Orleans*, im Oktober eine von *Maria Stuart* und eine der *Räuber* statt. Im Jahre 1810 wurden ungefähr 35 Titel neu in das Schauspiel-Repertoire aufgenommen, neben 17 Lustspielen und Possen nur drei literarisch anspruchsvollere: Shakespeares *Kaufmann von Venedig* (am 5. 3.), Schillers *Don Carlos* (am 28. 3.) und Goethes *Mahomet* (am 29.12.), wie üblich für nur ein bis zwei Aufführungen. Dies war das Angebot an ernstzunehmenden Dramen, das der abgewiesene Dramatiker Kleist im Königlichen Nationaltheater sehen konnte.[29]

Der Gesamtzustand des Repertoires wurde durch diese wenigen Ausnahmen praktisch nicht berührt; ihm war bei bestem Willen keine verbindende höhere Absicht zu entnehmen. Iffland hatte während der Zeit der Besatzung mit großen Anstrengungen für die Erhaltung des deutschen Theaters sehr viel Kraft geopfert, seine zunehmende Müdigkeit offenbarte aber immer deutlicher auch bei dem Direktor den kleinbürgerlichen Horizont, der die Stücke des Dramatikers Iffland früh ausgezeichnet hatte.

Eine Auseinandersetzung mit ihnen fand in den *Berliner Abend-blättern* nicht direkt statt, da sie, im Vergleich zur ersten Zeit von Ifflands Direktion, seltener gespielt wurden. Nur allgemein zielte Kleists Repertoire-Kritik auch in ihre Richtung; schon früher aber hatte er keinen Zweifel an seiner Haltung ihnen gegenüber gelassen. In einem Brief an Marie von Kleist, in dem er die Beendigung der *Penthesilea* meldete, hieß es anläßlich der Frage, ob sie, „bei den Forderungen, die das Publikum an die Bühne macht, gegeben werden wird", eindeutig: „Ich glaube es nicht, u wünsche es auch nicht, so lange die Kräfte unsrer Schauspieler auf nichts geübt als Naturen, wie die Kotzebuschen und Iffl[and]schen sind, nachzuahmen."[30] Kleist war sich also schon zu dieser Zeit über die negative Wirkung der Ifflandschen Dramatik auf Theater, Schauspielkunst und Publikum im klaren. Das ist auch aus der Rolle abzulesen, die die Auseinandersetzung mit dem zeitgenössischen Theater im gemeinsam mit Adam Müller herausgegebenen *Phöbus* spielte. Müller war in seinen Dresdener Vorlesungen von 1806/07 mehrmals auf Iffland zu sprechen gekommen; ihr auszugsweiser Abdruck in der gemeinsamen Unternehmung läßt darauf schließen, daß damit weitgehend auch Kleists Gedanken ausgesprochen worden waren. In den *Fragmente(n) über die dramatische Poesie und Kunst* hieß es zum Verhältnis zwischen bürgerlichem Publikum und Ifflandscher Dramatik: „Dieses Geschlecht nemlich von der Natur zum Erwerbe bestimmt, mag nicht leicht einen Schritt ohne bestimmten Zweck und augenscheinlichen Nutzen thun. Wenn es sich also in das Theater begiebt, so setzt es voraus, dass der Dichter durch sein Werk irgend eine wichtige und gemeinnützige Wahrheit wie an Beispielen erläutern werde, dass der Dichter wirklich keine höhere Absicht haben könne, als irgend eine Lebensregel oder Klugheitsmaxime gleichsam auf eine spielende Weise seinem Publicum beizubringen [...] Aus diesem trocknen und ich darf es wohl sagen, unedlen monologischen Interesse an einem kalten Sittenspruch [...] sind alle die albernen Fragen über den moralischen Nutzen des Theaters, und das ganze Heer langweiliger Predigten über den Werth des Hausfriedens, über die Schädlichkeit der Hazardspiele und des Schuldenmachens u.s.f., mit denen Iffland nun schon seit zwanzig Jahren langweilt, entsprungen."[31] Dem wurde in einer späteren Folge programmatisch entgegengehalten: „Grade erhöht sollt ihr die Bühne verlassen, nicht blos bekräftigt in dem alten Sauerteig der ordinairen s.g. wahrscheinlichen Gefühle und der ordinairen Grundsätze, die nur auf ordinaire Lage des Lebens, wo ihr überhaupt der Grundsätze nicht bedürft, passen, in allen ausserordentlichen Fällen Euch aber im Stiche lassen; grade hineingerissen sollt ihr werden, in das gewaltige Leben der Poesie, nicht ausserhalb sitzen und kalt und kritisch hineinschauen."[32]

In *Italienisches Theater, Masken, Extemporiren* wurde der nationale Aspekt dieser Kritik an Ifflands Dramatik ganz deutlich: „Dass ich die dramatische Poesie gern auf den Staat beziehe, wird niemanden befremden; denn wozu das Zusammenströmen des ganzen Volkes in den Theatern; hoffentlich doch wohl nicht deshalb, weil die Anstalt zu viel Kosten macht, als das[s] Einzelne dieselbe bestreiten könnten [...] – sondern um das höchste Gemeingut der Nation, ihre Selbstheit, ihre Eigenthümlichkeit, ihr gemeinsames Leben (was doch etwas mehr sagen will, als die Individualität, die Sitten, und das noch so elegante Privatleben der einzelnen, ab- und zulaufenden Menschen,) um dieses gemeinschaftliche Leben gemeinschaftlich mit der Nation zu schauen und zu geniessen."[33]

Diese noch in Kleists *Schreiben eines redlichen Berliners* im Schlußabsatz nachklingenden Gedanken Müllers zu einem nationalen Theater wurden einerseits aus dem Vorbild des klassischen griechischen Theaters, andererseits aus der Polemik gegen die Dramatik Ifflands und das ihr entsprechende Theater gewonnen. Müller (und mit ihm wohl Kleist) war jedoch nicht der Meinung, „dass das bürgerliche Leben und die Familie nicht auf die Bühne gehör[t]en". Denn „[n]icht in dem Gegenstande [...] liegt die Nichtswürdigkeit unsrer Familiengemälde, sondern in der Art w i e sie gezeigt werden, nemlich, als ob um ihrentwillen die Welt da sei, als ob von regelmässiger Haushaltung, von Pünctlichkeit in den Amtsgeschäften [...] nun gleich ein goldnes Zeitalter zu erwarten stehe". In der gegebenen nationalen Situation hatten sich Ifflands Dramatik und Theaterverständnis überholt: „Es ist schön und brav von Iffland, dass er meistentheils am Ende die Jungen sich zur Lebensart, zu den Sitten und dem hausmännischen Leben der alten

Leute bequemen lässt [...] Aber wenn in allen diesen bürgerlichen Dramen nur etwas tiefer gegriffen würde, wenn es nur nicht immer auf Familien hinaus käme, die den Menschen zu vergleichen sind, von denen man sagt, dass sie nichts Böses aber auch nicht Gutes thun; was hilft uns die ganze Dienstpflicht, die Iffland predigt, wenn der Feind das Land überschwemmt und alle die schönen Dienstverhältnisse aufhören [...] Tiefer gegriffen in das Herz der Familien und Menschen! Abgesehen von den äusseren Verhältnissen, von den Lumpen, die der Augenblick, die Umstände und die Convenienz dem gewaltigen Wesen umhängen, das in jedem Busen schlägt!"[34]

Zwischen Ifflands Dramatik nun und seinem Darstellungsstil bestand eine enge wechselseitige Beziehung. „Nirgend [...] commentiert der Dichter den Schauspieler, und umgekehrt dieser jenen so deutlich, als in Ifflands Spiel und Werken. Man darf ihn nur einigemahl gesehen haben, um zu wissen, wie er jede Stelle in seinen Stücken gemeint hat, so wie man mit etwas Phantasie nicht leicht irren wird, in seinen Schauspielen genau zu wissen, wie er diese oder jene Rolle bey der Aufführung nehmen wird", so Ludwig Tieck 1808.[35] Kleists Kommentar zur Aufführbarkeit der *Penthesilea* aus dem gleichen Jahr zeigt, daß er sich über die entscheidende Rolle eines anderen Darstellungsstils für das von ihm gedachte Theater im klaren war.

III Das Marionettentheater in Berlin

I

Neben dem Königlichen Nationaltheater, das ein „ausschließendes Privilegium" besaß, und der Königlichen Oper, die im Jahr nur wenige Aufführungen veranstaltete, gab es 1810 in Berlin kein anderes festes Theater. Im Gegenteil, von deren Direktion wurde jede mögliche Konkurrenz bekämpft; der Kreis potentieller Zuschauer – d. h. natürlich der „gesellschaftsfähigen" und zahlungskräftigen – sei zu klein gewesen.[1] In einem nur aus sozialen Gründen erklärlichen Gegensatz dazu entwickelte sich seit den letzten Jahren des 18. und, zunehmend, in den ersten des 19. Jahrhunderts eine ganze An-

zahl von „Privattheatern" bzw. „Gesellschaftstheatern", deren Existenz freilich oft nur von kurzer Dauer war. Das bekannteste unter ihnen war das Gesellschaftstheater „Urania", das 1792 gegründet wurde; daneben gab es das „Privattheater Minerva des Kattunwebers Goerbisch", das Privattheater der „Ressource zur Concordia", ein „Gesellschaftstheater in der Jakobstraße" u.a.[2]
Es handelte sich um „Liebhabertheater", die allerdings nur mit wenigen Vorstellungen im Winter in Erscheinung treten durften; sie wurden streng reglementiert und brauchten für jede Aufführung u.a. das Einverständnis des Direktors des Königlichen Nationaltheaters, also Ifflands. Die Mitglieder rekrutierten sich überwiegend aus kleinbürgerlichen Kreisen, Handwerkern und jungen Arbeitern.[3]
Für die Beliebtheit von Theater in Berlin sprach auch, daß z.B. im Herbst 1809 eine Zeitlang „lauter Handwerker und brodlose Herumtreiber" unter einem „Directeur Haseloff" in verschiedenen Tabagien „Comödie" spielten[3a], bis sie beim Polizeidirektorium denunziert wurden. Der Gastwirt Gentz, den man daraufhin, „theils wegen theatralischer Vorstellungen, theils wegen der in seiner Wirtschaft geduldeten Nachtschwärmereien", zu einer hohen Geldstrafe verurteilte,[3b] denunzierte zehn weitere Gastwirte, bei denen „das Gesetz vor u. nach mir, durch die selbe Menschen welche bey mir gespielt haben verletzt", d.h. Komödie gespielt worden sei.[3c] Gentz hatte dem Polizeidirektorium angegeben, er hätte „von Director Iffland die Erlaubnis erhalten, in seiner Wohnung Komödie spielen zu lassen".[4] Das wurde von dem indignierten Iffland schärfstens zurückgewiesen mit dem Zusatz: „Dennoch hat sie [die Direktion des Königlichen Nationaltheaters, W.] die Überzeugung, daß gegen acht bis zehn Theater dieser Art [vermutlich nicht genehmigte Orte, vor allem Wirtshäuser, in denen gespielt wurde, W.] existieren, welche vielleicht eine ähnliche falsche Erlaubnis vorgeben. Sie ersucht deshalb ein Königliches hochlöbliches Polizei-Directorium, darauf ein wachsames Auge zu haben."[5] Gentz wurde nach langem Hin und Her im Mai 1809 die Strafe, „wegen seiner durch den Krieg zerrütteten Vermögensverhältnisse [...] und um ihn nicht ganz zugrunde zu richten", erlassen.[6]
Dies kennzeichnet ziemlich genau die soziale Umwelt, in der

sich das Marionettentheater im ersten Jahrzehnt des 19.Jahrhunderts in Berlin entwickelte. Dieses Marionettentheater war hauptsächlich ein „Wirtshaustheater". Das zeigt auch die alleinige Überlieferung seiner Existenz in Anzeigen von Gastwirten in der *Vossischen* und in der *Haude-Spenerschen Zeitung* – und in einer schmalen Polizeiakte im Brandenburgischen Landeshauptarchiv Potsdam: „Die Aufsicht über konzessionierte und nichtkonzessionierte Marionettenspieler in Berlin."[7]

Beide Überlieferungen zusammen vermitteln den Eindruck, daß 1809/10 das berlinische Marionettentheater hinsichtlich seiner Verbreitung und Beliebtheit einen Höhepunkt erreichte. Nach Feststellung Rudolf Weils (1930) gab es 1797 überhaupt noch keine Marionettentheater-Aufführungen in Berlin, während 1804 mindestens zwei Spieler (in Anzeigen namentlich genannt sind J.G. Freudenberg und Carl Friedrich Loose) bei mindestens fünf Wirten gespielt haben sollen.[8] Das war sicher beeinflußt von dem ständig zunehmenden Erfolg, den das berühmte Marionettentheater von Dreher & Schütz seit 1803 bei jährlichen Gastspielen in Berlin hatte.

2

Im Herbst 1810 gab es jedenfalls bereits sechs konzessionierte Marionettenspieler, die bei mindestens zehn Gastwirten und an anderen Orten nach einem gewissen System reihum spielten. Vor allem in den drei Monaten vor Weihnachten konnten an jedem Wochentag in Berlin zwei bis drei Marionettenaufführungen gesehen werden; wahrscheinlich waren es, eingerechnet die nicht annoncierten und „illegalen" der nicht konzessionierten Spieler, noch mehr.[9] An Sonnabenden, Sonn- und Feiertagen durfte nicht gespielt werden.

Verschiedene Gastwirte hatten einen festen Wochentag mit Marionettenspiel, an anderen Tagen wurden „Concerte" (Vokal- und Instrumentalmusik) oder, meistens mit volkstümlichen lokalen Traditionen verbunden, Tanzspiele geboten. Nur selten annoncierten Marionettenspieler selbst, dies weist auf wenige andere Auftrittsmöglichkeiten hin; sicher war auch das Risiko einer eigenen Veranstaltung zu groß. Die Gastwirte ihrerseits ließen die Marionettentheater wohl vorrangig aus kommerziellen Gründen bei sich spielen: Es ging darum, Gäste zum Abendessen an- und von der

Konkurrenz wegzulocken. Die in den privilegierten Zeitungen veröffentlichten Anzeigen belegen zugleich die Zugehörigkeit des Marionettentheaters zu einem ganzen Umfeld volkstümlicher Unterhaltungen:

Heute, Donnerstag, wird mit laufenden Figuren aufgeführt: Der Gimpel auf der Messe.
Zum Abendessen ist zu haben Gänse- und Hühnerbraten, grüne Aale mit Danziger Sauce.
Wisotzky, Stallschreibergasse No. 43.
(*Vossische Zeitung*, Beilage zum 110. Stück, 13. 9. 1810)

Heute, Dienstag den 2ten Okt., wird in meinem Saal das Pflaumenfest mit großer Ceremonie gefeiert werden; auch wird morgen, Mittwoch den 3ten, das Marionettenspiel wieder seinen Anfang nehmen, und damit alle Woche kontinuiert werden. Wiedeck. Contreskarpe No. 12 im Silbersaal.
(*Vossische Zeitung*, 118. Stück, 2. 10. 1810)

Morgen, als den 24sten wird mit großen laufenden Marionetten aufgeführt: Die Braut in Ketten, oder die Kindsmörderin, ein Schauspiel von Wagner. Auch ist zu haben eigengemachte frische Wurst von der besten Güte. Von 6 Uhr an wird gespeist. Greim, Stallschreibergasse No. 30.
(*Haude- und Spenersche Zeitung*, Nr. 127, 23. 10. 1810)

Donnerstag, den 6ten December wird auf Begehren ein Pfeifentanz gegeben. Freitags ist Marionettenspiel, und Dienstags giebt Herr Heinsius ein Singe-Concert mit Begleitung der Guitarre. Gröer, Französische Straße No. 60.
(*Haude- und Spenersche Zeitung*, Nr. 146, 6. 12. 1810)

Mit Arien und Chören, nebst vollständiger Musik, wird Mittwoch, den 12ten Decbr., in meinem Saal Lindenstraße No. 61 auf dem Schuchartschen Marionettentheater aufgeführt: Die schöne Orsena, ein Feenmährchen in 5 Aufzügen. Christiany.
(*Vossische Zeitung*, 148. Stück, 11. 12. 1810)

In den Anzeigen tauchten 1810 zwei Namen von Marionettenspielern auf, Schuchart und Lange; später auch der Name Richter. Die meisten Anzeigen nannten keinen Namen und auch keine Titel. Offenbar handelte es sich bei den Genannten um die inzwischen bekanntesten, deren Name „zog". Nur den Polizeiakten sind Namen und Adressen der konzessionierten Berliner Marionettenspieler zu entnehmen.

Das waren Friedrich Daniel Schuchart, Rosenthaler Str. No. 5; Friedrich Wilhelm Lange, Hasenhegerstr. No. 2; Johann Siegesmund Richter, Linienstr. No. 28; Carl Friedrich Loose, Hospitalstr. No. 11; J.G. Freudenberg, Hospitalstr. No. 47 und Etienne Andrian (Wohnung nicht überliefert).[10] Lange war „invalider Husar", Loose ein „Krüppel", der seine Konzession von ebenfalls einem Invaliden, Joachim Friedrich Wolff, übernommen hatte.[11] Loose z. B. konnte seinen Namen nicht schreiben.[12] Neben den Genannten waren, wenigstens zeitweise, auch noch Marionettenspieler ohne Konzession tätig.

Die innere Organisation der Marionettentheater geht in etwa aus einem polizeilichen Vorgang gegen F. W. Lange hervor. Dieser hatte ein Stück mit dem Titel *Der König auf der Jagd im Walde verirrt* spielen lassen, das zu wiederholen ihm bei 20 Talern Strafe verboten wurde (möglicherweise wegen „Herabsetzung der Majestät"). Dazu hieß es im Bericht des Polizeikommissars Thieme vom 29. 8. 1810: „Das Puppenspiel gehört dem dazu concessionierten ehemaligen Tabagist Lange. Dirigiert wird solches durch den P. Brandt, die Führung der Puppen und das Sprechen geschiehet von den act. Garde du Corps Neitsch und den Casperle belebt und bewegt einer nahmens Habèr."[13] Lange war also noch Eigentümer, betrieben wurde das Theater jedoch (wie auch die Tabagie) von dem „p. Brandt". Die Spieler waren Neitsch und Habèr. Die komische Figur („Casperle") muß eine große Rolle gespielt haben; darauf verweist ihre Führung durch einen eigenen Spieler. Habèr war offensichtlich Langes bester Mann; im August 1811 denunzierte dieser ihn beim Polizei-Direktorium, weil er sich („mit einem Arbeitsmann nahmens Sahm") selbständig gemacht hatte, sich den gleichen Wirten anbot und damit zur Konkurrenz wurde.[14] Zu dem beanstandeten Stück gab es kein Manuskript. Neitsch konnte es auswendig und trug es vor, „wie es ihm im Sinne kommt". Polizei-Kommissar Thieme weiter: „Die Puppenspiele haben durchaus nichts regelmäßiges, sie geben die Stücke nahmens, und führen in einem Stück drey und mehrere Stellen aus Comödien auf [...] verlieren sie ihre Geschichte, so faßen sie das erste das beste was ihnen einfällt, und tragen es vor, ihr Zweck ist nur Lachen zu erregen, wodurch manches Unsittliche entsteht."[15]

Die Polizei stellte fest, daß sie „selten die zu gebenden Stücke gedruckt oder im Manuscripte besitzen, sondern diese durch mündliche Überlieferung von Vater auf Sohn auswendig gelernt haben".[16] Schuchart z.b. ergänzte sein Repertoire darüber hinaus auf folgende Weise: „Wird zum Exempel auf dem National Theater ein beliebtes Stück gegeben, so fand ich mich dort als Zuschauer ein, und ein paar Tage darauf, wurde es von mir auf meinem Marionetten Theater, doch unter einem anderen Tittel aufgeführt."[17] Richter lieh sich auch Bücher aus der „Lesebibliothek".[18] Auf diesem dreifachen Weg entstand vermutlich das „Repertoire" aller Berliner Marionettentheater. Unter den „von Vater auf Sohn" überlieferten Titeln waren wahrscheinlich auch die traditionellen Stücke des deutschen Marionettentheaters. Mitgeteilt wurde weiterhin, daß sich die „Puppen und Marionettenspieler [...] Zusätze erlauben, die ihnen Ort, Zeit u. Gelegenheit eingeben"[19].

Das Polizei-Direktorium kam zu der Überzeugung, daß sie „nicht nur einzelne unsittliche Scenen mit ihren Marionetten vorstellen, sondern auch überhaupt Stücke aufführen, die ihrem ganzen Inhalte nach äusserst anstößig sind", und meinte deshalb, „daß dergleichen Vorstellungen, wenn sie auch vielleicht nur hin und wieder mit einem obszönen Ausdrukke gewürzt werden, auf die Moralität der rohen sinnlichen Menschen und überhaupt auf die Sittlichkeit des Volkes sehr nachtheiligen Einfluß haben können".[20] Dementsprechend war ihre Behandlung. Als z.B. Loose beantragte, in Charlottenburg spielen zu dürfen, wurde das abgelehnt und dem Polizei-Direktorium mitgeteilt, „daß dergleichen Puppenspieler hier weder vom Magistrat noch von der Geistlichkeit und auch von keiner der vorzüglichsten gewöhnlichen und Sommer Bewohnern [...] gern gesehen werden, da die Ruhe im Ort die Abende und auch späthin unterbrochen wird, indem nach dem Spiel Tanzmusick ist, dabey werden die niedere Volksklasse ihre paar Groschen loß und durch das späte schlafen gehen, unfähiger als sonst zur Arbeit".[21]

3

Das Berliner Marionettentheater war offensichtlich auf der nahezu untersten Stufe der städtischen Gesellschaft angesiedelt. Konzessionen wurden, nach den friderizianischen Kriegen, vor allem an invalide Soldaten vergeben, dann zum Teil von ihnen weitergegeben bzw. verkauft. Mit Marionetten wandernde Puppenspieler, sozial etwa den Hausierern gleichzustellen, gab es überall im Land.

In Berlin gelang es offenbar einigen Konzessionsbesitzern, den Status etwa eines Handwerksbetriebs (mit Geselle und Lehrlingen = Kasperlespieler und übrige Spieler) zu erreichen und damit Seßhaftigkeit und, infolge der Interessengemeinschaft mit „Tabagisten", eine fragile soziale Sicherheit. Der Umstand, daß noch 1810 selbst der Polizeibehörde außer ihrem bloßen Vorhandensein nichts Näheres über sie bekannt war, deutet ebenfalls auf diese armselige Situation hin.

Repertoire und Spielweise des Berliner Marionettentheaters waren zweifellos von seiner unsicheren sozialen Situation beeinflußt und durch sie beeinträchtigt. Es waren in ihm, wenn vielleicht auch nur Reste des alten Volkstheaters erhalten. Das Repertoire scheint aber stark vom unterhaltenden Repertoire des etablierten Theaters beeinflußt worden zu sein: Lustspiele und Possen, die für die eigenen Bedürfnisse und sehr freizügig zurechtgemacht wurden.[22] Zweifellos durfte man dieses Marionettentheater überhaupt nicht von einem „literarischen" Standpunkt her betrachten. Dafür war es als Teil einer städtischen „Subkultur", einer „zweiten Kultur" der arbeitenden Klassen, schöpferisch auf eine andere, unliterarische Art, ungetrübt von „Reflexion".[23]

Grundlage seiner künstlerischen Spezifik waren nicht passive, sondern mit Essen und Trinken, Singen und Tanzen selbst „tätige" Zuschauer. Das ermöglichte sicher sehr lebendige Publikumsbeziehungen, gekennzeichnet durch eine sich wechselseitig steigernde Spontaneität. Daß die Stücke „nichts regelmäßiges" hatten und „wie es ihnen im Sinne kommt"[24] gespielt wurden, weist auf die entscheidende Rolle der Improvisation hin, von der besonders die komische Figur, hier schon „Casperle" genannt, lebte. „Ort, Zeit u. Gelegenheit" waren wichtige Momente für die künstlerische Produktion. Das künstlerische Produkt, die Aufführung, war damit in einem weitaus größeren Maß als im „richtigen" Theater ein gemeinschaftliches der Marionettenspieler und ihrer Zuschauer.

Was von der Polizei-Direktion als „obszön" und „anstößig" bezeichnet wurde, war das Derbkomische, ein wichtiges Element des alten Volkstheaters. Wenn es polizeilich hieß, „manches Unsittliche" entstehe durch ihren „Zweck [...] nur Lachen zu erregen",[25] dann meinte das auch Anspielungen auf Politik und Personen. Unverfängliche (zumeist sentimental klingende) Ankündigungen besagten nichts; vielmehr stellte die Polizei fest, daß „die Titel der Stücke selten dem Inhalte entsprechen", wodurch es erst recht möglich wurde, „anstößige Stücke" und „unsittliche Ausdrücke", natürlich „dem Publikum zum Vergnügen", aber „auf Kosten der allgemeinen Sittlichkeit", darzubieten.[26]

Das Berliner Marionettentheater blieb auch 1810, obwohl es, wie die Anzahl der Vorstellungen zeigt, einen Höhepunkt seiner Beliebtheit erreicht hatte, in seiner Wirkung offensichtlich auf die „niederen Volksklassen" beschränkt. Aus „gebildeten" Kreisen sind jedenfalls aus dieser Zeit keine Erwähnungen überliefert. Erhaltene Erinnerungen beziehen sich fast ausschließlich auf das Marionettentheater von Dreher & Schütz, dessen letztes Gastspiel in Berlin von November 1807 bis Mai 1808 stattfand. Es hatte Maßstäbe für die Beurteilung des ganzen Genres gesetzt mit einem Repertoire, das wohl alle berühmten Titel des alten deutschen Volks- und Marionettentheaters umfaßte.[27] Besonders in den Kreisen der Berliner Romantiker vermochte es damit ein national gefärbtes literarisches Interesse hervorzurufen.

Ludwig Tieck hatte schon 1800, in den *Briefen über Shakespeare*, darauf hingewiesen, daß die Marionettentheater „eine Anzahl von alten Stücken" spielten, „die unser eigentliches Nationaltheater formiren weil sie so ächt deutsch, ganz aus der Mitte unserer Begriffe hervorgegangen sind".[28] Der Erfolg des nach den Zeugnissen künstlerisch hochstehenden Marionettentheaters von Dreher & Schütz hat sicher auch die bescheideneren Berliner Marionettentheater beeinflußt, die zudem das dadurch erwachte Interesse ausnutzen konnten.

Doch selbst der auf kleinbürgerliche Kreise orientierte *Beobachter an der Spree* erwähnte erst im Mai 1811 (in einem *Schreiben einer Berliners an einen Charlottenburger über die neuesten Stadtvorfälle*)[29] wieder Marionettentheater: diesmal das des Mechanikus Geisselbrecht, der sein erstes Gastspiel in Berlin gab. Geisselbrecht vereinigte in einem umfangreichen Repertoire vor allem klassische deutsche Marionettenstücke und Stücke der Wiener Volks- und Zauberkomödie mit neuerer Literatur in Gestalt von Stücken Johann Daniel Falks, August Mahlmanns und Julius von Voß'.[30] Das brachte ihm bei seinem zweiten Gastspiel im Dezember 1811 die Anerkennung ein, er habe versucht, „den Berlinern den lang vermißten Schütz zu ersetzen", denn er schaffe „durch gute Wahl mannigfaltiger für seine Bühne eigens gedichteter Stücke den Trübsinn in Freude und den tiefsten Ernst in Lachen um".[31]

Dies alles heißt, daß das „eigene" Marionettentheater entweder nicht wahr- oder nicht ernstgenommen wurde. Gründe dafür waren wohl die sozialen Schranken und vielleicht ihre geringeren künstlerischen Fähigkeiten. Gebildete Bürger fanden sie und ihre Umgebung wahrscheinlich geschmacklos und ordinär.

4

Unwahrscheinlich ist aber, daß z. B. Achim von Arnim und Clemens Brentano das Marionettentheater in Berlin nicht gekannt haben; wie man weiß, war ihr Interesse am Puppentheater von Jugend an beträchtlich. Arnim hat die Vorstellungen von Dreher & Schütz besucht; schon im Februar 1806 schrieb er darüber an Goethe aus Berlin: „Das Theater [Ifflands Königliches Nationaltheater, W.] ist noch das alte, schwache, träge, reducirte Stückpferd [...] Casperl hat den ganzen Winter mit großem Beifall gespielt [...] Er sagt mir immer große **politische Wahrheiten** von unserem Lande."[32] Anläßlich einer kurzen Reise von Karsdorf nach Rostock besuchte er dort auch ein wanderndes Puppentheater, das u. a. antifranzösische Stücke spielte. Arnims Urteil: „Die Zeitgeschichte trifft am **Markt** zusammen."[33] (Hervorhebungen, W.)

Wahrscheinlich ist auch, daß sich Arnims in einem Brief an

Goethe erwähnter Puppenspielplan auf die Kenntnis des Berliner Marionettentheaters bezog,[34] dessen Repertoire aus verschiedenen Gründen „einer höheren Entwickelung"[35] bedurfte. Praktisch tätig wurde Arnim in dieser Hinsicht schließlich mit seinem Schattenspiel *Das Loch* und besonders mit *Die Appelmänner* (geschrieben 1811, veröffentlicht 1813 in der *Schaubühne*), einem Stück mit volkstümlichem und nationalgeschichtlichem Stoff und aktueller Tendenz.

Kleists Interesse am Marionettentheater hat, freilich in anderer Richtung als das Arnims, in seinem erzählten Dialog beredten Ausdruck gefunden. Es ist kein Hinweis darauf überliefert, daß er in Berlin das Marionettentheater besucht hat, doch war ihm sein soziales Milieu durchaus nicht fremd. Friedrich Wilhelm Gubitz sah Kleist 1810 in Berlin: „[...] die ganze Erscheinung war ein Bild der Dürftigkeit. Er nährte sich damals hauptsächlich durch ein Wochenblättchen, dessen Inhalt er, wie man mir sagte, in einem Gasthofe schrieb wegen der Mangelhaftigkeit seiner Wohnung."[36] Es ist möglich, daß Arnim Kleists Interesse an den Marionetten weckte oder wieder weckte.

Denn es ist sehr gut möglich, daß er Marionettentheater schon von früher her kannte. *Ueber das Marionettentheater* selbst gibt uns einen Hinweis darauf. Das M in der Angabe „Winter 1801 in M...", zur Täuschung der Zensur gleich an den Anfang gesetzt, meint sehr wahrscheinlich Mailand. Dafür spricht unter anderem, daß sich die in ihm auftretenden Gesprächspartner, der Tänzer und der Erzähler, in einem „öffentlichen Garten" treffen, eine Eindeutschung des für die italienische Stadt charakteristischen „giardino publico". Kleist hat sich zwar nicht 1801, wohl aber 1803 in Mailand aufgehalten, allerdings im Sommer.[37] Die Veränderung in „Winter 1801" muß jedoch keine Erinnerungsschwäche, sondern kann auch eine durch Vertauschung der beiden letzten Ziffern bewerkstelligte und beabsichtigte Anspielung auf den Winter 1810 sein, die Zeit also der Veröffentlichung des erzählten Dialogs – und damit ein Hinweis auf seine Aktualität.

In Mailand gehörte zu den Attraktionen, die von allen Fremden besucht wurden, neben dem Dom und der Oper (der „Scala"), das Marionettentheater des Guiseppe Fiando („Un marionettista di gran valore"), der dort seit 1795 tätig war. Es war vor allem durch seine Puppenballette berühmt.[38] Um 1816 schrieb Henri Beyle (Stendhal): „Girolemo, der Direktor des Puppenspiels in Mailand, starb kürzlich mit Hinterlassung eines Vermögens von 300000 Franken, das er freilich zumeist seinen vorzüglichen Balletten verdankte. Man muß es gesehen haben, um es zu glauben, welche Anmut und Weiche er den Beinen und Tanzsprüngen seiner kleinen Holzfiguren zu geben verstand. Man konnte in Mailand nicht selten hören, Girolemos erste Marionette wäre besser als der erste Ballettänzer der Scala."[39]

(Stendhal verwechselte hier bezeichnenderweise den Marionettenspieler mit seiner komischen Figur, die Gerolamo hieß und außerordentlich beliebt war; allerdings wurde Fiandos Theater auch „Teatro di Gerolamo" genannt.)[40]

5

Falls Kleist 1803 das Mailänder Marionettentheater besucht oder auch nur von dessen großartigen hölzernen Tänzern, etwa durch seinen Freund Lohse, gehört hatte, dann konnte er freilich „diese, für den Haufen erfundene, Spielart einer schönen Kunst" auch in Berlin „einer höheren Entwickelung für fähig" halten.[41] 1818, in seiner Vorrede zu Wilhelm Müllers Übersetzung von Christopher Marlowes *Doctor Faustus*, erinnerte Achim von Arnim jedenfalls konkret, wenn auch sehr vereinfachend, an eine vielleicht ursprüngliche Intention, daß Kleist „zum Lobe des Kasperle" geschrieben habe.[42] Beide, die nicht nur als Zuschauer mit dem Königlichen Nationaltheater unzufrieden waren, sondern auch als Dramatiker nichts von ihm zu erhoffen hatten, betrachteten wahrscheinlich das Marionettentheater als ein direktes Gegenbild des Königlichen Nationaltheaters, was zu satirischen oder ernsthaften Vergleichen geradezu herausforderte. Das hat Arnim scherzhaft in dem *Prolog des Dichterkopfes* zur „Tragikkomödie von dem Fürstenhause und der Judenfamilie" in seinem Roman *Armut, Reichtum, Schuld und Buße der Gräfin Dolores* (1810) getan. Wegen des Verfalls des Theaters und der Schauspielkunst geht der Dichter hier zum Puppenspiel über: „Was ist für Freude noch bei großen Bühnen. / Da ist nichts Lust'ges mehr, kein wild Erkühnen / [...] Ich ging davon und machte kleine Puppen; / Viel hatt ich nicht zu brocken in die Suppen, / [...] Weiß ich nichts mehr aus meinem Kopf zu sagen, / So brauchen sie nur tüchtig sich zu schlagen [...]"[43]

Das Marionettentheater repräsentierte eine nationale Tradition und war zugleich, vor allem über das Mittel der Improvisation, dem Augenblick verbunden, aktuell. Diese Einheit von Tradition und Aktualität entsprach weitgehend den nationalen und theaterästhetischen Vorstellungen der beiden Dichter. Das Publikum und die Publikumsbeziehungen des Marionettentheaters schienen darüber hinaus für die „Beförderung der Nationalsache" in „alle[n] Stände[n] des Volks"[44] weitaus bessere Voraussetzungen zu bieten als die des Königlichen Nationaltheaters. Das Marionettentheater erreichte jenes „Publicum", ohne das, nach beider Überzeugung, eine allgemeine nationale Bewegung nicht möglich war.

Kleists Interesse nahm dabei allerdings, wenigstens in *Ueber das Marionettentheater*, eine andere Richtung. Während Arnim praktisch, als Puppenspielschreiber, dachte, wurde Kleist, wie es scheint, von den Marionetten per se angezogen und durch sie auf Ideen gebracht, die mit seiner Arbeit als Theaterschriftsteller ohne Theater zusammenhingen: Die Frage nach einem zeitgenössischen Darstellungsstil war für ihn eine existentielle, entsprechend seiner Überzeugung, daß keines seiner Stücke von Schauspielern, „auf nichts geübt als Naturen wie die Kotzebuschen und Iff[land]schen sind, nachzuahmen"[45], darstellbar sei. Mehr noch: Es stellte sich für Kleist, der sich auch mit seinen Dramen in „die Waage der Zeit"[46] werfen wollte, die Frage nach dem Sinn dramatischer Produktion überhaupt, angesichts eines Theaters und eines in ihm herrschenden „gezierten" Darstellungsstils, bei dem die „Seele" und die „Glieder" keinen Zusammenhang untereinander hatten, der also zu einer unverfälschten Übermittlung der Intentionen des Dichters an das Publikum gar nicht taugte.

I

Anläßlich der Aufführung der Posse *Der Sohn durchs Ungefähr*
meinte Kleist in seiner Besprechung vom 5. Oktober 1810 „von
dieser kleinen Wenigkeit", daß sie „mit mehr Präzision und ineinander greifender gegeben wurde, als manch vorzügliches Lust-
oder Trauerspiel auf unsrer Bühne" und warf den anderen Rezensenten vor, daß sie nur eine „Beschreibung des Stücks" zu liefern
pflegten.[1] Hier tarnt das Lob für die Darstellung eines „Nichts"[2]
kaum die eigentlich gemeinte Kritik an der Behandlung wertvolle-
rer Stücke im Königlichen Nationaltheater. Die Besprechung weist
auf die Bedeutung hin, die Kleist der Inszenierung und der schau-
pielerischen Darstellung zur Durchsetzung von Dramatik beimaß
und, dem entsprechend, ihrer Beurteilung durch die Kritik.

Tatsächlich waren die beiden ersten Theaterbeiträge Kleists in
den *Berliner Abendblättern*, das Gedicht *An unsern Iffland* und die
Kritik *Ton des Tages*,[3] der eine versteckt, der andere vorsichtig, Kritik an Ifflands Darstellungsstil. Kleist ging angesichts der Zensur
sehr geschickt vor: Die im ersten Beitrag versteckte Kritik war besser zu verstehen, nachdem man den zweiten gelesen hatte.

Im „Huldigungsgedicht" hieß es am Ende: „Stets auf geweih'ten
Brettern / Wird Er, ein Heros, steh'n; / Wird dort als Fürst regieren / Mit Kunstgeübter Hand, / Und unsre Bühne zieren / Und unser Vaterland!"[4]

In der einen Tag später erschienenen Theaterbesprechung des
Lustspiels *Ton des Tages*, die, wie erwähnt, kein Wort über das
Stück verlor, war einzig und allein von Ifflands „kunstgeübter"
Hand die Rede. „Er drückt in der Tat, auf die erstaunenswürdig-
ste Art, fast alle Zustände und innerliche Bewegungen des Gemüts
damit aus." Durch ihren ganzen Aufbau und ihre „philosophische"
Einleitung („Kant sagt irgendwo [...]") konnte die Kritik zunächst
als Lob verstanden werden. Dann hieß es aber weiter: „Nicht, als
ob, bei seinen theatralischen Darstellungen, nicht seine Figur überhaupt [...] zweckmäßig mitwirkte: in diesem Fall würde das, was
wir hier vorgebracht haben, ein Tadel sein." In der „Pantomimik",
„besonders in den bürgerlichen Stücken", komme ihm so leicht

kein Schaupieler gleich. „Aber von allen seinen Gliedern", fuhr Kleist nach dieser vorsichtigen Einleitung nun fort, „wirkt, in der Regel, keins, zum Ausdruck eines Affekts, so geschäftig mit, als die Hand; sie zieht die Aufmerksamkeit fast von seinem so ausdrucksvollen Gesicht ab", und meinte endlich, „daß ein Gebrauch, mäßiger und minder verschwenderisch, als der, den er davon macht, seinem Spiel (*wenn* dasselbe noch etwas zu wünschen übrig läßt) vorteilhaft sein würde".[5]

Kleist griff damit, mit aller gebotenen Vorsicht, eine bekannte, zur Manier gewordene Spezialität des Schauspielers Iffland, sein charakterisierendes „Händespiel" an. Das „als Fürst regieren / Mit Kunstgeübter Hand, / Und unsre Bühne zieren" im „Huldigungsgedicht" des Vortags erhielt dadurch bis zum letzten Wort einen zweideutigen Sinn: Das „als Fürst regieren" konnte dann auch ‚die Bühne als Virtuose beherrschen', das „zieren" auch „geziert" heißen.

Die hier gegebene Charakterisitik von Ifflands Spiel mit der Hand, das so „geschäftig" und „verschwenderisch" sei, daß es die Aufmerksamkeit vom Gesicht abziehe, und das nur „an und für sich" vortrefflich sei, ist unschwer mit der anderthalb Monate später an gleicher Stelle, in *Ueber das Marionettentheater*, zu lesenden Kritik an Bewegungen der Tänzerin „P..." und des „jungen F..." zu vergleichen.

Dort wird die willkürliche Übertreibung einer Stellung (bei „der P...") bzw. einer Geste (bei „dem jungen F...") als „Ziererei" bezeichnet werden. Sie „erscheint [...] wenn sich die Seele [...] in irgend einem andern Punkte befindet, als in dem Schwerpunkt der Bewegung".[6]

In dem Theaterbeitrag *Ton des Tages* ist von solchem Grund für Ifflands „Ziererei" noch nicht die Rede, statt dessen davon, daß Iffland die Wahrheit eines „paradoxen Satzes" von Kant beweise, daß der „Verstand [...] falls er in Wirksamkeit treten solle, ein Werkzeug von so mannichfaltiger und vielseitiger Vollkommenheit, als die Hand" brauche und wiederum die Struktur der Hand anzeige, „daß die Intelligenz, die dieselbe regiere, der menschliche Verstand sein müsse". Kleist behauptet, dies sage Kant „irgendwo, in seiner Kritik der Urteilskraft"[7]. Das stimmt nicht, vielmehr erinnert Kleists sehr freie Wiedergabe an eine Formulierung in Kants *An-*

thropologie in pragmatischer Hinsicht, wo bezeichnenderweise nicht, wie Kleist es will, vom „Verstand" gesprochen wird, sondern wo es heißt: „Die Characterisirung des Menschen, als eines vernünftigen Thieres, liegt schon in der Gestalt und Organisation seiner Hand, seiner Finger und Fingerspitzen, deren, theils Bau, theils zartes Gefühl, dadurch die Natur ihn nicht für Eine Art der Handhabung der Sachen, sondern unbestimmt für alle, mithin für den Gebrauch der Vernunft geschickt gemacht [...] hat."[8]

Von einer hier herauszulesenden wechselseitigen Kausalität ist allerdings in der *Urteilskraft* die Rede. Im § 66 spricht Kant von einem „Princip der Beurtheilung" der „innern Zweckmäßigkeit in organisirten Wesen" (der Natur). Es heißt: „Ein organisirtes Product der Natur ist das, in welchem alles Zweck und wechselseitig auch Mittel ist".[9] Die ‚falsche Quelle' verrät allerdings noch mehr, nämlich, in welchen, schon auf *Ueber das Marionettentheater* vordeutenden, Zusammenhängen Kleist hier dachte. Denn Kant beschäftigt sich eben hier, im § 65, auch mit der schwierigen Frage nach der „bildenden Kraft" in organisierten Wesen der Natur und streift dabei das Verhältnis von „Seele" und „Materie".[9a]

Auf der charakteristischen Veränderung des Zitats aus der *Anthropologie* und seiner Kombination mit einem Gedankengang aus der *Urteilskraft* beruht zunächst die ironische Umkehrung in Kleists Formulierung: In ihr werden Verstand und Hand und Hand und Verstand in ein wechselseitiges Verhältnis gebracht, das sich selbst im Kreis dreht. Es ist darin die Beobachtung enthalten, daß Ifflands Hand nur vom Verstand „regiert" werde und die Bewegung der Hand vom Verstand berechnet wirkt. Die Kritik *Ton des Tages* deutete also einen problematischen Zusammenhang zwischen „Verstand" („Bewußtsein") und dem „geschäftigen" Handspiel Ifflands an. Damit aber berührte Kleist in seiner ersten Theaterbeprechung nicht nur, wie es den Anschein haben konnte, eine seltsame Äußerlichkeit, sondern ein zentrales Problem von August Wilhelm Ifflands Darstellungskunst.

2

Der gefeierte Schaupieler hatte neben begeisterten Zuschauern schon früh auch kompetente Kritiker gefunden, die Grenzen und

Schwächen seines Talents bemerkten: „[…] in edeln, ernsten und empfindungsvollen Rollen bewundre ich mehr seine Geschicklichkeit, seinen Verstand, seinen Kalkul und Besonnenheit [...] aber ich kann nicht sagen, daß er mich in solchen Rollen eigentlich entzückt oder hingerissen hätte […] Daher würde er mir, für die Tragödie, kaum eine poetische Stimmung geben können." So Friedrich Schiller an Goethe,[10] der Iffland dagegen sehr schätzte.

Einer der kenntnisreichsten zeitgenössischen Kritiker Ifflands war Ludwig Tieck; seine Urteile finden sich in der Rahmenhandlung des *Phantasus*.[11] Tiecks Beurteilung war aus eingehender Kenntnis von Ifflands Spiel und seiner Stücke, langjährigen Gesprächen darüber in den Kreisen der Romantiker und seiner umfangreichen allgemeinen Kenntnis von Theatern und Schauspielern gewonnen; so konnte er seine Kritik Ifflands insbesondere im Vergleich mit den Schauspielern Friedrich Ludwig S c h r ö d e r und Johann Friedrich Ferdinand F l e c k entwickeln.

Im Juli 1808 hatte sich Tieck, gewissermaßen im Vorfeld der Niederschrift seiner Gedanken im *Phantasus*, in Dresden aufgehalten und Kleist kennengelernt. Dieser „gewann Zutrauen genug"[12], Tieck sein eben beendetes *Käthchen von Heilbronn* zu geben, dann „sprachen und stritten sie mannigfach darüber"[13]. In der Einschätzung der Chancen des Stücks auf dem Theater, die dabei sicher zur Sprache kamen, des zeitgenössischen Theaters überhaupt und damit Ifflands als Dramatiker und Schauspieler dürften sich beide einig gewesen sein.

Nach Ludwig Tieck bestand „seine Darstellung aus lauter einzelnen Wahrnehmungen aus der Natur, die er fein aufgefaßt hat, und scharf und richtig begränzt wieder gibt, die aber ohne jene höhere Phantasie, die sie erst verbinden muß, doch, trotz der Wahrheit des Einzelnen, kein wahres Ganzes machen".[14] Nach Tiecks Beobachtung „liebt er es [...] Zufälligkeiten, die wohl da seyn, aber auch fehlen können, in sein Spiel aufzunehmen, und seine Rolle, die er einmal damit ausgestattet hat, jederzeit mit der größten Gewissenhaftigkeit eben so wieder zu geben". So zeige er „statt der Leidenschaften, einzelne Züge, die er an Leidenschaftlichen wahrgenommen".[15] Trotz des Mangels an künstlerischer Phantasie verblende sich Iffland „über sein Talent und seine Bestimmung so sehr, daß er nach Helden- und tragischen Rollen geizt [...] wo er mit Feinheit, Eigenheit, kleinen Tableaus und Seltsamkeiten die Menge und die anmaßlichen Kenner blendet".[16] Der große Schauspieler Friedrich Ludwig Schröder hatte bei Gelegenheit kritisch geäußert: „Iffland opfert zuweilen die Wahrheit des Charakters und Ausdrucks dem Verlangen zu gefallen und zu überraschen [...]"[17]

Eduard Devrient hat in seiner *Geschichte der Deutschen Schauspielkunst* diese und andere Zeugnisse eindrucksvoll zusammengefaßt.

Dort ist schon für den jüngeren Iffland die Rede davon, daß er „mit mehr Kunst als Empfindung" gespielt habe und „daher mehr Bewunderung als hinreißende Sympathie" erregte. Es habe „seine Vorliebe für die von Ekhof geerbten malenden Gesten seiner Plastik etwas damit Überladenes und Absichtliches gegeben". Dazu gab „die sorgfältige Anordnung und Ausschmückung seines Spielens demselben oft das Ansehen eines Mosaiks von gesammelten kleinen Zügen". Ifflands Eigenheiten und Mängel traten, nach Devrient, in der zweiten Hälfte seines Lebens noch stärker hervor: sprachliche Manieriertheit, „Kunstgriffe", „blendende Künstelei" in tragischen Rollen; der Versuch, „gleich bei seinem ersten Erscheinen schlagend zu wirken" und später „sein Publikum unablässig mit sich zu beschäftigen und durch sein stummes Spiel die Aufmerksamkeit von seinen Mitspielern abzulenken", wobei ihm seine „ausdrucksvolle Miene, die Wirkung seines Auges, das interessante Spiel seiner Hände" (Hervorhebung, W.) sehr „zu statten" gekommen seien.[18]

3

In der Besprechung *Ton des Tages* – das ist jetzt zu erkennen – fand Kleist für Ifflands Darstellungsstil ein sehr konzentriertes und kennzeichnendes Bild. Dabei muß gewürdigt werden, daß es in der Berliner Presse zur gleichen Zeit keine einzige kritische Beurteilung, sondern nur einhellige Bewunderung des Schauspielers Iffland gab; eine offenere Sprache war auch Kleist aus Rücksicht auf die Zensur nicht möglich.

Eine gewisse Ordnung des zitierten Materials läßt den Zusammenhang mit seinen einige Zeit später in *Ueber das Marionettentheater* ausgesprochenen Gedanken über den Zusammenhang von Bewußtsein (Verstand, Reflexion) und Ziererei deutlich hervortreten:

Ifflands Spiel war bis in die kleinsten Nuancen hinein vom Verstand beherrscht, was stets, vor allem in tragischen Rollen, sichtbar blieb; es war kalkuliert in einer Weise, daß er sie „jederzeit mit der größten Gewissenhaftigkeit eben so wieder zu geben" imstande war. Iffland reihte „lauter einzelne Wahrnehmungen aus der Natur" aneinander, so daß sein Spiel „das Ansehen eines Mosaiks von gesammelten kleinen Zügen" erhielt; „malende Gesten" gaben seinem Spiel „etwas damit Überladenes und Absichtliches". Damit opferte er „die Wahrheit des Charakters und Ausdrucks" auf.

Den kritischen Zeitgenossen scheint Ifflands Spiel als der Inbegriff eines bedachten und berechneten, zu leidenschaftlichem Schwung unfähigen, im Kleinen sich beschränkenden, dazu dies Kleine mit prätentiöser Bedeutung hervorhebenden und empfehlenden Handelns erschienen zu sein. Tieck gestand Iffland „Liebenswürdigkeit und Leichtigkeit" zu, Kleist, daß ihm „besonders in den bürgerlichen Stücken" nicht leicht ein Schauspieler gleichkomme.[19] Dies alles weist aber nur darauf hin, daß er für sie im Ganzen das Musterbild bürgerlicher Selbstbeschränkung auf die Bühne brachte. Iffland, „der sein Publikum unablässig mit sich zu beschäftigen" und „die Aufmerksamkeit von seinen Mitspielern abzulenken" trachtete, zeigte letztlich auf der Bühne das Bild eines nur auf sich selbst bezogenen Egoisten, der sich für andere und die Allgemeinheit nicht zu interessieren schien. Dieser Eindruck wurde dadurch verstärkt, daß seine meistgespielten und erfolgreichsten Rollen solche in beschränkten „bürgerlichen" Stücken waren, so daß er auf der Bühne des „Königlichen Nationaltheaters" geradezu das Gegenteil dessen zeigte, was Kleist „zur Erhebung und Belebung des Anteils an den vaterländischen Angelegenheiten"[20] für zeitgemäß und notwendig hielt. Die häufige Darstellung adliger und bürgerlicher Funktionäre des feudalen Staats (Geheimräte, Finanzräte u. a.) mag schließlich auch bei ihm zu der grimmigen Identifizierung von Ifflands Darstellungs- und Hardenbergs Regierungsstil beigetragen haben, die Achim von Arnims Bonmot,

„Iffland und Hardenberg hängen wie Rad und Wagenschmiere zusammen", zum Ausdruck brachte.[21]

Die schnelle Aufeinanderfolge der beiden Kleistschen Besprechungen *Ton des Tages* und *Der Sohn durchs Ungefähr* am Anfang der Unternehmung *Berliner Abendblätter* läßt vermuten, daß zunächst eine regelmäßige Aufführungs- bzw. Schauspielerkritik beabsichtigt war. Tatsächlich aber wurde von Kleist, mit Ausnahme eines bloßen Ereignisberichts, nichts dergleichen mehr veröffentlicht. Inwieweit Schauspielerkritik schon vor dem endgültigen Verbot aller Theaterartikel, Ende November, von der Zensur behindert wurde, ist nur zu ahnen. Arnim, in seinem Brief an Iffland vom 6. 12. 1810, der den über die Ereignisse um die *Schweizerfamilie* aufgebrachten Direktor beruhigen sollte, sprach jedenfalls von einem „Druck [...] der alles übertrifft, was in irgendeinem Lande an Zwang dieser Art getroffen wird" und stellte fest: „Die Polizei ist bis zum Wahnsinn (der alles auf eine fixe Idee bezieht) ängstlich geworden in allem, was das Theater betrifft; so wurde ein ganz unschuldiger [...] kleiner Aufsatz von mir für die Abendblätter, worin ich nach und nach eine Reihe guter Stücke nennen wollte [...] *verworfen.*"[22] Arnims Brief an Wilhelm Dorow vom 30. 12. 1811 wird später die lakonische Mitteilung enthalten: „Über das Theater ward gar keine freie Äußerung erlaubt."[23]

Dieser „Wahnsinn" der preußischen Polizei hatte seinen Grund in der Furcht vor einer Öffentlichkeit, in der sich nationale oder gar soziale Bestrebungen artikulieren konnten, sowie in der Diskrepanz zwischen der offiziellen, profranzösischen preußischen Politik und der antifranzösischen Stimmung im Land. Das war der eigentliche Grund für die Vorgänge um die *Schweizerfamilie* und die ihnen folgende verschärfte Zensur. Maßnahmen dieser Art waren zu dieser Zeit an der Tagesordnung und nahmen nach „unten", wie noch zu sehen sein wird, an Schärfe zu. Unter diesen Umständen ist es erklärlich, daß Kleist versuchte, die ihm verbotene Auseinandersetzung mit dem Theater und dem Schauspieler Iffland in einer anderen, wenn auch verdeckten und verallgemeinerten Form fortzusetzen.

In *Ueber das Marionettentheater* erscheint das in der Kritik *Ton des Tages* nur angedeutete darstellungsästhetische Thema gedanklich vertieft und über die Polemik hinaus verallgemeinert wieder. Den methodischen Anstoß dafür kann Kleist das in sozialer Hinsicht weit unter dem Königlichen Nationaltheater stehende Berliner Marionettentheater geliefert haben, verbunden mit der Erinnerung an die Mailänder Marionetten des Giuseppe Fiando und an ein anderes prägendes Jugenderlebnis.

V Der Schauspieler als Maschinist

1

Nach dem Abbruch seines Studiums war Kleist am 14. August 1800 nach Berlin gereist. Am nächsten Tag kaufte er seiner Braut Wilhelmine Schillers *Wallenstein*: „Ließ ihn, liebes Mädchen, ich werde ihn

Königliches Nationaltheater auf dem Berliner Gendarmenmarkt.
Errichtet 1800/02 von C.G. Langhans, abgebrannt 1817. Archiv Kleist-Museum

auch lesen. So werden sich unsre Seelen auch in dem dritten Gegenstande zusammentreffen [...] Alles was *Max Piccolomini* sagt, möge, wenn es einige Ähnlichkeit hat, für mich gelten, alles was *Thekla* sagt, soll, wenn es einige Ähnlichkeit hat, für Dich gelten."[1]

Aus Koblentz bei Pasewalk, von wo er Ludwig von Brockes zu der nach Wien geplanten Reise (die dann nach Würzburg führte) abholte, schrieb er seiner Schwester Ulrike eine Woche später, daß sie sein Exemplar des *Wallenstein* als „ein Geschenk" erhalten würde: „[...] denn sein Inhalt muß nicht gelesen, sondern gelernt werden."[2]

Nach der Rückkehr von der Reise, nicht einmal vierzehn Tage nachdem er Karl August von Struensee „um die Erlaubniß, den Sitzungen der technischen Deputation beiwohnen zu dürfen" gebeten hatte, entschied er sich in einem Brief an Wilhelmine von Zenge: „Ich will kein Amt nehmen."[3]

Im selben Brief findet sich, neben der vagen Feststellung „[d]a stünde mir nun für die Zukunft das ganze schriftstellerische Fach offen" ein ungewolltes Eingeständnis, in welche Richtung seine Gedanken da gingen: „Ich bin sehr fest entschlossen, den ganzen Adel von mir abzuwerfen. Viele Männer haben geringfügig angefangen u königlich ihre Laufbahn beschlossen. Shakespeare war ein Pferdejunge u jetzt ist er die Bewunderung der Nachwelt [...] Wilhelmine, warte zehen Jahre u Du wirst mich nicht ohne Stolz umarmen."[3a]

Es scheint also die unglaubliche Idee des verabschiedeten Sekondeleutnants und gescheiterten Studenten, selbst Theaterstücke zu schreiben, schon mit dem *Wallenstein*-Erlebnis im Zusammenhang zu stehen; daß Schillers *Don Carlos* und *Wallenstein* auf Kleist einen sehr tiefen Eindruck gemacht haben, läßt sich aus seiner persönlichen Situation durchaus erklären. Die dies bestätigenden Äußerungen in den Briefen geben, mit Rücksicht auf die Empfänger, wahrscheinlich nur einen abgeschwächten Eindruck davon.

Erst in Briefen an seine Schwester vom Februar und an Wilhelmine von Zenge vom März 1801 gibt es auch Hinweise darauf, daß Kleist im Theater war. „[...] ich habe Schauspiele u Concerte besucht, um mich zu zerstreuen", heißt es herabsetzend;[4] auch das ist

‚Parade' vor dem Eingang eines italienischen Marionettentheaters. Zeichnung.
Erste Hälfte des 19. Jahrhunderts. Puppentheatermuseum im Münchner Stadtmuseum

sicher mit Rücksicht auf Frankfurt an der Oder und die Familie geschrieben, die von solchen Interessen nichts wissen durfte.

Man konnte aber den von Kleist bewunderten *Wallenstein* im
Königlichen Nationaltheater zu Berlin auch dargestellt sehen, wo

Iffland als Geheimerath in dem Schauspiele die Hausfreunde
Act.II. Sc.3.
„So gelangt man zu einem Nahmen, zu der Gewalt, der Kraft!"

August Wilhelm Iffland (1759–1814) als Geheimrat in dem Singspiel
„Der Hausfreund". Stadtmuseum Berlin

er seit dem 18. Februar (*Die Piccolomini*) bzw. 17. Mai 1799 (*Wallensteins Tod*) gewaltigen Eindruck auf das Publikum machte. Das war vor allem auf den Darsteller der Titelrolle, den Schauspieler Johann Friedrich Ferdinand Fleck, zurückzuführen, der in ihr den

Johann Friedrich Ferdinand Fleck (1757–1801). Radierung von F.W. Witting.
1802. Deutsches Theatermuseum München

Höhepunkt seiner künstlerischen Laufbahn erreichte. Iffland stellte in dieser Aufführung seinen Gegenspieler Piccolomini dar, ehe
er, nach dem Tod Flecks im Dezember 1801, den Wallenstein übernahm. Fleck war bereits im Frühherbst 1800 schwer erkrankt,

spielte aber den Wallenstein wieder im Dezember 1800. Mit bedingt durch seine Krankheit war die Anteilnahme an dem Regisseur und Schauspieler in der Stadt in dieser Zeit so außerordentlich, daß seine Genesung in der *Haude-Spenerschen Zeitung* sogar in einem Gedicht gefeiert wurde.[4a]

Nach allen zeitgenössischen Zeugnissen war sein Spiel sehr wohl geeignet, eine bleibende Vorstellung von Schauspielkunst zu hinterlassen. Rahel Levin (spätere Varnhagen), zehn Jahre später zu Kleists näherer Bekanntschaft gehörend, schrieb an Karl Gustav Brinckmann im Juli 1800 anläßlich des Besuchs von Jean Paul (Richter) in Berlin: „Fleck wollte Antwort haben, welchen Tag er Wallenstein sehen will; er hat F l e c k noch nicht gesehen, – p e n - s e z! Ich habe das Glück, die G l o r i e für mich, meinen Fleck R i c h t e r n zu zeigen: in meine Loge geht er. Iffland hat er gesehen; bei einem Haar hätte Deutschland d e n für den Ersten gelesen. Das durft' ich nicht zugeben."[5]

Ludwig Tieck sah „nur drei Tragödienspieler im großen Styl", die in der „Schule" erzogen worden seien, „die sich durch die Begeisterung an Shakespeare, an der Liebe zum Großen, Starken und Furchtbaren bildete".[6] Damit meinte er neben Friedrich Ludwig Schröder und dem Wiener Joseph Lange „vor allen den unvergeßlichen Fleck", zu dessen bedeutendsten Darstellungen in Berlin neben Schillers Karl Moor, Ferdinand, Fiesco, Philipp II. und Wallenstein auch Gestalten Shakespeares wie Macbeth, Shylock, Othello und Lear gehört hatten.

Fleck wurde schon zu seinen Lebzeiten, mehr noch aber nach seinem Tod, als das vollkommene Gegenbild Ifflands verehrt, vor allem von den „Romantikern". „Eine Menge von Charakteren, die mit vorwiegender Hilfe des Verstandes, oder durch diesen allein zu einer Wahrheit und Wirklichkeit gestempelt werden sollten, versagten ihm völlig, denn hier konnte ihm (seine) produzierende Phantasie nicht helfen. Diese war es aber, die ihn, ohne klares Bewußtsein, ohne Zerlegung eines Charakters in seine einzelnen Theile [...] in der Darstellung so begeisterte und ihn so sehr aus sich selbst entrückte, daß er buchstäblich in der Tragödie das Uebermenschliche leistete", schwärmte Tieck. „Der Tragiker, für den Shakespeare dichtete, muß, nach meiner Einsicht, viel von Flecks

Vortrag und Darstellung gehabt haben".[7] Schröders Biograph F. L. W. Meyer: Fleck „arbeitete nicht in Bruchstücken. Seine Darstellung war aus einem Guß und bildete ein Ganzes."[8] Es kümmerte allerdings „den genialen Fleck wenig, eine Stelle [...] mehr oder weniger fallen zu lassen, wenn sie seiner individuellen augenblicklichen geistigen Stimmung nicht anklang. Er ließ sich darin ganz gehen und gab sich dem Momente preis, wie er ihn eben überraschte".[9] Eduard Devrient bezeichnete das später als „die sehr unangenehme Kehrseite seiner Genialität", die sich damit „auf die Inspiration des Momentes stellte".[10]

Fleck als Wallenstein ließ Tieck fühlen, „daß der so mannigfach, so wunderlich verstrickte Feldherr wie in einem [...] schauerlichen Wahnsinn lebe", worüber einen „ein geheimnisvolles Grauen" erfaßt habe, „denn gerade diese scheinbare Weisheit stand mit der Wirklichkeit und ihren Forderungen in einem zu grellen Kontraste. Dadurch erhielt alles Wahrheit und tragische Tiefe [...]"[11]

Die in Schillers Gestalt eindrucksvoll gestaltete Problematik des menschlichen und geschichtlichen Handelns und womöglich die Darstellung Flecks mögen, neben der Identifikation mit der Thekla-Max-Konstellation, wie sie der Brief an Wilhelmine vom August dokumentiert, auf Kleist einen tiefen und nachwirkenden Eindruck gemacht haben; das zeigt das Echo in den Briefen und Stücken, besonders im ersten, der *Familie Schroffenstein*.

Fast zehn Jahre nach seinem frühen Tod war die Erinnerung an den bedeutenden Schauspieler in Berlin noch lebendig; in den intellektuellen Kreisen der Stadt blieb er Ifflands legendäres Gegenbild, in der Regel durch den Vergleich zwischen von beiden gespielten Rollen. Doch auch die Methode ihres Rollenstudiums war gegensätzlich. Während Iffland in seinen *Fragmente[n] über einige Erfordernisse für den darstellenden Künstler auf der Bühne* allen Schauspielern das häufige Lesen von Mereaus *Reflexions sur le maintien...* und dabei nachdrücklich das dort beschriebene Üben von Haltungen vor dem Spiegel empfahl,[12] kolportierte man in Berlin von Fleck die Äußerung: „Ich bin nicht im Stande, wie Andere, mich vor den Spiegel hinzustellen und bei jedem Worte abzuzirkeln, wie ich gehen und stehen oder die Finger dabei bewegen soll; mein Studium ist ein anderes; indem ich meine Rolle ein paar Mal durchlese, bin ich augenblicklich im Charakter, und ich weiß, daß er mir nicht nur gelingen wird, sondern muß"[13]. Das war zweifellos mit ironischem Seitenblick auf Iffland gesagt, der seine Rollen vor dem Spiegel erarbeitete.

Tiecks romantische Auffassung, Flecks „produzierende Phantasie" habe ihn „ohne klares Bewußtsein" in der Tragödie das Übermenschliche leisten lassen, dürfte allerdings weder der künstlerischen Praxis des Regisseurs und Schauspielers entsprochen haben, noch entspricht ihr, so sehr es auch scheinen mag, Kleists Darlegung zum Problem des Bewußtseins (genauer der Reflexion bzw. der Selbstreflexion) in der künstlerischen Produktion. Vielmehr wird, wie man sehen wird, in der Marionettenmetapher gerade ein bewußtes Verfahren angedeutet, das das Problem der Reflexion (mit der aus ihr folgenden Ziererei) wenn nicht ganz zu beseitigen, so doch in der künstlerischen Praxis zu bewältigen helfen kann.

Vereinfacht charakterisierte Flecks Äußerung zwei verschiedene Verfahren von Schauspielern bei der Erarbeitung der Rolle (des „Charakters"), eines „von außen", von den gestischen Einzelheiten her, also das Ifflands, und eines „von innen", aus der „Empfindung", als sein eigenes, das mit einer Art „Hineinversetzen in den Charakter" beginne, woraus alles andere folge und „nicht nur gelingen wird, sondern muß".

Damit aber deutete Fleck ein ähnliches „Verfahren" an, wie es später Kleists „erster Tänzer", der Herr C., bei den „Maschinisten" des Marionettentheaters beobachtet zu haben meint.

2

Nach seiner Beobachtung beruht die anmutige Bewegung der Marionetten darauf, „daß sich der Maschinist in den Schwerpunkt der Marionette" versetzen kann, so daß er zuerst nur den Schwerpunkt zu bewegen hat und erst aus dessen Bewegung die der Glieder nach mechanischen Gesetzen (als Pendel) folgen. Die so in Bewegung gesetzten „Glieder" sind, „was sie sein sollen",[14] das heißt, nicht willkürlich bewegte, sondern dem Schwerpunkt, dem Inneren, der „Seele" gehorchende und dadurch deren „Bewegung" gewissermaßen nach außen erkennbar machende.

„Anmut" entsteht, so kann man daraus schließen, nach Kleists

Meinung auch beim Menschen als Darsteller („Tänzer") allein aus der Übereinstimmung zwischen der inneren, seelischen, und der äußeren Bewegung, wobei diese jener nachfolgen muß. Eine anmutige Bewegung ist nicht willentlich von außen erzeugbar, sondern nur dadurch, daß sie unmittelbar aus der „Bewegung des Schwerpunkts", der „Seele", folgt. Im Verhältnis des (idealen) Maschinisten zur Marionette werden, durch seine „Empfindung" für die Eigengesetzlichkeit der Marionette und die Beachtung ihrer mechanischen Gesetze, dadurch also, daß er sich in ihren „Schwerpunkt" versetzen muß, der „Reflexion" und der subjektiven Willkür Grenzen gesetzt und diese derart beschränkt, daß eine anmutige, d.h. eine von der Bewegung des Schwerpunkts bestimmte Bewegung der Gliedmaßen entstehen kann.

Warum ein Tänzer von der Marionette „lernen könne", wie es Herr C. am Anfang des Gesprächs behauptet, wird später im Dialog nicht positiv erklärt, ist aber auch in dem „negativen Vorteil" intendiert, den, nach seiner Meinung, eine ideale Marionette („diese Puppe") lebendigen Tänzern voraus hat. Es ist der, „daß sie sich niemals *ziert[e]*", da sie nämlich keine anderen als die ihrer mechanischen Natur gegebenen Bewegungen zu machen imstande ist. Diese entstehen allein dadurch, daß der Maschinist „vermittelst des Drahtes oder Fadens" zuerst den Schwerpunkt der Marionette in Bewegung setzt, so daß sich die Glieder zu bewegen beginnen, wie sie „sollen", als „reine Pendel"; eine „vortreffliche Eigenschaft", heißt es, „die man vergebens bei dem größesten Theil unsrer Tänzer sucht". Demnach scheint aber der „kleinste Teil" der Tänzer in der Lage zu sein, diese idealen Bewegungen aus dem Schwerpunkt heraus zu vollführen, und zu ihnen scheint Herr C. mit seinen für einen Tänzer erstaunlichen technischen Kenntnissen zu zählen.

Sie sind ihm nicht anders möglich, als daß er im Tanz gewissermaßen „Maschinist" und „Marionette" zugleich ist. Wie der Maschinist muß er sich mittels der „Empfindung" (die, nach Kant, als „objektive Vorstellung der Sinne" vom subjektbezogenen „Gefühl" zu unterscheiden ist) in seinen eigenen Schwerpunkt hineinversetzen. Damit werden dessen Bewegungen zugleich zum „Weg der Seele" und die Bewegungen seiner Glieder, entsprechend ihrer von Kleist an der Marionette bemerkten Abhängigkeit vom

Schwerpunkt, zu nicht mehr – und nicht weniger – als zu dem unmittelbaren äußeren Ausdruck der inneren Bewegungen, der seiner Seele. Nur so sind „anmutige" Bewegungen möglich, im Unterschied zu den „gezierten", die entstehen, wenn sich die „Seele", durch das menschliche Bewußtsein, durch Willkür oder Wirkungsdrang mißleitet, „in irgend einem andren Punkte befindet, als in dem Schwerpunkt der Bewegung", in den „Wirbeln des Kreuzes", im „Ellenbogen" – oder, so kann man ergänzen, in diesen oder jenen Extremitäten, etwa in den Händen.

Dies gilt nicht nur für die Tänzer, sondern natürlich für alle Menschen und ihre Bewegungen, vor allem aber für alle darstellenden Künstler – mithin auch für die Schauspieler, deren Verfassung den Dramatiker Kleist mehr als alles andere interessierte. Die bereits in seinen ersten Theaterbeiträgen (*An unsern Iffland* und *Ton des Tages*) untergebrachten Anspielungen aufIfflands gezierte Spielweise machen das mehr als deutlich.

3

Hinsichtlich des „Doppelwesens" des Schauspielers, im Spiel sowohl er selbst zu sein als auch eine Rolle zu spielen (einen „Charakter" zu schaffen, wie es damals hieß), dürfte Kleists ästhetisches Modell Anregungen Jean Pauls *Vorschule der Ästhetik* (1804) verdanken. Darin wird im Hinblick auf die „Darstellung der Charaktere"[15] verlangt, daß der Dichter zuerst einmal ihr „geistiges Lebenszentrum" (auch „hüpfender Punkt", „beseelender Punkt", „regierender Lebenspunkt" und „gleichsam ein primum mobile" genannt)[16] finden müsse: „Konnte der Dichter dieses geistige Lebenszentrum nicht lebendig machen sogleich auf der Schwelle des Eintritts, so helfen der toten Masse alle Taten und Begebenheiten nicht in die Höhe [...] Ohne den Hauptton (tonica dominante) erhebt sich dann eine Ausweichung nach der anderen zum Hauptton [...]"[17]

In der Wahl der Begriffe zeigen sich bei Jean Paul wie bei Kleist platonische Einflüsse hinsichtlich des Seelenbegriffs: Jener erinnert denn auch Platos *Phaidros* im gleichen „Programm" der *Vorschule*,[18] Kleist konnte den Dialog in der Schleiermacher-Ausgabe von 1804 gleich als ersten nach der Einleitung lesen.[19] Es heißt dort unter anderem: „Allein also das sich selbst Bewegende, weil es nie sich selbst verläßt, wird auch nie aufhören, bewegt zu sein, sondern auch allem, was sonst bewegt wird, ist dieses Quelle und Anfang der Bewegung [...] Jeder Körper, dem nur von außen das Bewegtwerden kommt, heißt unbeseelt, der es aber in sich hat aus sich selbst, beseelt [...]"[20]

Kleists Vorstellung davon, daß sich „die Seele (vis motrix)" im „Schwerpunkt der Bewegung" befinden müsse, um eine anmutige Bewegung hervorzubringen, und Jean Pauls „regierender Lebenspunkt" oder „primum mobile" sind sich inhaltlich sehr ähnlich, wie auch seine „Ziererei" der „Ausweichung". Jean Pauls Dichter muß sich „im Schwerpunkt aller Richtungen der Zufälle"[21] befinden, Kleists Maschinist sich in den Schwerpunkt der Marionette versetzen.

In Kleists ästhetischem Modell der wechselseitigen Beziehung von Maschinist und Marionette, ist daraus zu schließen, dürfte nicht allein das Verhältnis zwischen Dichter und „Charakter", sondern auch das zwischen Schauspieler und „Charakter", der dramatischen Gestalt also, mitgedacht sein.[22] Daß er das Problem am Beispiel der Tänzer abhandelt, wäre eine das Wesentliche des Darstellungsproblems heraushebende Verallgemeinerung, aber, angesichts der aktuellen Situation im Winter 1810, ebenso eine Camouflage.

Wenn auch der Schauspieler, in seinem Verhältnis zu der von ihm darzustellenden Gestalt, als „Maschinist" arbeitet, so kann auch er, wie der Dichter, diese Gestalt nur aus deren „Schwerpunkt" („beseelendem Punkt") heraus schaffen. Er muß sich mittels „Empfindung" in den „Schwerpunkt" der Gestalt (d.h. hier in die ihr vom Dichter eingeschriebene „Seele") „hineinversetzen" und kann dann aus ihm heraus die Figur entwickeln und in Bewegung versetzen (darstellen).

Es handelte sich dann bei diesem „Schwerpunkt" um den Ort, in dem die Seele des Schauspielers gewissermaßen die Seele des Dichters träfe. Die Darstellung der dramatischen Figur des Dichters durch den Schauspieler fände in ihm ihr „primum mobile", jene erste innere Bewegung, die allein nach außen eine anmutige (wahre) Bewegung der „Glieder" erzeugt, statt, was bei einem nur subjektiven Herangehen von außen bzw. von den Einzelheiten der Figur her „unvermeidlich" wäre, willkürlich und den Intentionen des Dichters fremd zu sein.

Das Hineinversetzen in den „Schwerpunkt" der dramatischen Figur dagegen würde dem Schauspieler ihre identische Darstellung ermöglichen, ja, er fände im Spiel selbst eine Identität, die ihm als Mensch „unvermeidlich" mangelt.

4

Es handelt sich bei dem von Kleist gemeinten „Hineinversetzen" in den Schwerpunkt aber ganz offenbar nicht um eine einfache „Identifikation" des Darstellers mit der dargestellten Gestalt. Denn es werden dabei gerade die Subjektivität des Darstellers (des Maschinisten) und die Objektitvität der dramatischen Gestalt (der Marionette) unterschieden und in ein wechselseitiges Verhältnis gebracht. In ihm würde nicht nur der Schauspieler die Figur bewegen, sondern auch, indem er ihre inneren Gesetze berücksichtigt, von ihr bewegt werden. Er würde sich dadurch, was das Verhältnis von Denken und Handeln, Geplantem und Spontanem anbelangt, in jenen Zustand begeben, wie ihn Kleist schon in *Ueber die allmählige Verfertigung der Gedanken beim Reden* und in *Von der Ueberlegung* zu erfassen versucht hatte.[23] Der als „Maschinist" handelnde Darsteller würde sich den Eigengesetzen der Gestalt anvertrauen, wie Jean Pauls „echter" Dichter, der „im Schreiben nur der Zuhörer, nicht der Sprachlehrer seiner Charaktere" ist[24] und dem sogar eine „phantastische Willensgestalt unsern Gedanken, d.h. Worten, die Gesetze" vorschreibt.[25]

Die Vorstellung Kleists von diesem Verhältnis zwischen Maschinist und Marionette, zwischen dem Künstler und dem Gegenstand, dem „Material" seiner Kunst, ist die wirklich neue Idee in seinem erzählten Dialog; dagegen handelt es sich in dem bewunderten und viel interpretierten Dreistufenmodell letzten Endes um einen philosophischen Gemeinplatz der Zeit – von Kleist allerdings sehr anmutig formuliert.

Im Unterschied zur tradierten Marionettenmetapher als dem Sinnbild des hilflos an den Fäden des Schicksals oder höherer Mächte zappelnden Menschen sind in Kleists Marionettenmetapher Subjekt und Objekt, „Oben" und „Unten", „Geist" und „Materie", „Dichter und Charakter", Darsteller und darzustellende Gestalt in einer wechselseitigen Abhängigkeit voneinander gedacht. In dieser sehr substantiellen Metapher tritt an die Stelle der Willkür die das Notwendige nicht ausschließende Freiheit. Der Schauspieler kann erst in dieser Verfassung zum Medium der tragischen Darstellung werden, da so der Widerspruch zwischen menschlicher Freiheit und objektiver Notwendigkeit in ihm selbst wirksam ist. In Kleists Marionettenmetapher ist endlich auch der von Diderot, Lessing und dem jungen Schiller heftig diskutierte Gegensatz von „Empfindung" und „Überlegung", „Wärme" und „Kälte" aufgehoben.

Kleists idealem Darsteller war Fleck wahrscheinlich nahe gekommen; dafür stellte die Erinnerung der Zeitgenossen ausreichendes Material zur Verfügung; ob Kleist Fleck auch selbst gesehen hat, spielt dabei nicht einmal eine wesentliche Rolle. Als Darsteller Schillerscher und Shakespearescher Gestalten repräsentierte Fleck in der Erinnerung der romantisch-patriotischen, jüngeren Generation eine tragische nationale Darstellungskunst, die in der „gezierten" Darstellungsweise Ifflands verloren war.

Eine nationale Tradition stellte auch das Marionettentheater dar. In seiner Marionettenmetapher fand Kleist ein provozierendes Gegenbild dieser verdorbenen und zugleich das Vorbild einer der Zeit und seinen eigenen Dramen gemäßen Darstellungskunst. Die Marionetten ließen, auch in ihrer noch nicht zu einer „höheren Entwicklung" gediehenen armseligen Existenz, den Dichter ihre durch keine subjektive Willkür entstellte künstlerische Würde, die ihnen mögliche reine Kunstwahrheit und tragische Erhabenheit erahnen.

VI Dramatiker und Schauspieler

I

Die in der Marionettenmetapher enthaltene Auseinandersetzung des Dramatikers mit dem Theater war in ihrem Kern nicht neu. Kleist dachte hier verwandte Gedanken Lessings und Schillers zum Theater und zum Schauspieler fort.

Denn es ging schon 1767, in Lessings *Hamburgischer Dramaturgie*, und 1782, in Schillers *Ueber das gegenwärtige teutsche Theater*, auch um das für die Idee eines deutschen Nationaltheaters wichtige Verhältnis zwischen Literatur und Theater, zwischen dramatischem Dichter und Schauspieler.

Hinter den von allen drei Dramatikern angestellten Überlegungen zum Verhältnis von „innerem Gefühl", „Empfindung", „Seele" und „Körper", „Veränderungen des Körpers" (Lessing), „Seele" und „Körper", „Empfindung und Ausdruck der Empfindung" (Schiller), „Seele" und „Gliedern" (Kleist) stand unüberhörbar auch die Frage nach dem Schicksal der von ihnen geschaffenen dramatischen Gestalten auf der Bühne, in Anbetracht des Zustands des Theaters im allgemeinen und des der Schauspielkunst im besonderen.

Die Auseinandersetzung mit dem Verhältnis von Seele („Empfindung") und Körper des Schauspielers hatte Lessing bereits 1754 in seiner Besprechung von Sainte-Albines *Le Comédien* in der *Theatralischen Bibliothek* begonnen.[1] Dabei war er, Diderots Gedanken in der *Correspondance littéraire* von 1770[2] ähnlich, zu der Annahme gelangt, daß, „wenn der Schauspieler alle [...] Abänderungen des Körpers, von welchen man aus der Erfahrung gelernt hat, daß sie etwas Gewisses ausdrücken, nachzumachen weiß", sich „seine Seele durch den Eindruck, der durch die Sinne auf sie geschieht, von selbst in den Stand setzen" wird, „der seinen Bewegungen, Stellungen und Tönen gemäß ist".[3] Im Dritten Stück der *Dramaturgie* verlangte Lessing zunächst vom Schauspieler, daß „die Seele [...] ganz gegenwärtig sein" muß und stellte fest, daß es die „nicht freiwilligen Veränderungen des Körpers" sind, „aus deren Dasein wir fast allein auf das innere Gefühl zuverlässig schließen zu können glauben". Er sah freilich das Problem, daß „der Akteur wirklich viel Empfindung haben und doch keine zu haben scheinen" kann. Es sei „die Empfindung [...] überhaupt immer das streitigste unter den Talenten eines Schauspielers". Sie könne da sein, wo man sie nicht erkennt; dagegen könne man „sie zu erkennen glauben, wo sie nicht ist", da sie „etwas Inneres" sei, „von dem wir nur nach seinen äußeren Merkmalen urtheilen können".[4] Das Vorhandensein eines schauspielerischen Vorbilds im hamburgischen Theater, nämlich Ekhofs, bestärkte Lessing wohl in der Überzeugung, daß ein „Akteur", fähig zur „mechanischen Nachäffung", „auf dem Theater weit brauchbarer" sei, als einer, bei dem „gewisse Dinge in dem Baue des Körpers" die äußeren Merkmale innerer Empfindungen verhindern:[5] „Wenn er lange genug nichts als nachgeäffet hat, haben sich endlich eine Menge kleiner Regeln bei ihm gesammelt, nach denen er selbst zu handeln anfängt, und durch deren Beobachtung (zu Folge dem Gesetze, daß eben die Modificationen der Seele, welche gewisse Veränderungen des Körpers hervorbringen, hinwiederum durch diese körperliche Veränderungen bewirket werden) er zu einer Art von Empfindung gelangt, die [...] in dem Augenblicke der Vorstellung kräftig genug ist, etwas von den nicht freywilligen Veränderungen des Körpers hervorzubringen, aus deren Daseyn wir fast allein auf das innere Gefühl zuverlässig schließen zu können glauben."[6]

Dieser pädagogische Optimismus wurde von der Theaterpraxis freilich nicht gerechtfertigt, wie Lessing am Ende der *Hamburgischen Dramaturgie* feststellen mußte: Diese „Blätter [...] ,sollten jeden Schritt begleiten, den die Kunst, sowohl des Dichters als des Schauspielers hier tun würde.' Die letztere Hälfte bin ich sehr bald überdrüssig geworden. Wir haben Schauspieler, aber keine Schauspielkunst [...] Sie muß ganz von neuem wieder erfunden werden [...] Über den gutherzigen Einfall, den Deutschen ein Nationaltheater zu verschaffen, da wir Deutsche noch keine Nation sind!"[7]

August Wilhelm Iffland, der aus der Ekhofschen Schule kam, bewies das in seinen späteren Jahren: Es hatten sich bei ihm zwar gewissermaßen „eine Menge kleine Regeln [...] gesammelt", aber er war, durch ihre Häufung und Verselbständigung, nicht mehr in der Lage, Lessings zweiten Schritt zu tun und aus ihnen die „Empfindung" zu erzeugen, „die in dem Augenblicke der Vorstellung kräftig genug ist, etwas von den nicht freiwilligen Veränderungen des Körpers hervorzubringen, aus deren Daseyn wir fast allein auf das innere Gefühl zuverlässig schließen zu können glauben".

Der junge Schiller stellte, in *Ueber das gegenwärtige teutsche Theater*, 1782, zum Stand der Dinge schon fest: „Gewöhnlich haben unsere Spieler für jeden Genus von Leidenschaft eine aparte Leibesbewegung einstudiert, die sie mit einer Fertigkeit, die zuweilen gar – dem Affekte vorspringt, an den Mann zu bringen wissen."[8] Er sah seine Arbeit als Dramatiker in Frage gestellt: „Solang die Szenen des Jammers, der Furcht und des Schreckens mehr dazu dienen, den schlanken Wuchs, die netten Füße, die Grazienwendungen der Spielerin zu Markte zu tragen, mit einem Wort, solang die Tragödie mehr die Gelegenheitsmacherin verwöhnter Wollüste spielen muß – ich will weniger sagen – solang' das Schauspiel weniger Schule als Zeitvertreib ist [...] so lange mögen immer unsere Theaterschriftsteller der patriotischen Eitelkeit entsagen, Lehrer des Volks zu sein."[9]

Die starken Worte des dreiundzwanzigjährigen Dichters der *Räuber* verurteilen nicht nur schauspielerische Routine und Komödiantenmoral, sondern konstatieren einen Zusammenhang zwischen der gesellschaftlichen Situation des Theaters und dem Zustand der Schauspielkunst, bei dem man „mehr auf [...] Ruhm außerhalb der Kulissen als hinter denselben bedacht" ist und gelegentlich voll „Grazie ausröchelt", mit „sterbenden Reizen die wollüstige Lunte entzündet" und der „tragischen Kunst aus dem Stegreif hinter den Kulissen ein demütigendes Opfer" bringt.[10]

Daher „möchte man", so Schiller, „beinahe [...] den Marionetten wieder das Wort reden und die Maschinisten ermuntern, die Garrickischen Künste in ihre hölzernen Helden zu verpflanzen, so würde doch die Aufmerksamkeit des Publikums, die sich gewöhnlichermaßen in den Inhalt, den Dichter und Spieler dritteilt, von dem letztern zurücktreten und sich mehr auf dem ersten versammeln".[11]

Die Ähnlichkeit der Gedankengänge dieser einzigen praktisch-kritischen Theaterschrift Schillers (später unterließ der erfolgreiche Bühnenautor sehr wohl solche Polemik) mit denen Kleists wird hier bis in die Wortwahl hinein deutlich. Daß es auch einen unmittelbareren Zusammenhang geben kann, legt eine bibliographische Besonderheit nahe. *Ueber das gegenwärtige teutsche Theater* war

1782 anonym im *Wirtembergischen Repertorium der Literatur* erschienen, von Schiller nicht in seine *Kleineren prosaischen Schriften*
(1804) aufgenommen worden und damit praktisch unbekannt geblieben – bis 1810. In diesem Jahr erschien (in Tübingen und Wien,
bey Cath. Gräffer und Comp.) eine *Nachlese zu Schillers Werken,
oder Sammlung der vorzüglichsten prosaischen und poetischen Arbeiten, welche Schillers Strenge gegen sich selbst in seine Werke
nicht aufgenommen,* in der, in ihrer polemischen Schärfe gegen
Aufsätze wie *Anmut und Würde* eine Sensation, auch diese frühe
„prosaische Arbeit" abgedruckt war.

Schillers Erinnerung an die Marionetten, ein polemischer Einfall,
hatte bereits in die gleiche Richtung wie Kleists ausgewachsenes
Paradox gezielt; auch dessen „Ziererei" hat ja als Endeffekt, daß sie
die Aufmerksamkeit des Publikums mehr auf den Spieler als auf
den Inhalt „versammelt". Schiller sah einen Grund, warum der
„Zweck des Dramas mißlingt", in dem „Übelstand", daß „der Spieler das Bewußtsein seiner Lage sorgsam und ängstlich unterhält
und das künstlerische Traumbild durch die Idee der wirklich ihn
umgebenden Welt zernichtet".[12] Auch er hatte, wie Kleist, ein Beispiel zur Hand: „Ich war einst zugegen, als dieser unglückliche Gedanke: man beobachtet mich! den zärtlichen Romeo mitten aus
dem Arm der Entzückung schleuderte [...] Der erschrockene Spieler stand steif und albern – die natürliche Grazie der Stellung ent-
artete in eine Beugung – als ob er sich eben ein Kleid wollte an-
messen lassen."[13] Kleists Tänzerin P. „beugt sich, als ob sie brechen
wollte, wie eine Najade aus der Schule Bernins".[14]

Die Polemik gegen die Spekulation auf das Publikum oder die
Darstellung von Menschen als „frostige Behorcher ihrer Leidenschaft", die ihre „Gemütsbewegungen sorgfältig [...] vor dem Spiegel durchmustern",[15] scheint hier dem Unbewußten das Wort zu
reden. Schiller war sich aber durchaus klar darüber, daß dem Schauspieler „zwei Dinge schwer, aber notwendig" seien: „Einmal muß
er sich selbst und die horchende Menge vergessen, um in der Rolle
zu leben; dann muß er wiederum sich selbst und den Zuschauer gegenwärtig denken [...]"[16]

Erfahrungen mit dem Theater ließen ihn jedoch, anders als Lessing, folgern: „Zehnmal finde ich das erste dem zweiten aufgeop-

fert, und doch – wenn das Genie des Akteurs nicht beides ausreichen kann – möchte er immerhin gegen dieses, zum Vorteil jenes verstoßen." Denn bei dem „Schauspieler von Handwerk" gehe „die Empfindung [...] bald [...] verloren" und es bleibe nichts zurück als „eine mechanische Fertigkeit, eine Affektation, eine Koketterie mit den Grimassen der Leidenschaft".[17]

Schillers Vorstellung von der Bewältigung dieses Problems, die der Lessings entgegengesetzt war, ging offenbar auf Gedanken aus seiner Probeschrift *Versuch über den Zusammenhang der tierischen Natur des Menschen mit seiner geistigen* zurück, nach denen „die geheimsten Rührungen der Seele auf der Außenseite des Körpers geoffenbart" werden und „jeder Affekt seine spezifiken Äußerungen" hat,[18] der illusionären Annahme also, daß der „Körper [...] die Seele in allen ihren Veränderungen [...] getreulich begleitet".[19]

3

Schiller hatte diese Ansätze, auf der gleichen idealisierenden Grundvorstellung beruhend, in *Anmut und Würde* (1793) weiterentwickelt. Dort aber unter weitgehender Entfernung von der theatralischen Praxis und Annäherung an die bildende Kunst, d.h. die (griechische) Plastik, insofern für jene „Weimarer Dramaturgie", die in der klassizistischen Haltung das Mittel gegen die Übelstände des Theaters und eine üble Wirklichkeit zugleich zu finden glaubte. Unverbunden daneben stehen dann (in den Briefen an Goethe vom April und Mai 1798) unmutige Äußerungen über Schauspieler wie August Wilhelm Iffland, von dem Schiller nie gezweifelt hat, „daß er seinen Calcul auf das Publicum wohl zu machen verstehe" und der zugleich „in seinem Leben nie eine Schwärmerey oder irgend eine exaltierte Stimmung weder zu fühlen noch darzustellen vermocht hat".[20]

Kleist dagegen wußte, wie wir gesehen haben, sehr genau, daß das „getreuliche" Verhältnis von „Seele" und „Körper" zwar als Ideal betrachtet werden, in der theatralischen (und gesellschaftlichen) Realität aber keine Rede davon sein konnte. Hier ist der Grund für den ganz unterschiedlichen Inhalt des Begriffs „Anmut" bei Schiller (*Über Anmut und Würde*) und Kleist (*Ueber das Marionettentheater*) zu suchen.

Schiller definierte Anmut als „eine bewegliche Schönheit", „eine Schönheit, die nicht von der Natur gegeben, sondern von dem Subjekt selbst hervorgebracht wird", wobei „willkürlichen Bewegungen allein" Anmut zukomme, „aber auch unter diesen nur denjenigen, die ein Ausdruck moralischer Empfindung sind".[21]

Kleist geht es mit dem Begriff „Anmut" nur um die Frage nach dem Verhältnis von „Seele" und „Körper" (innerer und äußerer Bewegung). Anmut hat für ihn eine Bewegung, die unmittelbar (unreflektiert) und unverfälscht Ausdruck der „seelischen" Bewegung ist. Der Begriff der Schönheit wird in diesem Zusammenhang von ihm nicht gebraucht. Das heißt, daß seine „Anmut" offenbar nichts mehr mit der klassischen „Schönheit" zu tun hat; statt dessen wird mit ihr die „Wahrheit" der Bewegung zum wesentlichsten Kriterium der darstellenden Kunst erhoben. In seiner paradoxen Zuspitzung haben gerade die „unwillkürlichen" Bewegungen (die *nicht* Ausdruck einer „moralischen" Empfindung sind) „Anmut" oder „Grazie" – folglich die des wahrlich nicht anmutigen Bären eher als die des Menschen. Kleist interessiert im Begriff der „Anmut" allein die Frage nach der Identität von seelischer und körperlicher Bewegung, von Innen und Außen, von Wesen und Erscheinung.

In seinem Modell Maschinist/Marionette schließt Kleist mit der Betonung der „Seele" scheinbar an Schiller an. Der Maschinist kann sich aber in die Marionette, in ihren Schwerpunkt, erst dann hineinversetzen, wenn er nicht nur „Empfindung" hat, sondern auch ihre Mechanik, die Gesetze ihrer Bewegung kennt. Der ideale „Maschinist" vereinigt in der Marionette die „Seele" und den „Schwerpunkt", den Mittelpunkt aller mechanischen Kräfte. In dieser Identität hebt sich der alte Gegensatz von empfindungsloser Form und formloser Empfindung in der darstellenden Kunst auf, da hier einerseits die mechanische Bewegung von der „Seele", andererseits die Seele von der Bewegung geleitet, damit aber auch dem unvermeidlichen Bewußtsein von den Gesetzen der Mechanik ein Maß gesetzt ist. Damit deutet Kleists Marionettenmetapher auf das Ideal eines Schauspielers, dessen äußere Bewegungen nicht weniger, aber auch nicht mehr als der unmittelbarste, wahre Ausdruck seiner Seele und zugleich jener der von ihm dargestellten Gestalt sind.

In Kleists Beiträgen zum Schauspieler Iffland und dem Königlichen Nationaltheater sowie in *Ueber das Marionettentheater* erscheinen, im Kontext der *Berliner Abendblätter,* der Schauspieler, die „Tänzer" und das Theater auch als Metaphern einer vom Schein überwältigten Gesellschaft und eines im Rollenspiel gefesselten Menschen. Zugleich aber deutet Kleist im Bild der Marionette die Möglichkeit des Theaters und des Schauspielers an, diesen Zustand zu erkennen und darzustellen und spielend auf seine erwünschte Überwindung hinzudeuten.

Kleist sah den Künstler nicht mehr klassisch, als Ausnahmefall, dafür bürgt auch seine persönliche Lebens- und Leidensgeschichte; die Fiktion seiner Identität ist zerbrochen, wie die der Identität des Menschen überhaupt. Der Schauspieler (Tänzer) wird zum Bild des sich entfremdeten Menschen: Er ist aber – das ist im Tänzer C. angedeutet – zugleich fähig, auf die Überwindung dieser „Ziererei" vorzudeuten. In Kleists *Ueber das Marionettentheater* ist der Gedanke enthalten, daß diese Fähigkeit, vor jeder Darstellung, bereits in dem Verhältnis zur Figur (Rolle) und in dem Bewußtsein des Rollenspiels, der Unterscheidung des künstlerischen Subjekts und der Figur ihre Voraussetzung hat.

Er hält „dem größesten Teil" der Tänzer die Marionette als die eine, die „gar keins", den Gott, der ein „unendliches" Bewußtsein hat, als die andere provozierende Idealfigur vor – und stellt den Tänzer C. dar als die „Realfigur" der in künstlerischer Tätigkeit darstellbaren Identität durch unmittelbare seelische Empfindung einerseits u n d entwickelteres Bewußtsein andererseits.

Insofern auch kann der Umgang des Schauspielers mit seiner Figur zum Vorbild sozialen Verhaltens werden. Die Lösung des Handlungsproblems wird in einer Bewegung gefunden, die auf einem wechselseitigen Verhältnis von Geplantem und Spontanem, Bewußtem und Unbewußtem beruht. In der Marionettenmetapher, für Kleists Maschinisten (idealen Tänzer, idealen Schauspieler) sind „Empfindung" und „Geschäft" (Handwerk, Technik) nicht unvereinbar.

Dies deutet auf eine aktuelle Kenntnis der entsprechenden Ideen Diderots hin. Hinweise dafür sind die in den *Berliner Abendblättern* im Oktober und November 1810 veröffentlichten Beiträge

Kleists *Brief eines Malers an seinen Sohn* (22.10.1810) und *Brief eines jungen Dichters an einen jungen Maler* (6.11.1810), die offenbar durch die in den *Abendblättern* (mit Beiträgen von Beckedorff, Brentano und Arnim) intensiv rezensierte Kunstausstellung angeregt wurden. Sie verarbeiten erkennbar Gedankengänge Diderots aus den *Essais sur la peinture*, die, wie die *Observations...*, in der *Correspondance littéraire* erschienen waren und ebenfalls in den von J. A. Naigeon 1798 herausgegebenen *Oeuvres* vorlagen. Der *Brief eines Malers...* reflektiert „Allgemein Bekanntes und nicht Bekanntes über den Ausdruck". In diesem „Essai" wendet sich Diderot gegen die unglückliche Rolle, die die Religion als „traurige und öde Metaphysik" für die Kunst spiele unter anderem mit dem Gedanken, daß, „wenn die schrecklichen Wörter *Gotteslästerung* und *Entweihung* im Zaume gehalten würden; wenn die Jungfrau Maria die Mutter der Freude gewesen wäre [...] wenn ihre schönen Augen, ihre schönen Brüste, ihre schönen Schenkel den heiligen Geist zu ihr hingezogen hätten" –, daß man dann schon sehen würde, „was mit unseren Malern, unseren Dichtern und unseren Bildhauern los wäre [...]".[22] Auch für Kleist gehen „die göttlichsten Wirkungen [...] aus den niedrigsten und unscheinbarsten Ursachen hervor"; dem entsprechend mahnt der Maler seinen Sohn, es sei eine falsche Begeisterung, jedesmal, bevor er zum Pinsel greife, das Abendmahl nehmen zu wollen.[23] Im *Brief eines jungen Dichters...* ist es Kleists jungem Dichter „unbegreiflich", „wie ihr euch entschließen könnt, ihr lieben Maler, deren Kunst etwas so Unendliches ist, jahrelang zuzubringen mit dem Geschäft, die Werke eurer großen Meister zu kopieren. Die Lehrer, bei denen ihr in die Schule geht, sagt ihr, leiden nicht, daß ihr eure Einbildungen, ehe die Zeit gekommen ist, auf die Leinwand bringt [...]".[24] In Diderots *Meine wunderlichen Gedanken über die Zeichnung* heißt es u.a.: „Die sieben Jahre, die man bei der Akademie zubringt, um nach dem Modell zu zeichnen, glaubt ihr die gut angewendet? Und wollt ihr wissen, was ich davon denke? Eben während dieser sieben mühseligen und grausamen Jahre nimmt man in der Zeichnung eine *Manier* an; alle diese akademischen Stellungen, gezwungen, zugerichtet, zurechtgerückt [...] was haben sie mit den Stellungen und Bewegungen (*actions*) der Natur gemein?"[25] In diesem Zusammmhang spricht

Diderot auch über den in *Ueber das Marionettentheater* erwähnten Tänzer (Gaétan-Balthazar) Vestris (1729–1808): „Ebensogut möchte man die Künstler, um ja das Abgeschmackte zu vollenden, [...] zu Vestris [...] oder zu irgendeinem andern Tanzmeister schicken, damit sie ja die Grazie lernen. Denn wahrlich, die Wahrheit der Natur wird ganz vergessen, die Einbildungskraft füllt sich mit Handlungen, Stellungen, mit Figuren, die nicht falscher, zugeschnittener, lächerlicher und kälter sein könnten."[26] Weiter heißt es: „Nicht in der Schule lernt man die allgemeine Übereinstimmung der Bewegung [...]". Und schließlich: „Alle Attitüde ist falsch und klein, jede Handlung ist schön und wahr. [...] Versucht [...] euch die Figur als durchsichtig zu denken und euer Auge in den Mittelpunkt [!] derselben zu bringen! Von da werdet ihr das ganze äußere Spiel der Maschine beobachten [...]"[27]

Der Text lag zu Kleists Zeit auch auf deutsch vor, übersetzt und kommentiert von Goethe in *Diderots Versuch über die Malerei* (1798/99), erschienen in den *Propyläen*, Bd. 1. Bassenge, nach dem ich zitiere, hat die Übersetzung Goethes übernommen. Goethe kommentierte die letzten Sätze so, daß „Diderot den Künstlern den Rath giebt, sich in die Mitte der Figur in Gedanken zu versetzen [!], um sie nach allen Seiten wirkend und belebt zu sehen [...]".[28] Da Goethe lediglich die beiden ersten „Essais" übersetzt hat, nicht aber *Über den Ausdruck* (IV.), ist es wahrscheinlich, daß Kleist entweder auch hier die *Correspondance littéraire* (siehe VI,1 und Anm. VI,2) oder aus aktuellem Anlaß der Kunstausstellung die Ausgabe Naigeons benutzte.

Diese Zusammenhänge kann man auch als einen weiteren Hinweis darauf ansehen, daß *Ueber das Marionettentheater* in der vorliegenden Form für die *Abendblätter* entstanden ist.

VII Puppen und Polizisten

I

Der in den *Berliner Abendblättern* erkennbare Zusammenhang zwischen geforderter Theaterreform und einsetzenden staatlichen Reformen bzw. der Kritik an deren Handhabung durch die Regierung Hardenberg brachte *Ueber das Marionettentheater* in der aktuellen Situation in einen sehr empfindlichen politischen Kontext. Als versteckter Angriff auf das „Königliche Nationaltheater" und seinen Repräsentanten einerseits und als offenbare Verteidigung des in seinen Wirkungen nicht berechenbaren und deshalb mit Mißtrauen betrachteten und ordnungsstaatlich behandelten Marionettentheaters, des Theaters der „niederen Volksklasse"[1], war der scheinbar nur mit ästhetischen Fragen befaßte Dialog mittelbar auch ein Politikum.

Das hatte seinen Grund in der Situation des preußischen Staates nach 1806. Besonders 1809 war der Widerspruch zwischen der offiziellen preußischen Politik gegenüber Frankreich und der Stimmung breitester Kreise (u. a. in Gestalt spontaner patriotischer Erhebungen in Norddeutschland unter Katte, Dörnberg, Schill) deutlich zutage getreten. Der König fürchtete nicht nur, daß Napoleon als Strafe dafür den preußischen Staat liquidieren, sondern auch, daß eine nationale Bewegung von unten sich in eine soziale verwandeln könnte. Er ließ deshalb keine Gelegenheit vorübergehen, seine Ergebenheit gegenüber Frankreich zu beteuern, und versuchte, jeden Anschein einer Sympathie mit nationalen Bestrebungen zu vermeiden. Die Ängstlichkeit Friedrich Wilhelms und seiner Regierung erstreckte sich auf alles, was bisher nicht unter strikter staatlicher Observanz gestanden hatte und auch nur potentiell die Möglichkeit zur Kundgebung nationaler und anderer gefährlicher Ideen bot.

In diesen Zusammenhang ist ohne Zweifel auch die „Kabinets Ordre" einzuordnen, die der König am 17.11.1809 aus Königsberg an das Innenministerium erließ. Danach wollte er „Allerhöchst selbst" auch „den Unfug, den konzeßionirte und nichtkonzeßionirte Puppenspieler treiben, ferner nicht geduldet, sondern nachdrücklichst abgestellet wißen".[2] Dem folgte am 20.11. aus Königsberg ein Schreiben „An sämtliche Regierungen": „Ihr werdet [...] in Gemäßheit dies Höchsten Befehls hierdurch angewiesen, dahin genauestens zu sehen, daß die Marionettenspieler, die nun einmal mit Konzeßion versehen sind, dergestalt unter die schärfste polizeiliche Aufsicht gestellt werden, daß sie durch ihre Darstellungen keine Immoralität verbreiten, auch sie ohne Zulaßung weiterer Lustbarkeiten in die möglichst engsten Grenzen ihrer Konzeßion zurückgefürt werden [...] Nach den eingegangenen Nachrichten sollen auf dem platten Lande dergleichen Puppenspieler und Gaukler ihr Unwesen mitunter am ärgsten treiben."[3] Es ist hier noch einmal zu betonen, daß Begriffe wie „Immoralität" oder „Unsittlichkeit" den Vorwurf anderer, auch „politischer" Respektlosigkeiten einschlossen; verdeckende Sprache war zudem, wegen des in jeder preußischen Behörde tätigen napoleonischen Geheimdienstes, im Behördenverkehr allgemeiner Brauch.

Die Kabinettsorder vom 17.11.1809 hatte eine Vorgeschichte, die bis in den Oktober 1806 zurückreichte. In ihr traten die „geistlichen Hirten" des platten Landes als Denunzianten auf. Eine „Acta betr. die Feyer und Heiligung der Hohen Festtage und des Sonntags und Abstellung des Schwärmens und Spielens an denselben"[4] zeigt den engen zeitlichen Zusammenhang zwischen dem militärischen Zusammenbruch und der französischen Besetzung Preußens im Oktober 1806 und ihnen folgenden Bemühungen, die „niedere Volksklasse" unter Kontrolle zu halten. Dabei konnte man sich heuchlerisch auf die Sonnabende, Sonn- und Feiertage beschränken, da der Arbeitszwang an den übrigen Tagen ausreichend für Ruhe sorgte. Der erste Entwurf zu einem „Reglement wegen der Feyer der dem öffentlichen Gottesdienst gewidmeten Tage" datiert bereits vom Oktober 1806: „Alles, was an solchen Tagen der Abhaltung des öffentlichen Gottesdienstes hinderlich sein [...] kann, muß eben so sehr verhütet werden, als dem Aberglauben, dem Leichtsinn in der Religion, der Immoralität und der Üppigkeit Schranken gesetzt werden müssen."[5] Nach anderen Einschränkungen hieß es unter 14): „Die Spinnstuben auf dem Lande müssen jetzt, und die Marionettenspiele nach und nach abgestellet werden."[6] Der Prediger Raymund Dapp in Kleinschönebeck beklagte ganz in diesem Sinn im April 1807:

„Die höchst schädlichen Marionetten- oder Schattenspieler kommen am liebsten des Sonnabends Nachmittag in die Dörfer, weil diese Abende in der Regel dem Dienstvolk gehören: Gegen 8 Uhr fängt das Spiel an, und die meisten Zuschauer bleiben die Nacht durch in der Schänke, wo Glücksspiele und Tänze gehalten werden. Eher mögen sie, wenn sie ja geduldet werden sollen, am Sonntag Abend ihr Spiel eröffnen, wo sich ohnehin ein großer Theil des Dorfs in der Schenke versammelt, denn es ist leicht einzusehen, daß die Schwänke des schmutzigen Hanswursts und die Nachtschwärmerey der darauf folgenden Sonntagsfeyer durchaus ungünstig sind. Wolte Gott, daß dieses Volksvergnügen entweder verbeßert, oder, da es schwerlich einer wahren Verbeßerung fähig ist, gänzlich abgeschafft werden möchte."[7]

Das war nach Dapps Überzeugung um so notwendiger, als „unter dem Gesinde [...] die Nachlässigkeit des Kirchenbesuches überhaupt sehr gewöhnlich [wird]" und „die Ursache davon [...] nicht immer bei den Brodtherrschaften zu suchen" sei, „sondern vielmehr in der immer mehr überhandnehmenden Eigenwilligkeit und Widerspänstigkeit der Dienstboten".[8]

Natürlich galt es auch in Berlin, die Ruhe in der „niederen Volksklasse" zu erhalten. Das geschah durch Anordnungen des Polizeidirektoriums gegen „Nachtschwärmereien" in den Tabagien, „damit dem Hange zu Unordnung und Liederlichkeit dadurch möglichst entgegen gearbeitet werde";[9] durch ein auf eine Anordnung des Ministeriums zurückgehendes „Decretum" des Polizeipräsidenten Gruner, nach dem „den Urhebern und Verbreitern beunruhigender politischer Gerüchte [...] nachgespürt" und „der Schuldige ohne Ansehen der Person, er habe aus Absicht, Leichtsinn oder Schwatzhaftigkeit gefehlt, arretirt und vernommen" werden sollte;[10] schließlich auch durch Maßnahmen gegen „Ressourcen" bzw. „Privattheater", weil „lauter junge abhängige Leute ohne Wißen ihrer Brot Lehrherrn oder Eltern u. Verwandten dort ihr Unwesen treiben, ganz den bestehenden Gesetzen entgegen, u. höchst nachtheilig für die Sittlichkeit", weswegen „der größte Theil [...] ausgehoben zu werden verdient weil es die Oerter sind, in welchen bis an hellen Morgen, ohne Gesetzliche Aufsicht, alles nach Gefallen, unter dem Vorwand Resource getrieben wird, die Mitglieder oft nicht mehr als Handwerker und Mädchens aus der ordinärsten Klaße sind, und mit den niedrigsten Tanz Tabagien in gleichem Range stehen".[11]

2

Die etwa „in gleichem Range" stehenden Marionettentheater betreffend, war das erwähnte Schreiben vom 20.11.1809 „Auf Seiner

Königl. Majestät alllergnädigsten Spezial-Befehl" auch „zur Nachricht und genauesten Nachachtung an den Polizeipräsidenten Gruner zu Berlin" gegangen,[12] der es am 30.11.1809 „Dem Herrn Pol. Inspektor Holthoff zur Kenntniß, Beachtung und Instruktion" weitergereicht hatte:[13] Holthoff war in Berlin „die Polizei der Sitten" anvertraut.[14] Inzwischen hatte auch die „Königliche Preußische Kurmärkische Regierung" in Potsdam (die dem Polizeidirektorium Berlin unmittelbar vorgesetzte Behörde) das königliche Schreiben vom 20.11. erhalten und daraufhin am 5.1.1810 an die ihr nachgeordneten Behörden ein „Circulare" versandt, in dem die königliche Forderung wiederholt worden war, daß „die Marionettenspieler, welche nun einmal mit Conzession versehen sind, unter der schärfsten polizeilichen Aufsicht gehalten werden" sollten, während denen, „die keine ausdrückliche Concession im Original aufzuweisen haben, durchaus keine Darstellung ihrer Künste und Gaukeleien zu gestatten" sei. Sie hatte schließlich vom Polizeipräsidium verlangt, „um auch zu erfahren, welche dergleichen concessionirte Subjecte noch vorhanden sind", ihr „am 1sten Juny d. J. ein Verzeichnis der von Euch visirten Conzessionen einzusenden".[15] Polizeipräsident Gruner hatte auch das „Circulare" am 2.3.1810 an Holthoff weitergereicht, „um die Herrn Pol. Kommißarien auf die diesfälligen Königlichen Bestimmungen [...] wiederholentlich aufmerksam zu machen, und zur genauen Befolgung zu instruiren".[16]

Es hing sicher mit der schwer greifbaren sozialen Randexistenz des Marionettentheaters zusammen, wenn Holthoff mit der Durchsetzung der geforderten Maßnahmen zeitlich in Schwierigkeiten kam. Erst am 27. August 1810 schlug er nämlich Maßnahmen vor, „diesem Unwesen einen kräftigeren Damm als die bisherige Aufsicht der Hr. Pol. Com. die oft selbst die Sache nicht zu beurtheilen" wüßten, vorzuschieben.[17]

Eine besondere Schwierigkeit bestand für ihn in dem „Unwesen", daß „die Titel der Stücke selten dem Inhalte entsprechen", wodurch es unmöglich werde, zu verhindern, daß „anstößige Stücke" gespielt und dabei „unsittliche Ausdrücke und Mienen dem Publicum zum Vergnügen auf Kosten der allgemeinen Sittlichkeit" gebraucht wurden. Holthoff hatte sich „mehrere Male davon überzeugt" und sah den Hauptgrund darin, daß die Marionettenspieler ihre Stücke „auswendig gelernt haben und sich demnächst Zusätze erlauben, die ihnen Ort, Zeit u. Gelegenheit eingeben".[18] Die einer gewissen Verzweiflung nicht entbehrenden Mitteilungen des für Gegenmaßnahmen verantwortlich gemachten Polizeiinspektors sind ein beredtes Zeugnis für den Widerspruch zwischen königlichem Willen und krauser Wirklichkeit, zwischen dem preußisch-polizeilichen Ordnungssinn und der kommunikativen Lebendigkeit des Marionettentheaters.

Holthoff machte nun einen Vorschlag, der polizeilich intelligent, künstlerisch aber tödlich war, nämlich: „Sämtlichen Puppen u. Marionettenspielern aufzugeben binnen 3 Monaten sämtliche Stücke im Drucke oder Manuskripte einem hohen Polizei Präsidium einzusenden, um das Imprimatur formal zu erhalten als auch den Conzessionen das Verzeichniß der Stücke, die aufgeführt werden dürfen, beizufügen, mit Androhung einer namhaften Strafe, wenn sie sich eigenmächtige Zusätze erlauben sollten."[19] Dem wurde von Gruner zugestimmt; sein „Decretum" vom 31.8.1810 befahl die behördliche Feststellung der in Berlin wohnhaften konzessionierten Marionettenspieler,[20] denen durch die „Polizey-Kommissarien" der „Reviere" folgendes Schreiben vorgelegt werden sollte: „Denen sämtlichen concessionirten Puppenspielern hierselbst, wird hierdurch aufgegeben, bei zehn Thaler Strafe, innerhalb drey Monaten [d. h. bis Ende November 1810, W.] eine genaue Abschrift von allen Stükken, die sie aufzuführen pflegen, zur Censur einzureichen und für die Zukunft bei neuen Stükken, bevor sie dieselben vorstellen, ein Gleiches bey Vermeidung derselben Strafe zu beobachten. / Berlin, dem 31ten August 1810 / Königlicher Polizey-Präsident von Berlin / Gruner."[21]

Die polizeiliche Aktion gegen die Marionettenspieler begann Anfang September 1810, ausgeführt von über zwanzig Polizeikommissaren unter der Leitung von Polizeiinspektor Holthoff;[22] in ihrem Verlauf wurden die genannten sechs konzessionierten Marionettenspieler namhaft gemacht und durch ihre Unterschrift auf die polizeiliche Verordnung vom 31.8.1810 verpflichtet. Damit waren aber die Probleme nicht gelöst. Am 29.9.1810 teilte Polizeipräsident Gruner dem Polizeiinspektor Holthoff mit, daß der „von

dem Marionettenspieler Schuchart eingereichte Inhalt seiner Ma-
rionetten-Vorstellungen" nicht ausreiche, „vielmehr wird eine ganz
vollständige Abschrift derselben, so wie sie <u>mündlich</u> aufgeführt
werden erwartet". Weiterhin sollten das Bürgerrecht der Marionettenspieler Freudenberg und Loose überprüft und „die Vorstellungen der Marionettenspieler Lange und Andrian [...] durch die Herren Pol. Kommissariis der Reviere von Zeit zu Zeit" besucht
werden, „um etwanige Unsittlichkeiten im einzelnen, Szenen oder
Ausdrücke [...] an zu zeigen".[23]

Mit der preußischen Polizei und dem Puppenspiel trafen zwei
Welten aufeinander; die Verständnislosigkeit der Marionettenspieler darüber, was man eigentlich von ihnen wollte, war die (unge-
wollte) Antwort auf die Verständnislosigkeit des Polizeipräsidiums
gegenüber dem, was ihre Kunst gerade ausmachte. In dem unter-
würfigen Schreiben Schucharts an den „Gnädigen und Hochge-
biethenden Herrn Polizei Präsident" vom 27.11.1810 heißt es zu
der Forderung, daß „eine ganz vollständige Abschrift der Stücke,
wie selbige <u>wörtlich</u> aufgeführt werden, erwartet wird": „Ohner-
achtet alles meines Bestrebens ist daß eine unmöglichkeit für mich
jedes vorhero von mir gespieltes Stück wörtlich aufzuschreiben.
Erstlich, sind mir viehle davon schon aus dem Gedächtniß gekommen. Zweitens habe ich meistens stücke so auf dem National aufgeführt wurden nacherzählt [...] Von allen diesen Stücken besizze
ich [...] [kein] Scenarium, und würde also ein Hohes Polizei Präs-
dium belügen, wenn ich hier ein stück wörtlich aufschreiben wolte
wovon mir vielleicht das Hundertste Wort welches ich gesprochen
nicht mehr bekant wäre."[24]

Schucharts Schreiben zeigt, daß das Polizeipräsidium von den
Marionettenspielern etwas ihnen ganz Fremdes verlangte; doch
waren sie, aus nackter Existenzangst, zu allem bereit, versuchten
aber wohl, sich vor der ihnen auferlegten, ungewohnten Arbeit so
gut wie möglich zu drücken. Das konnte nur durch Selbstzensur
erfolgen; d.h., ein Teil des „Repertoires" wurde vermutlich gar
nicht erst eingereicht, wenn Mißfallen zu erwarten war. Damit hörte es, angesichts der polizeilichen Kontrollen und angedrohten
Strafen, praktisch auf zu existieren. Dazu gehörte wahrscheinlich
alles, von dem man im Ganzen oder in einzelnen Teilen annehmen

konnte, daß es den Unwillen der Obrigkeit erregen würde, alles Derbkomische, alles „Unsittliche" und Aktuelle. Der Umstand, der selbst in den Polizeiakten erwähnt wird, daß vor allem Stücke gespielt wurden, die „durch mündliche Überlieferung von Vater auf Sohn" übergegangen sind[25] (also ältere Stücke), wurde von Schuchart völlig verschwiegen. Statt dessen berief er sich auf die Autorität des Königlichen Nationaltheaters und die auf diesem Weg schon zensierte Lustspiel- und Possenliteratur. Kennzeichnend ist, daß auch J. S. Richter, in einem Brief vom 30.11.1810, neben der Nennung von ungefähr zwanzig nichtssagenden Titeln beteuerte: „Was die Mehrheit meiner Stücke betrifft, so sind selbige alle von berühmte Verfasser mehrenteils von Herr von Kotzebue."[26]

Das heißt wohl nichts anderes, als daß sich die Maßnahmen des Polizeipräsidiums besonders katastrophal auf das traditionelle Repertoire auswirkten, während sie den Übergang zu (schon zensierten und zensierbaren) harmlosen Plattheiten, vom Derbkomischen zum „Heiteren" förderten. Die bei Strafe gebotene Verpflichtung auf das Zensur-Exemplar eines „gereinigten" Texts mußte die originellste Kunst der Marionettenspieler, die spontane Improvisation, lähmen und störte damit die ihnen eigenen Publikumsbeziehungen. Dies wurde durch immer erneuerte Strafbestimmungen, durch Kontrollen und andere einschränkende Maßnahmen durchgesetzt.[27]

3

Zur gleichen Zeit, Ende November 1810, als die Zensurbestimmungen gegen die Marionettenspieler in Kraft traten, gingen die preußischen Behörden im Königlichen Nationaltheater an zwei Abenden mit Polizeigewalt gegen Kundgebungen der öffentlichen Meinung vor, bei denen nationale Emotionen und die Mißachtung einer kritischen Öffentlichkeit zusammenspielten.[28] Danach wurde Kleists Berliner Abendblättern durch das Polizeipräsidium jede weitere Beschäftigung mit dem Königlichen Nationaltheater verboten, da man sie der publizistischen Vorbereitung der Unruhen im Nationaltheater beschuldigte.

Es ging in allen drei Fällen, nur auf verschiedenen sozialen Ebenen, um die gleiche Sache: die umgehende Unterdrückung einer sich entwickelnden Öffentlichkeit, in der sich nationale oder soziale Unruhe artikulieren konnten. Dies war der tiefere Grund für Arnims Eindruck, daß die „Polizei [...] bis zum Wahnsinn [...] ängstlich geworden" war „in allem, was das Theater betrifft".[29] Dabei erschien die Haltung des Polizeipräsidiums (und damit der Regierung Hardenberg) als ganz paradox. Das Marionettentheater mit seiner nationalen Tradition wurde mit Polizeigewalt unterdrückt, während das Königliche Nationaltheater mit der gleichen Polizeigewalt vor öffentlicher Kritik an seiner nationalen Rolle geschützt wurde; und zwar sogar in einer Personalunion: Der Polizeiinspektor Holthoff, der die Aktion gegen die Marionettentheater leitete, war auch an der Polizeiaktion im Königlichen Nationaltheater am 21.11.1810 beteiligt, und das in einer Weise, daß die Unruhe am 26.11.1810 sich bereits zum Protest gegen die Polizei auswuchs: „Das ganze Berliner Publikum ist über das despotische Benehmen des Holthoff [...] empört und der nachher am 26ten d.M. vorgefallene ärgerliche Auftritt im Schauspielhause ist als Folge des allgemeinen Unwillens anzusehen."[30]

Der eingesetzten Untersuchungskommission hat wahrscheinlich dieser gleiche Holthoff, nach dem 26.11.1810, auch Kleist als denjenigen denunziert, der im Nationaltheater „den meisten Lärm gemacht haben soll".[31] Das liegt nahe, da er die Rolle genau kannte, die die *Berliner Abendblätter* in der publizistischen Vorbereitung des „Lärmens" gespielt hatten. Denn Polizeiinspektor Holthoff war auch der von Polizeipräsident Gruner eingesetzte Z e n s o r der *Abendblätter*.[32]

In Holthoff war die restriktive Politik gegen die von Kleists *Abendblättern* angestrebte kritische Öffentlichkeit regelrecht als polizeiliche Dreieinigkeit verkörpert. Diese provozierende Tatsache kann die „Initialzündung" gewesen sein, die Kleist zur Veröffentlichung von *Ueber das Marionettentheater* zwischen dem 12. und 15. Dezember 1810 veranlaßte. Das unter den geschilderten Umständen erstaunliche Erscheinen eines solchen Titels (und damit seine Überlieferung) ist vielleicht nur dem Umstand zu danken, daß ebenfalls Ende November die Zensur der *Berliner Abendblätter* an eine höhere Behörde übergegangen war,[33] die seine raffinierte Gegenwärtigkeit so schnell nicht durchschaut zu haben scheint – oder ihn als einen Beitrag zur „moralischen Hebung" des Berliner Marionettentheaters (miß)verstand. Insgesamt sprechen nach meiner Meinung ausreichend viele Anzeichen dafür, daß *Ueber das Marionettentheater* in dieser Zeit (Nov./Dez. 1810) auch in der überlieferten Form entstanden ist, gewiß unter Benutzung vorhandener Notizen, insbesondere im Fall der Jünglings- und der Bärenerzählung.

VIII Vor dem Spiegel. Eine Überlegung

I

Kleist befand sich Anfang Dezember, nach der allgemeinen Verschärfung der Zensur und dem Verbot aller Theaterartikel, in einer katastrophalen Situation. Die behördlichen Beschränkungen trafen die beiden wichtigsten Themen der *Berliner Abendblätter*, an denen er ohne Zweifel das meiste Interesse gehabt, mehr noch, derentwegen er sie begonnen hatte. Praktisch war er mit seinem publizistischen Programm, das er zu Beginn angekündigt hatte, nach nur zwei Monaten vollkommen gescheitert.[1] Dazu kam seine ganz miserable finanzielle Lage, ja, wohl der pure Hunger, die ihn zwangen, weiterzumachen, unter allen Umständen.[2] Da sein Verleger Hitzig den Verlag der *Abendblätter* zum Jahresende kündigte, mußte dringend ein neuer gefunden und mit gewissen Sicherheiten interessiert werden. Das erklärt die demütigende Wendung, die Kleist Anfang Dezember, nach den restriktiven „Eröffnungen" des Polizeipräsidenten Gruner, mit einem Brief an den Staatskanzler vollziehen mußte. Im Gegenzug zu dessen vagem Versprechen, „diesem Institut [...] irgend eine zweckmäßige höhere Unterstützung angedeihen zu lassen", versprach Kleist, in den *Abendblättern*, „durch Ew. Excellenz nähere Andeutungen oder Befehle, in den Stand gesetzt", nunmehr „die Weisheit der von Ew. Excellenz ergriffenen Maasregeln gründlich und vollständig dem Publico auseinander zu legen".[3]

Am 13. Dezember 1810 gewährte der Staatskanzler Hardenberg Kleist eine Audienz in Sachen der *Abendblätter*, nach der Veröffentlichung des ersten Teils von *Ueber das Marionettentheater* am Vorabend und während wahrscheinlich der zweite Teil das Imprimatur erhalten hatte und in der Druckerei war. Dem Staatskanzler waren bei dieser Audienz sicher gegenwärtig: der Brief von Iffland vom 26.11.1810 mit den unübersehbaren Hinweisen auf die *Abendblätter*, der Bericht der Untersuchungskommission über die Unruhen im Nationaltheater vom 9.12.1810 und die *Abendblätter* selbst samt ihrer letzten Ausgabe vom Vortag, dem 12.12.1810. Als Ergebnis des Gesprächs wurde Kleist scheinbar belohnt durch eine „die Interessen Sr. Excellenz sowohl, als die meinigen, auf's Glücklichste verbindende Maasregel", die Unterstützung der *Abendblätter* durch „officielle Beiträge" der Ministerien.[4] Er erklärte sich nun bereit, mit seiner „Ehre" dafür zu haften, „daß kein andrer Aufsatz, als der in Sr. Exzellenz Interessen geschrieben ist, darin aufgenommen werden soll".[5]

Die bis Ende November stets, gerade auch durch „Freiheit der Meinungen",[6] durch Satz und Gegensatz bewahrte Identität der *Abendblätter* war damit aufgegeben, der unmittelbare Zusammenhang von innerer Überzeugung ihres Herausgebers und äußerer publizistischer Haltung war zerstört, damit die „Grazie" verloren. Sie war ihm vernichtet worden, und er hatte sie selbst vernichtet. Denn Kleist wußte auch und hatte es in Krisen und wiederkehrenden Selbstzweifeln erlitten, „daß es bei dem Menschen, wie bei dem Spiegel, eigentlich auf die eigne Beschaffenheit" ankommt und daß „vielleicht bloß der Spiegel, in welchen das Bild der Welt fällt, schief u schmutzig ist".[7]

Ende November hatte die *Zeitung für die elegante Welt* außerdem die Rezension seiner Erzählungen von Wilhelm Grimm gebracht. Gerade weil sich Kleist in der sehr anerkennenden Besprechung verstanden sah, muß ihm die in ihrem Zentrum stehende Kritik „In Betreff des Stiles", die wie ein Spiegel ihn und sein eigenes Kunstprodukt mit dem an anderen kritisierten Makel der fehlenden „Anmut" konfrontierte, nahegegangen sein. Grimm meinte, „daß der Verfasser zwar in seiner Darstellung auf Objektivität hinstrebt, und diese auch im ganzen sehr glücklich erreicht, daß jedoch dieses Hinstreben im einzelnen öfters noch zu sichtbar ist, als daß man nicht eine gewisse Künstlichkeit verspüren sollte. Es scheint seiner Schreibart noch etwas Hartes, Strenges, ja Nachdrückliches eigen zu sein, und ihr zum Teil jene Anmut abzugehen, die alle Kunst vergessen und einen ganz ungestörten, reinen Genuß erst möglich macht."[7a]

Er mußte sich als betroffen und, was die Krise der *Abendblätter* anbelangt, nicht nur als Opfer, sondern auch als Täter ansehen, ganz wie er es in der zur Szene entfalteten Selbsterfahrung vor dem Spiegel beschreibt, in der der Jüngling, der er natürlich auch ist, seine Grazie verliert – verursacht durch seine, des Erzählers, „bloße Bemerkung". Nimmt man diesen schmerzlichen Doppelsinn ernst, dann ist die oft so genannte „Jünglingsanekdote" nicht nur eine zum Thema passende ästhetische Metapher, sondern eine zum Tage passende Selbstaussage Kleists über seine verlorene Unschuld und Anmut, die Verwandlung des unabhängigen Publizisten in einen „Punier".[8]

2

Demnach können die Ende November zusammentreffenden Ereignisse wohl noch zu der genial getarnten Opposition in den ersten beiden Teilen von *Ueber das Marionettentheater* ausgereicht haben; doch ihr folgte, gewissermaßen nach dem Blick in den Spiegel, die Resignation: Im dritten Teil verwandeln sich die Ansätze eines ästhetischen Programms, das auf dem imaginären Theater im idealen Darsteller Anmut für realisierbar hält, in ein anthropologisches Verhängnis.

Diese Wendung wird gegen Ende des zweiten Teils bereits vorbereitet. Der Tänzer C. setzt, seine kritischen Theatereindrücke ganz überraschend „abbrechend", die alte Geschichte der Vertreibung aus dem Paradies „hinzu" – der man aufs Wort den aktuellen Selbstbezug ablesen kann: so in der schwerwiegenden „Erkenntniß", in dem Paradies, das gar „verriegelt", und in dem „Cherub", der „hinter uns" (her) ist und nicht nur, wie in 1 Mose 3, den Eingang zum Paradies bewacht. Das Flammenschwert gegen die „Fackel der Untersuchung"?[9]

Es ist nicht ausgeschlossen, daß das Gespräch mit dem Staatskanzler am 13. Dezember den Abbruch der aktuellen Auseinandersetzung, genötigt oder entgegenkommend, veranlaßt hat:

Die in den ersten beiden Teilen mehrfach benutzten Begriffe Marionettentheater, Maschinist, Marionette, Puppe, Tanz, Tänzer, tanzen werden in den beiden am 14. und 15. Dezember folgenden Teilen nicht mehr verwendet. Die „Tänzer" werden durch den „Menschen", die Marionette wird durch den Gliedermann ersetzt. Die beiden ersten Teile enthalten eine Vielzahl aktueller, von intelligenten Lesern verstehbarer Anspielungen auf die Zeitereignisse in Berlin, die beiden letzten nicht eine. Die Erzählung von dem „fechtenden" Bären entfernt sich davon anscheinend noch mehr. In ihr wird das ontogenetische Problem der Jünglingserzählung in das phylogenetische gesteigert; der Verlust der Anmut durch die zunehmende „Reflexion" widerfährt nicht nur dem Menschen, sondern der Menschheit, „unvermeidlich", wie es scheint; ihr Wiedergewinn wird ins Unendliche, jenseits der historischen Zeit entfernt.

Doch auch hier hat die „Szene" ihre Kleistsche Kehrseite. Der Bär reagiert im „Kampf" gegen den (sehr guten) Fechter „erfolgreich" wegen des ihm eigenen, vollkommenen Fehlens von „Reflexion", also allein durch tierische Reflexe. Das ist aber nicht nur ein biologischer Befund, sondern auch die paradoxe Steigerung einer Paradoxe, nämlich der *Von der Ueberlegung*. Über die Fähigkeiten ihres „Athleten" hinaus reagiert und pariert der Bär die „Stöße" des Fechters nur, wenn sie „ernsthaft gemeint" sind, wenn also sein Leben bedroht ist. In dieser Szene deutet sich so, neben der ästhetischen, eine andere Möglichkeit des Wiedergewinns der Anmut an. Sie kann entstehen im Kampf, bei der Bedrohung des Lebens, in der existentiellen Situation angesichts des Todes.

3

Damit befinden wir uns wieder mitten in der gefährdeten Lage Kleists und zugleich im Zentrum des in dieser Zeit im Entstehen begriffenen *Prinz Friedrich von Homburg*, der auch der zuletzt vergebliche Versuch ist, ein vom Tod bedrohtes Leben zu bewältigen. Die strukturellen Ähnlichkeiten zwischen dem letzten Theatertext Kleists und *Ueber das Marionettentheater* sind beträchtlich und mehrfach bemerkt worden. Da ist zum einen das Verhältnis zwischen dem Kurfürsten und Homburg, die Kleist aufeinander angewiesen sein läßt wie den Maschinisten und die Marionette, und das zugleich den gesellschaftstheoretischen Kontext der Metapher erhellt: Der Kurfürst muß sich in Homburg „hineinversetzen", um ihn und sich selbst zu retten und den Weg vom patriarchalischen zum idealen Staat zu finden. Dagegen geht Homburg den schwereren Weg nicht nur durch die Annahme des Gesetzes, sondern durch Todesfurcht und Todesbereitschaft hindurch, um sich selbst, seine „Anmut", die Identität seiner inneren und äußeren Bewegung, wiederzufinden. Es gibt einen Garten, in dem bei Nacht der vertraulich Arthur (Adam?) genannte Prinz von Homburg in geistesabwesendem Zustand sich voll Grazie bewegt, am Anfang – und einen Garten am Ende, wo sie sich, nach ihrem Verlust auf dem Schlachtfeld, in der brandenburgischen Hauptstadt und im Gefängnis, in ihm wieder einfindet. Nicht aber nach seinem gewaltsamen Erwachen aus der Ohnmacht durch „Kanonenschüsse. Ein Marsch. Das Schloß erleuchtet sich", sondern vorher, in dem stillen Monolog „Nun, o Unsterblichkeit, bist du ganz mein!", in der Todesbereitschaft. Denn danach ist es, als ob sich die Seele von den Gliedern getrennt und die unendliche „Reise um die Welt" angetreten hätte. Dies ist, mehr noch als Kottwitzens „Ein Traum, was sonst?", das tief Irritierende des Dramenendes.

Der erzählte Dialog *Ueber das Marionettentheater* liefert nicht eine dramaturgische Struktur zum *Homburg*, dafür ist dessen Binnenstruktur zu sehr durch die geschichtliche Wirklichkeit und ihre Antinomien bestimmt. Aber er ist ein Hinweis auf die auch im Stück intendierte Metastruktur eines Welt- und Menschheitsgangs vom Paradiesgarten in die Geschichte, den Verlust von Anmut inmitten ihrer schrecklichen Realitäten und ihren ersehnten Wiedergewinn durch das unendlich sich steigernde Bewußtsein. Dies behält *Ueber das Marionettentheater*, anders als der wiedererreichte Garten von Fehrbellin, allerdings dem „letzte[n] Kapitel von der Geschichte der Welt" vor. Die Interferenzen zwischen Drama und Dialog sind insofern erhellend und irritierend zugleich. Das liegt daran, daß *Ueber das Marionettentheater* mit den Ansätzen der Ästhetik eines imaginären Theaters beginnt, dann aber die praktische ästhetische Lösung des Problems als in der Zeit unrealisierbar hinter sich läßt.

Es sind nach meiner Meinung gerade der „Einbruch der Zeit in das Spiel"[10] und die von ihm verursachten Spuren und Brüche, die die unglaubliche „Anmut" des ganzen Textes erst erzwungen haben: in seiner unvollendet-vollendeten Gestalt selbst Beweis für seinen Gehalt. „Wer das Leben nicht, wie ein solcher Ringer, umfaßt hält, und tausendgliedrig, nach allen Windungen des Kampfs, nach allen Widerständen, Drücken, Ausweichungen und Reaktionen, empfindet und spürt: der wird, was er will, in keinem Gespräch, durchsetzen; viel weniger in einer Schlacht."[11] Nicht die Kontemplation, sondern der Kampf war seine „vis motrix". „Wenn meine Stöße nicht ernsthaft gemeint waren, so rührte er sich nicht", heißt es vom Bären, der Kleist die aufrichtende und gefährliche Wahrheit lehrte, daß Grazie sich auch dann einfinden kann, wenn es auf Leben und Tod geht.

Anmerkungen

Auf die in den Anmerkungen häufig erwähnten *Berliner Abendblätter* wird mit der Sigle BA Bezug genommen; die Nachweise beziehen sich, wie auch die der übrigen Kleist-Texte, auf *Heinrich von Kleist. Sämtliche Werke und Briefe in vier Bänden.* Herausgegeben von Ilse-Marie Barth, Klaus Müller-Salget, Stefan Ormanns und Hinrich C. Seeba. (Frankfurt am Main:) Deutscher Klassiker Verlag, (1987–1997), Bd. 3: *Erzählungen, Anekdoten, Gedichte, Schriften* (1990) und Bd. 4: *Briefe von und an Heinrich von Kleist 1793–1811* (1997); im folgenden zitiert: *Kleist. Werke und Briefe 3* bzw. *Kleist. Werke und Briefe 4.*

I „*Ueber das Marionettentheater*" in den „*Berliner Abendblättern*"

1   E. T. A. Hoffmann an Julius Euard Hitzig, 1.7.1812, in: *Heinrich von Kleists Nachruhm.* Herausgegeben von Helmut Sembdner. Frankfurt a.M. 1984, Nr. 648.

1a Reinhold Steig: *Heinrich von Kleist's Berliner Kämpfe*, Berlin und Stuttgart 1901, S. 239. Steigs richtiger Ansatz ist, vor allem nach den in die attraktive „philosophische" Richtung weisenden Arbeiten Hanna Hellmanns (1909; 1911), doch wohl auch wegen der unangenehmen konformistisch-konservativen Gesamthaltung seines Kleist-Buches, nie ernsthaft weiter verfolgt worden.

1b Richard Daunicht hat 1973 in *Heinrich von Kleists Aufsatz „Über das Marionettentheater" als Satire betrachtet* die von Steig angedeutete Beziehung des Dichters auf das Königliche Nationaltheater weitergedacht, mit der Gattungsbezeichnung „Satire" allerdings viel zu kurz gegriffen; vgl. *Euphorion*, 67. Bd., 3./4. Heft.

2 Vielleicht um die Entgegensetzung zuzuspitzen, läßt Kleist sein Marionettentheater auf dem „Markte zusammengezimmert" sein, was eher selten war, da Marionettentheater, im Unterschied zum Handpuppenspiel, wegen seines umfangreicheren technischen Apparats, im allgemeinen in geschlossenen Räumen stattfand. (Siehe dagegen die italienische Zeichnung S. 64.) Zur Bedeutung von „Markt" vgl. aber den im Kapitel III, 4 zitierten Brief Achim von Arnims an Goethe aus Karsdorf bei Rostock. Kleist läßt auch auf die offenbar absichtlich naive Frage des Erzählers wegen der „Myriaden von Fäden an den Fingern" den Tänzer C. nicht von dem gebräuchlichen Spielkreuz sprechen. Das muß nicht Unkenntnis, sondern kann absichtlich vernachlässigt sein, um das Verhältnis Maschinist – Schwerpunkt pointierter darzustellen.

3 Wilhelm Grimm an Paul Wigand in Höxter, Kassel, 18.10.1810, in: *Heinrich von Kleists Lebensspuren*. Herausgegeben von Helmut Sembdner. Frankfurt a.M. und Leipzig 1992, Nr. 422.

4 BA [Ankündigung], in: *Königlich privilegierte Zeitung von Staats- und gelehrten Sachen* [Vossische Zeitung], 25.9.1810; auch in: *Berlinische Nachrichten von Staats- und gelehrten Sachen* [Haude-Spenersche Zeitung], 4.10.1810 (*Kleist. Werke und Briefe 3*, S. 651).

5 *Erklärung*, in: BA, 22.10.1810 (*Kleist. Werke und Briefe 3*, S. 654; Hervorhebungen, W.).

6 An Eduard Prinz von Lichnowsky, 23.10.1810 (*Kleist. Werke und Briefe 4*, S. 454).

7 An Karl August Freiherr von Hardenberg, 3.12.1810 (*Kleist. Werke und Briefe 4*, S. 460f.).

8 Hierzu: Dirk Grathoff: *Die Zensurkonflikte der Berliner Abendblätter. Zur Beziehung von Journalismus und Öffentlichkeit bei Heinrich von Kleist*, in: Klaus Peter, Dirk Grathoff u.a.: *Ideologiekritische Schriften zur Literatur*, Frankfurt a.M. 1972.

9 Siehe Anm. 5.

10 *Platons Werke von F. Schleiermacher*, Berlin 1804. Einleitung; im folgenden zitiert nach: *Platons ausgewählte Werke*. Deutsch von Schleiermacher. München 1918, 1. Bd.

11 Ebenda, S.13, 11.

12 Ebenda, S. 28, 29.

13 *Katechismus der Deutschen, abgefasst nach dem Spanischen, zum Gebrauch für Kinder und Alte* (*Kleist. Werke und Briefe 3*, S. 479–491).

14 *Schreiben eines redlichen Berliners, das hiesige Theater betreffend, an einen Freund im Ausland*; BA, 3.11.1810 (*Kleist. Werke und Briefe 3*, S. 579–582; hier: S. 581).

15 An Heinrich Joseph von Collin, 20.4.1809 (*Kleist. Werke und Briefe 4*, S. 431).

16 Unter dem Gedicht *An unsern Iffland* (BA, 3.10.1810); hier gewiß als bittere Erinnerung gemeint (*Kleist. Werke und Briefe 3*, S. 444).

17 Siehe dazu die Briefe an Ulrike von Kleist, 19.3.1810, und an August Wilhelm Iffland, 10.8.1810 (*Kleist. Werke und Briefe 4*, S. 442–443, 447f.).

18 Die Bekanntschaft ging auf 1804/05 zurück; ab Anfang 1805 arbeitete Kleist
unter Karl von Altenstein im Finanzdepartement in Berlin, von wo er im Mai
1805 nach Königsberg versetzt wurde; zu ihrem Verhältnis siehe die Briefe
Kleists an Altenstein vom 13.11.1805, 10.2., 30.6. und 4.8.1806, 22.12.1807,
1.1.1809 (*Kleist. Werke und Briefe 4*, S. 348–350, 353–354, 355–357 und
358–360, 402–403, 426–428).

19 An August Wilhelm Iffland, 12.8.1810; Iffland an Kleist, 13.8.1810 (*Kleist.
Werke und Briefe 4*, S. 448, 449 f.).

20 Siehe: Achim von Arnim an August Wilhelm Iffland, 6.12.1810 (in: *Lebensspuren* [wie in Anm. 3], Nr. 437a).

21 Achim von Arnim an Wilhelm Dorow, 30.12.1810, in: W.D.: *Reminiscencen.
Goethes Mutter; nebst Briefen und Aufzeichnungen zur Charakteristik anderer merkwürdiger Männer und Frauen*, Leipzig 1842, S. 101; auch in: *Lebensspuren* (wie in Anm. 3), Nr. 457.

21a Achim von Arnim an die Brüder Grimm, 2.11.1810 (in: *Lebensspuren* [wie in
Anm. 3], Nr. 420b).

22 Derselbe an Goethe, 28.5.1810, in: *Goethe und die Romantik. Briefe mit Erläuterungen.* Herausgegeben von Carl Schueddekopf und Oskar Walzel. Weimar 1899, S. 147. (*Schriften der Goethegesellschaft*, Bd. 14)

23 Derselbe an Wilhelm Grimm, Anfang 1811 (in: *Lebensspuren* [wie in Anm. 3],
Nr. 461a). Zwei dieser Aufsätze: *Theater* (eine Kritik am Spielplan des nicht
namentlich genannten Königlichen Nationaltheaters) und *Betrachtung über
ein allgemeines Stadtgespräch* (über die Behandlung der Prostituierten in Berlin; ein Thema, das das Polizeipräsidium und speziell den Zensor Kleists, Inspektor Holthoff, dem zugleich „die Polizei der Sitten" oblag, auch im Nationaltheater beschäftigte) sind erhalten. Siehe: *Achim von Arnim. Werke in 6
Bänden.* Herausgegeben von Roswitha Burwick u.a. 1989–1992, Bd. 6.

24 *Gebet des Zoroaster. Aus einer indischen Handschrift, von einem Reisenden in
den Ruinen von Palmyra gefunden* (BA, 1.10.1810, in: *Kleist. Werke und Briefe 3*, S. 541).

25 Siehe Anm. 13.

26 An Wilhelm Prinz von Preußen, 20.5.1811 (*Kleist. Werke und Briefe 4*, S. 487).

27 *Theater. Unmaßgebliche Bemerkung* (BA, 17.10.1810, in: *Kleist. Werke und
Briefe 3*, S. 573–574).

28 An Ulrike von Kleist, 17.7.1809 (*Kleist. Werke und Briefe 4*, S. 437).

II *Kleists Kritik am Berliner Königlichen Nationaltheater unter August Wilhelm
Iffland*

1 BA, 22., 23. und 24.10.1810. In: *Berliner Abendblätter.* Herausgegeben von
Heinrich von Kleist. Nachwort und Quellenregister von Helmut Sembdner.
Stuttgart: J.G. Cottasche Buchhandlung Nachf., 1965; hier: S. 75–77, 79–80,
83 f.

2 Die Theaterberichte der beiden Tageszeitungen (Haude-Spenersche; Vossische) waren von einer Art, die Kleists ironische Unterstellung in den BA,

15.11.1810, ihre Rezensenten seien vom Nationaltheater bestochen, sehr verständlich macht. Mehr Niveau hatten die Rezensionen im *Freymüthigen*; in ihnen wurden Einwände gemacht, aber nie gegen Iffland.

3   *Nordische Miszellen*, 21.10.1810 (in: *Lebensspuren* [wie in Anm. I, 3], Nr. 415).

4   BA, 3.10.1810 (*Kleist. Werke und Briefe 3*, S. 443).

5   *Lebensspuren* (wie in Anm. I, 3), Nr. 414a.

6   BA, 6.10.1810 (*Kleist. Werke und Briefe 3*, S. 572).

7   BA, 13.10.1810, S. 4 (*Kleist. Werke und Briefe 3*, S. 573).

8   Achim von Arnim an Goethe, 19.11.1809, in: *Goethe und die Romantik* (wie in Anm. I, 22), S. 144.

9   „An Auguste Schmalz" von Fr. Heyne, in: *Berlin oder der Preußische Hausfreund. Eine patriotische Zeitschrift für gebildete Leser jedes Standes*, No. 75, 18.9.1810.

10 Ebenda, No. 77, 25.9.1810: *Bemerkungen über das Gedicht an Mademoiselle Auguste Schmalz in Nr. 75 dieses Blattes* [Unterzeichnet: C. B.]. Weitere Repliken in No. 78 und No. 81.

11 BA, 17.10.1810 (*An die Nachtigall*), 13.11.1810 (*Theater-Neuigkeit*), 27.11.1810 (*Theater*); in: *Kleist. Werke und Briefe 3*, S. 444, 578, 582 f.

12 Näheres in Kapitel VII, 3.

13 August Wilhelm Iffland an Karl August von Hardenberg, 26.11.1810, in: Ludwig Geiger: *Ein Berliner Theaterskandal*, in: *Archiv für Theatergeschichte*, Bd. 1, Berlin 1904, S. 66–75; auch in: *Brandenburger Kleist-Blätter 11*, Basel u. Frankfurt a.M. 1997, S. 259–265.

14 BA, 17.10. und 23.11.1810 (*Kleist. Werke und Briefe 3*, S. 573–574, 579–582).

15 BA, 17.10.1810 (*Kleist. Werke und Briefe 3*, S. 573–574).

16 BA, 5.10.1810 (*Kleist. Werke und Briefe 3*, S. 572).

17 BA, 15.11.1810 (*Kleist. Werke und Briefe 3*, S. 578–579).

18 BA, 21.11.1810; wie in Anm. II,1, S. 178.

19 BA, 23.11.1810 (*Kleist. Werke und Briefe 3*, S. 580–582).

20 Alle genannten Stücke wurden 1810 im Königlichen Nationaltheater gespielt: *Pachter Feldkümmel von Tippelskirchen* von August von Kotzebue ab 7.9.1810; *Vetter Kuckuck* von Friedrich ab 10.5.1810; *Herr Rochus Pumpernickel*, Singspiel von Stegmayer, Musik von Mehreren, ab 17.1.1810. Angaben nach einem Repertoire-Verzeichnis des Königlichen Nationaltheaters, in: *Johann Valentin Teichmanns Literarischer Nachlaß*. Herausgegeben von Franz Dingelstedt. Stuttgart 1863.

21 Landesarchiv Berlin, A Rep. 001 – 01, Nr. 177, Acta, betreffend das hiesige Theater, Bl. 6, aus: Bericht der General-Direction des Königlichen Nationaltheaters (A. W. Iffland) an das Comité administratif, Berlin, 2ter Novbr. 1806.

22 Landesarchiv Berlin, A Rep. 001 – 01, Nr. 178, Bl. 69, General-Direction der Königlichen Schauspiele (A. W. Iffland) an die „hochlöbliche Stadtverwaltungsbehörde" , Berlin, 28.4.1809.

23 Ebenda.
24 Ebenda, Bl. 97 (A. W. Iffland an das Comité administratif, 27.11.1808).
25 Ebenda, Bl. 97, 97v.
26 Ebenda, Bl. 132, 154, 154v (Magistrat an Königliches Finanz-Ministerium, 19.7.1826).
27 Ebenda, Bl. 23, 23v (A.W. Iffland an das Comité administratif, 11.2.1807).
28 *Das Urtheil des Paris.* Ballett von Lauchery, Musik von Teller; erste Aufführung 29.12.1794. Mit nur drei Vorstellungen in diesem Jahr kann Kleists Anspielung sich schwerlich darauf beziehen, anders als im Fall von *Apoll und Daphne*, Ballett von Lauchery, Musik von G. A. Schneider, dessen erste Aufführung am 9.10.1810 stattfand.
29 Siehe Anm. 20.
30 An Marie von Kleist, Dresden, Spätherbst 1807 (*Kleist. Werke und Briefe 4*, S. 396).
31 *Phöbus. Ein Journal für die Kunst.* Erster Jahrgang. Erstes Stück. Januar 1808, S. 43 f.; zitiert nach: Neudrucke Romantischer Seltenheiten, 2. München: Meyer & Jessen, 1924.
32 Ebenda, Viertes und fünftes Stück. April und Mai 1808, S. 65.
33 Ebenda, Eilftes und zwölftes Stück. November und Dezember 1808, S. 46.
34 *Über das deutsche Familiengemälde*; ebenda, S. 49 f.
35 Ludwig Tieck: *Phantasus*, 1808, in: *Ludwig Tieck's Schriften*, Berlin 1828. Vierter Band. *Phantasus*. Erster Theil, S. 457.

III *Das Marionettentheater in Berlin*

1 Rudolf Weil: *Das Berliner Theaterpublikum unter A. W. Ifflands Direktion (1796–1814). Ein Beitrag zur Methodologie der Theaterwissenschaft*, Berlin 1932, S. 52–55. (*Schriften der Gesellschaft für Theatergeschichte*, Bd. 44)
2 Brandenburgisches Landeshauptarchiv Potsdam, Pr. Br. Rep. 30 Berlin A Tit. 74 Polizei-Directorium: Akte Nr. 442 (Privattheater Urania); Nr. 443 (Privattheater Minerva); Nr. 445 (Privattheater der Ressource zur Concordia); Nr. 445/1 (Privattheater des Gastwirts Gentz); Nr. 446 (Gesellschaftstheater in der Jakobstraße Nr. 56). Dazu auch: Weil (wie in Anm. 1), S. 44–48.
3 Brandenburgisches Landeshauptarchiv, Rep. 30, Nr. 445/1 (3a: Bl. 22; 3b: Bl. 7, 13; 3c: Bl. 24v).
4 Ebenda, Bl. 2, 13.
5 Ebenda, Bl. 14.
6 Ebenda, Bl. 28.
7 Brandenburgisches Landeshauptarchiv, Pr. Br. Rep. 30 Berlin A, Tit. 74, Nr. 239. Die 1978 aufgefundene Akte ist von mir in zwei Veröffentlichungen vorgestellt und unter verschiedenen Aspekten ausgewertet worden: *König, Polizist, Kasperle ... und Kleist. Auch ein Kapitel deutscher Theatergeschichte, nach bisher unbekannten Akten*, in: *Impulse. Aufsätze, Quellen, Berichte zur deutschen Klassik und Romantik*. Herausgegeben von Walter Dietze und Peter Goldammer. Folge 4, Berlin und Weimar 1982, S. 253–277; „*Denen*

sämtlichen concessionirten Puppenspielern hierselbst". *Das Marionettenthea-*
ter und die Theaterpolizei in Berlin 1810, in: *Die Spiele der Puppe. Beiträge*
zur Kunst- und Sozialgeschichte des Figurentheaters im 19.und 20.Jahrhun-
dert. Festschrift zum 50jährigen Bestehen des Puppentheatermuseums im
Münchner Stadtmuseum. Herausgegeben von Manfred Wegner. Köln 1989.
Kapitel III und VII des vorliegenden Textes wiederholen teilweise, gekürzt
und anders gruppiert, diese vorangegangenen Arbeiten. Ein erster Versuch,
die Veröffentlichung von *Ueber das Marionettentheater* mit dem zeitgenössischen Theater in Verbindung zu bringen, wurde von mir 1986 auf einem an
der Universität Oldenburg veranstalteten internationalen Symposium unter-
genommen: *Der Schauspieler als Maschinist. Heinrich von Kleists „ Ueber das*
Marionettentheater" und das ‚Königliche Nationaltheater', in: *Heinrich von*
Kleist. Studien zu Werk und Wirkung. Herausgegeben von Dirk Grathoff.
Opladen 1988. Zitat der Akte im Folgenden: Brandenburgisches Landeshauptarchiv, Nr. 239.

8   Weil (wie in Anm. 1), S. 53. – Offenbar anders als in der Stadt waren wandernde Marionetten- und Puppenspieler auf dem Lande schon lange sehr
zahlreich und ausnehmend beliebt. Die *Neue Berlinische Monatsschrift* veröffentlichte bereits im Juni 1800 ein eiferndes Gedicht, *Harlekin auf dem*
Lande, in dem der Prediger Schmidt aus Werneuchen seinen Amtsbruder
Dapp aus Kleinschönebeck aufforderte: „O würd' aus unsern Dörfern doch
/ – Vielleicht durch deine Feder? – noch / Der schädliche Hanswurst vertrieben!" Daran schloß der Herausgeber Johann Erich Biester *Nachrichten über*
diesen Gegenstand, aus zwei Briefen, wohl ebenfalls von Pastoren, an, in denen eingehend das Treiben der Puppenspieler, ihre Beliebtheit und die Gefahr
für die Moral der Landleute beschrieben wurden, mit dem Fazit: „Ich selbst
habe nie einem solchen Spiele beigewohnt [...] Allein ich weiß es aus dem
Munde sehr vieler glaubwürdiger Zeugen, daß Hanswurst auf dem Lande ein
sehr schädlicher Mensch ist." In der Juli-Nummer kam Dapp in einer langen
moralischen Philippika der Aufforderung sehr energisch nach. „Soll man also dem Volk diese Art von Vergnügen geradezu entziehen? Wenn die Sache
nicht einer Verbesserung fähig ist, so antworte ich ohne Bedenken: Ja, man
soll es thun!" (In: *Neue Berlinische Monatsschrift*. Herausgegeben von Biester. Berlin und Stettin bei Friedrich Nicolai [1800], Dritter Bd., S.453–460,
und Vierter Bd., S.67–77. Siehe dazu auch III, 1)

9   Nach Anzeigen der „Tabagisten" in der Vossischen und der Spenerschen Zeitung fanden Marionettentheateraufführungen in folgenden Tabagien statt:
Bölcke, Dresdener Straße 52; Christiany, Lindenstraße 61; Gentz, Zimmer-
straße 78; Greim, Stallschreibergasse 30; Groer, Französische Straße 60; Ku-
hert, Louisenkirchgasse 20; Schülecke, Alte Jakobstraße 20; Wiedeck, Con-
trescarpe 12 (im „Silbersaal"); Wiese, Prenzlauer Allee 41; Wisotzky,
Stallschreibergasse 43, ebenso in der Oranienburger Straße 9, in der Alten Jakobstraße 17 und in der Judengasse 12. Ohne Zweifel gab es noch mehrere andere Auftrittsorte, die nicht in den Zeitungen annonciert wurden.

10 Brandenburgisches Landeshauptarchiv, Nr. 239, Bl. 7, 9.
11 Geheimes Staatsarchiv Preußischer Kulturbesitz, HA I, Rep. 84, Nr. 3. Acta wegen der [...] mit Kunststücken, fremden Tieren und dergleichen Dinge im Lande herumziehenden Leute 1794 – 1803, Bl. 35 – 38: Nachweisung von allen concessionirten gymnastischen und Marionetten auch sonstigen Kunstspielern in der Kurmark.
12 Brandenburgisches Landeshauptarchiv, Nr. 239, Bl. 7.
13 Brandenburgisches Landeshauptarchiv, Nr. 239, Bl. 10.
14 Ebenda, Bl. 26, 27.
15 Ebenda, Bl. 10.
16 Polizeiinspektor Holthoff an Polizeipräsident Gruner, 27.8.1810 (Brandenburgisches Landeshauptarchiv, Nr. 239, Bl. 5).
17 Friedrich Daniel Schuchart an Polizeipräsident Gruner, 27.11.1810 (ebenda, Bl. 14, 15).
18 Johann Siegesmund Richter an Polizeipräsident Gruner, 30.11.1810 (ebenda, Bl. 17, 18).
19 Siehe Anm. 16.
20 Brandenburgisches Landeshauptarchiv, Nr. 239, Bl. 11, 12.
21 Ebenda, Bl. 20 (Schreiben des Polizeikommissars Quittschreiber an das Polizeipräsidium, Charlottenburg, 23.4.1811); ebenda, Bl. 22 (Antrag des Marionettenspielers C. F. Lohse vom 23.2.1811).
22 J. S. Richter spielte u. a. Titel wie: *Die Nymphe der Donau; Die deutschen Kleinstädter; Herodes von Betlehem; Der neue Mondregent; Die Jubelfeier der Hölle oder Faust der Jüngere; Die Hussitten in Naumburg; Alte Liebe rostet nicht; Trau, schau, wem; Der Apfel fällt nicht weit vom Stamm; Der Kaufmann und der Bettler; Armut und Tugend; Die Unglücklichen; Cleopatra; Die Sparbüchse oder der arme Kandidat*; das von ihm dem Polizeipräsidenten angegebene Repertoire in seinem Schreiben vom 30.11.1810 (Brandenburgisches Landeshauptarchiv, Nr. 239, Bl. 17, 18).
23 Vgl. *Ueber das Marionettentheater* (in: *Kleist. Werke und Briefe 3*, S. 555–563).
24 Bericht des Polizeikommissars Thieme (Brandenburgisches Landeshauptarchiv, Nr. 239, Bl. 10).
25 Ebenda.
26 Siehe Anm. 16.
27 Während des Gastspiels in Berlin vom November 1807 bis Mai 1808 spielte Schütz (sein Kompagnon Dreher war 1806 gestorben) sehr viele klassische deutsche Marionettenstücke, u. a. *Doktor Faust; Doktor Wagener gewesener Famulus bei dem Doktor Faust; Don Juan; Judith und Holofernes; Haman und Esther; Medea und Jason; Trojanus und Domitianus; Die aethiopische Mordnacht; Genoveva Pfalzgräfin von Trier; Die Belagerung von Bethulia; Herodes von Betlehem.*
28 Ludwig Tieck: *Briefe über Shakespeare*, in: Ders.: *Kritische Schriften*, Bd. 1, Leipzig 1848, S. 161.

29 *Der Beobachter an der Spree*, X. Jg., 13. 5.1811, S. 315.

30 Geisselbrechts Repertoire siehe: *"Denen sämtlichen concessionirten Puppenspielern . . .",* in: *Die Spiele der Puppe* (wie in Anm. 7), S. 245, Anm. 25.

31 *Der Beobachter an der Spree*, X. Jg., 16.12.1811, S. 810f.

32 Achim von Arnim an Goethe, Februar 1811, in: *Goethe und die Romantik. Briefe mit Erläuterungen*, 2. Theil. Herausgegeben von Carl Schüddekopf und Oskar Walzel. Weimar 1899, S. 93.

33 Achim von Arnim an Goethe, Karsdorf und Rostock, 28.5.1806, ebenda, S. 116.

34 Achim von Arnim an Goethe, in: Heinz Härtl: *Ein Brief Arnims an Goethe 1811*, in: *Goethe-Jahrbuch*, Bd. 96, Weimar 1979, S. 196–198.

35 In: *Ueber das Marionettentheater (Kleist. Werke und Briefe 3*, S. 558).

36 F. W. Gubitz in: *Vossische Zeitung*, 31.1.1866 (*Lebensspuren* [wie in Anm. I, 3], Nr. 471).

37 Die mit seinem Freund Ernst von Pfuel unternommene kurze Reise nach Oberitalien ist vor allem in Zeugnissen anderer (Adolphine von Werdeck, Reisetagebuch 1803; in: *Lebensspuren* [wie in Anm. I, 3], Nr. 114a) bzw. in später aufgezeichneten Erinnerungen, wohl Pfuels, überliefert (Bülow: *H. v. K.'s Leben und Briefe*, 1848, in: *Lebensspuren* [wie in Anm. I, 3], Nr. 110; Schütz: *Biographische Notizen über H. v. K.*, 1817, in: *Lebensspuren* [wie in Anm. I, 3], Nr. 115; Wippermann: *Ernst von Pfuel*, 1887, in: *Lebensspuren* [wie in Anm. I, 3], Nr. 116b). Bülow erwähnt einen glaubhaften Grund: „[Kleist] gehe mit Pfuel nach der Schweiz und nach Mailand, zu dem alleinigen Zwecke, seinen Freund Lohse dort zu besuchen." Nach Kleists Brief an Henriette von Schlieben vom 29.7.1804 hat er „Lohsen" auch „auf einige Zeit in Varese" (zwischen dem Lago Maggiore und dem Lago di Como) gesehen. Lohse lebte als Maler in Mailand; erhalten sind von ihm u. a. gestochene Ansichten der Stadt und oberitalienischer Landschaften, die er mit seiner späteren Frau Karoline von Schlieben schuf.

38 Über das Mailänder Marionettentheater des Giuseppe Fiando: Roberto Leydi e Renata Mezzanotte Leydi: *Marionette e Burattini. Testi dal repertorio classico italiano del Teatro delle marionette e dei burattini*, Milano 1958, S. 246ff. und Anm. S. 281ff.

39 Stendhal: *Rom, Neapel und Florenz* (Anhang Stendhals zu *Rom, Neapel und Florenz* aus der Ausgabe von 1817. *Die tragischen Marionetten*), Berlin 1964, S. 484. Stendhal hielt sich bereits 1800 und 1811/12 in Mailand auf; von 1814 bis 1821 lebte er als Emigrant dauernd in der Stadt. Stendhals Kenntnis vom Fiando-Theater stammt also von vor 1817.

40 Noch in einem Reisebericht aus dem Jahre 1834 hieß es über „Les poupées de Gerolamo": „La danse de ces Perrot et de ces Taglioni de bois est vraiment inimaginable, il n'y a pas une de ces marionettes dont le talent ne fit envie à tant de danseurs de Naples, de Londres ou de Paris, qui gagnent de gros appointments. Danse horizontale, danse de côté, danse verticale, toutes les danses possibles, toutes les fioritures des pièds et des jambes que vous admirez a

l'Opéra, vous les trouverez au théâtre Fiando." (In: Jal: *De Paris à Naples*, nach: Jacques Chesnais: *Histoire générale des marionettes*, Paris 1947, S. 145; siehe auch Leydi (wie in Anm. 38), S. 249f.)

41 In: *Ueber das Marionettentheater* (*Kleist. Werke und Briefe 3*, S. 558).

42 *Doktor Faustus*. Tragödie von Christopher Marlowe. Aus dem Engl. übers. von Wilhelm Müller. Mit einer Vorrede von L. Achim von Arnim. Berlin 1818, S. XV.

43 Ludwig Achim von Arnim: *Die Erzählungen und Romane*. Herausgegeben von Hans-Georg Werner. Leipzig 1982, 3. Bd, S. 209f.

44 Kleist in der „Erklärung" zu den Absichten der *Abendblätter*, BA, 22.10.1810 (*Kleist. Werke und Briefe 3*, S. 654).

45 An Marie von Kleist, Dresden, Spätherbst 1807 (*Kleist. Werke und Briefe 4*, S. 396).

46 An Heinrich Joseph von Collin, 20.4.1809 (*Kleist. Werke und Briefe 4*, S. 431).

IV *Kleists Kritik am Schauspieler August Wilhelm Iffland*

1 *Gestern zum Erstenmale: Der Sohn durch's Ungefähr; Posse in zwei Akten*; BA 5.10.1810 (*Kleist. Werke und Briefe 3*, S. 572).

2 Ebenda („Cest un rien' würden die Franzosen von dieser Posse sagen[...]").

3 BA, 3. und 4.10.1810 (*Kleist. Werke und Briefe 3*, S. 443–444, 571).

4 BA, 3.10.1810 (*Kleist. Werke und Briefe 3*, S. 444).

5 BA, 4.10.1810 (*Kleist. Werke und Briefe 3*, S. 571).

6 BA, 13.10.1810 (*Kleist. Werke und Briefe 3*, S. 559).

7 BA, 4.10.1810 (*Kleist. Werke und Briefe 3*, S. 571).

8 Immanuel Kant: *Anthropologie in pragmatischer Hinsicht abgefaßt*, Zweyte verbesserte Auflage. Königsberg: Friedrich Nicolovius, 1800, S. 316.

9 Immanuel Kant: *Critik der Urtheilskraft*, Dritte Auflage, Berlin: Lagarde, 1799, S. 295f.

9a Ebenda, § 65. Nach Kant ist „zu einem Dinge als Naturzwecke" erforderlich, „daß die Theile (ihrem Daseyn und der Form nach) nur durch ihre Beziehung auf das Ganze möglich sind". An einem Beispiel, dem der Uhr, erklärt er, daß die „hervorbringende Ursache" ihrer Teile aber „nicht in der Natur (dieser Materie), sondern außer ihr in einem Wesen, welches nach Ideen eines durch seine Causalität möglichen Ganzen wirken kann, enthalten" sei. Ein „organisirtes Wesen" sei „nicht bloß Maschine: denn die hat lediglich bewegende Kraft; sondern es besitzt in sich bildende Kraft, und zwar eine solche, die es den Materien mittheilt, welche sie nicht haben (sie organisirt): also eine sich fortpflanzende bildende Kraft, welche durch das Bewegungsvermögen allein (den Mechanism) nicht erklärt werden kann" usw. (Wie in Anm. 9, S. 290–293)

10 Schiller an Goethe, 4.5.1798. In: *Der Briefwechsel zwischen Schiller und Goethe in drei Bänden*. Dritte Auflage. Zweiter Band: *1798–1805*, (Leipzig:) Insel-Verlag, (1964), S. 88f.

11 Ludwig Tieck: *Phantasus*, in: *L. T.'s sämtliche Werke*, 13. Band, Wien 1818.

12 Köpke nach Tiecks Erzählung, in: *Lebensspuren* (1969), Nr. 271.

13 *Lebensspuren* (wie in Anm. I, 3), Nr. 272.

14 Tieck (wie in Anm. 11), S. 204.

15 Ebenda.

16 Ebenda. Kennzeichnende kritische Urteile sind u. a. auch von August Klingemann (zur Darstellung des Wallenstein), F. L. Schmidt (zum Tell) und K. F. Zelter (zum Shylock) überliefert, in: Monty Jacobs: *Deutsche Schauspielkunst. Zeugnisse zur Bühnengeschichte klassischer Rollen*. Herausgegeben von Eva Stahl. Berlin 1954, S. 226, 248, 349.

17 F. L. W. Meyer: *Friedrich L. Schröder*, Hamburg 1819; nach: Eduard Devrient: *Geschichte der deutschen Schauspielkunst*. Herausgegeben von R. Kabel und Ch. Trilse. Berlin 1967, Bd. 2, S. 25.

18 Ebenda, Bd. I, S. 520–522; Bd. II, S. 22–26.

19 *Ton des Tages*, BA, 4.10.1810 (*Kleist. Werke und Briefe 3*, S. 571).

20 *Ankündigung*, BA, 22.12.1810 (*Kleist. Werke und Briefe 3*, S. 657).

21 Siehe Anm. I, 21.

22 Achim von Arnim an August Wilhelm Iffland, 6.12.1810 (in: *Lebensspuren* [wie in Anm. I, 3], Nr. 437a).

23 Siehe Anm. I, 21.

V *Der Schauspieler als Maschinist*

1 An Wilhelmine von Zenge, 16.8.1800 (*Kleist. Werke und Briefe 4*, S. 71).

2 An Ulrike von Kleist, 21.8.1800 (*Kleist. Werke und Briefe 4*, S. 80 f.).

3 An Karl August von Struensee, 1.11.1800; An Wilhelmine von Zenge, 13.11.1800 (*Kleist. Werke und Briefe 4*, S. 149, 150).

3a *Kleist. Werke und Briefe 4*, S. 153, 155. Kleist wiederholt seine Idee in sehr allgemeiner Formulierung im Brief an Wilhelmine vom 18.11.1800: „Du weißt daß ich mich jetzt für das schriftstellerische Fach bilde" (ebenda, S. 164).

4 An Ulrike von Kleist, 5.2.1801, und an Wilhelmine von Zenge, 22.3.1801 (*Kleist. Werke und Briefe 4*, S. 195, 205).

4a „Flecks Genesung" von J.B.T., in: *Haude-Spenersche Zeitung*, 23.10.1800: „Zurück, Bühnen Germaniens, / den Trauerflor! da! Fleck / genas! sein Schwanenlied / war nicht der Ruf: ,ein langer Schlaf'! / Er schlief – zum neuen Jahrhundert / neu schaffend aufzustehn! / gleich einem Land', in das / des Friedens Segnung wiederkehrt! / . . . /" Der tägliche Spielplan des Königlichen Nationaltheaters 1800/01 ist heute mit den in Berlin zur Verfügung stehenden Mitteln nicht mehr zu rekonstruieren. Daß Fleck am 18. Dezember 1800 den Wallenstein spielte, ist durch eine besondere Meldung in der *Theaterzeitung* belegt: „Schon um 3 Uhr war das Haus gedrängt voll Zuschauer, und der Enthusiasmus, mit welchem man ihn bei seinem Erscheinen bewillkommnete, war unbeschreiblich" (*Allgemeine Theaterzeitung*, 2. Bd., Berlin 1800. December. Nro. XLIX). In einer Würdigung Flecks, erschienen in mehreren Fortsetzungen von Februar bis Juni 1802 in den *Annalen des neuen Königlichen Nationaltheaters zu Berlin* (Berlin 1802), wird berichtet: „Plötzlich [. . .]

ward die Operation, nach einer heftigen Anstrengung im Wallenstein unvermeidlich. Er hielt mit Heldenmuth die Marter einer halben Stunde aus, geriet wenige Tage nachher an den Rand des Grabes, die ganze Stadt zitterte mit edler Theilnahme für ihn, er ward gerettet und erschien nach wenigen Monden in derselben Rolle, in welcher man ihn zum Letztenmale zu sehen gefürchtet hatte. Der allgemeine Jubel empfing ihn, alles war gerührt [...]" (XXVI. Stück, 26.6.1802, S. 408 f.) Die folgenschwere *Wallenstein*-Vorstellung hat wahrscheinlich im August 1800 stattgefunden.

5   Rahel Levin an Karl Gustav von Brinckmann, Juli 1800, in: *Rahel. Ein Buch des Andenkens für ihre Freunde*, 1. Teil, Berlin 1834, S. 203 f. Varnhagen teilt im Vorwort zu diesem Buch (1833) aus seiner (späteren) Kenntnis mit: „Namentlich klagte sie, daß Iffland, abgerechnet sein großes persönliches Talent, das doch dem ächten Genius eines Fleck nicht zu vergleichen war, durch sein wachsendes Ansehen und Einwirken die Bühne und Schauspielkunst in Berlin auf weithinaus zu Grunde richte, in's Gemeine und Manirirte hinabziehe, und der leitenden Behörde, wie selbst dem Publikum, die falschesten Maximen und Urtheile einflöße und verhärte." (Ebenda, S. 23) Eine lapidare Bestätigung der Ansichten Kleists.

6   Tieck (wie in Anm. IV, 11), S. 206.

7   Ebenda, S. 297.

8   F. L. W. Meyer, nach: Devrient (wie in Anm. IV, 17), Bd. 1, S. 524.

9   Z. Funck (eigentl.: K. F. Kunst): *Aus dem Leben zweier Schauspieler, A. W. Ifflands und Ludwig Devrients*, Leipzig 1838, S. 127 f.; siehe auch: Monty Jacobs (wie in Anm. IV, 16), S. 219.

10 Devrient (wie in Anm. III, 17), 1. Bd., S. 526.

11 Ludwig Tieck: *Dramaturgische Blätter*, Breslau 1826, I, S. 80 ff., 99 ff.; siehe auch: Monty Jacobs (wie in Anm. IV, 16), S. 216.

12 A. W. Iffland: *Fragmente über einige wesentliche Erfordernisse für den darstellenden Künstler auf der Bühne*, in: Ders.: *Almanach fürs Theater 1807*, Berlin 1807. Es handelt sich hier im wesentlichen um eine Sammlung von Zitaten aus: *Réflexions sur le maintien et sur les moyens d'en corriger les défauts par Mereau*, à Gotha chez Mevius et Dietrich, 1760. Das Üben des „Gebärdenspiels" vor dem Spiegel empfiehlt übrigens auch Goethe in seinen aus der Praxis des Weimarer Theaters entstandenen *Regeln für Schauspieler* (§ 63). Dabei geht es jedoch, im Kampf gegen dilettantischen Naturalismus, um eine stilisierte Bewegung in der Tradition des klassischen französischen Theaters. Nach seiner Meinung muß aber dabei „vorausgesetzt werden, daß der Schauspieler vorher den Charakter und die ganze Lage des Vorzustellenden sich völlig zu eigen mache".

13 Edgar Groß: *Johann Friedrich Ferdinand Fleck. Ein Beitrag zur Entwicklungsgeschichte des deutschen Theaters*, Berlin 1914, S. 115. (*Schriften der Gesellschaft für Theatergeschichte*, Bd. 22)

14 Dieses und alle folgenden Zitate in 2: *Ueber das Marionettentheater* (vgl. *Kleist. Werke und Briefe 3*, S. 555 ff.).

15 Jean Paul: *Vorschule der Ästhetik*, § 60. Technische Darstellung der Charaktere, in: *Jean Pauls Werke*. Herausgegeben von Eduard Berend. Berlin etc.: Bong & Co., o.J., S. 195 ff.

16 Ebenda, S. 196 f.

17 Ebenda, S. 196.

18 Ebenda, S. 192. Dazu auch in 1. Abteilung, I. Programm, ebenda, S. 60 f. Jean Paul verwendet hier ebenfalls den Begriff „Gliedermänner", wie später noch einmal im X. Programm, § 57 (ebenda, S. 184).

19 Siehe Anm. I, 9. Diese Anordnung ist in heutigen Ausgaben nicht mehr üblich.

20 *Plato. Phaidros* (wie in Anm. I, 10), S. 81.

21 Jean Paul: *Vorschule*, XI. Programm, § 62 (wie in Anm. 15), S. 201.

22 Jean Paul spricht von der „Bühne, wo der vom Dichter beseelte und verkörperte Charakter noch zum zweiten Male sich in der Kraft eines lebendigen Menschen verdoppelt". Wie in Anm. 15 (X. Programm, § 58), S. 192.

23 *Über die allmähliche Verfertigung der Gedanken beim Reden* (wahrsch. 1805/06); *Von der Ueberlegung (Eine Paradoxe.)*, BA, 7.12.1810 (vgl. *Kleist. Werke und Briefe 3*, S. 534–540, 554–555).

24 Jean Paul: *Vorschule*, 2. Abt., X. Progr., § 57 (wie in Anm. 15), S. 186. Die Anmerkung ist von Jean Paul.

25 Ebenda.

VI *Dramatiker und Schauspieler*

1 G. E. Lessing: *Theatralische Bibliothek*. IV. Auszug aus dem Schauspieler des Herrn Remond von Sainte Albine, in: *G. E. Lessings sämtliche Schriften*. Herausgegeben von Karl Lachmann. 3. Aufl., besorgt durch Franz Muncker. Stuttgart 1893, 6. Bd., S. 152.

2 Diderots *Observations sur une brochure intitulée Garrick ou les acteurs anglais* erschienen in der *Correspondance littéraire* (15.10. und 1.11.1770). Die „Besprechung" nutzte Diderot zur Darlegung eigener Gedanken über Schauspielkunst. In den folgenden Jahren entstand daraus der umfangreiche Dialog *Paradoxe sur le comédien*, der erst 1830 erschien. Diderots Überzeugung (der die Lessings weitgehend entspricht) ist es, daß eine der „Grundeigenschaften eines großen Schauspielers" vor allem „sehr viel Urteilskraft" sei; er müsse „ein kühler und ruhiger Beobachter" sein; er brauche „Scharfblick, nicht aber Empfindsamkeit (*sensibilité*)". Was ihn in seiner Meinung bestärkte, war „vor allem die Unausgeglichenheit der Darsteller, die aus der Seele heraus spielen". Spiele dagegen „ein Schauspieler aus der Überlegung (*réflexion*) heraus, auf Grund des Studiums der menschlichen Natur [...] aus der Einbildungskraft und aus dem Gedächtnis, so wird er [...] in allen Vorstellungen ein und derselbe und immer gleich vollkommen sein": Die große Schauspielerin Clairon habe sich „ein Modell (*modèle*) gewählt, dem sie sich erst anzugleichen versuchte", sich „dieses Modell so hoch, so groß, so vollkommen vorgestellt, wie ihr das überhaupt möglich war; aber dieses Modell, das sie der Geschichte ent-

liehen oder das ihre Einbildungskraft als ein großartiges Phantom erschaffen hat, ist nicht sie selbst; wenn dieses Modell nur ihre eigene Größe hätte, wie schwach und klein wäre dann ihre Darstellung!" Dann, „wenn sie sich einmal zur Höhe ihres Phantoms erhoben hat, dann hat sie sich in der Gewalt und wiederholt sich ohne innere Bewegung [...] sie ist die Seele einer großen Marionette (*mannequin*), in die sie sich gehüllt hat; die Proben haben die Hülle unlöslich mit ihr verbunden." (Denis Diderot: *Das Paradox über den Schauspieler*, in: Ders.: *Ästhetische Schriften*. Herausgegeben von Friedrich Bassenge. 2. Bd., Berlin und Weimar 1967, S. 484, 485, 486) Das Bild vom *mannequin* ist in den *Observations* noch nicht enthalten. Die Übersetzung ist außerdem falsch; ein *mannequin* ist keine „Marionette" (*marionnette*), sondern eine menschengroße hölzerne Gliederpuppe, wie sie Maler als, meistens bekleidetes, Modell oder zum Studium menschlicher Haltungen verwendeten. Ebenfalls erst im *Paradox* heißt es: „Der große Schauspieler ist [...] eine vortreffliche Marionette [*pantin*, eigtl. Hampelmann, fig. Gliedermann] – eine Marionette, deren Fäden der Dichter in den Händen hält und der er mit jeder Zeile die Gestalt vorschreibt, die die wahre ist und die sie anzunehmen hat." (S. 514)

3   G. E. Lessing (wie in Anm. 1), S. 152.
4   G. E. Lessing: *Hamburgische Dramaturgie*. Drittes Stück. Den 8ten May 1767, in: *Sämtliche Schriften* (wie in Anm. 1), 9. Bd., S. 193.
5   Ebenda, S. 194.
6   Ebenda.
7   Ebenda, 10. Bd., S. 212, 213.
8   Friedrich Schiller: *Ueber das gegenwärtige teutsche Theater* (1782), in: *Schillers Werke*. Nationalausgabe, Weimar 1962, Bd. 20, S. 83.
9   Ebenda, S. 82.
10 Ebenda, S. 81.
11 Ebenda.
12 Ebenda, S. 84.
13 Ebenda.
14 In: *Ueber das Marionettentheater* (*Kleist. Werke und Briefe 3*, S. 559).
15 Schiller (wie in Anm. 8), S. 82.
16 Ebenda, S. 83.
17 Ebenda sowie S. 85, Anm.
18 Schiller: *Versuch über den Zusammenhang der tierischen Natur des Menschen mit seiner geistigen*, wie in Anm. 8, Bd. 20, S. 68.
19 Schiller: *Ueber das gegenwärtige teutsche Theater*; wie in Anm. 8, Bd. 20, S. 84.
20 Schiller an Goethe, 24. und 27.4.1798, in: *Briefwechsel zwischen Schiller und Goethe*. Herausgegeben von Philipp Stein. Leipzig: Reclam, o.J., 2. Bd., S. 306f., 311.
21 Schiller: *Über Anmut und* Würde, wie in Anm. 8, Bd. 20, S. 253f.
22 Diderot: *Ästhetische Schriften* (wie in Anm. 2), Bd. 1, S. 666f.

23 *Kleist. Werke und Briefe 3*, S. 544.
24 Ebenda, S. 552.
25 Diderot: *Ästhetische Schriften* (wie in Anm. 2), Bd. 1, S. 638.
26 Ebenda.
27 Ebenda, S. 640.
28 Goethe: *Diderots Versuch über die Malerei*, in: *Goethes Sämtliche Werke*, Bd. 33: *Schriften zur Kunst*, Erster Teil, Stuttgart und Berlin o. J., S. 229.

VII *Puppen und Polizisten*
 1 Brandenburgisches Landeshauptarchiv, Pr. Br. Rep. 30 Berlin C, Nr. 239, Bl. 20.
 2 Kabinettsordre Friedrich Wilhelms III., Königsberg 17.11.1809 (ebenda, Bl. 1).
 3 Wie in Anm. 1, Bl. 1 und 4 (gedrucktes Circulare).
 4 Brandenburgisches Landeshauptarchiv, Rep. 2 A II Gen. Nr. 260/61.
 5 Ebenda, Bl. 30.
 6 Ebenda, Bl. 38.
 7 Ebenda, Bl. 47.
 8 Ebenda, Bl. 48.
 9 Brandenburgisches Landeshauptarchiv, Rep. 30 Berlin C, Nr. 19585, Bl. 49 (Verfügung des Königlichen Polizei-Directoriums, 20.1.1809).
10 Ebenda, Rep. 30 Berlin A, Nr. 90, Bl. 11, 12 (Dekret des Polizeipräsidenten Gruner, 2.4.1810).
11 Ebenda, Rep. 30, Berlin B, Nr. 501/1, Bl. 2, Rep. 30 Berlin A, Nr. 90, Bl. 15.
12 Brandenburgisches Landeshauptarchiv, Nr. 239, Bl. 1.
13 Ebenda, Bl. 3.
14 Brandenburgisches Landeshauptarchiv, Pr. Br. Rep. 30 Berlin A, Nr. 441, Bl. 25.
15 Brandenburgisches Landeshauptarchiv, Nr. 239, Bl. 4.
16 Ebenda, Bl. 3.
17 Ebenda, Bl. 5 (Polizeiinspektor Holthoff an Polizeipräsident Gruner, 27.8.1810).
18 Ebenda.
19 Ebenda. – Wahrscheinlich bediente sich Holthoff für seine Vorschläge aus: *Ueber den nachtheiligen Einfluß der jetzt gewöhnlichen Marionettenspiele auf den religiösen und sittlichen Zustand der unteren Volksklassen* von Carl Wilhelm Chemnitz, Zerbst 1805. Chemnitz belegt mit – angesichts des heutigen Fehlens jeglichen Stücktexts – interessanten Zitaten die „Irreligiosität und Sittenlosigkeit" der „gewöhnlichen Marionettenspiele"; er kennt und beschreibt aber ihre große Beliebtheit bei den „Ungebildeten" und sieht daher in ihnen, nach rigoroser „Reinigung", sogar eine Möglichkeit, sie zu einer „herrlichen Bildungsschule" zu machen, „wenn man darin die Irreligiosität, die Unmoralität, den Aberglauben und ähnliche Fehler der Menschen in ihrer ganzen Schändlichkeit und mit allen ihren traurigen Folgen lebhaft dar-

stellte, und wenn man dagegen die Schönheit, Liebenswürdigkeit und die mannigfaltigen Vortheile eines frommen, arbeitsamen, wohlthätigen, ehrlichen, verträglichen, keuschen, mäßigen Lebenswandels und überhaupt aller solcher Tugenden, welche sich der gemeine Mann vorzüglich zu eigen machen sollte, mit so schönen Farben mahlt, daß der Sinn, für diese Tugenden erweckt und, wo er ist, befestigt werden müßte" (S. 81 f.). Dazu dürfte allerdings „die Erlaubniß, als Marionettenspieler in den Provinzen umher zu reisen, nur solchen Personen von den Regierungen verstattet werden, von welchen man gewiß weiß, daß sie ehrliche Leute sind und daß sie für die innere Sicherheit des Staates [!] nicht gefährlich werden können" (S. 83 f.). Den weiteren Vorschlägen Chemnitz' gleichen die Holthoffs an den Polizeipräsidenten Gruner sehr weitgehend.

20 Brandenburgisches Landeshauptarchiv, Nr. 239, Bl. 6, 8.

21 Ebenda, Bl. 7, 9.

22 Ebenda, Bl. 6, 8.

23 Ebenda, Bl. 13.

24 Ebenda, Bl. 14, 15 (Marionettenspieler Friedrich Daniel Schuchart an Polizeipräsident Gruner, 27.11.1810).

25 Ebenda, Bl. 5 (Polizeiinspektor Holthoff an Polizeipräsident Gruner, 27.8.1810).

26 Ebenda, Bl. 17, 18 (Marionettenspieler Johann Siegesmund Richter an denselben, 30.11.1810).

27 Bericht Inspektor Holthoffs an den Polizeipräsidenten, 12.11. 1811, und Anweisungen betreffend weitere Beschränkungen, in: Brandenburgisches Landeshauptarchiv, Nr. 239, Bl. 24. Gesetzliche Instrumente zur Behandlung der Marionettentheater wurden das am 20. November veröffentlichte *Edikt über die Einführung einer allgemeinen Gewerbesteuer* vom 2.11.1810 (in: *Berlinische Nachrichten von Staats- und gelehrten Sachen* / Haude-Spenersche Zeitung, 20. 11. 1810. Außerordentliche Beilage) und das *Gesetz über die polizeilichen Verhältnisse der Gewerbe* vom 7.9.1811 (§§ 135 ff., betr. „herumziehende Gewerbetreibende"). Später (1814) hieß es u. a.: „Da die Marionettenspieler [...] wegen ihres unmittelbaren Einflusses besonders auf die niedrigen Volksklassen, nicht ohne polizeiliche Aufsicht sein dürfen, die Polizei überhaupt ein wesentliches Interesse bei ihrem Gewerbe hat, so werden sie denjenigen Gewerbetreibenden, welche [...] eines polizeilichen Attestes zur Anstellung und Fortsetzung ihres Gewerbes bedürfen, völlig gleich zu behandeln sein. Was die Marionettenspieler, welche herumziehend ihr Gewerbe treiben betrifft, so werden dieselben [...] auszuschließen sein, wenn sie nicht neben jener Genehmigung auch die ausdrückliche Erlaubniß des hiesigen Polizeipräsidiums hierzu erhalten." Darüber hinaus sollte jedoch „im Allgemeinen das Marionettenspiel und was ihm ähnlich ist, ungeachtet der sonst bestehenden Gewerbefreiheit erschweret [...] werden" (Polizeipräsident Le Coq an das Polizeiministerium, 12.12.1814, GSTA, Min. d. Inn. II. Abt. Rep. 77 Tit. 306a Gen. Bl. 67).

28 Geheimes Staatsarchiv Preußischer Kulturbesitz, HA I, Rep. 74 J, XI, Nr. 1 (Acta, betreffend den am 26ten November 1810 im Schauspielhause zu Berlin vorgefallenen Unfug. 1810/11). Jetzt vollständig veröffentlicht in: *Brandenburger Kleist-Blätter* 11 (Begleithefte zur *Brandenburger Kleist-Ausgabe.* Herausgegeben von Roland Reuß und Peter Staengle. Bde. II / 7.–8. *Berliner Abendblätter* I/II, Basel u. Frankfurt a. M. 1997).

29 Achim von Arnim an August Wilhelm Iffland, 6.12.1810; in: *Lebensspuren* (wie in Anm. I, 3), Nr. 437a, und an Wilhelm Dorow, [30.12.] 1810 (wie in Anm. I, 21).

30 Major von Thümen an den Staatskanzler von Hardenberg, 29.11.1810, siehe Anm. 28, Bl. 7, 8.

31 Geheimes Staatsarchiv Preußischer Kulturbesitz, HA I, Rep. 74, J XI, Nr. 1, Bl. 33.

32 Ebenda, HA I, Rep. 77, Tit. 1, Nr. 7, Bl. 6 (Polizeipräsident Gruner an den Chef der Allgemeinen Polizeiverwaltung im Ministerium des Innern, Sack, 27.11.1810). Nach Gruners Schreiben war Holthoff ihm bei der Zensur „behilflich" und „strenge angewiesen, die ihm zugetheilten Sachen zur Vollziehung des Imprimatur und zur nähern Prüfung aller Stellen, bei welchen ihm Bedenklichkeiten aufgestoßen waren, mir vor zu legen". Das Gruners Schreiben beigefügte und sicher von Holthoff verfertigte *Verzeichniß der Flugschriften* nennt unter 1. „Das Abendblatt. Redakteur der Major von Kleist." Daß bei der Unruhe im Nationaltheater ein „v. Kleist. Major" angezeigt wurde, „der den meisten Lärm gemacht haben soll", läßt bei der Koinzidenz dieses Rang-Irrtums doch den Verdacht aufkommen, daß dahinter letztlich eine Denunziation des wohlinformierten Holthoff steckte; ob Kleist an diesem Abend tatsächlich im Nationaltheater war, ist dabei nicht einmal wesentlich. Wenn nicht, würde sich sogar erklären, warum ein beteiligter „v. Kleist. Major" nicht „auszumitteln" war. Gegen Kleists Anwesenheit spricht auch seine sehr ungenaue und unlebendige Meldung *Theater* in BA, 27.11.1810; allerdings war auch ein Rückzieher wegen der Zensur angebracht.

33 Geheimes Staatsarchiv Preußischer Kulturbesitz, HA I, Rep. 74, J, X, Nr. 5, Bd. 1, Bl. 1 (Sack an Friedrich Wilhelm III., 24.11.1810). Sack als Chef der Allgemeinen Polizeiverwaltung im Ministerium des Innern mußte, aufgefordert durch eine Königliche Kabinettsordre vom 18.11.1810, die Zensur u. a. deswegen übernehmen, weil „dem Censor des Abendblatts eine diesfällige richtige Beurteilung zu mangeln scheint" (ebenda, HA I, Rep. 77, Tit. 1, Nr. 1, Bl. 13).

VIII *Vor dem Spiegel. Eine Überlegung*

1 Siehe Kapitel I, 2. – Etwa Ende November wurde es Kleist vollkommen unmöglich gemacht, „das Blatt, mit gänzlicher Freiheit der Meinungen, so, wie Ehrfurcht vor das bestehende Gesetz sie, bei einer liberalen Ordnung der Dinge, zu äußern gestatten, fortzuführen". (An Wilhelm Prinz von Preußen, 20.5.1811; *Kleist. Werke und Briefe 4*, S. 487).

2   Siehe dazu die nur mühselig getarnten Bettelbriefe an Georg Andreas Reimer, z. B. die vom 13.8.1810 (*Kleist. Werke und Briefe 4*, S. 450), 16.8.1810 (ebenda, S. 451), 4.9.1810 (ebenda, S. 452), 12.12.1810 (ebenda, S. 461), 30.1.1811 (ebenda, S. 468), 17.2.1811 (ebenda, S. 470), 21.6.1811 (ebenda, S. 496) oder den von Ende Juli 1811 (ebenda, S. 496f.).

3   An Staatskanzler Karl August von Hardenberg, 3.12.1810 (*Kleist. Werke und Briefe 4*, S. 460).

4   An Friedrich von Raumer, 13.12.1810 (*Kleist. Werke und Briefe 4*, S. 463).

5   Ebenda.

6   An Wilhelm Prinz von Preußen, 20.5.1811 (*Kleist. Werke und Briefe 4*, S. 487).

7   An Ulrike von Kleist, 5.2.1801 (*Kleist. Werke und Briefe 4*, S. 198f.).

7a *Lebensspuren* (wie in Anm. I, 3), Nr. 370.

8   Der Name wird im Brief an Fouqué vom 25.4.1811 gebraucht (*Kleist. Werke und Briefe 4*, S. 482). Die Punier (Karthager) galten in der römischen Antike als verschlagene Handelsleute. *Die Hermannsschlacht*, V/9, Varus: „So kann man blondes Haar und blaue Augen haben, / Und doch so falsch sein, wie ein Punier?" (Vs. 2097f.)

9   Die „Fackel der Untersuchung" wollte Kleist in das Nationaltheater hineintragen, wie es, verklausuliert, im *Schreiben eines redlichen Berliners, das hiesige Theater betreffend* hieß.

10 Carl Schmitt: *Hamlet oder Hekuba. Der Einbruch der Zeit in das Spiel*, 1956. In dem interessanten Essay wird die Entwicklung von Shakespeares Hamlet aus einem geplanten traditionellen Rächer-Drama zum gedankenschweren Werk mit der Einwirkung aktueller politischer Umstände im Übergang zwischen der elisabethanischen und der jakobinischen Zeit erklärt, einem „Einbruch der Zeit in das Spiel", der die ursprüngliche Konzeption nicht mehr zugelasssen habe.

11 In: *Von der Ueberlegung. (Eine Paradoxe.); Kleist. Werke und Briefe 3*, S. 555.

Martin Beckmann

DAS GEHEIMNIS DER *MARQUISE VON O...*

I

Heinrich von Kleists Erzählung *Die Marquise von O...* erschien in
ihrer ursprünglichen Fassung erstmals 1808 in der von ihm selbst
in Verbindung mit Adam Müller herausgegebenen Zeitschrift *Phöbus.* Sie wurde 1810 mit geringen Veränderungen in den ersten
Band der Erzählungen übernommen. Die Erzählung stieß wegen
ihrer Anstoß erregenden Thematik bei der zeitgenössischen Leser-
schaft weitgehend auf Ablehnung. Eine Leserin aus Kleists Bekanntenkreis äußerte sich in einem Brief darüber folgendermaßen:
„Seine Geschichte der Marquisin von O. kann kein Frauenzimmer
ohne Erröten lesen.“[1] Und ein Rezensent der Erzählung schrieb in
einem vielgelesenen Journal: „Nur die Fabel derselben angeben,
heißt schon, sie aus den gesitteten Zirkeln verbannen.“[2] Selbst ein
aufgeschlossener Mann wie Friedrich von Gentz scheint an dem
Werk wenig Gefallen gefunden zu haben, so daß Adam Müller sich
in einem Brief genötigt sieht, die Erzählung mit folgenden Worten
zu verteidigen: „Also vermöchte die moralische Hoheit dieser Geschichte nichts über Sie [...]? [...] Überrascht werden Sie nicht in
dieser Novelle: auf der zweiten und dritten Seite wissen Sie das ir-
dische Geheimnis, damit im Verfolg die klare Betrachtung der Entschleierung des göttlichen Geheimnisses nirgends gestört werde.“[3]
   Die zunehmende Aktualität, die das Gesamtwerk Kleists in den
vergangenen Jahrzehnten über den deutschen Sprachraum hinaus
gewonnen hat, führte auch zu mehrfachen, unterschiedlichen Auslegungsversuchen der *Marquise von O...* Doch das von Adam
Müller als „göttliches Geheimnis“ umschriebene Problem findet in
allen diesen Interpretationen keine in ästhetischer Hinsicht einleuchtende Lösung. Zu diesem Schluß führt die 1991 von Klaus
Schwind veröffentlichte Studie zu dieser Erzählung. Offenbar enthält das im Handlungsgeschehen verschlüsselte Problem die an den
Leser gerichtete Botschaft der Erzählung. Sie beantwortet die Fra-

ge: Was enthüllt die in der „Sinnberaubung" der Marquise sich als Rätsel vollziehende Schwangerschaft dem Leser an ästhetischer Erfahrung über das Dasein des Menschen in der Welt? Mit anderen Worten: Was gewinnt der Leser an Sinnerfahrung für sich selbst in der Auseinandersetzung mit den Figuren der Erzählung, denen das eigene Existenzdefizit auf ihren Wegen mehr oder weniger verschlossen bleibt?

Die Handlung beginnt mit dem Bericht des Erzählers über einen aufsehenerregenden Skandal. Darin heißt es:

> In M..., einer bedeutenden Stadt im oberen Italien, ließ die verwitwete Marquise von O..., eine Dame von vortrefflichem Ruf, und Mutter von mehreren wohlerzogenen Kindern, durch die Zeitungen bekannt machen: daß sie, ohne ihr Wissen, in andre Umstände gekommen sei, daß der Vater zu dem Kinde, das sie gebären würde, sich melden solle; und daß sie, aus Familien-Rücksichten, entschlossen wäre, ihn zu heiraten. Die Dame, die einen so sonderbaren, den Spott der Welt reizenden Schritt, beim Drang unabänderlicher Umstände, mit solcher Sicherheit tat, war die Tochter des Herrn von G..., Commendanten der Zitadelle bei M... Sie hatte, vor ungefähr drei Jahren, ihren Gemahl, den Marquis von O..., dem sie auf das Innigste und Zärtlichste zugetan war, auf einer Reise verloren, die er, in Geschäften der Familie, nach Paris gemacht hatte. (S. 143)[4]

Der Erzähler lenkt den Blick des Lesers mit verhaltenem Nachdruck auf die feststehenden, objektiven Tatsachen der Begebenheit. Die nachgetragenen Appositionen verstärken das sachliche Bedeutungsgewicht und die wirklichkeitsbezogene Unmittelbarkeit der Verhältnisse. Die damit einhergehende Distanz des Erzählers zu den Tatsachen kommt besonders in den drei Daß-Sätzen mit ihren Aussagen in der Konjunktivform zur Geltung. Sie bilden den Kern des Berichts.

Der sachbezogenen Geschlossenheit des Textes ist jedoch zugleich eine Anzahl von Widersprüchen eingezeichnet, die dem Leser auf den ersten Blick verborgen bleiben. Sie verleihen dem Textgefüge bei näherer Betrachtung den Charakter des Rätselhaften und Offenen. Das zeigt sich besonders an folgenden Widersprüchen oder Brüchen des Textes: Die Marquise als „eine Dame von vortrefflichem Ruf" stellt durch die öffentliche Bekanntgabe ihrer absonderlichen Lage diesen Ruf unweigerlich in Frage. Die dem Anschein nach äußere Sicherheit, mit der sie diesen Schritt vollzieht, ist in Wahrheit das Ausdruckszeichen einer tiefen Ratlosigkeit und inneren Ungewißheit. Die öffentliche Aufforderung an den Vater des Kindes, sich zu melden, richtet sich in den Augen der Marquise latent an ein verworfenes Subjekt, das in unbekümmerter Selbstvergessenheit sich außerhalb der durch die Gesellschaft gezogenen Grenzen von Anstand und Sitte stellt. Doch zugleich appelliert der Aufruf in den Zeitungen an das vorausgesetzte Verantwortungsgefühl des Täters.

Die Marquise bringt in ihrer unbeirrten und mutigen Haltung ein gewisses Maß an Trotz und Mißachtung gegenüber der Meinung der Gesellschaft zum Ausdruck; sie wendet sich aber zugleich an die Öffentlichkeit mit der Bitte um Hilfe und Verständnis. Die Beteuerungen der eigenen Unschuld an dem Mißgeschick, die auf diese Weise unausgesprochen vorgebracht werden, können jedoch ebensogut als Beweismittel für die Verstrickung der Marquise in zweifelhafte Verhältnisse betrachtet werden. Der Vorsatz der Rücksichtnahme auf die eigene Familie und der Gedanke der Selbstverteidigung, von denen sich die Dame leiten läßt, bewirken das Gegenteil dessen, was sie beabsichtigt. Sie bewirken eine Bloßstellung der Familie und der eigenen Persönlichkeit. Die Marquise und ihre Eltern werden auf diese Weise durch die Darbietungsform der Erzählung ins Zwielicht gerückt. Angriff und Verteidigung sind in diesem Verhältnis nicht mehr voneinander zu unterscheiden, sondern erweisen sich als dialektisch. Das Beziehungsverhältnis der Marquise zu ihren Angehörigen und zu sich selbst gewinnt damit für den Leser den Charakter der Ambiguität und des Rätselhaften.

Die Möglichkeitsform der Kernaussage des Textes begründet in gewisser Weise das Außersichsein der Marquise und macht ihren Schritt an die Öffentlichkeit verständlich. Sie ist ohne ihr Wissen in eine Lage geraten, mit der sie sich nicht zu identifizieren vermag und für die sie sich nicht verantwortlich fühlt. Das heißt, die Identität der Marquise ist gespalten in ein gesellschaftliches und ein existentielles Sein. Die Bereitschaft, den ihr bisher nicht bekannten Vater des Kindes zu heiraten, bringt das innere Dilemma zum Vorschein. Indem sie sich entschließt, den eigenen Willen den gesellschaftlichen Konventionen unterzuordnen, begibt sie sich in den

Zustand der Selbstverlorenheit. Denn die Tatsache der unerklärlichen Schwangerschaft führt ihr in konkreter Gestalt als Enthüllungserfahrung die eigene Existenzverkehrung vor Augen. Doch dadurch, daß die Marquise sich entschließt, das innerlich zu akzeptieren, was nicht ihrer äußeren Bestimmung entspricht, vollzieht das durch die Schwangerschaft erweckte Bewußtsein der Selbstverfremdung eine dialektische Kehre. Denn im Widerspruch zu ihrer gesellschaftlichen Stellung begibt sich die Marquise mit ihrer Entscheidung auf den Weg der Freiheit. Sie beabsichtigt zwar, sich in ihren Handlungen an die ihr durch die Familie gezogenen Grenzen zu halten, stellt aber zugleich durch die Befolgung dieser Rücksichten ihre Bindung an diese Institution durch einen Überschreitungsakt vor der Öffentlichkeit in Frage. Der Zustand der Gefangenschaft im Verkettungsgefüge der Familie besteht für die Marquise offenbar schon lange, blieb aber ihrem Bewußtsein verborgen. Erst der mit der Schwangerschaft einhergehende innere Konflikt beginnt ihr die Augen für die Selbstverkehrung zu öffnen. Daß die Familie sich nicht nur als Schutzverband erweist, sondern sich in Einengung und innere Ummauerung verkehrt, die den Menschen an der Entfaltung seiner Grundbestimmung zu Freiheit, Wagnis und Verantwortung hindern, erweist sich für die Marquise auf indirekte Weise am Verlust ihres Gatten. Sie hat ihn auf einer Reise verloren, die er „in Geschäften der Familie" nach Paris unternahm. Die Erfüllung von Familienpflichten führte zur Katastrophe und stürzte die Marquise in die Selbstverlorenheit. Das Bedeutungsgewicht des im Text wie beiläufig erwähnten Umstands ergibt sich aus der verborgenen Eigentümlichkeit des Reiseziels. Der Name Paris deutet auf ein verkehrtes Wegziel. Das Wort kann in der Umkehrung als Form des ital. Verbs *rapire* gelesen werden, das ,rauben', ,durch den Tod entreißen' bedeutet.

So ergibt sich folgender Bedeutungszusammenhang: Die vorbehaltlose, unausgewogene Hingabebereitschaft des Individuums an die Gesellschaft und ihre Institutionen, besonders an die Familie, führt den Menschen in die Existenzverkehrung oder Selbstverlorenheit. Denn wer die Daseinsbestimmung des Menschen mit dem Zweck der gesellschaftlichen Formgebilde gleichsetzt, verliert das Ziel der menschlichen Urbestimmung aus den Augen, das für den einzelnen darin besteht, gegenüber Natur und Gesellschaft seine Freiheit als Subjekt zu behaupten.

Die rätselhafte Schwangerschaft erweist sich für die Marquise in dem Selbstberaubungsprozeß der Gefangenschaft in der Familie als Krise und Wendepunkt. Das Geheimnis, das diesem Ereignis zugrunde liegt, erhält auf diese Weise die Bedeutung einer inneren Umkehr auf dem bisherigen Weg. Die Differenz der Marquise zu sich selbst ist bereits in dem Namen angelegt. Das Wort ‚Marquise‘ läßt sich durch Umstellung der Buchstaben als Anagramm lesen. Es ergibt dann, auf das O... bezogen, die Bedeutung: *Sei qui arma* (Du bist hier die Kehrseite). Das Wort deutet im Gegensatz zum O, das für Omega (Ende) steht, auf das A für Alpha, das als Zeichen des Anfangs, der Wiedergeburt oder Wiederholung gilt. Auf dem Weg der Selbstverdoppelung, der Rückkehr zur Urbestimmung, läßt sich auf diese Weise die Spaltung der Identität in der Zeitgebundenheit bewältigen, die für Kleist in der „Verwirrung des Gefühls" oder der Orientierungslosigkeit des Menschen zum Ausdruck kommt. Auf die Vermittlung dieser Erfahrung ist offenbar die ästhetische Absicht der Erzählung gerichtet.

Kleist konfrontiert den Leser in der Gestalt der Marquise mit dem Problem des Bewußtseins der unbefleckten Empfängnis und der dazu im Widerspruch stehenden Unmöglichkeit der Tatsache als solcher. Die Marquise weiß mit Sicherheit, daß sie von dem Empfang eines Kindes nichts weiß. Wissen und Nichtwissen bilden einen „dialektischen Knoten" (Kierkegaard), wie ihn der Widerspruch darstellt, der zwischen der Verteidigung der Familie und dem Angriff auf sie besteht. Das Wissen um das eigene Nichtwissen schafft der Marquise im Bereich des Notwendigen und der kausalen Zwänge einen imaginären Raum der Freiheit. Es begründet die Unabgeschlossenheit des Menschen von sich selbst und die Offenheit gegenüber dem Möglichen. Doch in der Gestalt des Nichtwissens und des Rätsels verkehrt das Offene und Unabgeschlossene sich zugleich dialektisch in ein Verschlossenes. Es muß von jedem Menschen durchbrochen werden, um der Selbstverlorenheit zu entgehen. In der *Penthesilea* umschreibt Kleist diese Aufgabe der Identitätsfindung, die dem Menschen in der Auflösung der eigenen Rätselhaftigkeit gestellt ist, in der Rede zwischen Prothoe und Penthesilea auf

folgende Weise: „Und jeder Busen ist, der fühlt ein Rätsel." (Vs.
1286) – „[…] und rasend wär' ich, / […] wenn ich im ganzen / Gebiet
der Möglichkeit mich nicht versuchte." (Vs. 1367–1369)

Für den Leser, dem sich die Ursache des Schwangerschaftsbe-
fundes bereits zu Beginn der Erzählung unzweideutig enthüllt,
bleibt das Bewußtseinsverhältnis der Marquise zur Gesellschaft
und zu sich selbst gerade aus diesem Grund ein Rätsel. Es fordert
ihn dazu heraus, die Identitätsspaltung der Marquise durch eigene
Überschreitungs- oder Wiederholungsakte zu ergänzen, um auf
diese Weise ihre Abgeschlossenheit von sich selbst zu kompensie-
ren. Die Gedankenstriche und zahlreichen Abbreviaturen für Per-
sonen- und Ortsnamen, die den Textzusammenhang unterbrechen,
begründen die Offenheit des inneren Geschehens. Sie stehen sozusagen als Zeichen für das Rätsel, das die Marquise in ihrer Selbst-
verschlossenheit umhüllt. Die damit verbundenen Fragen sind als
Aufforderungen an den Leser gerichtet, durch Akte der Selbstwiederholung die Marquise aus ihrer Verworrenheit des Gefühls zu er-
lösen. Der ästhetische Erfahrungsgewinn, den diese Akte erschließen, ist der eigentliche Zweck, auf den sich die Erzählabsicht
des Autors richtet.

Die Figuren der Erzählung sind keine autonomen Gestalten,
sondern ästhetische Vehikel. Sie bilden ein ausgewogenes Ensem-
ble, mit der Marquise im Mittelpunkt, zum Zwecke der Inszenierung der Identitätsproblematik des Menschen und ihrer Bewältigung. In der mentalen Verfassung der Marquise kommt ein
Unverständliches zum Ausdruck, das den Charakter der Mehrdeu-
tigkeit hat, aber eine eindeutige Stellungnahme verlangt. Die Mehr-
deutigkeit stellt den Leser in die Situation des Orientierungslosen.
Sie zwingt ihn angesichts der Widersprüchlichkeit des Verhältnisses zu einer eindeutigen Entscheidung. Kierkegaard beschreibt ein
derartiges Verhältnis mit folgenden Worten:

> Ein Widerspruch, einem Menschen unmittelbar gegenübergestellt – und
> wenn man ihn dann dazu kriegt, darauf hinzusehen: das ist ein Spiegel; in-
> dem der Sehende urteilt, muß es offenbar werden, was in ihm wohnt. Es ist
> ein Rätsel; aber indem er zu raten sucht, wird es offenbar, was in ihm wohnt,
> dadurch, worauf er rät.[5]

Einen solchen Spiegel stellt für den Leser das Schicksal der Marquise dar. Mit der Entscheidung über ihre Schuld oder Unschuld fällt der Leser zugleich einen Urteilsspruch über sich selbst. Es zeigt sich in diesem Verhältnis, ob er den Zugang zu dem Abgeschlossenen findet, das die Marquise von ihrer Identität trennt und das in dem Rätsel, das ihr Schicksal darstellt, verschlüsselt ist. „Was verrätselt wird, wird also von dem Sinn des Abgeschlossenen bestimmt", heißt es bei André Jolles.[6] Und dem Ratenden ist aufgegeben, die Abgeschlossenheit zu durchbrechen.[7] Der ratende Leser erlöst auf diese Weise durch einen Überschreitungsakt die an der Identitätsspaltung leidende Figur aus ihrer Gefangenschaft im Unmittelbaren. Der Spiegel mit dem Bildnis der Marquise wendet sich in der verborgenen Umkehrung der Namensbezeichnung mit dem Ruf an den Leser, die eigene Identitätsspaltung durch innere Umkehr in sich selbst zu überwinden. Dieser Aspekt, der das Rätsel der Marquise und seine Lösung zur Grundbedingung für die ästhetische Selbsterfahrung des Lesers macht, kommt in den bisher vorliegenden Auslegungsversuchen der Erzählung kaum zur Geltung.

II

Die Handlung der Erzählung spielt zur Zeit des zweiten Koalitionskrieges der europäischen Großmächte gegen Napoleon in Oberitalien, wie sich aus einem Vergleich der angedeuteten äußeren Umstände mit dem historischen Geschehen leicht erschließen läßt. Russische Tuppen erstürmen die bei M... gelegene Zitadelle. Die Tochter des Verteidigers und Kommandanten sieht sich in der Verwirrung, die mit der eindringenden feindlichen Streitmacht die Familie ergreift, plötzlich von einer Rotte russischer Scharfschützen umstellt. Die zügellosen Marodeure schleppen die Dame in den hinteren Schloßhof und versuchen, sie zu vergewaltigen. Ihr Hilfegeschrei ruft einen russischen Offizier herbei, der die lüsternen Frevler mit wütenden Hieben auseinandertreibt. Im Text heißt es:

> Der Marquise schien er ein Engel des Himmels zu sein. Er stieß noch dem letzten viehischen Mordknecht, der ihren schlanken Leib umfaßt hielt, mit dem Griff des Degens ins Gesicht, daß er, mit aus dem Mund vorquellendem Blut, zurücktaumelte; bot dann der Dame, unter einer verbindlichen,

französischen Anrede den Arm, und führte sie, die von allen solchen Auftritten sprachlos war, in den anderen, von der Flamme noch nicht ergriffenen, Flügel des Palastes, wo sie auch völlig bewußtlos niedersank. Hier – traf er, da bald darauf ihre erschrockenen Frauen erschienen, Anstalten, einen Arzt zu rufen; versicherte, indem er sich den Hut aufsetzte, daß sie sich bald erholen würde; und kehrte in den Kampf zurück. (S. 144f.)

Das Eindringen der feindlichen Angriffstruppen in das Innere der Festung, das Bersten von Granaten und der Ausbruch eines Feuers im Kommandantenhaus stürzen die Marquise in „gänzliche Verwirrung". Wie der erweiterte Textzusammenhang zeigt, ist die Situation durch das Verschränkungsverhältnis von drei unterschiedlichen Phänomenen miteinander gekennzeichnet. Es setzt sich zusammen aus dem Dämonischen, dem Geistigen und der sich aus diesen beiden Voraussetzungen speisenden Synthese der Conditio humana. Die russischen Scharfschützen werden bei dem Anblick der Marquise, eines weiblichen Wesens, das der Zufall ihnen in die Arme treibt, „plötzlich still". Die Erscheinung verschlägt ihnen die Sprache. Sie werden durch das Plötzliche aus dem Handlungszusammenhang herausgerissen und hängen die Gewehre über die Schultern. Das Plötzliche ist nach Kierkegaard die Äußerungsform des Dämonischen. „Das Plötzliche kennt kein Gesetz."[8] Es ist die „vollkommene Abstraktion vom Zusammenhang, vom Vorhergehenden und Nachfolgenden".[9] Es bringt die im Laufe der anthropologischen Entwicklung aufgebaute primordiale Gebundenheit des Menschen für den Augenblick zum Zusammenbruch, so daß er sich den Mächten des Abgründigen überläßt. Das Sich-Mitteilen ist Ausdruck des Zusammenhangs und der Kommunikation. In der plötzlichen Verfallenheit an das Dämonische erstirbt dem Menschen die Sprache. An ihre Stelle tritt das Mimische. Die Rotte der Scharfschützen führt die Marquise „unter abscheulichen Gebärden" mit sich fort.

Der Erzähler apostrophiert die Frevler als „Hunde, die nach solchem Raub lüstern waren" und als „viehische Mordknechte". Im Hervorbrechen des Dämonischen zieht sich nach Kierkegaard das Tier die Gestalt des Menschen an. Das Tierische gewinnt in solchen Augenblicken eine absolute Macht über den Menschen. Es verzerrt die menschlichen Ausdrucksformen ins Infernalische. Die Sicherungen, die den Menschen vor dem Absinken in die selbstzerstörerische Kreatürlichkeit schützen, verlieren ihre Wirkung. Der Offizier, der die Marquise aus diesem Inferno rettet, erscheint ihr so als ein Engel des Himmels. Die verbindliche Anrede, der hilfreiche Arm, das sichere Geleit in den Schutz das Palastes werden von der Geretteten als verläßliche Ausdruckszeichen eines kommunikativen Verhältnisses erfahren. Es bedeutet für sie Errettung aus den zerstörerischen Fängen des Dämonischen und die Wiederherstellung der Freiheit.

Daß die Marquise am Ende des Weges unter dem Gewicht der äußeren und inneren Belastungen „völlig bewußtlos" niedersinkt, läßt sich auf doppelte Weise begründen. Es hängt einerseits mit dem begrenzten Fassungsvermögen der menschlichen Natur für körperliche und seelische Belastungen zusammen. Es ist andererseits als ein fassungsloses Überwältigtsein von der Freude über das Geschenk des Himmels durch seinen Engel zu verstehen, das in einer grenzenlosen Hingabebereitschaft, die Raum und Zeit überschreitet, zum Ausdruck kommt. In einem Gefühl von unermeßlicher Dankbarkeit und Selbsthingabe sinkt die Marquise dem Engel des Himmels zu Füßen. Anders ausgedrückt: Was von der Marquise kommunikativ in Freiheit empfangen und angenommen wird, das wird zugleich von ihr als Tathandlung und Gabe hervorgebracht. Die Akte der Seele gehen in Ausdrucksbewegungen des Körpers über.

Hinter dem Gedankenstrich des Satzes „Hier – traf er Anstalten, einen Arzt zu rufen" verbergen sich die Auswirkungen des Kommunikationsgeschehens zwischen der Marquise und ihrem Retter. Sie erfährt bald danach, daß es der Graf F... ist, Obristleutnant vom t...n Jägerkorps. Es ist in der betreffenden Lage kaum vorstellbar, daß der Offizier die ihres Bewußtseins nicht mehr mächtige Dame ungehindert neben sich zu Boden sinken läßt. Er fängt sie mit den Armen auf und trägt sie, eng an sich gepreßt, rücksichtsvoll zu dem in der Nähe befindlichen Bett oder Sofa. Der Offizier versteht sich auf die Sprache der Innerlichkeit. Er weiß, welche Gefühle die Dame bewegen. Der durch äußere Notwendigkeiten bedingte enge körperliche Kontakt unterliegt seinen eigenen Gesetzen. Die außergewöhnliche Disponibilität und Hingabebereitschaft der Dame steigert das kreatürliche Verlangen des Mannes. Der Übergang der inneren in die äußere Verschmelzung vollzieht sich auf diese Weise wie von selbst. In der Bewußtlosigkeit überläßt die Marquise ihre aus den Händen der Mordknechte gewonnene Freiheit dem Vertrauen und der Verantwortung ihres Retters. Doch der Offizier als Bote und Geschenk Gottes erweist sich als Verräter seines Auftrags, indem er über seine Schutzbefohlene als Objekt verfügt. Das Ausmaß der latenten Disponibilität, der Hingabe und der tätigen Mitwirkung der Marquise am Vollzug des Verschmelzungsaktes entlastet den Offizier nicht von der Verantwortung für die schändliche Tat.

Das Verhalten des Offiziers legt auf den ersten Blick den Schluß nahe, daß er dem Dämonischen in gleicher Weise unterliegt wie die Scharfschützen, die sich der versuchten Vergewaltigung schuldig machen. Kierkegaards Ausführungen zu diesem Phänomen verdeutlichen jedoch den Unterschied zwischen den beiden Verhaltensweisen. Darin heißt es:

> Was darüber entscheidet, ob die Erscheinung dämonisch sei, ist die Stellung des Individuums zum Offenbarwerden, ob er jenes Faktum mit der Freiheit durchdringen will, es in Freiheit auf sich nehmen will. Sobald er das nicht will, ist die Erscheinung dämonisch.[10]

Wie die emotionalen Reaktionen des Offiziers unmittelbar nach der Tat zeigen, ist er sich von Anfang an der Schändlichkeit seines Verhaltens bewußt. Sein weiteres Handeln im Verlauf der Erzählung ist ganz und gar von der Absicht bestimmt, das verübte Unrecht wiedergutzumachen.

Auf Grund existentieller und geschichtlicher Erfahrungen gelangte Kleist zu der Einsicht, daß die vor dem Hintergrund des deutschen Idealismus gewonnenen Antworten, die Goethe und Schiller in ihren klassischen Werken bildlich zur Darstellung bringen, die Frage nach der menschlichen Wahrheit zu allgemeingültig und damit wirklichkeitsfremd lösen. Die grundsätzliche entscheidungsbezogene, existentielle Offenheit des Menschen wird in ihren Konzepten durch geschlossene Musterbilder des Menschlichen überdeckt. Kleist hält dagegen keine Leitbilder für den Leser bereit. Anstelle bündiger Antworten, die den Menschen, eingebunden in das Ganze, mit der Welt und mit sich selbst versöhnen, konfrontiert er den Leser mit Bildern, in denen die Gebrechlichkeit des Menschen und die Fragwürdigkeit aller weltlichen Ordnung zum Vorschein kommt. Diese Daseinsproblematik offenbart sich für ihn in dem Bild des irren Mönchs in seiner Zelle im Julius-Hospital, worüber er seiner Braut Wilhelmine von Zenge in einem Brief im September 1800 aus Würzburg berichtet. Darin heißt es:

> Zwischendurch blickte er uns wehmütig an, als ob er uns doch für verloren hielte. Er hatte sich einst auf der Kanzel in einer Predigt versprochen u glaubte von dieser Zeit an, er habe das Wort Gottes verfälscht.[11]

Kleist machte an dieser Begegnung die Erfahrung, daß der Mensch immer und überall in seinem Denken und Trachten hinter seiner Urbestimmung zurückbleibt oder sie verrät und auf diese Weise seine Existenz verfälscht. Die Tatsache, daß der Mensch sich fortgesetzt in der Differenz zu sich selbst erfährt, begreift Kleist als Aufgabe, nach Wegen zu suchen, die aus dieser Verstrickung herausführen. Kleists ästhetische Logik besteht darin, daß er die in sich gebrochenen Gestalten seiner Dramen und Erzählungen dem Leser überläßt, damit er sie im Sinne ihrer Urbestimmung durch Akte der Ich-Überschreitung oder Selbstwiederholung neu zusammensetzt.

Die Differenz des Grafen zu seiner menschlichen Urbestimmung enthüllt sich in dem Widerspruch, daß er als Retter und Verräter zugleich auftritt. Die beiden Formen des Seins, die sich in diesem Widerspruch als Verkehrsverhältnis ausdrücken, bedingen einander. Die eine Form bildet die unerläßliche Voraussetzung der anderen. Beide Seiten verhalten sich zueinander wie Wirklichkeit und Möglichkeit oder Notwendigkeit und Freiheit. Die widersprüchliche Verbindung der beiden Verhaltensformen lähmt auf Grund des Ambiguitätsverhältnisses das Handlungsvermögen des Menschen. Es stürzt ihn in Orientierungslosigkeit, „Verwirrung des Gefühls" und Verzweiflung. Es beraubt ihn der Sinnerfahrung und der Selbstgewißheit. Das Verkehrungs- oder Widerspruchsverhältnis richtet sich zerstörerisch gegen das Subjektsein des Menschen. Es läßt sich jedoch in einem Prozeß der inneren Umkehr durch das Individuum in eine Synthese verwandeln. Das geschieht durch Akte der Ich-Überschreitung auf dem Weg nach innen, die das Wirkliche durch das Mögliche ergänzen und in der Gebundenheit des Menschen Handlungsräume der Freiheit entdecken. Das Schema des Weges erweist sich in der ästhetischen Logik nach H. R. Jauß als Sinnstruktur des Imaginären. Es macht „die widerständige Welt in ihrer Totalität als Zeichensystem einer vollkommneren, erst allmählich sichtbar werdenden Ordnung entzifferbar"[12]. Es versetzt dabei die im epischen Geschehen miteinander verflochtenen Figuren in ein verborgenes Ordnungssystem und wird auf diese Weise für den Erkenntnis gewinnenden Leser zu einem Vehikel ästhetischer Selbsterfahrung.

Die Sinnstruktur des Weges, der den Grafen auf den ästhetischen Bahnen des Möglichen zu sich selbst führt, wird im Text der Erzählung durch eine Fülle von Formelementen vergegenwärtigt. Das beginnt mit der Bezeichnung des Namens, des Dienstgrades und er Truppenzugehörigkeit. Es handelt sich um „de[n] Graf[en] F.., Obristlieutenant vom t...n Jägerkorps" (S. 146). Die Abbreviatur F... erlaubt eine doppelte Ergänzung, und zwar zu russ. *Feodor* (Gottesgeschenk) und zu ital. *fellone* (Verräter, Schurke). Engel und Teufel erscheinen damit in gleicher Gestalt. Durch eine Umstellung der Buchstaben läßt sich aus dem Wort Obristleutnant als Anagramm ein neuer Sinnzusammenhang ermitteln: ‚(Du) bist (das) Neulandtor'. Und die Buchstaben der Bezeichnung ‚t...n Jägerkorps' ergeben in gleicher Weise eine Art Motto: *Constare per agire* (Feststehen durch Handeln). Die Umkehrung, Handeln durch Feststehen, verweist dagegen auf die verborgene Verkehrungsform, die das Dasein der Marquise durch ihre Gefangenschaft in Familie und Gesellschaft bestimmt. Das Mißverhältnis ist von seinem Ursprung her auf eine Umkehrung zur Synthese durch Ergänzung angelegt. Diesen Erneuerungsprozeß initiiert und vollzieht der Graf durch die Eroberung und Zerstörung der Zitadelle und dadurch, daß er die Marquise in andere Umstände versetzt. Nach einer Umstellung der Buchstaben läßt sich das Wort Zitadelle als ‚altes Kleid' lesen. Das Verbrechen des Grafen erhält auf diese Weise den Charakter einer Ausnahme. Es erscheint dadurch gerechtfertigt, daß es das Alte zum Einsturz bringt und ein Neues begründet.

Der Graf tritt nach der unwürdigen Tat aus dem Portal des Hauses und trifft auf den Kommandanten. Er ist „sehr erhitzt im Gesicht". In der äußeren und inneren Erregung verbirgt und enthüllt sich zugleich das Zeichen der Scham. Der Graf empfängt den Degen des Kommandanten und nimmt die Übergabe der Festung entgegen. Doch zugleich gibt er ihm unter der Begleitung einer ständigen Wache „die[se] Freiheit". Der Graf stürzt sich an der Spitze eines Detachements aufs neue in das Kriegsgetümmel, um den Kampf an den Stellen, wo die Eroberung noch zweifelhaft ist, durch kühnes Eingreifen zu beenden. Unmittelbar darauf kehrt er auf den Hauptplatz der Zitadelle zurück, um „der Flamme, welche wütend um sich zu greifen anfing, Einhalt zu tun" (S. 145). Der Graf vollbringt durch seinen persönlichen Einsatz „Wunder der Anstrengung" und des Mutes, um die drohende Katastrophe abzuwenden. Alle Handlungen des Grafen erhalten auf diese Weise den Charakter der Erneuerung und der Wiedergeburt. Der Schandtat ist die Schande eingezeichnet, der Gefangennahme die Gewährung der Freiheit, dem Eroberungs- und Zerstörungswerk die Rettung und Bewahrung des neu Gewonnenen.

Nach der Eroberung der Zitadelle erhalten die russischen Truppen den Befehl zum sofortigen Abzug. Die Marquise und ihre Familie finden keine Gelegenheit, sich bei dem Grafen zu bedanken. Statt dessen erreicht die Familie bald darauf die Nachricht, daß der Graf in einem Gefecht mit feindlichen Truppen den Tod gefunden habe. „Die Marquise war untröstlich, daß sie die Gelegenheit hatte vorbeigehen lassen, sich zu seinen Füßen zu werfen." (S. 148)

Die Marquise leidet nach einiger Zeit an gewissen Unpäßlichkeiten, wie sie mit einer sich ankündigenden Schwangerschaft einhergehen. Doch sie erholt sich wieder, und die ganze Angelegenheit wie auch das Schicksal des Grafen geraten in Vergessenheit. Ein sonderbarer Schrecken erfaßt die Familie, als eines Tages der Graf im Hause des Kommandanten erscheint. „Der Graf F...! sagte der Vater und die Tochter zugleich; und das Erstaunen machte alle sprachlos." (S. 149) Vater und Tochter begegnen dem Grafen mit gegensätzlichen Gefühlen: Er befreite die Tochter und machte den Vater zum Gefangenen. Der Graf tritt „schön, wie ein junger Gott, ein wenig bleich im Gesicht" ins Zimmer. Auf die unbegreifliche Verwunderung und Anschuldigung der Eltern, „daß er ja tot sei", erwidert der Graf, „daß er lebe". Die Marquise möchte vor allem erfahren, „wie *er* ins Leben erstanden sei" (S. 149). Und die Mutter will wissen, wie er aus dem Grabe erstanden sei, in das man ihn in P... gelegt habe.

Das Motiv der Auferstehung und der Wiedergeburt deutet auf den inneren Weg hin, den der Graf im Begriff ist zurückzulegen. Es ist der Weg, der von der Überwältigung durch die kreatürlichen Instinktrelikte zur inneren Erleuchtung und Umkehr führt. Das Erscheinungsbild des Gewandelten gleicht einem jungen Gotte. Es signalisiert, daß die Auferstehung oder Wiedergeburt ein göttliches Geschenk ist. Alle Absichten des Grafen sind nun mit geringer Rücksicht auf die gesellschaftlichen Regeln darauf gerichtet, das begangene Unrecht nachträglich mit dem Willen der Freiheit zu erfüllen und dadurch als Ausnahme, als einen Schritt in ein neues Land zu rechtfertigen. Die Tat erscheint damit im Rückblick als ein schöpferischer Akt, als ein gegen das Alte und Erstarrte gerichteter Neuanfang. So wird verständlich, warum der Graf gegen Herkommen und Sitte die Marquise mit der Frage überfällt, „ob sie ihn heiraten wolle" (S. 150). Das eigentümliche Benehmen, der vertraute Ton, die intimen Beteuerungen und Bekenntnisse des Grafen gehen von der Annahme aus, daß zwischen der Marquise und ihm selbst ein unausgesprochen enges und unabweisbares Beziehungsverhältnis bestehe. Er leitet diesen Schluß offenbar aus dem Verhalten der Marquise während des Zwischenspiels ab, das der Rettungstat unmittelbar folgte. Die Anteilnahme und Freude der Marquise an diesem tätigen Kommunikationsverhältnis lieferte dem Grafen den untrüglichen Beweis, daß er ihr als Gatte nicht unwillkommen sei. Die nur für die Marquise bestimmten und ihr allein verständlichen Anspielungen drängen auf eine schnelle Legalisierung des Beziehungsverhältnisses und der in den Augen des Grafen sich abzeichnenden Folgen.

Der Graf befindet sich auf Befehl seiner Vorgesetzten mit Depeschen auf dem Weg nach Neapel und berührt die Stadt N... nur auf der Durchreise. Er ist auf eine vordringliche Regelung seiner Beziehung zu der Marquise bedacht. Denn der Weg führt ihn möglicherweise weiter nach Konstantinopel, vielleicht sogar bis nach St. Petersburg. In diesem Falle würde seine Rückkehr nach M... eine zeitliche Verzögerung erfahren, die er nach Lage der Dinge nicht verantworten zu können glaubt. Das ungewöhnliche und aus dem Rahmen fallende Verhalten des Grafen gegenüber der Familie des Kommandanten ist unter diesen Voraussetzungen folgerichtig und verständlich.

III

Der Kommandant, der als Familienoberhaupt für sich das uneingeschränkte Recht in Anspruch nimmt, im Namen der Marquise zu sprechen und zu handeln, ist über das unschickliche Vorgehen des Grafen äußerst befremdet. Er führt die üblichen gesellschaftlichen Bedenken gegen eine übereilte Entscheidung ins Feld. Und nur die Verbindlichkeit, die er dem Gast wegen seiner Verdienste schuldig zu sein glaubt, hindert ihn daran, seine Zurückhaltung in eine grobe Abweisung zu verwandeln. Dem Grafen steigt angesichts der Hinhaltetaktik, die der Kommandant ergreift, um über den Kopf der Marquise hinweg deren Schicksal zu entscheiden, „eine Röte ins Gesicht". Er versucht nun alle Bedenken, indem er seine persönlichen Verhältnisse darlegt, beiseite zu räumen, vermag jedoch den Widerstand des Vaters nicht zu brechen. Im Text heißt es: „Der Commendant machte ihm eine verbindliche Verbeugung, erklärte seinen Willen noch einmal; und bat ihn, bis nach vollendeter Reise von dieser Sache abzubrechen." (S. 152) Der Graf wendet sich an die Mutter. Doch sie vertröstet ihn ebenfalls und meint, er solle nach Neapel reisen und nach seiner Rückkehr einige Zeit als Gast in der Familie verweilen. Der Graf faßt nach der Abweisung einen höchst ungewöhnlichen Entschluß, der alle vor ein Rätsel stellt. Er teilt den Anwesenden mit, daß er die Depeschen ins Hauptquartier nach Z... zurücksenden werde und daß er das Anerbieten, auf einige Wochen Gast der Familie zu sein, sofort annehme. Vater und Sohn sind sich darin einig, daß eine solche unüberlegte und leichtfertige Tat mit Festungshaft und Kassation bestraft werde. Sie ahnen nicht, was den Grafen zu diesem Wagnis bewegt. Denn keiner weiß, was für ihn auf dem Spiel steht. Er läßt die Depeschen tatsächlich zurückgehen. Die Erfüllung des inneren Auftrags bedeutet ihm mehr als sein Ruf und seine Karriere. Es ist ihm, wie er den Eltern und der Marquise gegenüber betont, „unmöglich [...], länger zu leben, ohne über eine notwendige Forderung seiner Seele ins Reine zu sein" (S. 150).

Die Familie rätselt, was den Grafen zu einem so außergewöhnlichen Schritt veranlasse. Die Marquise deutet durch ihr Schweigen an, daß sie den Lauf der Dinge mißbilligt. Sie meint, wenn der Vater den Grafen dazu bewegt hätte, nach Neapel zu reisen, „so wäre alles gut". Darauf entgegnet der Kommandant: „Sollt' ich den Priester holen lassen? Oder hätt' ich ihn schließen lassen und arrettieren, und mit Bewachung nach Neapel schicken sollen?" (S. 156) Nur die augenblickliche Vermählung und Gewaltanwendung hätte in seinen Augen den Grafen zur Vernunft gebracht. Die Marquise verneint die Frage des Vaters, fügt jedoch hinzu: „[...] aber lebhafte und eindringliche Vorstellungen tun ihre Wirkung" (S. 156). Das heißt mit anderen Worten, dem Kommandanten mangelt es an gutem Willen, dem Grafen entgegenzukommen und ihn als künftigen Schwiegersohn zu akzeptieren, weil die Entscheidung darüber allein in den Händen der Marquise liegt. Eine solche positive Haltung und Aufnahme des Antrags durch die Familie, die dem Charakter eines Versprechens gleichkommt, hätte in den Augen der Marquise den Grafen dazu gebracht, die Reise freiwillig anzutreten und mit Freuden zu beenden. Der Kommandant hat durch seine Abweisung die Familie, besonders aber die Marquise wie auch den Grafen, in eine äußerst peinliche Lage gebracht. Die Marquise gibt durch ihre Einlassungen gegen den Vater versteckt zu erkennen, wie sie selbst zu dem Grafen steht. Auf die Frage ihres Bruders, des Forstmeisters, wie er ihr denn, was seine Person betreffe, gefalle, antwortet sie: „er gefällt und mißfällt mir" (S. 157). Sie mag ihn, aber ihr mißfällt die schiefe Lage, in der sie sich durch das Ungeschick des Vaters nun ihm gegenüber befindet.

Die Familie sucht nach einem Ausweg und überlegt, wie man den Grafen dazu bewegen könne, das Haus wieder zu verlassen und die Reise nach Neapel doch noch anzutreten. Die Mutter findet den erlösenden Vorschlag: Die Marquise soll dem Grafen das Versprechen geben, bis zu seiner Rückkehr aus Neapel keine andere Verbindung einzugehen. Der Graf erscheint im Kreise der Familie „mit Schritten der Freude beflügelt". Er betrachtet deren Beschluß offenbar als Bestätigung und Vorwegerfüllung seiner Absichten. Er sinkt der Marquise zu Füßen, küßt dem Vater und der Mutter die Hand, umarmt den Bruder und bittet darum, ihm sogleich einen Reisewagen bereitzustellen. Der Kommandant will Einwände machen, da ihm die Erwartungen des Grafen den Absichten der Familie vorauszueilen scheinen. Auch die Marquise versucht aus Gründen der Schicklichkeit die Hoffnungen des Grafen zu dämpfen, obwohl gerade das eingetreten ist, was ihren geheimen Wünschen entspricht. Der Graf schiebt alle sichtbar werdenden Vorbehalte beiseite und äußert, daß er sich gerne noch vor der Abreise mit der Marquise vermählt hätte, daß er aber auch so zufrieden und beruhigt sei. Die Familienangehörigen fallen bei dem Wort „vermählen" aus allen Wolken, und die Marquise fragt, ob er von Sinnen sei. Der Graf nimmt von allen auf das wärmste Abschied und macht sich auf den Weg nach Neapel.

Die Auseinandersetzung zwischen dem Grafen und der Familie des Kommandanten bildet einen wichtigen Schwerpunkt im Handlungsverlauf. In diesem Kernteil verbirgt und erschließt sich die epische Tiefendimension der Erzählung. Seit der Genesung von der tödlichen Verwundung befindet sich der Graf, wie er selbst bekennt, in einem Zustand der Melancholie, des Elends und der Verzweiflung. Das Leiden hat seinen Grund in der Freveltat. Er kennt nur noch das eine Ziel, sich aus der Verwirrung und Verfälschung seines Daseins durch diese Tat zu befreien, ehe die Folgen für die Marquise, die er liebt, zur Katastrophe führen. Der Graf weiß, welchen Weg er zu gehen hat. Es ist der Weg, der von P… über M… nach Neapel führt und der als weitere Zielmöglichkeiten Konstantinopel und St. Petersburg einschließt. Die Namen der Städte bezeichnen die innere Zielrichtung des Weges. Sie beziehen sich in verhüllter Form auf die Überschreitung der Ich-Gebundenheit, auf die Überwindung des alten Menschen und die Hingabe in Freiheit an eine neue Daseinsform. Neapel bedeutet ‚Neustadt'. Wie die beiden anderen Namen andeuten, handelt es sich im Vollzug des Weges darum, das Gewonnene, Neue als ein Beständiges zu erwerben, mit dem sich die

Würde des Sakralen verbindet. Die Wegentscheidungen, die zu diesen Zielen führen, werden im Hause des Kommandanten in M... ausgetragen. In dem zweideutigen Hinundher des Geschehens in der Familie trifft der Graf auf Widerstände, die er auf seinem Weg durch Wagnisse bewältigen muß, wenn er das Ziel erreichen will.

Das Spannungsfeld, das den Weg vom Dämon zum Engel, vom Verräter zum göttlichen Menschen umfaßt, ist in verwandelter Gestalt in allen sozialen und kulturellen Formbildungen angelegt. Es umschreibt auf verborgene Weise den mythischen Weg, den der Mensch im Leben zu gehen hat. Das Alte und das Neue, Erstarrung und lebendige Bewegung, Zerstörung und Aufbau, Verfall und Regeneration befinden sich als Möglichkeiten der Synthese oder eines Mißverhältnisses, oft kaum unterscheidbar, eng beieinander. Dieses Verhältnis kommt in Kleists Erzählung in den Namen von Figuren und Gegenständen zum Ausdruck. Es bezeichnet Wegformen des Inneren.

Das Wort ‚Kommandant' wird in einer auffälligen Häufigkeit verwendet, so daß die Bezeichnung durch die Wiederholung sozusagen eine Ausweitung ins Unbegrenzte oder Imaginäre erfährt und auf diese Weise zugleich eine zusätzliche andere Bedeutung erhält, die das Gegenständliche überschreitet. Die Buchstaben des Wortes lassen sich zu den beiden Begriffen ‚Manko' und ‚Mandat' neu zusammenfügen. Aus dem Mangelverhältnis, das der Leser in der Figur entdeckt, ergibt sich so für ihn zugleich deren Überschreitungsauftrag.

Ein einziges Mal wird der Vorname des Kommandanten erwähnt: Lorenzo. Aus den Buchstaben lassen sich die beiden Wörter *l'oro* (Gold) und *senso* (Gefühl) bilden. Gold als Metapher des Gefühls für das Echte, Wesentliche, Ideale in den menschlichen Beziehungen läßt sich in diesem Zusammenhang sowohl als Defizit wie als Forderung deuten. In der Figur des Kommandanten wird damit sichtbar, wie das dominierende Verkehrsverhältnis des Menschen zu sich selbst dessen Identität überformt und spaltet. Der Kommandant befindet sich anders als der Graf auf dem Weg der Existenzverkehrung. Er bewegt sich von seinem Selbst weg auf das Ich zu, indem er die festgefügten gesellschaftlichen Formen zum unveränderlichen Maßstab des Handelns bestimmt.

Die Nebenfigur des Sohnes, des Forstmeisters, bestätigt diese Haltung und weitet sie aus. Das läßt sich aus dem Anagramm des Wortes Forstmeister ableiten. Es lautet in der entsprechenden Umstellung der Buchstaben: ‚Mores-Stifter'. Zugleich aber erhält die Figur des Kommandanten durch den Namen ein latentes inhaltliches Korrektiv. Denn der Forstmeister läßt das alte Holz aus dem Wald entfernen und durch Neuanpflanzungen ersetzen. Auf ähnliche Weise vollzieht sich die Umformung der gesellschaftlichen und kulturellen Institutionen. Ein entsprechendes Korrektiv findet auch die auf Umsturz und Eroberung bedachte Haltung des Grafen durch das Benehmen der Marquise. Sie ist sich im Grunde genommen mit dem Grafen in der Ablehnung der gesellschaftlichen Vorstellungen des Vaters und Kommandanten einig. Aber das Neue soll in ihren Augen nicht vorwiegend durch Umsturz entstehen, sondern durch die recht verstandene Wiederholung des Alten erfolgen.

Die Verhaltensmuster der Figuren zeigen, daß die Mutter und die Marquise im Gegensatz zu dem gesellschaftlichen Formenkodex einen Standpunkt vertreten, der den Prozeßcharakter des Lebens berücksichtigt und die Freiheit der schöpferischen Bewegung im Handeln betont. Der Kommandant und seine Gattin werden im Text immer wieder in auffallender Weise als Obrist und Obristin apostrophiert. Hinter der äußeren Gleichschaltung verbirgt sich ein kategorialer innerer Gegensatz. Für den Leser, dem Namen Zeichen sind, hinter denen sich das Wesen verbirgt, lassen sich die Buchstaben des Wortes Obrist zu dem Imperativ „Stirb, Tor!" kombinieren. Obristin verwandelt sich auf diese Weise in den Ausruf „O stirb nie!".

Der Weg, den der Graf beschreitet, um die Marquise zu gewinnen, verbildlicht den Prozeß der Selbstwiederholung. Die zu überwindenden Hindernisse bilden dabei eine Bewährungsprobe auf dem Felde der Conditio humana. Dieses Verhältnis findet eine Darstellung in dem Wegenetz, das sich aus den angedeuteten Namen der Städte ergibt. Die Abbreviation von Personen- und Ortsnamen ist ein bewährtes literarisches Mittel, das dem Zweck dient, durch Andeuten und Verschweigen der Wahrheit die Authentizität und Glaubwürdigkeit der dargestellten Begebenheiten zu erhöhen. In

Kleists Erzählung erfüllen die angedeuteten Städtenamen eine darüber hinausgehende Funktion. Die betreffenden Abkürzungen
M..., P..., Z..., B... und V... lassen sich leicht zu ihrer vollen Bedeutung ergänzen. Sie erfüllen auf diese Weise zeichenhaft und
symbolisch eine wesentliche Funktion des ästhetischen Wegsche-
mas. Der Weg führt von einem bestimmten und begrenzten Ausgangspunkt zu einem fernen Ziel und überwindet die dazwi-
schenliegende Differenz. Die genannten Abkürzungen deuten auf
die Namen Modena, Piacenza, Zürich, Bologna und Verona. Von
Zürich abgesehen, enden alle Ortsnamen mit einem ‚a‘. Daneben
steht in mehreren als latentes Bedeutungszeichen das O. Im Gefüge der Ortsnamen zeichnet sich so das Verhältnis eines inneren
Weges ab, der von O nach A führt, von einem nicht weiterführen-
den Ende zu einem neuen Anfang. Aus den Buchstaben aller Städtenamen, Zürich eingeschlossen, läßt sich als eine Art Krypto-
gramm ein neuer Sinnzusammenhang ermitteln, der dem inneren
Telos dieses Weges entspricht.

Die Buchstaben der Städtenamen lassen sich zu folgender Lesart
kombinieren: Irre und suche – *a piacere un buon angolo in averno
senza demone* (irre und suche – nach Belieben eine guten Winkel in
der Hölle ohne Teufel).[13] Das Irren und Suchen entspricht dem Da-
seinsverlauf des Menschen in der Wirklichkeit. Der fremde italienische Text deutet dagegen auf eine neue Welt des Imaginären als
inneres Ziel. Das heißt, die Suche nach dem Glück in der Welt
gleicht dem Versuch, einen unaufhebbaren Widerspruch aufzulö-
sen. Das scheint nur für den Augenblick und als Ausnahme möglich. Der Lösungsweg bleibt die mit dem Irrtum verbundene Suche.
Diesem Muster entspricht das Verhalten des Grafen wie auch das
der Marquise.

IV

Als die Marquise die ersten untrüglichen Anzeichen ihrer Schwangerschaft entdeckt, ist sie fassungslos und gerät in Verzweiflung.
Ein zu Rate gezogener Arzt und eine Hebamme bestätigen ihr
nacheinander, was sie nicht glauben will. Sie ist sich keiner Hand-
lungsweise bewußt, die als Ursache einen solchen Umstand herbei-
geführt haben könnte. Ein Fehltritt ist ausgeschlossen, und das

spricht sie vor ihrem Gewissen von jeder Schuld frei. Mit der Entdeckung der unglaublichen Schwangerschaft gewinnt die Marquise ein neues Bewußtsein. Sie erfährt sich in einem Zustand der Rätselhaftigkeit und der Orientierungslosigkeit. Was für sie bisher als unumstößlich und gewiß in der Welt galt, das wird plötzlich fragwürdig. Dieses Verhältnis stürzt die Marquise in die Abgeschlossenheit von ihrer Familie und von sich selbst.

Die Schwangerschaft läßt sich vor den Angehörigen nicht verheimlichen. Sie kann von der Gesellschaft nur als ein Fehltritt gedeutet werden, der Schande und Unehre über die ganze Familie bringt. Der Vater, die Mutter und der Bruder wenden sich von der Marquise ab, da sie ihnen eine einleuchtende Erklärung schuldig bleibt, und verstoßen sie aus dem Haus. Die Möglichkeit einer unverschuldeten Schwangerschaft ist für die Familie unvorstellbar und unannehmbar. Die Mutter faßt diesen Widerspruch in dem Satz zusammen: „Verflucht sei die Stunde, da ich dich gebar!" (S. 165) Der Vater ist für die Tochter nicht mehr zu sprechen. Als sie dennoch gewaltsam in sein Zimmer vordringt und sich ihm, ihre Unschuld beteuernd, zu Füßen wirft, kehrt er ihr den Rücken zu und greift nach der Pistole an der Wand. Dabei löst sich ein Schuß. Die Marquise bekommt einen tiefen, ihr ganzes Wesen erschütternden Schreck. Sie begreift, daß ihr die Schwangerschaft als eine unwiderlegbare Schuld und Schande zur Last gelegt wird und daß es sich dabei in den Augen des Kommandanten um ein todeswürdiges Verbrechen handelt. Die Marquise antwortet darauf mit dem Schreckensruf: „Herr meines Lebens!" (S. 166) Sie erhebt sich leichenblaß und verläßt kurz darauf mit ihren Kindern das Haus.

Im Verhalten des Kommandanten kommt die Anmaßung eines unbedingten Verfügungsrechts über die Tochter zum Vorschein, wie es den versteinerten gesellschaftlichen Vorstellungen entspricht. Indem die Marquise angesichts dieses Anspruchs Gott als ihren Schöpfer anruft, enthüllt sie das Verhalten des Vaters als unmenschlich und monströs. Für die Marquise bricht in diesem Augenblick der überzogene und unangemessene Autoritätsanspruch, den der Vater ein Leben lang über die Familie ausgeübt und den sie selbst aus dem Gefühl der kindlichen Pietät unwidersprochen hingenommen hat, endgültig zusammen.

In der Auseinandersetzung wird für die Marquise offenkundig, was bis dahin hinter dem Anschein gesellschaftlicher Notwendigkeiten verborgen blieb: daß sich die Rolle des Vaters äußerlich wie innerlich von der menschlichen Substanz her bildlich auf die Funktion eines Festungskommandanten beschränkte, der auf diese Weise über die Familie herrschte. Mit der Entzauberung des Vaters verlieren für die Marquise die an der Unmittelbarkeit und der äußeren Form des Daseins orientierten Wertmaßstäbe der Gesellschaft ihre Geltung, da sie die Entfaltung des Werdenden und Neuen im Leben durch einen starren Sittenkodex unterbinden. Die subjektive Aufgeschlossenheit und Hingabebereitschaft der Marquise gegenüber ihrem Retter, dem Grafen, hat ihren tieferen Grund in dem unerfüllten Verlangen nach einer freiheitlichen, auf die Existenz des Menschen bezogenen Daseinsform, deren Verwirklichung das innere Festungsgefüge der Familie bisher im Wege stand. Die Dankbarkeit gegenüber dem Retter ist unter diesem Aspekt als ein Akt der Selbstwiederholung zu verstehen. Wiederholung in diesem Sinne ist Selbsthingabe oder Bindung an ein Neues, das Existenzerfüllung bedeutet. In der Wiederholung überschreitet das Ich den Bereich der Immanenz und verbindet sich mit dem Metaphysischen. Es bekennt sich gemäß der Urbestimmung des Menschen zu seinem Selbst und empfängt es in der Hingebung als göttliche Gabe zurück. Kierkegaard umschreibt dieses Verhältnis mit folgenden Worten: „Die Wiederholung hingegen ist und bleibt eine Transzendenz", weil die Ewigkeit allein die wahre Wiederholung ist.[14] Der Schwerpunkt des Menschen wird auf diese Weise in die Innerlichkeit verlegt. Denn: „Die Innerlichkeit ist [...] die Ewigkeit oder des Ewigen Bestimmung in einem Menschen."[15] In der konkreten Daseinssituation bedeutet das für das Individuum, sich der Idee hinzugeben und sie als Maßstab und Regulativ für das Leben in der Zeitlichkeit zu gebrauchen.[16]

Kleists Figuren finden diesen Maßstab der Innerlichkeit in der „Goldwaage des Gefühls", der es ihnen ermöglicht, sich gegen die „Verwirrung des Gefühls" durch die Unmittelbarkeit des Daseins zu behaupten.[17] Das diskursive Wissen des Menschen über die Welt und über sich selbst unterliegt den Bedingungen von Raum und Zeit. Das Gefühl der Innerlichkeit im Sinne Kleists überschreitet diese Grenzen. Es weitet das Beschränkte ins Unbeschränkte und Zeitlose aus. Das „völlig bewußtlose" Niedersinken der Marquise in den Armen des Grafen ist als Chiffre eines solchen Überschreitungsaktes zu verstehen. Die Marquise verläßt den Bereich des Rationalen und betritt im Medium des Irrationalen eine Welt des Unvordenklichen und Möglichen, des Urwissens, das sich auf das überindividuelle kulturanthropologische Lebensbedürfnis der menschlichen Gattung bezieht und in seiner Geltung und Bedeutung die Forderungen des biblischen Dekalogs erfüllt. Heinz Politzer, der zu einer ähnlichen Deutung der Ohnmacht der Marquise kommt, bemerkt zu diesem Punkt: „Das ‚Unerhörte' hat sich also zwischen einem Gedankenstrich und einem ‚bald' abgespielt, das in seiner Kürze eine Ewigkeit zu umfassen scheint."[18]

Der Graf erscheint der Marquise als ein Engel des Himmels. Seine nach den irdischen Gesetzen teuflische Tat ist jedoch zugleich von dem Gefühl der Liebe bestimmt. Die Freveltat wird so auf dem Weg der Innerlichkeit in einem dialektischen Überschreitungsakt geistig überformt und verwandelt. In dem einen ist auf diese Weise zugleich das andere gegenwärtig. Der dämonische Charakter des Verbrechens wird dadurch aufgehoben und die Tat als göttliche Ausnahme in der irdischen Ordnung geheiligt. Es ist für den Erzählverlauf in ästhetischer Hinsicht nur folgerichtig, daß der Marquise die pragmatische Seite des Prozesses verborgen bleibt und daß sie im Rückblick darin allein das Wirken des Himmels erkennt. Das Kind, das sie dabei in der Wirklichkeit empfängt, erhält für sie damit einen göttlichen Ursprung. Durch diesen Umstand sieht sich die Marquise in ihrer Reinheit und Unschuld vor der Familie, der Gesellschaft und sich selbst gerechtfertigt, als sie sich von aller Welt verlassen fühlt.

Was in den Augen der Familie als ein unverzeihlicher Fehltritt gilt, weil er den Gesetzen, die in der Wirklichkeit herrschen, widerspricht, ist in Wahrheit ein aus der verborgenen menschlichen Befindlichkeit der Marquise geborener Aufstand des Subjekts gegen die Eliminierung der Freiheit aus dem Daseinsprozeß durch die Gesellschaft. Die innere Abwendung von der väterlichen Ordnung und die Hinwendung und Umkehr zu sich selbst vollzieht sich bildlich in der Zerstörung und Eroberung der Festung durch den

Grafen. Die damit für die Marquise verbundene Krise führt zu ihrer eigenen Wiedergeburt. Der Zustand der Schwangerschaft und die damit einhergehenden Schwierigkeiten zeigen, mit welchen Gefahren und Wagnissen dieser Weg verbunden ist. Der Erzähler kommentiert das neu gewonnene Verhältnis der Marquise zu sich selbst nach dem Bruch mit der Familie auf folgende Weise:

> Durch diese schöne Anstrengung mit sich selbst bekannt gemacht, hob sie sich plötzlich, wie an ihrer eigenen Hand, aus der ganzen Tiefe, in welche das Schicksal sie herabgestürzt hatte, empor. Der Aufruhr, der ihre Brust zerriß, legte sich, als sie im Freien war, sie küßte häufig die Kinder, diese ihre liebe Beute, und mit großer Selbstzufriedenheit gedachte sie, welch einen Sieg sie, durch die Kraft ihres schuldfreien Bewußtseins, über ihren Bruder davon getragen hatte. Ihr Verstand, stark genug, in ihrer sonderbaren Lage nicht zu reißen, gab sich ganz unter der großen, heiligen und unerklärlichen Einrichtung der Welt gefangen. Sie sah die Unmöglichkeit ein, ihre Familie von ihrer Unschuld zu überzeugen, begriff, daß sie sich darüber trösten müsse, falls sie nicht untergehen wolle, und wenige Tage nur waren nach ihrer Ankunft in V... verflossen, als der Schmerz ganz und gar dem heldenmütigen Vorsatz Platz machte, sich mit Stolz gegen die Anfälle der Welt zu rüsten. Sie beschloß, sich ganz in ihr Innerstes zurückzuziehen, sich, mit ausschließendem Eifer, der Erziehung ihrer beiden Kinder zu widmen, und des Geschenks, das ihr Gott mit dem dritten gemacht hatte, mit voller mütterlichen Liebe zu pflegen. (S. 167)

Um dem Auseinanderbrechen der Familie entgegenzuwirken, greift die Obristin zu einer List. Sie unterzieht die Tochter einer heimlichen Wahrheitsprobe. Das Ergebnis beweist, daß die Marquise entgegen der Annahme der Eltern unschuldig ist. Die Mutter fällt vor der Tochter auf die Knie und bittet sie um Verzeihung. Ihre Reuebekundungen und Lobreden münden in die Beteuerung: „Die Tage meines Lebens nicht mehr von deiner Seite weich' ich. Ich biete der ganzen Welt Trotz; ich *will* keine andre Ehre mehr, als deine Schande" (S. 178). In dem äußeren Verkehrungsverhältnis, in dem sich nach diesen Worten die Welt im Hinblick auf die Marquise befindet, leuchtet eine neue innere Ordnung auf. Der Rückkehr in das Elternhaus und der Versöhnung mit dem Vater steht nichts mehr im Wege.

Die Wahrheitsprobe besteht darin, daß die Mutter den Jäger Leopardo, eine Ordonnanz des Kommandanten, als den angeblichen Vater des Kindes ausgibt und behauptet, daß er sich zu jener Freveltat bekennt. Eigentümlicherweise rückt für die Marquise eine solche Begebenheit immerhin in den Bereich der Möglichkeit. Sie bekennt: „Gott, mein Vater! [...] ich war einst in der Mittagshitze eingeschlummert, und sah ihn von meinem Diwan gehen, als ich erwachte!" (S. 177) Die Marquise identifiziert sich so in gewisser Weise mit Leopardo, dem Jäger, das heißt, vielmehr mit dem Bedeutungswiderspruch, den sein Name verbildlicht. Er deutet auf eine Gestalt, die Raubtier und Jäger in eins ist. Die Metapher des Raubtiers bringt die absolute kreatürliche Ich-Bezogenheit des Menschen zum Ausdruck; das Bild des Jägers deutet auf die Überschreitung und Bewältigung dieses Mißverhältnisses und die Suche nach dem Selbst. Dieser Widerspruch bestimmt auch das Dasein der Marquise. Die Gebundenheit an Familie und Gesellschaft beraubt sie ihrer inneren Entfaltungsmöglichkeiten. Der Leidensprozeß, der mit diesem Verkehrungsverhältnis verbunden ist, führt dagegen zur Erweckung des Subjekts, das sich mit allen Kräften der Selbstwiederholung zu vergewissern sucht. Die Marquise findet diese göttliche Bestimmung des Menschen in der „großen, heiligen und unerklärlichen Einrichtung der Welt", in dem Empfang des göttlichen Kindes.

Auf der Rückfahrt nach M... scherzt die Mutter über Leopardo, der vorne auf dem Bock sitzt, und meint, die Tochter werde rot, sooft sie dessen breiten Rücken ansähe. Der breite Raubtierrücken des Jägers, der durch das Rückgrat als Achse zweigeteilt ist, erscheint als Topos der Wiederholung. Das Erröten der Marquise läßt sich als Ausdruck der Selbsterfahrung im Gefühl deuten.

Nach der Versöhnung mit den Eltern und dem Zusammenbruch der väterlichen Autokratie über die Tochter ist die Marquise ihrem inneren Bestimmungsziel der Freiheit einen entscheidenden Schritt näher gekommen. Die Wiedergeburt des neuen Menschen aus den „Fesseln und Banden" der Familie und der Welt vollzieht sich jedoch nicht ohne Erschütterungen und Schmerzen. Diese äußern sich in den Leiden, die mit der unerklärlichen, geheimnisvollen Schwangerschaft einhergehen. Die Ambiguität der Gefühle der Mutter, die das werdende Leben des Kindes begleiten, umschreiben den verborgenen Wiederholungsweg der Marquise vom Alten zum Neuen. Einerseits zählt der Vater des Kindes für sie „ohne alle Rettung, zum Auswurf seiner Gattung". Er kann „nur aus dem zertretensten und unflätigsten Schlamm derselben, hervorgegangen sein" (S. 168). Andererseits ist ihr der Gedanke unerträglich, „daß dem jungen Wesen, das sie in der größten Unschuld und Reinheit empfangen hatte, und dessen Ursprung, eben weil er geheimnisvoller war, auch göttlicher zu sein schien, als der anderer Menschen, ein Schandfleck in der bürgerlichen Gesellschaft ankleben sollte" (S. 168). Die Ambivalenz der Gefühle beschreibt das widersprüchliche Ineinander von weltlicher Herrschaftsdämonie und göttlicher Freiheit. Die Freiheit verhält sich zum Dämonischen wie das Licht zur Dunkelheit. Das eine bedingt das andere. Für das Dämonische gilt nach Kierkegaard das dialektische Verhältnis: „Die Freiheit ist gesetzt als Unfreiheit; denn die Freiheit ist verloren."[19] In der Hingabebereitschaft an das Göttliche, das die Marquise vollzieht, kehrt sich dieses Verhältnis um. Der Mensch wird von neuem geboren.

Das Geheimnis der unerklärlichen Schwangerschaft erhält auf diese Weise die Bedeutung eines das unfaßbare Ganze verbildlichenden Topos. Er inszeniert die Präsenz des Möglichen in der Wirklichkeit und verbildlicht so die Möglichkeit der Wiedergeburt des Menschen auf dem dämonisch bestimmten Verkettungsgefüge der gesellschaftlichen Alltagswelt. Die mit der Schwangerschaft einhergehenden weltlichen Leiden bezeichnen für die Marquise die Geburtswehen des neuen Menschen. Die Schwangerschaft erlaubt es der Marquise, zu sich selbst zurückzukehren oder wie der Graf „aus dem Grabe" zu erstehen.

Kleist stellt die Gestalt der Marquise in die Scheidelinie zwischen der „Goldwaage der Empfindungen" und der „Verwirrung des Gefühls" in den Niederungen des Lebens. Ihre Daseinssituation erhält dadurch den Charakter eines Rätsels, das sie zu einer Entscheidung herausfordert. Sie steht vor der Wahl, sich der Vorstellungswelt der Gesellschaft zu fügen und damit auf das Selbstsein zu verzichten oder sich der Welt gegenüber in Freiheit als Subjekt trotz der damit verbundenen Leiden zu behaupten. Im Falle einer bewußten Empfängnis, eines Wissens über das Zustandekommen der Schwangerschaft, bliebe der Marquise das Rätselverhältnis zu sich selbst erspart. Die Identitätsgewißheit, die sich aus der Erfahrung der Selbstverlorenheit und deren Bewältigung in der Glückserfahrung der Freiheit ergibt, entzöge sich unter diesem Umstand der Erkenntnis des Lesers. Eine Möglichkeitserfahrung der menschlichen Wahrheit ginge dem Bewußtsein verloren.

Die doppeldeutigen Überlegungen, die die Marquise über den göttlichen Ursprung des zu erwartenden Kindes und über dessen von Dämonen besessenen Vater anstellt, der zu den selbstverlorenen Geschöpfen der Erde gehört, führen zu der Rätselfrage, die sie durch die Zeitungen an die Öffentlichkeit richtet. Doch die Gedanken, die das Rätsel begründen, geben mit dem Widerspruch, den sie darstellen, dem Leser zugleich die Antwort. Auf die im Text der Bekanntmachung umschriebene Frage: Wer ist der Vater meines Kindes? kann der Leser nur antworten: eine dämonische Gestalt, die unter dem Inkognito eines Boten Gottes auftritt. Für die Marquise ist das Nichtwissen eines Wissens über den Empfang des Kindes die Grundvoraussetzung der eigenen Unschuld und Reinheit. Ein Wissen darüber würde sie mit einer Art von Komplizenschaft belasten. Allein die dämonische Macht, die sie vor aller Welt erniedrigte und beleidigte, ist befugt, durch eine in Freiheit vollzogene Wende ihre menschliche Würde wiederherzustellen. Ein solcher Vorgang kann notwendigerweise nur im Angesicht der gesellschaftlichen Öffentlichkeit erfolgen, indem der Täter vor der Welt dasjenige durch Selbstwiederholung für sich neu aufrichtet, was er zuvor zum Einsturz gebracht hat. Der Umstand, daß das Dämonische als Inkognito des Göttlichen auftritt, als Freiheit in der Gestalt der Unfreiheit, wird in der literarischen Anthropologie Kleists offenbar damit begründet, daß den Hauptgestalten als Geschöpfen der Gefühlsverwirrung auf diese Weise die Chance der Läuterung und der Selbstverdoppelung eingeräumt werden kann, in den Augen des Lesers zu ihrer göttlichen Urbestimmung zurückzufinden.

V

Der Graf ist von Anfang an darauf bedacht, durch vertrauliche Anreden, Anspielungen und intime Gesten das geheime Einverständnis, in dem er sich in seinen Augen angeblich mit der Marquise befindet, zu betonen und zu vertiefen. Er versucht so den dämonischen Charakter seiner Tat vor sich selbst zu verhüllen und mit dem Schein eines kommunikativen Verhältnisses zu umgeben. Die Marquise kann das Verhalten des Grafen aus Gründen der Dankbarkeit zulassen und billigen, sie muß es aber andererseits zurückweisen, weil es sie bloßstellen könnte. Ihre Hingabebereitschaft gilt einem Boten des Himmels, keinem Schurken. Da der Graf sich als rettender Engel erwies, kann er in ihren Augen kein Teufel sein. Dieser Widerspruch wirkt als Erkenntnissperre und hindert sie daran, ihn zu verdächtigen oder sich ihm zu nähern, bevor nicht ihre Unschuld vor der Gesellschaft gerechtfertigt erscheint.

Nach der Rückkehr von seiner Reise und der Vorsprache bei den Eltern in M… sucht der Graf die Marquise in ihrer Zurückgezogenheit in V… auf. Er durchkreuzt ihre Vorkehrungen gegen alle Besuche und begibt sich durch eine Hinterpforte in den Garten. Er schlingt seinen Arm um ihren Leib, drückt sie an sich und hält sie fest, als sie sich loswinden will. Die Marquise stellt fest, daß er über ihren Zustand im Bilde ist und wundert sich, daß er sie trotzdem aufsucht. Der Graf äußert, daß er von ihrer Unschuld überzeugt sei und daß er gegen alle Einwände zu ihr komme, um seinen Antrag zu wiederholen: „Der Welt zum Trotz […] und Ihrer Familie zum Trotz, und dieser lieblichen Erscheinung sogar zum Trotz" (S. 170). Die Marquise wehrt sich gegen die Zudringlichkeiten mit den Worten: „Hinweg![…] Lassen Sie mich! […] Lassen Sie mich augenblicklich […] ich befehls Ihnen!" (S. 170) Der Graf will noch ein einziges, heimliches, geflüstertes Wort sagen, indem er nach ihrem Arm greift. Doch die Marquise erwidert: „Ich *will nichts* wissen"; sie stößt ihn heftig zurück und eilt davon.

Was für Gefühle auch immer die Marquise bewegen, sie erkennt, daß jedes Zugeständnis eines Wissens über die Herkunft ihres Zustands sie aufs neue der Freiheit beraubt, die sie gegenüber der Welt und sich selbst gewonnen hat. Jede Teilhabe an einem Wissen über ihre Schwangerschaft, die ihr durch ein Bekenntnis des Vaters ihres Kindes unter Ausschluß der Öffentlichkeit zur Kenntnis gelangte, würde sie dem Verdacht der Mittäterschaft aussetzen, ihre Wahrhaftigkeit und Reinheit in Zweifel ziehen und sie vor der Familie bloßstellen. Das Nichtwissen ist die Bedingung ihrer Unschuld und Freiheit. Das heißt mit anderen Worten: Die Offenheit, Rätselhaftigkeit oder Abgeschlossenheit des Menschen von seiner Identität ist die Voraussetzung für die Existenzgewinnung. Die Marquise gelangt in diesen Zustand dadurch, daß sie sich innerlich gegen die Bevormundung durch die Familie auflehnt.

Im Falle des Grafen liegt das Verhältnis umgekehrt. Der Weg der Selbstwiederholung ist für ihn noch nicht zu Ende. Er will den Verstoß gegen Sitte und Anstand, zu dem er sich unter welchen emotionalen Unwägbarkeiten auch immer hat hinreißen lassen, in aller Stille unter Ausschluß jeder Öffentlichkeit beilegen. Er erkennt spät, jedoch nicht zu spät, daß ein solches Verfahren das Gefühl der Marquise aufs schwerste verletzen muß. Er will die Marquise sozusagen unter den Voraussetzungen haben, unter denen er sie ohne ihre Willensentscheidung bereits besessen hat. Wahre Liebe verbietet ein solches Verhalten. Der Graf darf der Marquise nicht zumuten, die Mitverantwortung für sein eigenes Versagen zu übernehmen. Er muß den Preis für sein Vergehen in voller Höhe allein entrichten. Er sucht die Marquise im Garten auf, um aus ihrer Hand „das Los des Seligen" entgegenzunehmen. Ihre heftigen Abwehrreaktionen und die eindeutige Zurückweisung zeigen ihm, daß er sich auf einem falschen Weg befindet. Er fühlt, „daß der Versuch, sich an ihrem Busen zu erklären, für immer fehlgeschlagen sei" (S. 171). Als ihm der Forstmeister am Abend die neuesten Zeitungen mit der Aufforderung der Marquise an den Vater des Kindes zu lesen gibt, schießt ihm „das Blut ins Gesicht". „Ein Wechsel von Gefühlen durchkreuzte ihn." (S. 171) Er liegt „mit ganzer Seele" über dem Papier und versucht begierig dessen Sinn zu enträtseln und zu verschlingen. Im Text heißt es: „Darauf nachdem er einen Augenblick, während er das Blatt zusammenlegte, an das Fenster getreten war, sagte er: nun ist es gut! nun weiß ich, was ich zu tun habe!" (S. 172) Der Graf verläßt, „völlig ausgesöhnt mit seinem Schicksal", das Haus des Kommandanten. Dem Grafen ist nach der Lektüre der Nachricht am Fenster ein Licht aufgegangen. Er weiß nun, unter welchen Voraussetzungen die Marquise bereit ist, ihn zu akzeptieren.

Indem sich der Graf entschließt, den geforderten Bedingungen nachzukommen und sich öffentlich zu erklären, spricht er die Marquise von jeglicher Mittäterschaft frei. Er übernimmt damit die alleinige Schuld und Verantwortung für die Untat. In seinem bisherigen Verhalten ist der Graf stets von der Voraussetzung eines stillschweigenden Einverständnisses und der freiwilligen Teilhabe der Marquise ausgegangen. Er hat aber dabei übersehen und verkannt, auf was sich die ihm unterstellte Hingabebereitschaft in Wahrheit bezog. Dieses Mißverständnis verleitete ihn zu der Annahme, ihre Neigung und ihren Besitz mit dem Anrecht einer wohlerworbenen Sache beanspruchen zu dürfen. Der Graf begreift die Marquise als Ausdrucksfeld seines eignen Ichs. Die Marquise käme nach ihrem inneren Selbstverständnis wie auch aus der Sicht des Lesers in einem solchen Verhältnis aus den Fesseln der Familie und des Kommandanten in die Gefangenschaft eines russischen Grafen. Die Zeitungsnachricht verhilft ihm jedoch zu der Erkenntnis, für die ihm bis dahin die Augen verschlossen waren, daß nämlich die Freiheit und Innerlichkeit der Marquise nicht mit den Bedürfnissen des gräflichen Ich identisch ist. Er entdeckt in seinem Innern das Selbst im Sinne von Paul Ricoeur wie auch von Kierkegaard: „Das Selbst ist ein Anderer", und „Das Selbst ist Freiheit".[20]

Der Graf meldet sich schriftlich anonym als der Gesuchte und erscheint zu dem von ihm angegebenen Zeitpunkt im Hause des Kommandanten vor der Mutter und der Tochter. Er kniet vor der Marquise nieder. „Die Marquise glaubte vor Verwirrung in die Erde zu sinken" (S. 183). Die Mutter erfaßt blitzschnell den Zusammenhang der Dinge. Die Marquise ringt sich in der Verwirrung zu den Worten durch: „gehn Sie! gehn Sie! gehn Sie! [...] auf einen Lasterhaften war ich gefaßt, aber auf keinen – – – Teufel!" (S. 183) Sie kann es nicht fassen, daß der Mann, den sie liebt, der sie liebt und der sie vor dem Verderben rettete, sich zugleich als Zerstörer, als ein die Weltordnung umstürzender Dämon enthüllt. Die Erfahrung, daß sich in einem Engel ein Teufel verbirgt, bewirkt, daß sie außer sich gerät. Zum Schutz ruft sie den Obristen und den Forstmeister herbei. Sie blickt den Grafen wie eine Furie an und ruft aus: „Diesem Mann, Vater [...] kann ich mich nicht vermählen!" (S. 184) Dabei ergreift sie ein Gefäß mit Weihwasser und besprengt Vater, Mutter und Bruder.

Der innere Weg, den die Marquise bis dahin zurückgelegt hat, hat sie von den Fesseln und Banden der Familie befreit. In ihrer verzweifelten Aufführung vor dem Grafen beschwört und inszeniert sie jedoch die Familie aufs neue als Schutz und Schirm vor dem Dämon der Zerstörung, dem sie sich in der Gestalt des Grafen ausgesetzt sieht. Die Marquise vollzieht durch ihr Verhalten einen Akt der Wiederholung, der Erneuerung und Wiedergeburt des Alten. Das Widerspruchsverhältnis, das hier in voller Schärfe in Erscheinung tritt und zugleich seine dialektische Auflösung findet, wird in dem grundlegenden Aufsatz von Walter Müller-Seidel zu diesem Problem nicht in seiner Bedeutungstiefe ausgeschöpft.[21] Zur Erhellung von Kleists ästhetischer Absicht läßt sich dieses Verhältnis durch eine aufschließende Bemerkung Kierkegaards verdeutlichen. Es heißt dort: „Die Dialektik der Wiederholung ist leicht, denn was sich wiederholt, ist gewesen, sonst könnte es sich nicht wiederholen; aber eben dies, daß es gewesen ist, macht die Wiederholung zu dem Neuen."[22] Die Marquise führt in dem Außersichsein in ihren Vorstellungen die Familie imaginär zu der Urbestimmung zurück, die ihr im Dienst der Conditio humana kulturanthropologisch zugewiesen ist.

Die Familie findet in dieser kritischen Lage zu ihrer ordnungstiftenden Grundfunktion zurück. Der Vater stellt dem Grafen die der Situation angemessene, notwendige Frage: „[…] wann gedenken Sie zu heiraten?" Die Mutter antwortet für ihn, da er selbst kein einziges Wort herausbringt: „Morgen, […] morgen oder heute, wie du willst" (S. 184). Der Vater legt dem Grafen einen Heiratskontrakt vor, der ihm alle Pflichten eines Gemahls auferlegt, ihm jedoch alle Rechte vorenthält. Der Graf nimmt alle Sanktionen auf sich und vollzieht damit die seine Tat sühnende Selbstverdoppelung. Die Marquise versucht sich der Vermählung zu entziehen mit dem Argument, daß sie in diesem Falle mehr an sich selbst als an ihr Kind denken müsse. Es ist ihr nicht ohne weiteres möglich, das verletzte Gefühl für die erlittene individuelle Entwürdigung und Selbstvernichtung zu überwinden und zu vergessen. Die Vermählung findet trotzdem statt. Die Zeit heilt alle Wunden.

Der Graf und die Marquise bewegen sich auf entgegengesetzten Wegen, die sich jedoch ergänzen und dialektisch einander vertreten. Die Marquise behauptet in aller Schicksalsgebundenheit ihre innere Freiheit. Der Graf sucht in der Unordnung und Verwirrung des Kriegsgeschehens das eigne Selbst. Er findet sein Ziel in der Marquise. Nach dem Verlauf eines Jahres, das der Graf mit Akten der Entsagung und Selbsthingabe füllt, erhält er von seiner Gemahlin, der „Gräfin", ein zweites Jawort. Es hat die Bedeutung einer Selbstverdoppelung oder Wiederholung. Die Marquise findet ihre Erfüllung in dem Grafen. Der Text betont diese Tatsache dadurch, daß die Marquise kurz hintereinander fünfmal als Gräfin bezeichnet wird.

Die von Adam Müller apostrophierte „Entschleierung des göttlichen Geheimnisses" findet auf diese Weise in der Gestalt der Marquise ihre Vollendung. Es handelt sich um die Bewahrung der göttlichen Grundbestimmung des kreatürlichen Menschen in der „gebrechlichen Einrichtung der Welt" (S. 186), um die Verwirklichung der Freiheit in einer Welt, die von dämonischen Mächten beherrscht wird. Sie sind immer und überall darauf gerichtet, den Menschen zu einem Mittel, einer Sache zu reduzieren. Die Marquise weiß und will ständig, was nicht sein darf. Sie gestaltet auf diesem Weg das Ungestalte und rettet das Menschliche vor den Monstren.

VI

Ein angemessenes Verständnis der Erzählung, das der ästhetischen Absicht des Dichters entspricht, ist für den Leser keinesfalls von den in den Namen verborgenen Anagrammen abhängig. Darauf ist der Text nicht unmittelbar angelegt. Die literaturwissenschaftliche Interpretation ist jedoch daran gebunden, alle Formeigentümlichkeiten des Textes aufzuspüren, ans Licht zu heben und ihre ästhetische Relevanz im Zusammenhang des Werkes zu erwägen.

Den Anagrammbildungen des Textes, der Verschlüsselung von heterogenen Bedeutungen in Namen von Dingen und Personen, die deren definitive Bedeutung überschreiten und ausweiten, liegt eine fundamentale ästhetische Absicht zugrunde. Sie bezieht sich darauf, dem Leser etwas Neues zur Erfahrung zu bringen, was sich hinter der von Raum und Zeit begrenzten Wirklichkeit verbirgt, was jenseits der gesellschaftlichen Institutionen liegt, in die der Mensch eingebunden bleibt. Der Mensch weiß nie, wer er wirklich ist. Sein Dasein ist nach Helmuth Plessner durch die „exzentrische Position" charakterisiert: „Ich bin, aber ich habe mich nicht."[23] Das heißt, auf die *Marquise von O...* bezogen, die Namen und Funktionsbezeichnungen der Figuren des Textes gelten gegebenenfalls nur als Zeichen, die auf etwas verweisen, was über das Bezeichnete hinausdeutet. Das Anagramm verbindet auf diese Weise das, was der Mensch ist, mit dem, was er noch nicht ist, aber sein sollte. Welche ästhetischen Funktionen die Anagrammbildungen in Kleists Erzählung erfüllen, läßt sich in folgenden Punkten zusammenfassen:

1. Die Anagrammbildungen dienen der Verinnerlichung des Textes. Bezeichnungen, die sich auf ein Unmittelbares, Alltägliches, Äußeres beziehen, erhalten durch die verborgene Einschreibung eine zusätzliche, neue, andere Bedeutung. In der Verdoppelung von Kommandant zu ‚con Mandat' wird die innere Ausweitung durch einen Sprung vom einen zum anderen faßbar. Dabei bleibt offen, ob sich das Mandat auf ein Wirkliches oder ein Imaginäres, auf das Alte oder auf das Neue bezieht. Das ambivalente Rätselverhältnis erfordert eine Entscheidung, in der der Leser ein Urteil über sich selbst fällt. Die in der Bezeichnung Forstmeister verborgene Bedeutung ‚Mores-Stifter' läßt sich als Festschreibung des Alten und Wiederholung eines Neuen deuten. Sie läßt sich auf den Kommandanten wie auf die Marquise beziehen.

2. Im Prozeß der Textgestaltung sind die Anagrammbildungen nur mittelbar oder sekundär auf den Leser bezogen. Sie dienen dem Autor sicherlich in erster Linie als Steuerungs- und Kontrollinstrumente zur ästhetischen Austarierung des Gestaltungsverlaufs. Die Möglichkeit der Anagrammbildung dient als Vehikel, das Unmittelbare für das Mittelbare offenzuhalten. Sie erlaubt es, das Sinnliche mit dem Geistigen zu verbinden und

zu zeigen, daß die Dinge nicht nur das bedeuten, was sie sind, sondern daß hinter jedem Einzelnen das Ganze steht.

3. Die Anagramme ermöglichen dem Autor in der Textgestaltung ein verhüllendes Entschleiern. Sie deuten an, daß sich im Sichtbaren ein Unsichtbares entfaltet. Anagramme verweisen darauf, daß die Welt doppeldeutig ist, daß der Mensch als ein gebrechliches Wesen erscheint, gespalten zwischen dem, was ist, und dem, was es erst noch zu erringen gilt. Für Kleist geht durch die Einrichtungen der Welt ein Riß. In der *Penthesilea* heißt es: „[...] und was du hier erblickst, / Es ist die Welt noch, die gebrechliche" (Vs. 2853 f.); „Ach! Wie gebrechlich ist der Mensch, ihr Götter!" (Vs. 3037)
Die Anagrammbildungen erweisen sich als ein geeignetes Mittel, die Wirklichkeit als zweideutig zu inszenieren, ihre Einrichtungen und den darin gebundenen Menschen als Rätsel zu begreifen. In der *Penthesilea* heißt es in diesem Sinne: „Und jeder Busen ist, der fühlt, ein Rätsel." (Vs. 1286). Das Rätsel fordert den Leser zu einer Stellungnahme heraus und zwingt ihn damit zu einer Entscheidung über das eigene Weltverhalten.

4. Anagramme verwandeln Dinge und Personen in ein „two and two", in ein Zu-Zweit und damit zu einer Doppelheit. In dem Geheimnis der Selbstverdoppelung besteht für die Figuren der Erzählung wie auch für den Leser die Lösung des Rätsels. Denn die Wiederholung oder Verdoppelung bedeutet Existenzerfüllung. Herman Melville findet in seinem Roman *Moby Dick* folgende Formel für ein solches Verhalten: „Do thou, too, live in this world without being of it."[24] Die Marquise begreift sich als ein Wesen der Gesellschaft, insbesondere der Familie, aber sie wehrt sich erfolgreich dagegen, darin aufzugehen und sich selbst zu verlieren.

5. Die Einschreibung von Anagrammen in Namen erlaubt es dem Leser, das eine dialektisch für das andere zu nehmen. Das schafft die Möglichkeit der von Erich Auerbach beschriebenen Figuraldeutung. Sie „stellt einen Zusammenhang zwischen

zwei Geschehnissen oder Personen her, in dem eines von ihnen nicht nur sich selbst, sondern auch das andere bedeutet, das andere dagegen das eine einschließt oder erfüllt".[25]

6. Das Fremdwerden der Dinge durch die Einschreibung von Anagrammen in ihre Namen wird in der Auseinandersetzung mit dem Text für den Leser eventuell zu einem Ort der Entdeckung, der Selbsterkennung oder der ästhetischen Erfahrung.

7. Kleists Neigung zum Spiel mit Anagrammen zeigt sich offen in der Erzählung *Der Findling*. Nicolo entdeckt, daß die ihm bis dahin fremd gebliebene „logographische Eigenschaft seines Namens" ‚Colino' ist. Er benutzt diese Entdeckung, um sich auf betrügerische Weise in die Gestalt des von Elvire verehrten verstorbenen Colino zu verwandeln und dadurch Macht über sie zu gewinnen. Colino rettete Elvire vor dem Feuertod und starb an den dabei erlittenen Wunden.
    In der Erzählung *Die Verlobung in St. Domingo* zeigt sich Vorliebe für Anagrammbildungen unter anderem in der auffälligen Namensverwechselung zwischen ‚August' und ‚Gustav' in den drei Erstdrucken. Gustav von der Ried zerbricht an der Tatsache, daß die Liebe Tonis zu ihm dialektisch in der nach außen gekehrten Gestalt des Verrats verhüllt ist. Die Verblendung oder Verwirrung des Gefühls hindert Gustav an der Erkenntnis der inneren Haltung Tonis. Ihr Verhalten erscheint ihm als Ärgernis, und er tötet sie. Die Inversion des Namens ‚August' zu ‚Gustav' deutet darauf hin, daß der wahre innere Name Gustavs von der Ried ‚August von der Erdi' ist. In dem bürgerlichen Namen verbirgt sich der Appell an die menschliche Berufung. Gustav bleibt aufgerufen, eine Ich-Gebundenheit an die Erde durch die Hingabebereitschaft an das Erhabene, Geistige zu kompensieren.
    Die zusammenhängenden Anagrammbildungen, die sich in der *Marquise von O…* aus den Ortsnamen ergeben, könnten, für sich genommen, als willkürliche Spekulationen erscheinen, wenn sie nicht durch die Sinnformen der Erzählung gedeckt und begründet erschienen. In der *Verlobung in St. Domingo*

treibt Kleist ein ähnliches Spiel mit den Namen Gottfried, Adelbert, Herr Stroemli. Es ergibt sich ein anagrammatischer Text, der die Teilhabe am Göttlichen auf die Freiheit der Sterblichen zurückführt. Tonis Rettungsversuch erscheint im Text als ‚dialektischer Knoten‘, der sich aus den Kategorien Liebe und Verrat zusammensetzt, aus Freiheit in der Gebundenheit. Toni stiftet auf diese Weise Verwirrung. Gustav steht vor einem Rätsel, das er nicht zu lösen vermag. Er irrt sich. Für Kleist liegen Schein und Wesen, Wahrheit und Irrtum eng beieinander. Das eine ist im anderen verborgen. Darauf verweist insgeheim auch der Schluß der Erzählung. Herr Strömli nimmt seinen Wohnsitz in der Gegend des Rigi (‚ir [r]ig‘).

8. Kleists Anagramme machen seine Figuren zu Rätseln. Der Mensch ist von sich selbst ausgeschlossen. In *Gebet des Zoroaster* heißt es: „[…] das Höchste, von Irrtum geblendet, läßt er zur Seite liegen, und wandelt, wie mit Blindheit geschlagen, unter Jämmerlichkeiten und Nichtigkeiten umher." (S. 541) Die Anagramme verweisen den Leser in dialektischer Verhüllung auf dieses Höchste.

9. Die Anagramme bewirken als Formelemente eine geistige Unterfütterung der im Text abgebildeten Realität. Sie bilden eine Synthese zwischen den zeitlichen Bedingungen und dem darin verhüllten Bleibenden. Sie transformieren das Sinnliche ins Geistige. „Der Geist ist" nach Jacob Burckhardt „die Kraft, jedes Zeitliche ideal aufzufassen. Er ist idealer Art, die Dinge in ihrer äußeren Gestalt sind es nicht."[26]

10. Die von Kleist benutzten Abbreviaturen der Ortsnamen haben keineswegs den Charakter des Rätselhaften. Erst die Namen, auf die sie verweisen, bilden einen Zusammenhang, der den spekulativen Blick auf ein anagrammatisches Rätselgefüge freigibt, das möglicherweise eine verborgene Botschaft enthält. Die spekulative Entschlüsselung einer solchen Kernbotschaft erscheint dadurch gerechtfertigt und begründet, daß sie die Problematik der Hauptfigur zusammenfaßt und schlüssig formuliert.

11. Jede Interpretation ist an einen Text gebunden. Diese Bindung darf aber nicht dazu führen, daß sich die Interpretation in einer Umschreibung oder bloßen Verdoppelung des Textes erschöpft. Eine Interpretation hat nach Günter Figal „die Aufgabe, den Text in seiner Verständlichkeit zu erweisen, und dazu muß sie mehr und anderes sein als der Text"[27]. Der Text gibt in seiner Vieldeutigkeit etwas zu verstehen, „das man ohne ihn nicht so artikulieren könnte, wie man es als Interpret artikuliert"[28]. Da Kleist das, was er dem Leser durch seine Erzählung als ästhetische Erfahrung zu vermitteln versucht, als Rätsel und Geheimnis inszeniert, muß der Text auch die Antwort darauf latent enthalten. Ein Rätsel ohne Lösungsmöglichkeit verlöre seinen Rätselcharakter. Kleists an die Figuren gebundene, den Text durchwirkende Gefüge der Anagramme halten die Antwortmöglichkeiten auf das Rätsel für den Leser zur Entscheidung bereit.

12. Die Abbreviaturen und Gedankenstriche des Textes appellieren an das spekulative Vermögen des Lesers. Die Entschlüsselung der Anagramme und die Begründung ihrer ästhetischen Relevanz macht sie zugleich zu Mitteln einer Gegenprobe. Sie untermauern und stützen die Schlüssigkeit des Deutungsversuchs.

13. Die Zitadelle bildet den Ausgangspunkt und das Handlungsfeld der Erzählung. Sie ist als allegorisches Bild zu verstehen, das die Festschreibung der Gesellschaft in ihrem herkömmlichen Beharrungsvermögen zur Darstellung bringt. Dem Kommandanten ist darin die Rolle des Verteidigers und Wächters, besonders aber des Behüters der Familie zugewiesen. Der Name des Kommandanten ist lediglich durch die Abkürzung ‚von G…' angedeutet. Es liegt für den Interpreten nahe, den vollen Namen von der gesellschaftlichen Funktion her, die die Figur ausübt, spekulativ zu erschließen. Der Kommandant ist Italiener. Folglich dürfte ein Begriff der italienischen Sprache sein Verhalten angemessen charakterisieren.
Das italienische Substantiv *guardia* bedeutet Wache, Aufsicht, Wächter, Schutzmann. Das Wort umschreibt alle dem Kom-

mandanten und Vorsteher des Familienverbandes zufallenden Funktionen. Von der Berufsbezeichnung des Sohnes her, eines Försters, italienisch *guardia forestale,* ergibt sich ein assoziativer Hinweis auf die Funktion des Vaters und damit auf den Namen ‚Guardia'. In dem Wort ist als Anagramm der Ausdruck *già dura* (es dauert schon, es dauert bereits an) enthalten. Die Wendung besitzt wie die anderen Anagramme eine rätselhafte Doppeldeutigkeit. Sie potenziert und verstärkt, auf die Figur des Kommandanten bezogen, das gesellschaftliche Beharrungsverhältnis. Sie läßt sich aber zugleich als Verdoppelungsverhältnis oder Wiederholung des vorfindlichen Wirklichkeitszustands verstehen und bedeutet dann die Hervorkehrung des Neuen im Alten. Die in dem Anagramm des Namens ‚Guardia' angelegte Wiederholungsmöglichkeit ist gleichbedeutend mit dem Identitätsverlangen der Marquise.

Der Name der Kommandantenfamilie liefert so einen weiteren Beweis für die ästhetische Leistung der Anagrammbildungsmöglichkeiten im Gestaltungszusammenhang der Erzählung. Im Medium der Namen und der darin verborgenen Anagramme vollzieht sich für den Leser in der nachdenklichen, in die Tiefe des Textes vordringenden Lektüre ein „verhüllendes Entschleiern"[29]. Das heißt, der Text bietet dem Leser die Möglichkeit der ästhetischen Erfahrung. Sie ist für ihn, nach H. R. Jauß, „eine Weise der Erfahrung seiner selbst in der Erfahrung des andern"[30].

14. Die Begegnung mit dem irren Mönch im Julius-Hospital, der glaubt, daß er durch ein Versprechen während der Predigt das Wort Gottes verfälscht habe, vermittelte Kleist wahrscheinlich die aufschließende existentielle Grunderfahrung von der Gebrechlichkeit der Sprache. Die Eindeutigkeit, mit der sie durch ein Zeichensystem das Dasein des Menschen in der Welt „feststellt", erweist sich im letzten als vordergründig und, absolut gesetzt, als Schein und Trug. Die in den Namen der Erzählung versteckten Anagrammbildungsmöglichkeiten verweisen durch ein verhüllendes Entschleiern auf das aller sprachlichen

Festlegung vorausliegende Ganze des Lebens, das nur in der inneren Überschreitung des Äußeren faßbar ist.

Anmerkungen

1   Helmut Sembdner (Hrsg.): *Heinrich von Kleists Lebensspuren. Dokumente und Berichte der Zeitgenossen. Dokumente zu Kleist*, Bd. 1 (Frankfurt am Main: Insel, 1984), Nr. 261; Dora Stock an F. B. Weber, Dresden, 11. April 1808.

2   Ebenda, Nr. 235a; *Der Freimüthige*, 4. und 5. März 1808.

3   Ebenda, Nr. 257; Adam Müller an Friedrich Gentz, Dresden, 10.-14. März 1808.

4   Der Text der Erzählung wird nach folgender Ausgabe zitiert: *Heinrich von Kleist. Sämtliche Werke und Briefe in vier Bänden*, Bd. 3: *Erzählungen, Anekdoten, Gedichte, Schriften*. Herausgegeben von Klaus Müller-Salget. Deutscher Klassiker Verlag (Frankfurt am Main 1990). Die Seitenzahlen in Klammern beziehen sich auf diese Ausgabe.

5   Sören Kierkegaard: *Einübung in Christentum* (Gütersloh: Mohn, 1986), S.129.

6   André Jolles: *Einfache Formen* (Tübingen: Niemeyer, 1982), S.138.

7   Vgl. ebenda, S.144.

8   Sören Kierkegaard: *Der Begriff Angst* (Gütersloh: Mohn, 1991), S.135.

9   Ebenda, S.137.

10   Ebenda, S.133.

11   *Heinrich von Kleist. Sämtliche Werke und Briefe in vier Bänden*, Bd. 4: *Briefe von und an Heinrich von Kleist 1793-1811*. Herausgegeben von Klaus Müller-Salget und Stefan Ormanns. Deutscher Klassiker Verlag (Frankfurt am Main 1997), S. 119; vgl. Ralf Konersmann: *Das Versprechen der Wörter. Kleists erste und letzte Dichtung*, in: *Text + Kritik*. Sonderband Heinrich von Kleist (München 1993), S. 100.

12   Hans Robert Jauß: *Ästhetische Erfahrung und literarische Hermeneutik* (Frankfurt am Main: Suhrkamp, 1982), S.311.

13   Ableitung des Textes aus den Namen Zuerich, Piacenza, Bologna, Verona, Modena: Ir(re) (und) suche – *a piace(re) (un) b(uon) angolo (in) averno (se)nza demone*. Die fehlenden Buchstaben, die zur Vervollständigung des Sinnzusammenhangs aus dem vorliegenden Bestand zu ergänzen sind, stehen in Klammern.

14   Sören Kierkegaard: *Die Wiederholung* (Gütersloh: Mohn, 1991), S. 59; vgl. auch S. 90.

15   Kierkegaard (wie in Anm. 8), S. 157.

16   Vgl. Kierkegaard (wie in Anm. 14), S. 88.

17   Kleist (wie in Anm. 4): „Rechtgefühl, das einer Goldwaage glich" (*Michael*

Kohlhaas, S. 24), „Goldwaage der Empfindung" (*Amphitryon*, Vs. 1396), „Hinweg! – Verwirre das Gefühl mir nicht!" (*Die Hermannsschlacht*, Vs. 2285)

18 Heinz Politzer: *Der Fall der Frau Marquise. Beobachtungen zu Kleists ‚Die Marquise von O. . .'*, in: *Deutsche Vierteljahrsschrift* 51 (1977), S. 109.

19 Kierkegaard (wie in Anm. 8), S. 127.

20 Stefan Orth: *Von der Friedenstaube zum Streitgeier. Die Käfigtüren gehen auf. Paul Ricoeurs Biographie gewährt Einlaß in die Gelehrtenmenagerie*, in: *Frankfurter Allgemeine Zeitung*, Nr. 54, 5.3.1998, S. 11; Sören Kierkegaard: *Die Krankheit zum Tode* (Gütersloh: Mohn, 1978), S. 25.

21 Walter Müller-Seidel: *Die Struktur des Widerspruchs in Kleists ‚Marquise von O. . .'*, in: *Deutsche Vierteljahrsschrift* 28 (1954), S. 497–515.

22 Kierkegaard (wie in Anm. 14), S. 22.

23 Helmut Plessner: *Die Frage nach der Conditio humana. Aufsätze zur philosophischen Anthropologie*, suhrkamp taschenbuch, 361 (Frankfurt am Main: Suhrkamp, 1976), S. 56.

24 Herman Melville: *Moby Dick*, Penguin Popular Classics (London: Penguin, 1994), S. 300.

25 Erich Auerbach: *Mimesis. Dargestellte Wirklichkeit in der abendländischen Literatur*, Sammlung Dalp, 90 (Bern: Francke, 1988), S. 75.

26 Jacob Burckhardt: *Weltgeschichtliche Betrachtungen*, Kröners Taschenbuchausgabe, Bd. 55 (Stuttgart: Kröner, 1955), S. 10.

27 Günter Figal: *Der Sinn des Verstehens. Beiträge zur hermeneutischen Philosophie*, Universal-Bibliothek, Nr. 9492 (Stuttgart: Reclam, 1996), S. 14.

28 Ebenda, S. 15.

29 Vgl. Wolfgang Iser: *Das Fiktive und das Imaginäre. Perspektiven literarischer Anthropologie*, suhrkamp taschenbuch wissenschaft, 1101 (Frankfurt am Main: Suhrkamp, 1993), S. 137.

30 Jauß (wie in Anm. 12), S. 85.

Meike Bohn

KOMMUNIKATIONSPROBLEMATIK IN HEINRICH VON KLEISTS *DIE VERLOBUNG IN ST. DOMINGO.* ZUR VIELFALT DER KOMMUNIKATIONSSTÖRUNGEN

1. Einleitung

„Ach, ich kann Dir nicht beschreiben, wie wohl es mir tut, einmal jemandem, der mich versteht, mein Innerstes zu öffnen." (S. 633)* Im Brief an die Verlobte vom 22. März 1801 äußert Kleist seine Hochschätzung von Verstehen und Kommunikation. Es handelt sich jedoch um einen Krisenbrief, der auf Kleists Auseinandersetzung mit dem eigenen Sein und Bewußtsein Bezug nimmt. Diese Bewußtseinsproblematik – die Ungewißheit, ob „Wahrheit" womöglich nur wahr zu sein *„scheint"* (S. 634) – führte im Zusammenhang mit Kleists Sprachkrise, seinem Leiden darunter, das eigene Ich durch Sprache nicht mitteilen zu können, zu einem Zweifel an der Möglichkeit von Kommunikation überhaupt, wie ja auch das oben genannte Zitat die generelle Schwierigkeit gegenseitiger Verständigung impliziert.

Die Kommunikationsproblematik zieht sich wie ein roter Faden durch das gesamte Werk Kleists.[1] Er selbst hat sich sowohl in seinen Erzählungen wie auch in seiner übrigen Prosa mit ihr auseinandergesetzt, in Briefen wie auch in dem Aufsatz *Über die allmähliche Verfertigung der Gedanken beim Reden,* wo jeder der fünf Abschnitte jeweils andere Verständigungsprobleme zwischen den Figuren exemplarisch abbildet (S. 319–324). Auf diesen Aspekt hin soll nun Kleists Novelle *Die Verlobung in St. Domingo,* die unter diesem Titel 1811 im zweiten Band der *Erzählungen* erschienen ist, untersucht werden.

Aufgezeigt werden die in der Kommunikation auftretenden Störungen; ihnen sind die von Kleist bewußt und sehr subtil konstruierten Gegenbeispiele gegenübergestellt. Dabei sollen die unterschiedlichen Erscheinungsformen von Kommunikation bei Kleist anhand von Beispielen aus jedem Bereich belegt werden. Auf den Aspekt der von Roland Reuß und Thomas Groß für die Kleistschen Texte herausgestellten Selbstreferentialität mit der Betonung von Kommunikationsstörungen auf der Text-Leser-Ebene [2] kann im dritten Teil nur kurz hingewiesen werden. Bei einer umfassenderen Kommunikationsanalyse, die nicht nur die stoffliche Ebene behandelt, wäre er zu berücksichtigen.[3]

2. Gestörte Ordnungen oder die gebrechliche Einrichtung der Welt

Den Hintergrund für die Kommunikationsproblematik bildet die „gestörte Ordnung der Dinge"[4]. Auch in *Die Verlobung in St. Domingo* haben wir es mit einem Umsturz der alten Ordnung zu tun.[5] Gustav benennt das Problem:[6] Paradox mutet dabei jedoch die Vorstellung an, die „göttliche [...] Ordnung" (S. 171) lasse sich durch Unterstützung des Unrechts (wieder) herstellen.[7] Die daraus erwachsende Not der Menschen, vornehmlich Gustavs und Tonis, innerhalb der Erzählung ist vor allem seelische Not: Schwermut, Schmerz und Wut, Bitterkeit, stiller Gram, Erschütterung, Wahn, Entsetzen, Furcht, Verdruß, Wehmut, Angst, Raserei, Verstörung und wildeste Verzweiflung befallen sie. „Alle diese Formen des Außersichseins zeigen an, daß die Kommunikation gerade unter den Menschen, die sich die Nächsten sind, nicht gelingen will. Die gestörte Ordnung", welche sich auf alle Beziehungen innerhalb der geschilderten Welt auswirkt, „bezeugt sich vornehmlich als gestörte Kommunikation."[8]

Kommunikation ist Schrift, Sprache, Körpersprache.[9] Durch sie wird „die Verbindung zwischen der Gesellschaft und der seelischen Welt des Einzelnen hergestellt"[10]. Dabei läßt sich, wie noch zu zeigen sein wird, eine Hierarchie sprachlichen Geschehens in der Erzählung feststellen: Der mündlichen Rede kommt im Vergleich zur schriftlichen Verständigung größere Bedeutung zu, und der physiognomische Ausdruck, die nonverbale Sprache, ist die bedeutungsvollste Kommunikationsart.[11]

Die einzige schriftliche Form sprachlicher Öffentlichkeit ist das „an die Tür geschlagene Mandat" (S. 178). Von Bedeutung ist hier lediglich, daß es ein ‚Verbot' enthält (S. 178), sowie der darauf bezogene Kommentar Tonis, die, in einer paradoxen Formulierung, das Unrecht und den gewaltsamen Umsturz der alten Ordnung andeutend, von der „*Rache* der bestehenden Landesgesetze, die seine *Vernichtung* einmal beschlossen" (S. 178) spricht.

In seinem Brief vom 5. Februar 1801 schreibt Kleist an seine Halbschwester Ulrike: „[…] gern möchte ich Dir alles mitteilen, wenn es möglich wäre. Aber es ist nicht möglich, und wenn es auch kein weiteres Hindernis gäbe, als dieses, daß es uns an einem Mittel zur Mitteilung fehlt. Selbst das einzige, das wir besitzen, die Sprache taugt nicht dazu, sie kann die Seele nicht malen, und was sie uns gibt sind nur zerrissene Bruchstücke. Daher habe ich jedesmal eine Empfindung, wie ein Grauen, wenn ich jemandem mein Innerstes aufdecken soll; nicht eben weil es sich vor der Blöße scheut, aber weil ich ihm nicht *alles* [sic] zeigen kann, nicht *kann* [sic], und daher fürchten muß, aus den Bruchstücken falsch verstanden zu werden." (S. 626) Wiederholt hat Kleist der Sprache mißtraut, was sich in Sprachskepsis manifestiert. In der Sprache kommt zudem „die Erschütterung eines metaphysisch begründeten Weltbildes zum Ausdruck"[12]. Nicht gelingende mündliche Kommunikation findet sich häufig, sie scheint in der hier zu behandelnden Erzählung zu dominieren.

Zahlreich sind die Lügen und Behauptungen in der *Verlobung*: So behauptet Gustav, Toni habe erklärt, er finde in dem Hause seine Rettung (was sie nicht ausdrücklich gesagt hat)[13] – und er behauptet, sie wünsche, daß sich ihr Zukünftiger „häuslich" mit ihr „niederlasse" (was sie bis dahin auch noch nicht geäußert hat).[14] Er spricht von „Tränen", deren er sich „nicht enthalten kann", doch der Erzähler konstatiert keineswegs, daß Gustav weint oder schon geweint habe beim Anblick Tonis.[15] Der Leser wird hierüber also im unklaren gelassen.[16] Massiv springt auch jene im Konjunktiv II stehende Aussage Gustavs über die Heiratsfähigkeit vierzehnjähriger Mädchen in der *Schweiz* ins Auge, welche aber kein allgemeingültiges Sprichwort verkörpert, wie er es darstellt, sondern nur eine Behauptung Gustavs ist.[17]

In einem viel stärkeren Maße finden sich solche entstellenden Übertreibungen, Behauptungen und Lügen, Gustav gegenüber, bei Babekan, die damit ja, kühl kalkulierend, ihr Ziel, den Fremden im Hause gefangenzuhalten, ohne daß seine Familie ihm beistehen kann, verfolgt,[18] doch ebenso im Hinblick auf Toni.[19] Entsprechend verstört sind auf ein solches täuschendes Verhalten oft die Reaktionen des Gegenübers, dessen seelische Not deutlich wird; sogar der Sprecher selbst ist verstört.[20]

Scheinheilig und verfehlt sind auch die Bekenntnisse zu christlichen Werten: Ihre Formelhaftigkeit kann keine für ein Gespräch notwendige Vertrauensbasis schaffen, da sie zu oft zur Täuschung des Gegenübers eingesetzt wurden.[21]

Als eine weitere Gruppe täuschender Sprachäußerungen fallen Schwüre, Eide und Gelübde in der *Verlobung* auf: Toni schwört bzw. gelobt zweimal, Gustav, Herr Strömli und Herr Bertrand je einmal. Diese Gebärden sind „ein Mittel des gegenseitigen Sich-Versicherns bzw. der Bekräftigung der von den Figuren gefaßten Entschlüsse [...] Die Hoffnung der Figuren, sich durch Gelübde gegen widrige Umstände zu versichern", wird jedoch nicht erfüllt, da nicht allein ihre Entschlußkraft, sondern auch „dem Einflußbereich der Figuren enthobene Handlungen" hierfür entscheidend sind.[22] Gleich zu Beginn der *Verlobung* wird von Babekan auf den trügerischen Charakter eines Schwures hingewiesen.[23] Hinzu kommt, daß auch dem Jawort, das die Eltern zu einer Verlobung geben, nicht zu trauen ist: Gustav stellt in seiner Mariane-Erzählung das Jawort seiner Geliebten, Mariane Congreve, der „vorläufigen" Zustimmung von deren Mutter gegenüber, worüber er – auch dies eine spezifisch Kleistsche Formulierung – „glücklich genug" ist. Dies bedeutet gerade ni c h t, daß er es ist;[24] dahinter verbirgt sich vielmehr die „Tiefe einer gemeinen und elenden Wirklichkeit" (vgl. S. 184).

Bereits an diesen Beispielen ist deutlich geworden, wie sehr Sprache der Täuschung und Verstellung dienen kann. Kleist thematisiert so die Instrumentalisierung von Sprache.

Äußerst aufschlußreich im Hinblick auf die gestörte Verständigung zwischen den verschiedenen Gesprächspartnern sind Fragen von kategorialer Wichtigkeit, die unbeantwortet bleiben oder denen geschickt ausgewichen wird: Diese betreffen vor allem – auch dies ein Hinweis auf die implizite Bewußtseinsproblematik des Textes – die Identität der beiden Hauptfiguren. So erhält Gustav bei der ersten Begegnung mit Toni auf seine Frage: „Wer bist Du?" (S. 165) keine Antwort.[25] Toni ergeht es ähnlich, als sie „den Fremden" fragt: „wer er denn wäre? wo er herkäme und wo er hinginge? worauf dieser [...] erwiderte: daß er [...]. vom Fort Dauphin käme" (S. 169); zwei ihrer drei Fragen nach seiner Identität bleiben also unbeantwortet. Ebensowenig gibt Gustav dem Neger Congo Hoango auf diese Fragen eine Antwort:[26] Schließlich ist es Babekan, die für ihn antwortet, und wiederum bleibt eine der entscheidenden Fragen, nämlich „wohin er reise?", unbeantwortet.[27] Dies verweist auf ein Orientierungsproblem. So bemerkt Groß: „Die eigene Orientierungslosigkeit [Kleists] findet einen prägnanten Ausdruck in einem Vers im Brief vom 1. Februar 1802"[28]: „Ich komme, ich weiß nicht, von wo? Ich bin, ich weiß nicht, was? Ich fahre, ich weiß nicht, wohin? Mich wundert, daß ich so fröhlich bin.'" (S. 717)

So wie Babekan für den Fremden antwortet, antwortet sie auch für ihre Tochter, was darauf hindeutet, daß sie ihr – der noch Unmündigen – keine Eigenständigkeit zugesteht: „Der Fremde fragte sie [Toni]: wie alt sie wäre? und wie ihre Vaterstadt hieße? worauf *die Mutter* das Wort nahm und ihm sagte ‚daß Toni vor funfzehn Jahren [...] in Paris [...] geboren worden wäre.'" (S. 168)[29]

Ausweichende Antworten gibt vor allem Babekan: Auf Tonis erste Frage im Wohnzimmer, ob sich der Fremde erholt habe, entgegnet sie nichts, aus der zweiten, ob er sich von der Nichtexistenz von *Gift und Dolch* überzeugt habe, greift sie das Wort „überzeugt" (S. 167) auf und erwidert, er habe sich erst von „dem *Volksstamm*", dem die Bewohner des Hauses angehören, überzeugen müssen (S. 168). Auch im Umgang mit Gustav ist sie Meisterin der Ablenkung. Dies geschieht jedesmal, wenn er sie um etwas bittet, und zwar im ganzen drei Mal.[30] Die dritte dieser Stellen zeigt gewaltsam abgeschnittene Rede; Babekan fällt ihm ins Wort, ohne daß der Leser erfährt, wie Gustavs Frage lautete: „aber wird man der Familie [...] nicht wenigstens einen Boten zusenden müssen, der sie – ?", und indirekt antwortet sie: „Es wird alles besorgt werden'" (S. 180), was durchaus mehrdeutig zu verstehen ist. Ein Mißlingen des Gesprächs zwischen Babekan und Gustav liegt auch vor, wenn jene ihn auf seine Frage: „Wie? sagte der Fremde betroffen: der General Dessalines –" mit einem Verbot unterbricht: „„Fragt nicht!"" (S. 179).

Babekans Ablenkungstechnik wird, quasi im Gegenzug, in der zweiten Hälfte der Erzählung dann auch von Toni zur vermeintlichen Rettung Gustavs eingesetzt: Das Gespräch wird von ihr bewußt abgelenkt und verwirrt (S. 183) und somit Verständigung unmöglich gemacht. „Lügenhaft[em]" wie Babekan verhält sich Toni, als sie dem Fremden zu reden verbietet und gleichzeitig von sich selbst nichts preisgibt: „doch auf die erste Frage antwortete Toni nicht, und auf die andere versetzte sie [...]: [...] kein Wort!" (S. 181)

Auch der Einsatz rhetorischer bzw. uneigentlicher Fragen verweist teilweise auf Störungen im Umgang miteinander: Besonders deutlich wird dies bei Congo Hoango, als dieser auf Tonis Frage „Was gibts?" rhetorisch antwortet „Was es gibt?" und sie, statt die Verständigung zu suchen, bei der Brust faßt und in Gustavs Zimmer schleift (S. 185). Ebenso kann die nach Tonis Bitte „sagt ihm – !" erfolgende Erkundigung Herrn Strömlis: „Was sollen *wir* ihm sagen?" als rhetorisch aufgefaßt werden, da „der Tod ihr die Sprache raubte" (S. 192).

Ein weiteres Merkmal der sprachlichen Kommunikation ist der Aspekt der Herrschaft. Es ist an die Gewaltausübung gekoppelt und setzt sich in der Hierarchie nach unten wie folgt fort: Congo Hoango nimmt bei den Schwarzen die höchste Machtposition ein. Dementsprechend wird vom Erzähler seine Kommunikationsweise geschildert: Von seinen Befehlen ist fünfmal die Rede, des weiteren zweimal davon, wie er, statt sein Gegenüber um etwas zu bitten, es zu etwas auffordert.[31] Dieser für eine Verständigung kontraproduktive Befehlston bestimmt auch die Kommunikation zwischen der unter Hoango stehenden Babekan und ihrer Tochter Toni: Einmal „fordert [...]" jene das Mädchen „auf", etwas zu tun, und fünfmal befiehlt sie ihr etwas.[32] In dem Verhalten Tonis gegenüber dem jüngeren Nanky setzt sich dieser Umgangston schließlich fort.[33] Nicht vergessen werden darf, daß auch auf der Gegenseite vom Befehlen die Rede ist.[34] Zum selben semantischen Umfeld ist die Wortgruppe „angewiesen werden" zu rechnen, die, anfangs in Zusammenhang mit Congo Hoango auftretend, auf Nanky übergeht.[35] Zudem muß hier bereits auf die nonverbalen Zeichen vorgegriffen werden, die in diesen Prozeß eingebunden sind: Anstatt den Knaben mit Namen zu rufen, was ihm eine menschenwürdigere Identität zugestanden hätte, wird er von Babekan durch Klopfen herbeizitiert.[36]

Die nicht auf gleichberechtigtem Austausch beruhende ‚Verständigung' wird hierbei offengelegt. Es wird deutlich, daß Sprache in der Erzählung der Ausübung von Gewalt und Herrschaft dient.[37]

3. Nonverbale Kommunikation

Die Zeichen des physiognomischen Ausdrucks gliedern sich in paralinguistische, mimische, gestische und proxemische. Sie verweisen auf etwas und erzeugen Bedeutung im Hinblick auf Kommunikation.[38]

Der Grund für die bereits erwähnte Bedeutung des nonverbalen Ausdrucks innerhalb der Kommunikation ist darin zu sehen, daß dieses Zeichensystem „einen Bereich des Seelenlebens erschließt, auf den es in Kleists dichterischer Welt" vor allem „ankommt".[39]

Ich gebe einen Überblick über die in *Die Verlobung in St. Domingo* vorkommenden physiognomischen Zeichen, die anhand von Beispielen analysiert werden. Es bestätigt sich die Vermutung, daß auch sie auf eine gestörte Kommunikation hinweisen und für die handelnden Figuren kein verläßliches Verständigungsmittel darstellen.[40]

Paralinguistische Zeichen sind in der *Verlobung* Seufzen, Lachen, Weinen, Stammeln, Lispeln, Röcheln, Flüstern (sowie das „leise" Sprechen und das Sprechen „mit gedämpfter Stimme"), die sprachersetzenden Ausrufe „Ach!" und „Oh!" sowie andere transitorische stimmliche Merkmale – wie etwa „atemlos", „bebend", „die Stimme senkend", „mit einem [...] Laut des Schmerzes". Auch sie sind keinesfalls verläßlicher Ausdruck des Unbewußten, wie Babekans unechter, laut geäußerter „Abscheu" (S. 170) über Gustavs Erzählung bezeugt.[41] Andererseits ist es ihr „Ingrimm", der, als ein erstes Mißlingen ihrer Verstellung, bei ihrer „Äußerung"

voll „scheinbare[r] Milde" gegenüber Toni „heimlich hervorbrach"
(S. 178); nicht immer also läßt sich das Unbewußte unterdrücken,
oft genug scheint es verräterisch durch.
Als ein Beispiel für Störungen während des Sprechaktes ist das
Lispeln Tonis zu Beginn ihres vertraulichen Gespräches mit Gustav
zu nennen (S. 172).

Zur Mimik gehören hier vor allem Erröten, Erbleichen, Lächeln,
die „glühenden und bebenden Lippen", das „blühende Antlitz",
der Ausdruck des Erstaunens sowie die stark ausgeprägte Blick-
dramaturgie.[42]
Besonders Blicke sind für den Bereich des Seelenlebens und als
unmittelbarer Ausdruck von Menschlichkeit entscheidend. Kleist
hält wohl den „Blick" für geeigneter als die Sprache, „die Seele [zu]
malen" (vgl. S. 626). Dementsprechend offenbart der Blick von allen Zeichen noch am ehesten, was die Menschen bewegt. Er wird
nur wenige Male zur Verstellung gebraucht. Vor allem in Tonis
Blicken kann man lesen wie in einem offenen Buch.[43] Nachdem sie
sich schmerzlich bewußt geworden ist, daß sie sich durch Blicke
Babekan verraten hat (S. 177),[44] sieht sie sich gezwungen, den direkten Blickkontakt zu meiden,[45] um bei ihrer Strategie zu Gustavs
Rettung den Anschein ihrer Zugehörigkeit zur Partei Congo Hoangos zu wahren.[46] Interessant ist hierbei, daß der Text im Gegenzug betont, wie Babekan versucht, mit ihrem Blick die Wahrheit zu
ergründen.[47]
Es gibt neben den das Seelenvolle bezeichnenden Blicken auch
lügenhafte Blicke. Sie stehen für Heuchelei und bezeugen im Ex-
tremfall einen Verrat am Gemüt.[48] Es überwiegt jedoch die Seelen-
haftigkeit in den Blicken: Zweimal handelt es sich um Blicke, die
fast nicht geschildert werden können.[49] Der Augenausdruck ist
nicht nur ein Spiegel des Gemüts, er erregt es auch: Blicke sind es,
die Mitleid auslösen, während Worte es nur heucheln.[50] Am Ende
kann jedoch Gustav genausowenig wie zuvor Babekan die Wahrheit ‚durchblicken'. Galt der Blick anfangs noch als Garant für ab-
solutes Vertrauen (z. B. S. 168), war es nicht zuletzt das Spiel der
Augen, das Vertrauen auslöste (z. B. S. 172), verstellt nun der Blick
die Tatsachen.[51] So wird auch der Blick, jener Ersatz für Sprache

und Symbol im Kunst- und Weltverständnis Kleists,[52] relativiert und in Frage gestellt. Gerade er führt am Ende die tragische Verwicklung herbei: Beim „*Anblick*" Tonis wird Gustav zum Mörder (S. 192).

Gesten sind in der *Verlobung* besonders zahlreich. Sie illustrieren oder ersetzen die Rede. Gesten, die in der Erzählung eine sprachersetzende Funktion haben, sind das Kopfschütteln, das Nicken, das Sich-an-den-Kopf-Greifen, das Reichen und Ergreifen der Hand, das Winken, das Umarmen, das Streicheln, der Kuß, das Fesseln, das Haare-Raufen, das Arme-in-die-Seiten-Stemmen, das Fuß-Aufstampfen, das Klopfen mit dem Stock, das Niederknien, das Sich-Setzen, das Aufstehen und das Sich-im-Bett-Aufrichten.

Auf die Ambiguität der Gestik der Hände und der Gebärde des Kusses ist in der Forschung bereits mehrfach hingewiesen worden: „Vertrauensbeweis und Medium der Gewalt, Liebes- und Judaskuß sind nicht unterscheidbar."[53] Insgesamt wird die Gebärdensprache durch ihren Mißbrauch in ein Zwielicht gerückt.[54]

Auch die Gebärde des Niederkniens wird mehrdeutig verwendet. Einerseits tritt sie als Ausdruck großer seelischer Bewegtheit auf, als Äußerungsform seelenvollen Verhaltens: so bei Tonis Gebet um Mut für ein Geständnis gegenüber Gustav (S. 183). Als Toni vor Gustav „niederkniet" (S. 172), um ihm ein Fußbad zu bereiten, erscheint die Geste des Niederkniens zunächst zwar als rein pragmatische Handlung, doch entdeckt Gustav bei dieser Gelegenheit Tonis Grazie.[55] Toni setzt darüber hinaus diese Geste zur Täuschung Babekans ein, indem sie, „auf den Knieen" liegend (S. 179), die Mutter um Vergebung bittet (S. 178), um sie in Sicherheit zu wiegen. Dieses Verhalten „zeigt nur die gesteigerte Seelennot an, in die sich hier ein Mensch gedrängt sieht"[56].

Proxemisch sind alle Bewegungen im Raum. Von größter Bedeutung sind in der *Verlobung* das Herabstürzen, Eilen, (Durch-die-Hintertür-)Schleichen, das Ans-Fenster-Treten sowie das Sich-Umwenden. Derartige Positionswechsel lassen sich besonders bei Gustav und Toni beobachten.

Zwei von der Forschung bisher wenig beachtete proxemische Gebärden sind eindeutig Zeichen seelischer Bewegtheit: Gustavs

Ans-Fenster-Treten und Tonis Sich-Umdrehen.[57] Nachdem Gustav voll Abscheu die Geschichte jenes ‚niederträchtigen Verrates' (S. 171) des Mädchens „vom Stamm der Negern" (S. 170) erzählt und voll Leidenschaft und Empörung darüber, daß „[d]ie Rache des Himmels [...] dadurch entwaffnet" würde (S. 171), sich erhoben hat, heißt es: „Er trat bei diesen Worten auf einen Augenblick an das Fenster, und sah in die Nacht hinaus, die mit stürmischen Wolken über den Mond und die Sterne vorüber zog" (S. 171). Indem er den Gesprächspartnern den Rücken zukehrt, wird jede Kommunikation abgeschnitten; das Aus-dem-Fenster-Schauen signalisiert, daß Gustav sich in der Enge des Hauses nicht wohlfühlt und den Kontakt nach draußen als heimliche Zuflucht sucht. Ebenso stürmisch wie in der wolkenreichen Nacht sieht es in diesem Moment in seinem Inneren aus. Im Zusammenhang mit dem viermaligen Ans-Fenster-Treten stehen jeweils die negativ bestimmten Gefühle Gustavs: Hier steigt infolge seiner Abkehr von den Frauen ein großes Mißtrauen in ihm auf,[58] automatisch überkommt ihn „ein widerwärtiges und verdrießliches Gefühl" (S. 171).[59] Die nächste diesbezügliche Stelle spricht Gustavs inständiges, angstvolles Sich-hinaus- bzw. Sich-zurück-Sehnen noch deutlicher an: Der „Offizier, der sich in das Fenster gelehnt hatte" (S. 171), spürt ein beklemmendes Gefühl in seinem Herzen, als er erkennt, daß er sich im Zimmer eines Toten, des vormaligen, weißen Besitzers der „Pflanzung", befindet.[60] Diesmal sind es allerdings vor allem Rührung und Wehmut, die ihn überkommen, womöglich auch Reue. Als er zuletzt ans Fenster tritt, ist dies zugleich seine letzte Bewegung im Raum überhaupt. Wieder ist er innerlich sehr bewegt, und wieder bleibt dies den anderen handelnden Figuren verborgen, was dazu führt, daß diese Kommunikationsstörung tragisch endet.[61]

Charakteristisch ist, analog dazu, Tonis Geste des Dem-Gesprächspartner-den-Rücken-Zuwendens. Sie tut dies meist im Zusammenhang mit ihrem oben beschriebenen verborgenen Blick, benutzt die Geste also als Mittel der Verstellung. Gleichzeitig und vor allem drückt diese Abkehr, wie bei Gustav, Schmerz und Abweisung, den Abbruch der Kommunikation aus.[62] Toni setzt diese Geste auch einmal in einem anderen Zusammenhang ein, und zwar an jener Stelle, als Babekan, gemäß dem „Plan", den „sie mit dem Fremden [...] vorhabe", Gustav belügt mit der Absicht, ihm etwas „vorzuspiegeln" (S. 176): „und damit befahl sie [Babekan] Toni, die, dem Fremden den Rücken zukehrend, vor den Spiegel getreten war [...]" (S. 180). Hier ist das Vor-den-Spiegel-Treten auf das vorher genannte „vorspiegeln" zu beziehen: Toni setzt, da es ihr nicht möglich ist, in Gegenwart ihrer bereits Mißtrauen schöpfenden Mutter die Wahrheit zu *sagen*, die Zeichensprache ein, um Gustav zu warnen, und bildet so körperhaft ab, was folgen wird: daß ihm dies alles nur vorgespiegelt werde.[63] Gustav sieht sie zwar im Spiegel, erkennt sie, ihr Wesen und die im Haus bestehenden Verhältnisse jedoch nicht.[64] Die Hoffnung auf die Zuverlässigkeit der Gebärde als konstantes Orientierungsmuster, die von allen Kommunikationspartnern verstanden wird, erfüllt sich somit nicht.[65]

Weitere, auf Störungen hinweisende Körperreaktionen sind Ohnmachten, Sprachlosigkeit und Taubheit.[66] Sprachlosigkeit tritt vor allem bei Congo Hoango in Erscheinung. Obwohl er den Gesprächspartner hören kann, zieht er es vor, keine nähere Erläuterung seines Handelns zu geben; er sucht nicht die sprachliche Verständigung. Am deutlichsten ist dies, als er auf Strömlis Aufforderung, sich zu ergeben, „statt aller Antwort" auf den Sprechenden schießt.[67] Hoangos Griff zur Waffe tritt an die Stelle der Sprache. Am häufigsten sind Sprachlosigkeit und Schweigen jedoch bei Toni: Allein in der ersten Hälfte der Erzählung bleibt sie Antworten fünfmal schuldig und zieht eine nonverbale ‚Sprache' vor.[68] Ihre Sprachlosigkeit wird schließlich durch den Tod, „der ihr die Sprache raubte", endgültig: „Aber sie konnte nicht reden [...]" (S. 193). Auch Gustav schweigt einige Male, wenn er seine Angst oder große innere Bewegtheit nicht offenbaren will, handelt dabei jedoch nicht so impulsiv wie Toni.[69] Die nonverbale Ausdrucksweise ist deutlich zurückgenommen.

Taubheit wird im Zusammenhang mit Gustav, aber auch mit Toni erwähnt und verweist auf die Unfähigkeit beider zur Kommunikation. Angebliche Taubheit bezeichnet Höhepunkte der Kommunikationsstörung, wo sie stets mit Sprachlosigkeit gekoppelt ist, z.B. als die weinende Toni „auf Gustavs Worte *nicht hörte*" und ihm daher „auf alles, was er vorbrachte" auch „*nicht antwortete*", so daß ihm „zuletzt [...] nichts übrig [blieb], als sie, ohne weitere Rücksprache [...] wie eine Leblose [...] in ihre Kammer" zu tragen (S. 176). Die von Taubheit betroffenen Personen sind in ihrem Leid isoliert, zu groß ist das Gefühl des Schmerzes, der Reue bzw. der Wut und Enttäuschung. Gustav seinerseits scheint abgestumpft gegen die Reize der Umwelt zu sein, taub und für die anderen unerreichbar, sobald er gefesselt erwacht und, Tonis Handeln mißverstehend, sich verraten glaubt.[70] Um sich, die Hoffnungslosigkeit seines zerstörten Glaubens nach seiner Befreiung mitzuteilen, wählt er die nonverbale Sprache,[71] die von den Jünglingen jedoch nicht erwidert bzw. falsch gedeutet wird (s. u.). „Gustav!" donnern sie ihm „in die Ohren" und „ob er nichts höre?" (S. 193), doch er reagiert nicht, *erst auf ihre körperliche Berührung* hin erwacht er.[72]

Daß von allen Seiten wichtige nonverbale Zeichen übersehen oder falsch gedeutet werden, führt in eine Katastrophe. Das Normensystem der Gesprächspartner, sich ihrer gegenseitig zu versichern, ist dabei verschieden: Toni, die stärker den Bereich des Gefühls verkörpert, vertraut auf seelenvolle, jedoch wortlose Zeichen wie den Kuß auf die Lippen als stummen Eidschwur. Gustav, der eher den Verstandesmenschen repräsentiert, verläßt sich bei der Verständigung auf das gesprochene Wort.[73] Zwar besteht „keine Frage, daß das Seelenvolle im sprachlosen Geschehen überwiegt"[74], aber dies gilt, wie die Analyse ergab, vor allem für Toni. Daß *sie* es ist, aus der die Seele und das Gefühl noch unmittelbar sprechen, und daß diese stärker sind als die Macht des vernunftgesteuerten Willens, läßt sich nicht zuletzt daran ablesen, daß Toni körperliche, gefühlsbestimmte Regungen *nicht* unterdrücken kann,[75] während dies anderen Figuren der Erzählung durchaus gelingt.[76] Tonis Gefühlsbestimmtheit zeigt insgesamt ihr großes Vertrauen, das sie anderen entgegenbringt; sie offenbart ihnen unverstellt ihre Gefühle, ohne sich vor einer Antwort lange zu besinnen.[77] „Toni wird vom Erzähler immer wieder als nur körperlich reagierend dargestellt",[78] sowohl auf Gustavs als auch auf ihrer Mutter Worte. Gustavs Rettungsversuche hingegen „funktionieren verbal",[79] und da Tonis Antworten für ihn deshalb meistenteils unbefriedigend, widersprüchlich und undurchschaubar sind, verunsichern sie ihn.[80] Hier drückt sich der bei Kleist ständig latente Gegensatz von Körper und Geist bzw. von Verstand und Gefühl aus.[81] Gustav handelt in Gefahr verstandesgeleitet,[82] wobei er sich der Sprache bedient. Er ist von seinen Gedanken gelenkt, doch seine Wahrnehmung bleibt unvollkommen.

Die Kommunikation zwischen Toni und Gustav ist somit brüchig. Beide gelangen mit ihren Äußerungsformen zu keiner Gewißheit, sie bleiben über den jeweils anderen im unklaren. Daß bei Gustav vor allem die Sprache dominiert und bei Toni das Nonverbale, erzeugt erst ihre Mißverständnisse und Kommunikationsstörungen. Das Weinen Tonis nach der Vereinigungsszene (S. 175) ist das typische unmittelbare, „wahrhafte" Gefühl, ein Weinen aus Reue,[83] das Reinigung bringt. Gustav gelingt es dabei nicht, im Umgang mit ihr wirklich auf sie einzugehen: Er spricht *nur* von sich selbst, versucht, *sich* und *seine* Wünsche mitzuteilen,[84] anstatt sie einfach zu fragen, *warum sie* denn weine.[85] Eine Entsprechung dieses Mißverstehens findet sich im Dialog zwischen den Jünglingen und Gustav, als dieser die nonverbale Sprache wählt (S. 192): Sie reden auf ihn ein, ohne sich in seine subjektive Perspektive hineinzuversetzen, sie teilen ihm alles von sich selbst mit, ohne den Standpunkt ihres Gegenübers zu beachten. Auch wenn er nicht weint – wie Toni –, sondern, auffällig genug, einfach nicht spricht, mitverursacht genau dieses Nichtverstehen des anderen die Katastrophe: Die Jünglinge und auch Herr Strömli (der ihnen ja Verhaltensanweisungen gab) sind insofern mitschuld am Tod der beiden, als sie kein Wort über den Grund für Gustavs Fesselung verlieren, seinen Zustand von Traurigkeit nicht wahrnehmen bzw. diesen „im Wahn, daß ihn eine Ohnmacht anwandle" (S. 192), falsch deuten. Anstatt nonverbal auf ihn einzugehen und ihn teilnahmsvoll nach dem Grund seines Schweigens zu fragen (wie vormals Toni, s. u.), wollen sie ihm „einen Trunk Wasser herbei[zu]holen" (S. 192).

In der letztendlichen Katastrophe offenbart sich erneut ein allgemeines Mißverstehen der Körpersprache.[86] Aus Zeitmangel und um Mißverständnisse zu vermeiden, wählt Toni nicht die verbale Verständigung, sondern drückt „einen Kuß auf die Lippen zum Zeichen ihrer gemeinsamen Liebe"[87]. Aus jenem Fesselungsakt erwächst dann das folgenschwere Mißverständnis. In der Folge fällt übrigens auch bei Gustav die Sprache als Kommunikationsmittel aus, und zwar gänzlich, und er will Toni nun auf dieselbe Weise verletzen, wie sie ihn verletzt zu haben schien, nämlich nonverbal.[88] Am Ende erkennt er immerhin das Mißverständnis:[89] „Gewiß! [...] ich hätte dir nicht mißtrauen sollen; denn du warst mir durch einen Eidschwur verlobt, *obschon wir keine Worte darüber gewechselt hatten!*" (S. 193)[90] Die wortlose Vereinigung, der Wechsel der Seelen (s. u.) hätte die beiderseitige Vertrauensbasis sein müssen. Das Ungesagte gilt mehr als die Rede.[91]

In den entscheidenden Momenten der Handlung werden so die Zeichen der Körpersprache falsch gedeutet, ob von Toni, die bei Gustavs Fesselung dessen Sträuben und Rühren nicht weiter beachtet,[92] oder von Gustav, der weder ihr Weinen noch den Kuß auf seine Lippen oder ihre Gebärde des Den-Rücken-Zukehrens auszulegen weiß, oder ob von den Jünglingen bzw. Herrn Strömli, die Gustavs Schweigen und sein späteres Ans-Fenster-Treten nicht als etwas Auffälliges bemerken.

4. Gegenmodelle zu gestörter Kommunikation

Einige Kleistsche Gegenentwürfe zur gestörten Kommunikation lassen sich in der *Verlobung* ausmachen, wenn diese auch, da äußerst subtil, dem ersten Blick entgehen. Wichtig für das Gelingen von Kommunikation ist bekanntlich immer „eine Atmosphäre des Vertrauens"[93]. Des weiteren ist „elementarer Bestandteil von Kommunikation, daß diese in allen ihren Teilen immer auf ein Ganzes reflektiert und die Kommunikationspartner weder selbstbezogen noch selbstlos einander gegenübertreten dürfen, so daß tatsächlich Verständigung als eine ‚Verwandlung ins Gemeinsame' begreifbar wird, ‚in dem man nicht bleibt, was man war'". Kommunikation betont „die Gemeinschaftlichkeit und einen sichernden, gefestigten Zusammenhalt der in ihr Vereinigten". Es gebe ein „ereignishaftes Zugleich von Geben und Nehmen", worin „der Zwischenbereich des Dialogs" eröffnet werde.[94]

Auf der Ebene des Schriftverkehrs ist jene Einladung zu nennen, die Kommunikation ermöglicht.[95] Neben jenem dem öffentlichen Bereich zuzuordnenden Mandat findet sich in der *Verlobung* eine schriftliche Mitteilung im privaten Bereich in Form eines Briefes.

Für diese Einladung, die „durch die Bezugnahme auf den Adressaten dessen Relevanz und gleichberechtigte Hochschätzung"[96] anzeigt, ist charakteristisch, daß die Erwiderung „und die damit verbundene Anerkennung [...] nur auf Freiwilligkeit beruhen" können.[97] Der für den Verlauf der Handlung im Vergleich zu dem Mandat weitaus wichtigere Brief ist hier als vertrauensvolles Schreiben anzusehen, das wiederum Vertrauen erzeugen soll.[98]

Das Gespräch von Angesicht zu Angesicht hat bei Kleist nach dem Erlebnis seiner sogenannten Kantkrise einen hohen Wert.[99] Es hilft ihm aus seiner Bewußtseinskrise heraus, weg von der reflexiven Selbstversicherung, und ersetzt zusammen mit Kunst und Glauben den zunächst von ihm verfolgten Zweck des Erwerbs von „Wahrheit und Bildung" (S. 633). Selbstbewußtsein entsteht nun aus geglückter Kommunikation. Zeichen von Kleists Reife finden sich später in seiner Auffassung, Person und Reflexion seien auf Kommunikation angewiesen. Nur Vertrautheit ermögliche wahres Verstehen, indem eine Überwindung von selbstbezogener Subjektivität durch die kommunikative Intersubjektivität, durch das Sich-in-andere-Hineinversetzen, erreicht werde.[100] Welch hohen Rang das Gespräch bei Kleist einnimmt, läßt sich unter anderem auch daran erkennen, daß z.B. der für Kleists Poetik zentrale Aufsatz *Über das Marionettentheater* in der Form eines Gesprächs dargeboten wird.[101]

Außer den zahlreichen Störungen gibt es in der Erzählung auch Gesprächsmomente, die das Gelingen von Kommunikation repräsentieren. Im Bereich der Mündlichkeit zum Beispiel sind die von Toni und Gustav wiederholt geäußerten Bitten positiv zu werten; sie stehen im Gegensatz zu dem von anderen Figuren gebrauchten Befehlston. Gustav und Toni sind die einzigen, die die Fähigkeit, bitten zu können, besitzen.[102]

Gelungene zwischenmenschliche Verständigung *vollzieht sich zunächst vor allem* in rein körperlicher Form; das beste Beispiel findet sich an jener Stelle, an der Toni sich dem Fremden allein, unter vier Augen, ohne Babekan, mitteilt. Indem sie sich errötend „an seine Brust" legt und ihm so seine Fragen nach ihrem Gattenwunsch (und damit nach ihrer Zugehörigkeit) endgültig beantwortet, vertraut sie sich ihm an; „wie durch göttliche Hand von jeder

Sorge erlöst" umarmt Gustav sie daraufhin (S. 173): „Die Gedanken, die ihn beunruhigt hatten, wichen, wie ein Heer schauerlicher
Vögel, von ihm; er schalt sich, ihr Herz nur einen Augenblick verkannt zu haben, und während er sie auf seinen Knien schaukelte,
und den süßen Atem einsog, den sie ihm heraufsandte, drückte er,
gleichsam zum Zeichen der Aussöhnung und Vergebung, einen
Kuß auf ihre Stirn." (S. 173)[103] In dieser Atmosphäre intimster Pri-
vatheit teilt Gustav nun dem Mädchen wiederum, auf dessen Frage
hin, die Geschichte der Mariane mit. Kleist zeigt, wie die beiden
hier Distanz überwinden und in allergrößter Nähe zu einer Einheit
finden: Sie „mischte[n] ihre Tränen" miteinander (S. 175).[104]

Die große Bedeutung dieser Stelle wird auch dadurch deutlich,
daß Toni später, als sie den Schweizern gegenübersteht, noch einmal ausdrücklich darauf Bezug nimmt.[105] Dieser zwischenmenschliche Austausch, geschildert nicht als körperlicher Liebesakt, sondern als Aus- und Zwiesprache, wird zum Anlaß, nun „Tod und
Leben" für den Geliebten zu wagen. Das von Toni als gleichberechtigt empfundene „Gespräch" von Angesicht zu Angesicht[106]
löst so die enorme innere Entwicklung aus, die das Mädchen in der
zweiten Hälfte der Erzählung nimmt.

Der Umgang zwischen Toni und Gustav gelingt in diesem Moment und steht im Gegensatz zu den Gesprächen beider mit Babekan.

Bei Tonis Begegnung mit der Schweizer Familie fällt auf, daß sie
den Männern „alles erzählt" (S. 188) und sich damit von der oben
geschilderten negativen Kommunikation abgrenzt, bei der immer
jemand etwas verschweigt. Indem Toni sich den anderen gegenüber
öffnet, wobei sie auch ihre Gefühlsregungen nicht unterdrückt,[107]
wird hier ein offenes Gespräch geschildert. Auch ist es in diesem
zweiten bedeutenden ‚Gespräch' nicht als negativ zu bewerten,
wenn Toni „die Begrüßungen" Herrn Strömlis „unterbricht"
(S. 188); sie tut es nur, weil keine Zeit zu verlieren ist. Handeln,
nicht Reden tut not. Ein Hinweis auf die positive Entwicklung Tonis ist auch darin zu sehen, daß sie es „mit fester Stimme" tut
(S. 188); sie (re)agiert selbstbewußt und nicht wie vorher passiv und
mit Lispeln, also mit einem Sprachfehler.[108]

Ein wesenhafter Bestandteil gelingender Kommunikation ist die

„Seele".[109] Zur Erweiterung des Verständnisses der Kleistschen Verwendung dieses Begriffs trägt eine Stelle aus *Die Marquise von O...* bei: Als der Graf F... Julietta in ihrer Wohnung wiederbegegnet, heißt es: „wobei er einen glühenden Kuß auf ihre Brust drückte [...] So überzeugt, sagte er, Julietta, als ob ich allwissend wäre, als ob meine Seele in deiner Brust wohnte" (S. 129). Dieser Wunsch, die eigene Seele möge in der Brust des anderen wohnen, hat in der Wirklichkeit keine Entsprechung, findet sich jedoch als poetisches Bild auch in der *Verlobung*. Hier ist in dem wortlosen Zusammensein der Liebenden ein durch die „Atemwende"[110] bedingter „Seelentausch" als Form gelungener Kommunikation anzusehen.[111] Dies ist wiederum der Tatsache gegenüberzustellen, daß die den verstörten Bereich repräsentierenden weiblichen Figuren Brustkranke sind: sowohl die schwindsüchtige Babekan als auch jene Pestkranke, „die den Tod in der Brust trägt" (S. 170),[112] und schließlich die „krank[e]" „Mutter" der Reisegesellschaft, die ihren „Säugling" nicht selbst stillt – eine Magd gibt ihm die „Brust" – und „erschöpft" in Ohnmacht fällt (S. 187 f.).

Bedeutung erlangt auch die zweimalige Charakterisierung des Atems als „süß". Das Wort kommt in der gesamten Erzählung nur an diesen beiden Stellen vor und steht in Opposition zu der vielfach belegten Charakterisierung gestörter Ordnungen als „bitter".[113]

Aus diesem und dem Vorherigen ergibt sich, daß ein wahrer Austausch vor allem nonverbal gelingt. So gewinnen auch der Blick und der nonverbale Körperkontakt am Schluß ihre Macht, Kommunikation zu erzeugen, zurück, nachdem sie einen Moment lang Gustav noch dazu dienten, sich im Leiden auf sich selbst zu besinnen: „Gustav *legte die Hände vor sein Gesicht*. Oh! rief er, *ohne aufzusehen*, und meinte, die Erde versänke unter seinen Füßen: ist das, was ihr mir sagt, wahr? Er *legte seine Arme um ihren Leib* und *sah ihr mit jammervoll zerrissenem Herzen ins Gesicht*." (S. 193)[114] Indem Toni, ihn an den vorausgegangenen Austausch der Seelen erinnernd, „ihre Seele aus[haucht]" (S. 193), behält die Körpersprache in der Kommunikation der Liebenden die Oberhand.

Es lassen sich also überall auf der stofflichen Ebene gestörte Ordnungen ausmachen. Die Beziehungen werden als eine Folge davon über weite Strecken von Mißtrauen und Erbitterung dominiert.[115] Jedoch gibt es auch eine überstoffliche, selbstreferentielle Ebene[116] – die Kommunikation mit dem Leser, auf der bei Kleist die Beziehung von Inhalt und Bild wichtig wird.[117]

Vor diesem Hintergrund läßt sich die These aufstellen, Kleist habe die gestörten Ordnungen auch im System der Zeichen selbst abbilden wollen. Dafür verwendete er eine äußerst komplizierte Technik der Interpunktion.[118] Betrachtet man allein die An- und Abführungszeichen, so läßt sich fast durchgängig „ein [...] Verstoß gegen die Regeln der Zeichensetzung"[119] ausmachen. Im Text taucht sowohl die direkte Rede mit An- und Abführungszeichen auf als auch die direkte Rede ohne An- und Abführungszeichen, aber auch direkte Rede entweder nur mit Anführungs- oder nur mit Abführungszeichen; und diesen drei Varianten entsprechen drei in der indirekten Rede. Diese Besonderheit wurde bisher vor allem für ein Mittel gehalten, „den Vortrag des Geschriebenen zu regeln", was jedoch „zu kurz greift".[120] Eine ausführliche Analyse der Zeichensetzung in der *Verlobung* ergab, daß sich hinter dieser außer dem von Reuß angenommenen noch ein zweites System verbirgt.[121] Es fällt nämlich auf, daß die obigen sechs Varianten der Zeichensetzung bei Kleist einander abwechseln. Im System der Zeichensetzung läßt Kleist keine Kontinuität zu, es folgt ganz dem Prinzip der Unordnung: Nie kann der Leser auf der Ebene der Interpunktion eine „gleichberechtigte", d.h. gleichwertige Form der Kommunikation erkennen. Steht eine Frage in der direkten Rede, jedoch ohne An- und Abführungszeichen, folgt etwa eine indirekte Rede mit Anführungszeichen oder eine direkte Rede nur mit Abführungszeichen. So stehen im Anfangsdialog zwischen Gustav und Babekan alle Äußerungen des Fremden in wörtlicher Rede mit korrekt gesetzten Anführungszeichen. Babekans Repliken hingegen stehen einmal in korrekt interpungierter indirekter Rede ohne An- bzw. Abführungszeichen, ein anderes Mal in direkter Rede mit An-, aber ohne Abführungszeichen (BKA, S. 11 f.).[122] Solch mangelnde Kongruenz zieht sich durch die gesamte Erzählung und bezeugt, daß Kleist in die Sprache auch auf dieser rein formalen Ebene kein Vertrauen hat.

Nun gibt es aber auch auf dieser Kommunikationsebene der

Schriftzeichen ein Beispiel für gelingende Kommunikation,[123] es ist zugleich das letzte ‚Gespräch‘ in der Erzählung überhaupt: Gemeint ist der Schlußdialog zwischen Congo Hoango und Herrn Strömli.[124] Diese Stelle ist in der Tat die *einzige* auf 85 Seiten (in der Reußschen Ausgabe, deren Seitenzahl mit dem Bucherstdruck der Erzählung von 1811 identisch ist), in der „gleichberechtigt" wörtliche Rede auf wörtliche Rede folgt und die Zeichensetzung, die freilich um 1800 noch nicht festgelegt war, gleichsam ‚regelgerecht‘ erfolgt.[125] Im Unterschied zu den oben beschriebenen Kommunikationsproblemen zwischen Hoango und Herrn Strömli gelingt hier die Verständigung; das erweist sich auch auf der stofflichen Ebene: Die Familie Strömli erreicht, „ohne verfolgt zu werden" (S. 194)[126], „glücklich genug" (S. 195), wie es heißt, „Sainte Lüze", und hier entläßt Herr Strömli „die beiden Negerknaben, *seinem Versprechen gemäß*" (S. 195),[127] die er als Geiseln zu seiner und seiner Familie Sicherheit bis dorthin mitgenommen hatte, was seinem einmal gegebenen Wort seine Autorität zurückgibt und nun endlich auf eine gewisse Verläßlichkeit von Kommunikation schließen läßt.[128]

Vor dem für ihn relevanten philosophischen Hintergrund seiner Zeit repräsentiert Kleist „herausragend [...] die Krise der Subjektivität".[129] Eng verwoben mit der Kommunikationsproblematik, ist es in der *Verlobung* die des Bewußtseins und der eigenen Identität, was sich auch in der Sprache manifestiert. So haben wir es sowohl in bezug auf Gustav wie auf Toni mit stark ausgeprägten Identitätskrisen oder -problemen zu tun, die jedoch, was einen weiteren Lichtblick darstellt, im Text in gewisser Hinsicht überwunden werden. Toni hat es nicht leicht, sich in der Welt der gestörten Ordnungen zurechtzufinden; als „Mestize" steht sie zwischen den Fronten der Schwarzen und der Weißen. Für sie bildet sich am Ende jedoch so etwas wie eine Identität heraus; sie „stellt" sich „auf [die] Seite" der Weißen (S. 191) und löst so ihr Problem der Rassenzugehörigkeit. Dies vollzieht sich im rein stofflichen Handlungsbereich; besonders aber im Verhältnis zwischen Rezipient und Text erlangt dieses Identifikationsproblem Bedeutung.[130]
    Bei Gustav treten andererseits, analog zu seiner inneren Krise,

auf der Ebene der Kommunikation zwischen Text und Leser ebenfalls Probleme auf, und zwar im Zusammenhang mit seinem Namen. Reuß zufolge dienen auch Eigennamen als ein Mittel der „Darstellung inkommunikativer Verhältnisse", und sie seien „in Kleists Werk von außerordentlicher Bedeutung".[131] Auch in der *Verlobung*, in bezug auf Gustav, erzeugt der Erzähler Mißtrauen beim Leser, und zwar in einem solchen Grade, daß dieser sich bis zum Ende der Erzählung über Gustavs Identität nie ganz sicher sein kann. Das Erzählmedium führt Gustav merkwürdigerweise als „den Fremden" ein und bezeichnet ihn in der Folge über siebzig Mal als „Fremden", sechsmal als „Vetter", fünfmal als „Officier", fünfmal als „Jüngling", dreimal als „Flüchtling" und jeweils einmal als „einzelne[n] Mann", „Herr[n]', „Ärmster" und „Mörder". Ganz plötzlich, vom Zeitpunkt der Fesselung an, als er allen 'Glauben' an Toni verloren hat[132] und damit, in Reuß' Lesart, allen Glauben an die Kunst, die von der Figur der Toni allegorisierend verkörpert wird, heißt er jedoch – einmal bei Herrn Strömli und dreimal beim Erzähler – insgesamt viermal hintereinander „August"[133]. Schließlich, nach seinem Mord an Toni in einem Zustand der Besinnungslosigkeit, wird er – bei dem Versuch, ihn „ins Bewußtsein seiner selbst und seiner Tat zurückzurufen"[134] – *zuerst von den Jünglingen* „Gustav" genannt und gleich darauf noch achtmal vom Erzähler.

Gustav selbst kann (allegorisch) als Vertreter des oben erwähnten krisenhaften Subjekts betrachtet werden. Während sich seine Krise auf der Stoffebene nur tragisch löst, löst sich das Identitätsproblem[135] für den Leser zumindest teilweise auf.

Erst am Ende erlangen wir also durch den Erzähler Gewißheit darüber, daß nun auch Gustav über den Umweg seines Spiegelbildes August (die Namen „Gustav" und „August" stehen in einem anagrammatischen Verhältnis zueinander) – tatsächlich der im Text zuvor dreimal in der Figurenrede so genannte Gustav ist, indem er ihn nun nur noch „Gustav" und nicht mehr „der Fremde" oder „der Officier" nennt.

Die Kommunikation mit dem Leser kann daher, wie gezeigt wurde, als nachhaltig gestört bezeichnet werden, bis zu eben jenem Zeitpunkt – *auf den letzten drei Seiten* der Erzählung (S. 193–195) –,[136] als der Leser über Gustavs Wesen und wahre Identität, welche in seinem Namen ausgedrückt werden,[137] Aufschluß und Bestätigung erhält. Erst am Schluß, gleichsam im Angesicht des Todes, hat Gustav zu seiner Identität gefunden. Dies blieb in der Forschung bisher unberücksichtigt.

5. Schluß

Ausgehend vom Zustand einer vielfach gestörten, gebrechlichen Welt in Kleists Erzählung, wurde eine Hierarchie beschrieben, in welcher der Oberbegriff „Kommunikation" – im Sinne von „sprachlichem Handeln" – die drei Hauptebenen Schrift, gesprochene Sprache und Körpersprache umfaßt.

Pfeiffer nennt als Hauptmerkmal der Kleistschen Texte, daß diese „die Aporien einer widersprüchlich und undurchschaubar gewordenen Welt" aufzeigten.[138] Dieser These ist auch mit Blick auf *Die Verlobung in St. Domingo* und den darin enthaltenen Kommunikationsaspekten zuzustimmen, sie muß allerdings, wie die in dieser Arbeit vorgenommene Analyse nahelegt, dahingehend korrigiert werden, daß Kleist in seinem Text durchaus Versuche, wenngleich zaghafte und versteckte, unternimmt, der Obsession von der Undurchschaubarkeit der Welt auch entgegenzutreten. Im ersten Teil der Arbeit ist deutlich geworden, daß auf der Ebene der Sprache sowohl der Erzähler den Leser täuscht als auch die Figuren sich untereinander. Sprache wird von ihnen bewußt als Mittel für ihre eigennützigen Ziele eingesetzt, und die Kommunikation weist auf dem Hintergrund der überall vorherrschenden Zerrüttung ständig Störungen auf.

Auch erweist sich für den nonverbalen Bereich der Kommunikation, daß Sprachlosigkeit und Körpersprache auf keinen Fall mit dem Unbewußten identisch sind, sondern ebenso Verstellungszwecken dienen. Dies ist aber nicht immer möglich; vor allem die mimische Körpersprache erweist sich als verräterisch: Toni scheint sich z.B. ihres ihr innerstes Gefühl verratenden Blicks sehr wohl bewußt zu sein, denn nach ihrer ersten großen Bestürzung (S. 178) vermeidet sie in Gefahrensituationen den Blickkontakt mit den ihr mißtrauenden Protagonisten von der Seite der Schwarzen.

Schließlich stehen sich bei der Verständigung zwischen Toni und Gustav die personenspezifischen Ausdruckssysteme „sprachliche Zeichen" und „nonverbale Zeichen" mit allen Mißverständnissen, die sie produzieren, geradezu unversöhnlich gegenüber. Auf dieser Grundlage kann Kommunikation nicht funktionieren. Dennoch, trotz aller Unklarheiten, Doppeldeutigkeiten, Paradoxa und Widersprüche, fordert Toni am Ende von Gustav – und analog der Text vom Leser – Vertrauen, das bedingungslose Sich-Öffnen als einzigen Zugang zu wahrhaftiger, gelingender Kommunikation. Dabei kommt es zu wechselseitiger Offenbarung, zu einem Austausch der Seelen, die bei Kleist zugleich das Innerste, Wesentliche des Menschen ausmachen. Dieses Wesen findet sich auch in den Namen allegorisierend ausgedrückt, wobei es „der Fremde" ist, dem auf der Erzählerebene Identität erst ganz zuletzt zugestanden wird.

Festgestellt wurde schließlich auch, daß, auf der visuellen Ebene, die Zeichensetzung diese Kommunikationsthematik abbildet und jene nicht nur, wie mehrfach behauptet, eine „Hilfsfunktion für den Vortrag" darstellt. Sie zielt vielmehr darauf ab, die Störungen im Austausch der Figuren zu verdeutlichen und die Kommunikation zwischen Text und Rezipienten zu stören.

Anmerkungen

* Die im Text hinter den Kleist-Zitaten stehenden Seitenangaben beziehen sich auf die folgende Ausgabe: *Heinrich von Kleist. Sämtliche Werke und Briefe.* Herausgegeben von Helmut Sembdner. Zweiter Band. 9., vermehrte und revidierte Auflage. München: Carl Hanser Verlag, 1993. In den Zitaten *kursiv* gedruckte Textteile sind, sofern nicht anders bezeichnet, Hervorhebungen der Autorin.

1 Vgl. Thomas Groß: *". . . grade wie im Gespräch . . .". Die Selbstreferentialität der Texte Heinrich von Kleists,* Würzburg 1995, S. 25: „Als unumstößliches Resultat der bisherigen Forschungsbemühungen kann gelten, daß für Kleists Dichtung die Sprach- und Kommunikations- sowie die Bewußtseinsproblematik von größter Bedeutung sind."

2 Groß (wie in Anm. 1), S. 22: „Der Text ist selbstreferentiell, indem er den Ort seines Wahrgenommenwerdens, das dialogische Gespräch mit ihm, in sich reflektiert [. . .] Für poetische Texte ist folglich das kommunikative Verhältnis

zwischen ihnen und ihrer Rezeption ebenso konstitutiv wie ihr besonderer
Charakter, in sich selbst kommunikativ zu sein."

3 Vgl. Groß (wie in Anm. 1) sowie Roland Reuß: „Die Verlobung in St. Domingo" – eine Einführung in Kleists Erzählen, in: Berliner Kleist-Blätter 1
(1988), S. 3–45.

4 Walter Müller-Seidel: Nachwort zu Heinrich von Kleist. Sämtliche Erzählungen und andere Prosa, Stuttgart 1997, S. 358. – Der Ausdruck vom „Umsturz
der Ordnung der Dinge" taucht bei Kleist übrigens nicht nur in seinen Erzählungen auf, sondern – immer in bezug auf die Französische Revolution –
auch in seinen Briefen und sog. kleinen Schriften (vgl. z. B. Über die allmähliche Verfertigung der Gedanken beim Reden, S. 321; an Otto August Rühle
von Lilienstern, Ende November 1805, S. 761).

5 Schon der erste Satz zeigt den in einem Paradox formulierten Zustand der gestörten Ordnung an: „als die Schwarzen die Weißen ermordeten" (S. 161). Es
herrscht ein scheinbar unüberwindbarer Rassenkrieg, der wiederum mittelbar
mit der Französischen Revolution zusammenhängt. Als ein weiteres Beispiel
für den Zustand der Zerrüttung in der Verlobung sind die vorhandenen Familienstrukturen zu nennen: „Das Ausmaß familiärer Unordnung" in der
Verlobung ist „verwirrend, fast beunruhigend" (Joachim Pfeiffer: Die zerbro-
chenen Bilder. Gestörte Ordnungen im Werk Heinrich von Kleists, Würzburg
1989, S. 38). Alles in allem sind „Kleists Familienbilder [...] durchsetzt von
Widersprüchen. [...] Weder die Kunst noch die Kindheit wird bei Kleist in einen Bereich der Unversehrtheit gerettet." Schon die Kindheit ist in der Verlobung „eingebunden in Entfremdungsprozesse, die das Subjekt von sich
selbst entfernen oder es in eine tödliche Dialektik zwingen" (ebenda, S. 86).

6 „Die Rache des Himmels, meinte er, indem er sich mit einem leidenschaftlichen Ausdruck erhob, würde dadurch entwaffnet: die Engel selbst, dadurch
empört, stellten sich auf Seiten derer, die Unrecht hätten, und nähmen, zur
Aufrechthaltung menschlicher und göttlicher Ordnung, ihre Sache!" (S. 171)

7 Für die Herstellung einer wahrhaften Ordnung der Dinge ist es negativ, daß
der Himmel, analog zu den Gesetzen des Landes (vgl. S. 178), der menschlichen Gesellschaft (vgl. deren einzelne Mitglieder Hoango, Babekan oder die
Kreolen, Gustav), keine Gerechtigkeit kennt, nur Rache. Von Anfang an erscheint durch diese kritisch gemeinte Stelle bezeugt, daß Kleist weder Vertrauen in menschliche, juristische noch in göttliche Instanzen hatte. Dies ist
jedoch lediglich in Gustavs Figurenrede ausgedrückt.

8 Müller-Seidel (wie in Anm. 4), S. 368.

9 Vgl. ebenda, S. 370.

10 Ebenda, S. 368.

11 Vgl. ebenda, S. 370–377.

12 Pfeiffer (wie in Anm. 5), S. 29.

13 „Wer wohnt in diesem Hause, in welchem ich, wie du vorgibst, meine Rettung finden soll?" (S. 163)

14 „Fehlt es ihm denn an Vermögen, um sich häuslich, wie du es wünschest, mit

dir niederzulassen?'" (S. 172). Eine weitere Behauptung liegt vor, als er festzustellen vorgibt, Babekan – nach ihrer „ganzen Gesichtsbildung eine Mulat-
tin" – sei „mithin afrikanischen Ursprungs" (S. 165), was dann freilich nicht
stimmen kann.

15 Gustav: „[...] die schrecklichen und rührenden Umstände, unter denen ich
sie verlor, werden mir, wenn ich dich ansehe, so gegenwärtig, daß ich mich vor
Wehmut der Tränen nicht enthalten kann.'" (S. 174)

16 Eine ähnliche Stelle findet sich S. 166, als Gustavs Worte, die eine mitfühlen-
de Reaktion enthalten („ – Ihr Unglücklichen! sagte der Fremde; ihr Bejam-
mernswürdigen! -"), vom Erzählmedium durch nichts unterstrichen werden;
lediglich die hier befremdlich wirkenden Gedankenstriche mag man als
‚Kommentar' ansehen; auch ist von „sagen" und nicht, wie man erwarten
könnte, von „rufen" die Rede, so daß der Leser an der Echtheit von Gustavs
Gefühlsschilderung zweifeln darf. Daß Gustav dabei genau wie Babekan in
jenem Gespräch nur seinen eigenen Vorteil, nämlich „nicht ergriffen [...] zu
werden" (S. 165), sucht, spiegelt seine anschließende Frage wider: „Und wo
befindet sich in diesem Augenblick der Wüterich?" (S. 166) Vgl. Babekans
Verhalten: „Ei, mein Himmel!' rief die Alte [...] unter mitleidigem Kopfschütteln [...] ‚Wo befindet sich denn in diesem Augenblick Eure Reisegesellschaft?'" (S. 164) Auch sie heuchelt Mitleid nur, um gleich darauf ihre ei-
gentlichen Interessen zu verfolgen, nämlich sich „der Reisegesellschaft [...] zu
bemächtigen" (S. 176).

17 „Der Fremde [...] sagte: ‚in seinem Vaterland wäre, nach einem daselbst herrschenden Sprichwort, ein Mädchen von vierzehn Jahren und sieben Wochen
bejahrt genug, um zu heiraten.'" (S. 172) In seinem Kommentar bemerkt Helmut Sembdner zu dieser Stelle, Kleist beziehe sich hier auf eine *Fabel* des aus
Sachsen stammenden Gellert (S. 905). Bekannter ist indessen ein Sprichwort,
das sich auf den im 18. Jahrhundert entstehenden Backfischbegriff bezieht.
Ein ‚Backfisch' war ein Mädchen an der Schwelle zum reiferen Frauenalter,
nicht mehr Mädchen und noch nicht Frau: „Vierzehn Jahr und sieben Wochen / ist der Backfisch ausgekrochen; / siebzehn Jahr und Wochen drei / ist
die Backfischzeit vorbei!" Gustav verfälscht hier dieses Sprichwort, um mit
Toni über das Heiraten reden zu können. Und selbst wenn er sich auf eine Fabel bezöge, so münzte er diese in ein landesweit ‚herrschendes' Sprichwort um
mit dem Ziel, seine Behauptung durch Berufung auf etwas Allgemeingültiges
zu beglaubigen. Toni selbst mit ihren fünfzehn Jahren bezeichnet sich als
„noch zu jung" zum Heiraten (S. 172). Erneut verfährt Kleist so, daß er dem
Leser zwei entgegengesetzte Meinungen vorstellt, ohne durch einen Er-
zählerkommentar aufzuklären.

18 Beispielsweise gleich zu Beginn, als sie ihm „unter dem Vorwand, daß sie den
Schlüssel nicht sogleich finden könne" (S. 162), nicht selbst öffnet; ähnlich
S. 165: „Ja, diese rasende Erbitterung', heuchelte die Alte." Ebenso geheuchelt, nur vom Erzähler nicht ausdrücklich gekennzeichnet, ist die Ausbrei-
tung ihres bereits ausgearbeiteten Plans: „„Die Straße ist voll von einzelnen

178

Negertrupps, die [...] uns anmelden, daß sich der General Dessalines mit seinem Heer in diese Gegend wenden werde.'" (S. 179) Oder S. 181: Sie „[...] traf [...] mehrere, die Sicherheit des Fremden, *wie sie sagte*, abzweckende Veranstaltungen" und „verschloß [...] aus Vorsicht, *wie sie sagte*, des Fremden Zimmer" (S. 183). Hier handelt es sich um eine jener Kleistschen Formulierungen, mit denen der Erzähler eine Behauptung als Lüge ausstellt und die er auch verwendet, um Gustavs und Herrn Strömlis eigennützige Pläne zu kennzeichnen; vgl.: „hing er [Gustav] es ihr, als ein Brautgeschenk, *wie er es nannte*, um den Hals" (S. 175); „Er [Herr Strömli] ermunterte den Diener [...] die Kugel, die, *wie er meinte*, in dem Brustknochen stecken müsse, *auszuziehen*" (S. 194).

19 Hoango gegenüber behauptet sie, Toni sei „eine Verräterin [...] Wenigstens sei die Spitzbübin [...] heimlich beim Einbruch der Nacht in sein Bette geschlichen" (S. 184). *In* Gustavs Bett befindet sich Toni zu diesem Zeitpunkt indessen nicht, es heißt vielmehr, sie „trat *vor* sein Bett" (S. 183) bzw. „kniete [...] an seinem Bette nieder" (S. 184), und *verraten*, also Gustav die Wahrheit über die Machenschaften der Hausbewohner entdeckt, hat sie bis zu diesem Moment auch nichts, obschon sie dies beabsichtigte.

20 Babekans Lügen machen Gustav „betroffen" (S. 179), dann erfaßt ihn ein „Wirbel von Unruhe" (S. 180); Toni ist nach der scheinbaren Nachgiebigkeit Babekans („Wohlan [...] so mag der Fremde reisen!", S. 177) aufs äußerste bestürzt, Babekan ihrerseits „verstört" (S. 178), und Toni, an anderer Stelle, „stürzte" nach „alle[n] diese[n] lügenhaften Anstalten" angstvoll und „eilig [...] herab" (S. 181).

21 So etwa Babekans Ausrufe „Ei, mein Himmel!'" (S. 164) und „Beim Himmel!'" (S. 165). Vgl. hierzu Stephanie Marx: *Beispiele des Beispiellosen. Heinrich von Kleists Erzählungen ohne Moral*, Würzburg 1994, S. 32 f.

22 Vgl. ebenda, S. 34 f.

23 Womit auf die Brüchigkeit der Justiz, die sich auf Schwüre verläßt, hingedeutet wird: Hier handelt es sich um den Meineid des Herrn Bertrand, der seine Vaterschaft verleugnete (S. 169).

24 „[...] und war glücklich genug gewesen, ihr Jawort und vorläufig auch ihrer Mutter Zustimmung zu erhalten." (S. 174) Vgl. diese Formulierung auch an den anderen Stellen, z. B. ebenda: „[...] in Ermangelung meiner, der glücklich genug gewesen war, sich in die Vorstadt zu retten [...]" (mit der Betonung auf „sich"; vollends geglückt ist es ihm also nicht, er hätte gemeinsam mit seiner Braut fliehen, sie aber wenigstens warnen müssen). – S. 191: „Inzwischen waren [die Jünglinge] [...] in das Zimmer ihres Vetters Gustav geeilt, und waren glücklich genug gewesen, die beiden Schwarzen, die diesen bewachten, nach einem hartnäckigen Widerstand zu überwältigen"; wenngleich hier der Sinn der Formulierung nicht ganz klar ist. – S. 195: „Herr Strömli war glücklich genug, mit seiner Frau und seinen Kindern, fünf Tage darauf, Sainte Lüze zu erreichen" (der Akzent liegt hier auf dem Einschub „mit [...] Frau und [...] Kindern", ausgeschlossen bleiben: ‚aber nicht mit Gustav und Toni' [wie be-

absichtigt] oder ‚aber nicht mit der Dienerschaft'), doch ist auch diese Stelle nicht ganz klar. – Alles in allem erhält das Wort „glücklich" in den angeführten Zusammenhängen eine eher relativierende, einschränkende Bedeutung, Ironie, Zweifel an der Glücksvermutung schwingen mit.

25 Eine Antwort darauf findet sich erst Seiten später, als sie Babekan und Congo gegenüber erklärt, sie sei „eine Weiße", dem Fremden „verlobt" und *keine* Verräterin, sondern sie stehe in dem „offenen Krieg" auf der Gegenseite, und dafür sei sie (nur) Gott allein verantwortlich (S. 191).

26 „Der Neger [...] fragte den Fremden: wer er sei? woher er komme und wohin er reise? Doch da dieser [...] nichts hervorbrachte [...] – so nahm die Mutter das Wort und bedeutete ihm, daß er ein Schweizer sei, namens Gustav von der Ried, und daß er von dem Küstenplatz Fort Dauphin komme" (S. 186). – Die anfängliche Frage Babekans nach der Identität Gustavs – „,Wer seid ihr?'" (S. 164) bleibt zwar nicht unbeantwortet, doch seinen Namen nennt er erst ganz zuletzt. Die hierarchisch auffaßbare Reihenfolge seiner Antworten lautet: Er sei „Offizier", *kein* Franzose und „Gustav von der Ried" (ebenda). Auf das mit seinem Namen verbundene Identitätsproblem werde ich weiter unten zu sprechen kommen.

27 Darüber hinaus ist das Personalpronomen in „bedeutete ihm" (S. 186; vgl. Anm. 26) doppeldeutig und erzeugt beim Leser zusätzlich Verwirrung. – Unbeantwortet bleibt schließlich auch Gustavs wohl mehr an sich selbst gerichtete Frage: „Oh! [...] ist das [...] wahr?" (S. 193)

28 Groß (wie in Anm. 1), S. 62.

29 Als die beiden, Toni und Gustav, allein sind, stellt ‚der Fremde' ihr noch einmal die Frage nach ihrem Alter (S. 172). Er stellt sie berechnend – denn die Antwort kennt er bereits –, fest die ‚Prüfung', ob Toni ausschließlich einen Weißen heiraten würde, im Auge. – Bevormundung liegt hingegen nicht vor, wenn Herr Strömli in der Sterbeszene S. 193 „das Wort" nimmt und für Toni antwortet, nachdem man lange „vergebens auf eine Antwort von ihr gehofft hatte".

30 „Habt die Gefälligkeit", bittet er Babekan; sie hingegen erwidert, auf ein zuvor von ihm angesprochenes anderes Thema ausweichend, „Ja, diese rasende Erbitterung'" (S. 165). Ähnlich S. 179: „[...] und [Gustav] bat, indem er der Alten den Zettel übergab: daß man [...] für die Gesellschaft [...] Sorge tragen möchte"; Babekan legt den Zettel beiseite und ‚antwortet' mit einer Gegenbitte: „,Herr, wir müssen Euch bitten [...]'" Erst „auf die *wiederholte inständige* Erinnerung desselben" (S. 180) erfüllt sie seine Bitte. – Umgekehrt antwortet Gustav auf Babekans erste Frage („wer da sei?") mit einer Gegenfrage („,seid Ihr eine Negerin?" [S. 162]).

31 Vgl. die Formulierungen: „[...] er forderte [...] [die Frauen] [...] auf, an diesem grimmigen Kriege [...] Anteil zu nehmen" (S. 161); er „forderte [Toni] auf, ihm den übereilten Verdacht, den er ihr geäußert, zu vergeben" (S. 186). Die anderen sollten möglichst nach seinem „ausdrückliche[n] Gebot" oder „seinem Befehl gemäß" (S. 178) handeln; zweimal wird ausdrücklich gesagt,

daß er „den Seinigen" (S. 184) bzw. Babekan „befahl" (S. 186), etwas zu tun; ebenso S. 190: „mit der Wiederholung dieses Befehls".

32 Vgl. die Formulierungen: „befahl ihr, auf den Hof hinab zu gehen" (S. 162); „befahl dem Mädchen, in die Küche zu gehen" (S. 164); „forderte den Fremden auf, ihr zu folgen" und „nachdem sie Toni noch befohlen hatte [...] ein Fußbad zu bereiten" (S. 171); „forderte die Tochter auf, sie [...] zu unterstützen" (S. 176); „und damit befahl sie Toni [...] einen Korb [...] aufzunehmen" (S. 180); „befahl Toni, die Fensterladen zu verschließen" (S. 181); „und befahl dem Mädchen gleichfalls, zu Bette zu gehen" (S. 183).

33 Jedoch nur in abgeschwächter Form und nur einmal ganz am Anfang: Toni „befahl dem Knaben" (S. 163).

34 Als Adelbert und Gottfried „auf Befehl des Vaters" in Gustavs Zimmer eilen (S. 191).

35 Herr Guillaume „wies" dem in der Hierarchie unter ihm stehenden Freien „Haus und Hof" an (S. 160); später, als Congo Hoango alleiniger Besitzer der Niederlassung ist, eilt Nanky, als er „einen einzelnen Mann auf der [...] Treppe des Hauses stehen sah: [...] sogleich, wie er in solchen Fällen angewiesen war, nach dem Hoftor" (S. 162 f.).

36 „,Fragt nicht!' unterbrach ihn die Alte, indem sie mit einem Stock dreimal auf den Fußboden klopfte" (S. 179), „während, *durch ihr Klopfen gerufen*, der Bastardknabe [...] hereinkam" (S. 180); „rufen" ist hier durch ein nichtstimmliches Signal ersetzt, das einen kritischen Unterton erzeugt. Eine natürliche Mutter-Kind-Beziehung besteht zwischen Babekan und Nanky bzw. Toni nicht: Diese werden, zu blindem Gehorsam erzogen, als Mordwerkzeuge mißbraucht. Der Leser soll sich ‚entsetzen'.

37 Es besteht eine Hierarchie der Befehlsarten; der sprachlich gegebene Befehl dominiert, zumindest bei den Schwarzen, den gestisch vermittelten. Vgl. S. 190: Das Winken Congo Hoangos „mit einem Schnupftuch" kann die durch Herrn Strömlis Begleiter bedrängten Schwarzen nur „ein wenig" beruhigen, aber erst „den *Worten*" eines „förmlichen Botschafters" – eines zu ihnen geschickten Gefangenen – *müssen* sie „Folge leisten" und sich „in ihre Ställe" zurückziehen. Betont wird die Macht der Sprache, selbst wenn die Befehlsempfänger nichts „von der Sache begr[ei]fen".

38 Vgl. Erika Fischer-Lichte: *Semiotik des Theaters. Eine Einführung*, Tübingen 1994, Bd. 1, S. 32–93.

39 Müller-Seidel (wie in Anm. 4), S. 372.

40 Zur Bedeutung der Physiognomik vgl. Theodor Scheufele: *Die theatralische Physiognomie der Dramen Kleists. Untersuchungen zum Problem des Theatralischen im Drama*, Meisenheim am Glan 1975 (*Deutsche Studien*, Bd. 24), S. 96–124; Walter Müller-Seidel: *Versehen und Erkennen. Eine Studie über Heinrich von Kleist*, Köln – Graz ²1967, S. 71–74.

41 An dieser Stelle stellt der Erzähler den Abscheu Babekans als objektiv und wahr dar, es liegt also ein Täuschungsversuch seitens des Erzählers vor. Das irritiert den Leser, und er wird mißtrauisch; vgl.: „Der Offizier, während die

Alte mit lauten Worten ihren Abscheu hierüber *zu erkennen* gab, fragte Toni [...]" (S.170).

42 Ausdrücke aus dem semantischen Umfeld des Blickens finden sich praktisch auf jeder Seite der Novelle.

43 Vgl.: „indem sie verwirrt vor sich niedersah" (S. 170); „ins Auge sehen können, so wie ich es jetzt kann" (S. 168) – das Auge drückt Tonis tiefstes Inneres, ihre Seele, aus; „Toni, welche *sichtbar* bemerkte, daß sich seine Heiterkeit zerstreut hatte, nahm ihn freundlich und teilnehmend bei der Hand" (S. 173) – dies ist der deutlichste Hinweis: Für einen Außenstehenden ist, wegen ihrer bestürzten und teilnahmsvollen Reaktion, aus ihrem Gesicht *ersichtlich*, was sie wahrnimmt. Das „sichtbar" bezieht sich hier nicht auf Gustav. „Die Alte, während sie den sonderbaren Ausdruck des Mädchens betrachtete, sagte [...]" (S. 177) Dessen Blick, hier voll schwärmerischer „Leidenschaftlichkeit" (S. 179), ist wie im folgenden Zitat verräterisch. „Toni, welche ihren Sinnen nicht traute, starrte, von Entsetzen ergriffen, die Mutter an" (S. 178).

44 Tonis „sonderbarer [Gesichts-]Ausdruck" trägt mit dazu bei, daß Babekan erstaunt und entsetzt ist, sich sogar bedroht fühlt (vgl. S. 178: „da du [...] drohtest'"). Toni, die „in nicht geringer Bestürzung" (ebenda) zurückbleibt, erkennt dies im Moment der Besinnung.

45 Vor dieser Erkenntnis, in der Zweisamkeit mit Gustav, hatte sie den Blickkontakt dagegen aus Schüchternheit und Verlegenheit, weniger aus Berechnung gemieden: „indem sie ihre großen schwarzen Augen in lieblicher Verschämtheit zur Erde schlug" (S. 172); „während sie", Gustavs Blicken ausweichend, „ein kleines, goldenes Kreuz, das er auf der Brust trug, betrachtete" (ebenda); „Toni, ohne die Augen zu ihm aufzuschlagen, erwiderte" (ebenda); „Sie suchte, indem sie sich mit ihrem Latz beschäftigte, die Verlegenheit, die sie ergriffen, zu verbergen" (S. 173). Eine einzige Ausnahme: Bei Gustavs erstem Versuch, ihren Charakter und ihre Zugehörigkeit „zu prüfen" (S. 172), hatte sie ihn belogen und ihm dabei nicht in die Augen blicken können („Nein! sagte Toni, indem sie verwirrt vor sich niedersah" [S. 170]).

46 Nach einer von Babekans forschenden Fragen hatte Toni „*das Auge zu Boden geschlagen* [...] und berief sich auf einen Traum; ein *Blick* jedoch auf die Brust ihrer unglücklichen Mutter, sprach sie, indem sie sich rasch bückte und ihre Hand küßte, rufe ihr die ganze Unmenschlichkeit der Gattung, zu der dieser Fremde gehöre, wieder ins Gedächtnis zurück" (S. 179). Bei dieser Lüge blickt sie nun gerade *nicht* auf die Brust ihrer Mutter, sondern, den Blick verbergend, „rasch" auf deren *Hand*. Ferner: „und beteuerte, indem sie sich umkehrte und das *Gesicht* in ihre Schürze drückte, daß, sobald der Neger Hoango eingetroffen wäre, sie *sehen* würde, was sie an ihr für eine Tochter habe" (ebenda). Diese Beteuerung ihres Gehorsams und ihrer Treue der Mutter gegenüber ist geheuchelt; ironischerweise wird aber der Inhalt ihrer Aussage tatsächlich der Wahrheit entsprechen: Toni verbirgt den Blick vor ihrer Mutter, die deshalb nichts Wesentliches zu entdecken vermag, die *die wahre Gesinnung ihrer Tochter nicht sieht*. Bei der Rückkehr Hoangos jedoch „sieht" die Mutter in

der Fesselung Gustavs zunächst Tonis scheinbaren Gehorsam, später dagegen, bei Tonis gemeinsamem Auftritt mit den Strömlis, deren wahre Zugehörigkeit (S. 190). Auch bei späteren Lügen verbirgt Toni ihr Gesicht. Sie
handelt berechnend und wohlüberlegt: „Toni antwortete *nach einer kurzen
Pause*, in der sie *auf den Boden niedersah*" (S. 182). Nur dann, wenn ihre Mutter gerade beschäftigt ist und woanders hinblickt, wagt sie es noch, sie mit
ihrem seelenvollen Blick direkt anzuschauen: „Und damit stand [Babekan]
auf und schüttete einen Topf mit Milch [...] *aus dem Fenster*. Toni, welche
ihren Sinnen nicht traute, starrte, von Entsetzen ergriffen, die Mutter an."
(S. 178) Hier handelt es sich um einen Moment höchster Verwirrung, in dem
Toni „ihren Sinnen", wohl vor allem ihrem Gehör, „nicht traut" und deshalb
ungläubig, um sich der Wahrheit des Gehörten zu vergewissern, und zugleich
panisch (vgl.: „deren Brust flog", S. 179), entsetzt darüber, daß *sie selbst* beinahe Gustavs Tod verschuldet hätte, die Mutter anstarrt – somit um einen
Moment, in dem sie ihr unmittelbares Empfinden gar nicht verbergen *kann*
(vgl. Anm. 43).

47 Dieser forschende, fixierende, erstaunte Blick Babekans aus weit aufgerisse-
nen Augen findet sich mehrfach: „Toni! sagte die Mutter, indem sie die Arme
in die Seiten stemmte, und dieselbe mit großen Augen ansah." (S. 177) „Die
Alte, während sie den sonderbaren Ausdruck des Mädchens betrachtete, sagte bloß mit bebenden Lippen: daß sie erstaune" (ebenda). „Die Alte, nach einer Pause, in der sie das Mädchen unverwandt betrachtete, sagte [...]" (S. 178).
„Die Mutter schaute das Mädchen mit großen Augen an; sie meinte, sich bestimmt zu erinnern, daß [...]" (S. 182).

48 So ist Herrn Bertrands Blick während seines Meineids unaufrichtig. Diese
Form der Verstellung wird als besonders empörend geschildert: „den er die
Frechheit hatte, mir *ins Gesicht* zu leisten" (S. 169). Als Toni vor dem an die
Tür geschlagenen Mandat steht, heißt es von ihr: „und gleichsam, als ob sie,
von Schrecken ergriffen, das Unrecht, das sie begangen, *einsähe*, wandte sie
sich plötzlich, und fiel der Mutter [...] zu Füßen" (S. 178). Nur einmal, in der
Hoffnung, sich damit der Rache Congo Hoangos zu entziehen, verstellt sie
sich während eines direkten Blickkontakts und zeigt ein unaufrichtiges Gesicht: „Toni, indem sie mit einem Ausdruck des Erstaunens den Alten und die
Neger, die ihn umringten, ansah." (S. 185)

49 „indem sie [Mariane] sich mit einem Blick, der mir *unauslöschlich in die Seele geprägt* ist, von mir abwandte" (S. 174); „,Ach!' rief Toni, und streckte, *mit
einem unbeschreiblichen Blick*, ihre Hand nach ihm aus" (S. 193).

50 „Er warf einen Blick auf das in seinem Blut sich wälzende Mädchen; und die
Wut, die diese Tat veranlaßt hatte, machte, auf natürliche Weise, einem Gefühl
gemeinen Mitleidens Platz" (S. 193); analog Tonis Blick auf den weinenden
Gustav, der „ein menschliches Gefühl" (S. 175) in ihr weckt.

51 Tonis Erscheinung sorgt zunächst für Gustavs „Blicke voll Verachtung"
(S. 187), später wechselt er „bei diesem [ihrem] Anblick die Farbe" (S. 192)
und erschießt sie.

52 Die positive Bedeutung des Blicks, hier in seiner Wirkung, das Gemüt zu erregen, erwähnt Kleist in einer Episode in *Über die allmähliche Verfertigung der Gedanken beim Reden:* „Es liegt ein sonderbarer Quell der Begeisterung für denjenigen, der spricht, in einem menschlichen Antlitz, das ihm gegenübersteht; und *ein Blick*, der uns einen halbausgedrückten Gedanken schon als begriffen ankündigt, *schenkt uns* oft den Ausdruck für die ganze andere Hälfte desselben." (S. 320)

53 Marx (wie in Anm. 21), S. 48; zu ihrer Erläuterung dieser Gesten und ihrem Hinweis auf weiterführende Literatur vgl. ebenda, S. 30–32.

54 Vgl. z. B. Gustavs aufgesetztes Handeln zu Beginn des – letztlich unterlassenen – Fußbades: „Er spielt", so Wolfgang Mieder (*Triadische Grundstruktur in Heinrich von Kleists ,Verlobung in St. Domingo'*, in: *Neophilologus* 58, 1974, S. 398), anfangs „nur mit der Liebe", um durch diese unlautere Methode Toni zu „erprüfen" (ebenda, S. 372). – Diese Situation sowie seine Reaktion darauf – offensichtlich empfindet er Scham, denn er bittet stumm, durch einen Kuß, um „Vergebung" (S. 173) – erinnert an die Prüfungsschilderung in *Über die allmähliche Verfertigung der Gedanken beim Reden*, wo die Examinatoren ebenfalls „von jemandem [...] fordern, [...] seine Seele" auszuschütten (S. 324), jedoch auch „die Unanständigkeit dieses ganzen Verfahrens" fühlen und „sich [...] schämen" (ebenda).

55 Der Erzähler verwendet statt ,Grazie' die deutsche Entsprechung „Anmut" (S. 172). „Grazie" und „Anmut" sind für Kleist zentrale Begriffe (vgl. seinen Aufsatz *Über das Marionettentheater*, z. B. S. 342 f.).

56 Müller-Seidel (wie in Anm. 4), S. 374.

57 Diese Gebärde ist eher den Gesten zuzurechnen, wird hier aber, da sie analog zu Gustavs Verhalten für die Kommunikationsstörungen relevant ist, im Zusammenhang mit jenem behandelt.

58 Gustav hält es für möglich, Toni und Babekan könnten sich „Winke zugeworfen" (S. 171), also heimlich Zeichen gegeben haben, was aber durch seine Wahrnehmung nicht bestätigt wird.

59 Ebenso wie im Anschluß an seine erste Geschichte (S. 170 f.) – wobei er wiederum seine wahren Gefühle vor den anderen zu verbergen sucht (vgl. S. 175 oben) – reagiert Gustav auch nach seiner Mariane-Erzählung: „Bei diesen Worten trat der Fremde [Gustav], indem er das Mädchen losließ, an das Fenster [...]" (S. 174)

60 Gustav dämmert es, daß er der nächste sein wird, der in diesem Zimmer umkommt: „[...] und da er gar bald, aus der Pracht und dem Geschmack, die darin herrschten, schloß, daß es dem vormaligen Besitzer der Pflanzung angehört haben müsse: so legte sich ein Gefühl der Unruhe wie ein Geier [Symbol des Todes] um sein Herz, und er wünschte sich, hungrig und durstig, wie er gekommen war, wieder in die Waldung zu den Seinigen zurück." (S. 171) Er ist innerlich so sehr in Aufruhr, daß er erst einmal schweigt, um seine Gefühle zu verbergen („während er sich schweigend von der Halsbinde [...] befreite"; ebenda).

61 „Inzwischen war Gustav ans Fenster getreten; und während Herr Strömli und seine Söhne unter stillen Tränen beratschlagten, was mit der Leiche anzufangen sei, und ob man nicht die Mutter herbeirufen solle [die übrigens auf den bloßen Ruf hin gar nicht hätte kommen können, da sie „am Gestell eines großen Tisches fest gebunden" (S. 190) war]: jagte Gustav sich die Kugel, womit das andere Pistol geladen war, durchs Hirn." (S. 194)

62 Vgl. ihr Sich-Abwenden auf S. 179 sowie S. 186: „Bei diesen Worten [„es ist nicht die schlechteste Tat, die ich in meinem Leben getan!'"] kehrte sie ihm [Hoango] den Rücken zu, und setzte sich, als ob sie weinte, an einen Tisch nieder." – Die deutlichste Mißachtung des Gesprächspartners durch eine derartige Geste ist bei Babekan ausgedrückt: „Sie [...] meinte, indem sie sich am Gestell des Tisches, an dem sie lag, *umkehrte*: die Rache Gottes würde sie [Toni], noch ehe sie ihrer Schandtat froh geworden, ereilen." (S. 191). Bei Toni zeigt diese Geste als Kommunikationsstörung dagegen – ähnlich wie bei Gustav –, daß sie im Moment ihres größten Schmerzes isoliert ist, ein Abbruch, den Gustav auch bemerkt: „doch da sie [...] nicht antwortete, und, *ihr Haupt* stilljammernd, ohne sich zu rühren, *in ihre Arme gedrückt*, auf den verwirrten Kissen des Bettes [i.e. auch hier: den Rücken zukehrend] dalag: so blieb ihm [...] nichts übrig, als sie [...] aufzuheben." (S. 176)

63 Sie kehrt ihm also den Rücken *nicht* in ablehnender Haltung zu; Gustav steht in der Tür und blickt in das Zimmer hinein (vgl. S. 179f.), so daß er einen Teil ihres Spiegelbildes wahrscheinlich im Spiegel sieht.

64 Dies ist um so tragischer, als bereits Mariane die Geste des Sich-Abwendens verwendete: „indem sie sich mit einem Blick, der mir unauslöschlich in die Seele geprägt ist, von mir *abwandte*" (S. 174). Auch hier steht diese Gebärde, obgleich es so aussehen mag, gerade *nicht* für Verrat.

65 Hätte Gustav hier gewußt, daß Toni die Geste der Abkehr gegenüber Hoango und Babekan nur verwendete, um diesen zu verbergen, daß sie ihnen nicht die Wahrheit sagt, wäre ihm ihr Verhalten während der zweiten Nacht, als er bereits gefesselt war, als notwendige Inszenierung erklärlich geworden (vgl. S. 186).

66 Eine Ohnmacht tritt nur zweimal auf (S. 188 und S. 191). Diese Stellen können hier jedoch vernachlässigt werden, da sie nicht von zentraler Bedeutung für den weiteren Verlauf der Handlung sind.

67 Eine ähnliche Stelle findet sich S. 184, nachdem er seine Waffen ergriffen hat („Und damit, ohne weiter ein Wort zu sagen [...]"). Herr Strömli handelt dagegen komplementär: Er kämpft niemals mit Waffen, sondern mit Worten; er äußert die massivsten verbalen Drohungen („schwor, daß er den Jungen augenblicklich töten würde"; S. 190).

68 Auf die beiden Fragen Gustavs „gefiel er dir etwa nicht?'" und „ob es vielleicht ein Weißer sein müsse [...]?" (S. 172f.) reagiert sie gestisch; ebenso S. 176: „doch da sie auf alles [...] nicht antwortete", S. 179: „antwortete hierauf nicht, oder nichts Bestimmtes" und S. 181: „auf die [...] Frage antwortete Toni nicht".

69 Beispiele: „fuhr [...] nach einem kurzen Stillschweigen fort" (S. 170); während der Offizier „sich schweigend von der Halsbinde und der Weste befreite" (S. 171); „der Fremde schwieg" (S. 173), „war [...] still und zerstreut" (S. 192), lehnte sich „schweigend an die Schulter des Jüngern" (ebenda).

70 Die negativen Begleitumstände seines Handelns in Taubheit antizipiert Toni, indem sie ihm, da er „auf ihren Rat" im Falle des plötzlichen Geweckt-Werdens nicht hören würde, „Raserei", „heillosen Wahn" und ‚völlige Besinnungslosigkeit' im nonverbalen Handeln voraussagt (S. 185).

71 Wahrscheinlicher ist sogar, daß er gar keine Wahl hat und sich der Sprache einfach nicht mehr bedienen kann, was durch das Zähneknirschen angedeutet wird: Die Wut preßt ihm beim Anblick Tonis die Kiefer derart „knirschend" (S. 192) zusammen, daß er kein Wort hervorbringen, den Vorwurf ‚niederträchtigen Verrats' (vgl. S. 171, 191) nicht formulieren kann und nur noch durch die gewaltsame Tat sich zu ‚äußern' in der Lage ist. Sein innerer „Gram" ist „unaussprechlich" (S. 192). Hierzu paßt, daß er schließlich, sich anscheinend selbst bestrafend, das für ihn ‚unvollkommene Rettungswerkzeug der Sprache' – die Sprechorgane – zerstört: Es heißt, daß „er sich das Pistol in den Mund gesetzt hatte" (S. 194).

72 Adelbert und Gottfried greifen ihm „in die Haare" (S. 193); bezeichnenderweise hatte Toni zuvor geschworen, daß sie „‚eher zehnfachen Todes sterben, als zugeben werde, daß diesem Jüngling, so lange er sich in unserm Hause befindet, auch nur ein Haar gekrümmt werde.'" (S. 177) Auch in der Trauer um Toni äußert sich Gustav nonverbal – mit einer für Totenklagen charakteristischen Geste: Er rauft sich, zugleich voll Reue über seine schuldhafte Tat, „die Haare" (S. 193).

73 „Tastende Versuche [in der Kommunikation] auch bei Gustav und Toni: sie, immer wieder als ‚Nur-Körper' beschrieben, er dagegen, sich nur über die Rede zu verständigen fähig. Beide bleiben im eigenen Bezugsystem verhaftet", bemerkt auch Klaus-Christoph Scheffels in: *Rückzug. Zur Negierung von Raum- und Körperordnungen im Werk Heinrich von Kleists,* Frankfurt a. M. – Bern – New York 1986 (= *Europäische Hochschulschriften,* Reihe 1, Bd. 921), S. 268.

74 Müller-Seidel (wie in Anm. 4), S. 373.

75 Noch ganz am Ende der Erzählung, als Tonis innere Entwicklung vollendet ist und sie gelernt hat, sich zu verstellen, heißt es, sie „wollte" Babekan „zum Abschied in einer Rührung, die sie nicht unterdrücken konnte, die Hand geben", und ebenda: „Toni, die [...] sich nicht enthalten konnte zu weinen" (S. 191).

76 Babekan antwortet „mit unterdrückter Empfindlichkeit" (S. 169); S. 173: „Der Fremde [...] sagte, einen Seufzer unterdrückend"; er weint verschämt, „sein Gesicht sehr gerührt in ein Tuch" drückend, ebenso Herr Strömli, der „auf sein Schnupftuch" niederweint (S. 193). Im Gegensatz dazu weint Toni immer offen und viel häufiger (vgl. S. 175, 186, 188, 191), ihr Weinen legitimiert ihre Rede als „wahrhaft". Ihr gelingt es nur ein einziges Mal, ein Gefühl

(„Angst") zu unterdrücken (S. 181); ein weiteres Mal versucht sie dies, offenbar vergeblich („sie suchte, indem sie sich mit ihrem Latz beschäftigte, die Verlegenheit, die sie ergriffen, zu verbergen, und rief lachend: [...]", S. 173).

77 Von Babekan heißt es dagegen: „Die Alte erwiderte, nachdem sie den Vorschlag *während einiger Zeit erwogen* hatte: [...] (S. 167, ähnlich S. 179) und: „Die Alte, *nach einer Pause*, [...] sagte: [...]" (S. 178). Der „Fremde" schließlich beantwortet *alle* wichtigen Fragen Tonis nur zögernd: „nach einer kurzen Verlegenheit" (S. 169), „nach einem kurzen Stillschweigen" (S. 170) oder „nach einer kurzen Besinnung" (S. 173); Toni ihrerseits antwortet auf die Kernfrage in jenem ungestörten Gespräch mit Gustav lediglich „nach einem *flüchtigen* [...] Bedenken" (S. 173) – übrigens wieder nonverbal, mit einer Geste. Die einzige Ausnahme findet sich im Gespräch mit Babekan, als Toni die Mutter über das wahre Schicksal des Briefes belügt: „Toni antwortete nach einer *kurzen Pause* [...]" (S. 182).

78 Scheffels (wie in Anm. 73), S. 273. Vgl. S. 273 sowie 273 f.

79 Vgl. ebenda, S. 275.

80 Ebenda, S. 275–279.

81 Dieser Gesichtspunkt wird von der Forschung kontrovers diskutiert: vgl. Scheffels (wie in Anm. 73) , S. 275–282; Mieder (wie in Anm. 54), S. 398, sowie Bernhard Rieger: *Geschlechterrollen und Familienstrukturen in den Erzählungen Heinrich von Kleists*, Frankfurt a.M. – Bern – New York 1985 (= *Europäische Hochschulschriften*, Bd. 839), S. 51. Rieger setzt z. B. S. 41 Künstlichkeit und Rationalität bei Babekan [und größtenteils bei Gustav] mit dem „männliche[n] Prinzip", Natürlichkeit und Emotionalität mit dem „weiblichen" gleich. Vgl. auch die Todesart des Paares: Gustav *schießt sich selbst* ins „Hirn", worauf sein „Schädel ganz zerschmettert [...] zum Teil an den Wänden umher" hängt (S. 194); Toni hingegen *wird ins Herz bzw. in die Brust geschossen*. Die betroffenen Körperteile stehen sich als „Träger des Geistes" und „Sitz der Seele" gegenüber (Rieger, S. 54 f.).

82 S. 173 heißt es: „Die Gedanken, die ihn beunruhigt hatten, wichen, wie ein Heer schauerlicher Vögel, von ihm: er schalt sich, ihr Herz nur einen *Augenblick* verkannt zu haben" – ein solcher „Augenblick" wiederholt sich tragischerweise am Schluß.

83 Doch auch ein Weinen im Zustand der Gefühlsverwirrung; vgl. S. 176: „da sie [...] stilljammernd [...] auf den verwirrten Kissen des Bettes dalag". Verwirrt sind hier, vor dem Hintergrund des schmerzhaften Sich-Bewußtwerdens über die vorhandenen, auch inneren Konflikte der Realität, alle: Gustav, Toni, der Leser.

84 Die diesbezüglichen Formulierungen lauten: „sagte ihr", „beschrieb ihr", „erinnerte sie", „forderte sie auf"; dieser Zug wird auf der Erzählebene dadurch bestätigt, daß die Sätze, in denen diese Formulierungen vorkommen, zehnmal hintereinander mit „Er" beginnen (S. 175), die letzten drei jeweils nach Semikolon. Auch hier wird eine nicht auf Gleichberechtigung und Gegenseitigkeit gerichtete Dominanz des einen Kommunikationspartners sichtbar. Für Gu-

stav stehen seine Gedanken und Wünsche im Vordergrund, für Toni ihre Gefühle und Empfindungen.

85 Vielleicht hätte sie darauf gar nicht reagiert. Seine Fragen in dieser Szene (S. 175) lauten: „ob er sie vielleicht [...] in ihre Kammer tragen solle" (S. 176) und „was er ihr zu Leide getan und ob sie ihm nicht vergeben könne?" Auch hier, bei seiner Bitte um Vergebung, bezieht er ihr Weinen *nur auf sich*, weil er sich, der „Prüfung" wegen, schuldig fühlt.

86 Vgl. Scheffels (wie in Anm. 73), S. 279–282.

87 „Logisch richtig für sie" (Mieder [wie in Anm. 54], S. 401).

88 Ausdrücklich erklärt Gustav, als er seine Gründe für die Tat darlegt, sie habe ihn dadurch getroffen, daß sie ihn *fesselte* und *übergab*, nicht etwa: indem sie ihn verriet (S. 193).

89 Relevant ist hierbei die sich vollziehende Veränderung, indem Gustav im Erkennen und Bereuen nun seinerseits mit einer Bitt- und Demutsgebärde vor Toni *niederkniete*; dies weist auf eine späte Übernahme des Verhaltens des Partners hin: „Weshalb? fragte Gustav blaß, indem er zu ihr niederkniete." (S. 193) Im Moment der Anagnorisis, des Erkennens seiner Schuld, äußert er sich mimisch und gestisch, kann vor Scham und Schuldgefühlen zunächst nur zu Boden blicken („Gustav legte die Hände vor sein Gesicht. Oh! rief er, ohne aufzusehen, und meinte, die Erde versänke unter seinen Füßen"; ebenda). Sein äußerster Schmerz wird daraufhin durch das für den Trauergestus typische Raufen der Haare ausgedrückt.

90 Noch in dieser letzten Äußerung drückt sich Gustav im Rahmen seines Bezugssystems aus: „Nachdem Toni in seinen Augen rehabilitiert ist, gesteht er ein, sich in ihrem Körper geirrt zu haben, versucht aber gleichzeitig wiederum, die Reaktionsweise dieses Körpers in seinem Sinne zu deuten: nämlich als ‚Eidschwur', als eine das für alle Zukunft gültige *Wort* nur mühsam ersetzende (*„obwohl* wir keine Worte [...]") Äußerungsform." (Scheffels [wie in Anm. 73], S. 281). – Diese letzte Aussage Gustavs läßt sich allerdings unterschiedlich auslegen: Wird der *stumme Charakter* des Schwurs betont, so ließe sich ergänzen: „denn du warst mir durch einen Eidschwur verlobt, obschon wir *keine Worte* darüber gewechselt, *sondern unseren Atem, Küsse und anderes ausgetauscht* hatten"; verwiese Gustav hingegen auf die *Einseitigkeit* des gesprochenen Schwurs, so lautete die Lesart: „denn du warst mir durch einen Eidschwur verlobt, obschon wir keine Worte darüber *gewechselt* hatten – *sondern nur ich selbst dir schwor, ‚daß meine Liebe zu dir nie aus meinem Herzen weichen würde', dir ein ‚Brautgeschenk'* machte (vgl. S. 175) *und dich ‚meine Braut' nannte"* (vgl. S. 176). Daß auch Toni seinetwegen ihrer Mutter gegenüber einen Schwur leistete (S. 177), ist Gustav schließlich nicht bekannt. Vorher, insbesondere während seiner ‚Unbesonnenheit' und ‚Raserei', war ihm entgangen, daß Toni ihn ausdrücklich darauf hingewiesen hatte, daß der ‚Vorfall' ihrer nächtlichen „Verlobung" (vorläufig) geheim bleiben bzw. verschwiegen werden solle – im Gegensatz zu seiner einstigen Verlobung mit Mariane, die er öffentlich und ‚mit Worten' vor deren Mutter bekanntgege-

ben hatte, hatte Toni ihm hierfür zur Bedingung gemacht: „nein, *wenn* ihr mich *liebt, kein* Wort!" (S. 181). Indem er die auffällige pleonastische Formulierung „Eidschwur" verwendet, spielt Gustav offensichtlich auf die einzige Stelle an, an der dieses Signalwort schon einmal auftauchte (S. 169). Erst in diesem Augenblick, während seiner letzten Äußerung überhaupt, scheint Gustav erkannt zu haben, was die bis dahin nahezu unkommentiert gebliebene erste Binnenerzählung der Novelle – die Babekans über ihre Verleugnung durch den Weißen, Herrn Bertrand – mit ihm selbst zu tun hat. Anfang und Ende dieser Binnenerzählungen sind jeweils durch (vom Erzähler gesetzte) Gedankenstriche klar markiert; im Unterschied zu den beiden anderen, deutlich umfangreicheren (S. 170, 174) erscheint am Ende der ersten jedoch – wie auch zu wiederholtem Male in den Schlußworten Tonis (S. 192, 193) – der auffällige, wenn nicht „befremdliche" doppelte Gedankenstrich, quasi als Klammer um die tragisch verlaufenden, gelobten bzw. „vollzogenen" und verleugneten „Verlobungen" der Erzählung. Mit Tonis zweimaliger Aussage „sagt ihm – –!" bzw. „weil – -!" (S. 192 f.) wird auf Babekans entschiedene Versicherung und die vom Erzähler danach gesetzten Gedankenstriche verwiesen: „‚Ich werde den Eidschwur, den er [...] [leistete], niemals vergessen [...].‘ – –" (S. 169), woraufhin Gustavs Gewissen wiederum (S. 193: „Gewiß!"; vgl. analog dazu Tonis „Gewiß!", S. 177), ebenso an den *Leser* gerichtet (da Toni ja schon tot ist, die Anwesenden die Binnenerzählungen jedoch nicht kennen), das Stichwort „Eidschwur" ins Bewußtsein dringen läßt.

91 Vgl. Mieder (wie in Anm. 54), S. 403.
92 S. 185: „ohne darauf zu achten, daß er sich rührte und sträubte", wie er es immer tut, wenn sich jemand seiner zu bemächtigen sucht; vgl. S. 163, als Toni versucht, ihn ins Haus zu ziehen: „Wer bist du? rief der Fremde sträubend [...]".
93 Müller-Seidel (wie in Anm. 4), S. 368.
94 Groß (wie in Anm. 1), S. 39.
95 Ebenda. Im Text wird ausdrücklich darauf hingewiesen, daß es dem Gegenüber überlassen bleibt und in dem Verfügungsbereich des jeweils anderen liegt, die Einladung anzunehmen oder abzulehnen: „wenn die Einladung angenommen wird" (S. 167), „falls die Einladung angenommen worden war" (S. 187); ebenso betont der Erzähler den Zustand der „Unschuld", in welchem der Fremde „die Familie eingeladen hatte" (S. 181).
96 Groß (wie in Anm. 1), S. 23.
97 Ebenda.
98 Diese Funktion macht ihn auch für die Pläne der Gegenseite so wichtig. Als Kommunikationsmittel soll er mißbraucht werden, was aber nicht gelingt, „weil es zu spät war, den Brief verabredetermaßen schreiben zu lassen" (S. 187). – Merkwürdig ist auch, daß er „bei Anbruch des morgenden Tages" geschrieben werden muß (S. 167), ein Umstand, den Kleist durch die Verwendung des neugeschöpften Wortes „morgenden" statt ‚morgigen‘, wodurch ein Pleonasmus bzw. ein Hendiadyoin entsteht, besonders betont. Ge-

ro von Wilpert hob in einem Beitrag für das *Kleist-Jahrbuch* dieses Rätsel der „verabredeten Dämmerung" hervor (*Die verabredete Dämmerung*, in: *Kleist-Jahrbuch* 1993, S. 190–193).

99 Kleist bleibt auf kommunikatives Verhalten angewiesen: „Und doch sehnt sich mein Herz so nach Mitteilung" (S. 783), schreibt er in einem Brief an Marie von Kleist vom Juni 1807. Vgl. auch Groß (wie in Anm. 1), S. 63.

100 In seinem Abschiedsbrief an Marie von Kleist vom 10.11.1811 deutet Kleist Verstehen als Sich-Hineinversetzen in den anderen (S. 883); vgl. Groß (wie in Anm. 1), S. 63–65. Dieser Begriff taucht auch in seinem Aufsatz *Über das Marionettentheater* auf (vgl. etwa S. 340).

101 Voller Besorgnis und Befürchtungen fragt die inzwischen mißtrauisch gewordene Babekan Toni, „ob sie [Toni] viel mit dem Fremden gesprochen hätte?" (S. 179), eine in diesem Zusammenhang bedeutungsvolle Frage.

102 Bitten Tonis bzw. Formulierungen innerhalb dieses Wortfeldes sind: „auf des Mädchens Bitte" (S. 169); „bat [...], die rasenden Äußerungen [...] zu vergeben" (S. 178) sowie ,anflehen' und „Gebet voll unendlicher Inbrunst" (S. 183); in bezug auf Gustav: „er [...] bat, daß man ihm das Zimmer anweisen möchte" (S. 171); „Er [...] bat [...]: daß man sogleich [...] schicken [...] möchte" (S. 179). Im Unterschied zum Befehlen liegt hier, wie bei der Einladung, eine größere Offenheit bei der Kommunikation vor. – Zu nennen sind ferner die „stillen Gebete" (S. 198) der Schweizer Familie am Ende der Erzählung.

103 „Wie selten sonst wird gelingende Kommunikation in einer Sprache wiedergegeben, die zur poetischen Schönheit zurückzukehren scheint, ehe die Wendung ins Schlimme erfolgt", bemerkt Müller-Seidel (wie in Anm. 4), S. 372. Diese Sprache steht diesmal nicht, wie sonst so häufig bei Kleist, im utopischen Konjunktiv (vgl. Müller-Seidel [wie in Anm. 4], S. 369).

104 Dies verweist zudem auf ein anderes Moment der Einheit: Hier wird die Mischung der Gene im anschließenden Geschlechtsakt implizit vorweggenommen. Toni und Gustav kommen sich also *noch* näher.

105 „Sie erzählte [...] wie die Verhältnisse, in dem Augenblick, da der Jüngling eingetroffen, im Hause bestanden; wie *das Gespräch, das sie unter vier Augen mit ihm gehabt*, dieselben *auf ganz unbegreifliche Weise* verändert [...] und wie sie nun *Tod und Leben* daran setzen wolle, ihn aus der Gefangenschaft [...] wieder zu befreien." (S. 188)

106 Merkwürdigerweise bezeichnet Toni Gustavs Monolog S. 174 f. als Gespräch. Ein gelungenes Gesprächsmoment findet sich in dieser ‚Szene' jedoch nur auf S. 173, als Toni, zusätzlich zu der Geste des Handergreifens, Gustav auffordert, ihr alles zu erzählen. Dennoch gelingt die Verständigung. Vgl. Kleist an Wilhelmine von Zenge am 22.3.1801: „Ach, ich kann Dir nicht beschreiben, wie wohl es mir tut, einmal jemandem, der mich versteht, mein Innerstes zu öffnen." (S. 633) Auch Gustav tut es gut, einmal sein Innerstes einem verständnisvollen Mitmenschen zu öffnen. Kurz zuvor, nachdem nämlich die erneute Erinnerung an seine ermordete Verlobte Mariane Congreve ihn mit Wehmut und Gram erfüllt hatte („Der Fremde, der sich mit der Hand über

die Stirn gefahren war, sagte, einen Seufzer unterdrückend", S. 173), hatte er diese Situation der Nähe und Intimität noch zu beenden, das Gespräch abzubrechen versucht, „indem er" das Mädchen „von seinem Schoß herunterhob" (ebenda). Toni verkörpert hier die aufrichtige Zuhörerin, sie berührt ihn „freundlich" und „teilnehmend" (S.173). Vor allem zeigt sie Gustav, daß sie „wahrhaft [s]eine Freundin" ist, da sie nicht nur seine „äußern Schicksale", sondern „die innern" interessieren – „Balsam" auf eine „verwundete Seele" (S. 632f.). Ihre Anteilnahme beweist sie wenig später erneut, als Gustav sich in tiefem Kummer ein zweites Mal von ihr abwendet, „indem er das Mädchen losl[äßt]" und „an das Fenster" tritt: Wiederum überwindet die „menschlich" empfindende Freundin die Distanz (S. 174f.). Doch stößt das gelingende, seelenvolle Gespräch an die Grenzen der Ratio: Es ist „nicht [zu] beschreiben" (S. 633) und, wie Toni sagt, völlig „unbegreiflich" (S. 188).

107 „Sie erzählte den Männern, *ihre Tränen vor Scham und Reue nicht zurückhaltend*, alles, was vorgefallen [...]" (S. 188)

108 Daß sie diese Entwicklung gemeistert und sich von ihrer sie bis dahin beherrschenden Unmündigkeit und Machtlosigkeit emanzipiert hat, bestätigt auch die Formulierung „froh, des Augenblicks *mächtig* geworden zu sein" (S. 185) als Reaktion auf die Rückkehr Hoangos, und zwar in Opposition zu der „*ohnmächtig*" vom Maultier fallenden kranken und erschöpften Frau Strömlis (S. 188).

109 Vgl. Müller-Seidel (wie in Anm. 4), S. 374f.: „Wo immer er [Kleist] das Wort ,Seele' gebraucht, verwendet er es in einem über das Unbewußte hinausführenden Sinn. Der Widersacher der Seele ist nicht der Geist des Menschen [...] Die Formen gelingender Kommunikation unter Menschen sind nicht ausschließlich der Treue gegen das Unbewußte zu danken, und umschrieben wird mit dem Wort ,Seele' auch nicht allein ein Bezirk des individuellen Selbst, sondern etwas, *das den anderen als den geliebten anderen einbezieht*. In diesem Wortbezirk, wenn irgendwo, behält das Poetische bei Kleist seinen Ort. Wo es im Gang einer Geschichte um Wesentliches geht, fehlt es nur selten. Auf den Höhepunkten des Geschehens stellt es sich wie von selbst ein." So verhält es sich auch in der *Verlobung*: Nach Tonis „letzten Worte[n]" heißt es: „Und damit hauchte sie ihre schöne Seele aus" (S. 193).

110 Reuß (wie in Anm. 3), S. 36, Anm. 113, spricht von einer „Atemwende".

111 Ein ähnliches Bild findet sich in Kleists *Brief eines Dichters an einen anderen*. Hier schildert er den idealen Austausch als die Erfüllung der „Forderung [s]einer Seele": „Wenn ich beim Dichten in meinen Busen fassen, meinen Gedanken ergreifen, und *mit Händen, ohne weitere Zutat*, in den deinigen legen könnte: so wäre, die Wahrheit zu gestehn, die ganze innere Forderung meiner Seele erfüllt." (S. 347) Auch hier findet sich das Bild des Weges von Kommunikation „von Brust zu Brust".

112 Auch Reuß fällt dieser Komplex auf. Er bemerkt zu „Babekans Schwindsucht, eine Krankheit der oft erwähnten Brust" (Reuß [wie in Anm. 3], S. 27): „Die Brust ist dabei nicht allein Ort der Empfindung. Sofern die Schwind-

sucht die Lunge und also das Ein- und Ausatmen betrifft, ist mit diesem Krankheitsbefund innerhalb des Textes auch Störung der Austausch- und Kommunikationsfähigkeit angezeigt. Vgl. auch als Gegenbilder hierzu die beiden in charakteristischer Umkehrung des ein- und ausatmenden Subjekts zueinander stehenden Stellen" (ebenda, Anm. 80): „[…] und während er [der „Fremde"] sie [Toni] auf seinen Knieen schaukelte, und den süßen Atem einsog, den sie ihm heraufsandte […]" (S. 173); „Sie neigte sich sanft über ihn und rief ihn, seinen süßen Atem einsaugend, beim Namen" (S. 183).

113 Der Zustand der „Erbitterung" ist dabei oft mit „Raserei" verbunden. S. 165: „jene grausame und unerhörte Erbitterung" und „Ja, diese rasende Erbitterung"; S. 169: „die erbitterte Rede der Alten"; S. 174: „die Rotte meiner rasenden Verfolger" war „erbittert"; aber auch S. 187: „es mischte sich ein Gefühl heißer Bitterkeit in ihre Liebe zu ihm", wo aus Erbitterung und Leid *keine* „wilde [,] kalte Wut" (S. 170) und „Verräterei" (S. 173; ähnlich S. 169 und 171) erwachsen.

114 Die Selbstbezogenheit und ihre anschließende Überwindung wird durch die Possessivpronomina angezeigt: *„sein* Gesicht" und *„seine* Füße" vs. *„ihren* Leib" und *„ihr* Gesicht". Der letzte Satz weist auch in der Verbwahl parallele Strukturen zu den beiden ersten auf: Nach „legen" folgt jeweils „sehen".

115 Babekan etwa ist niemals „heiter", sondern gekennzeichnet von erlittenem Leid (vgl. „die erbitterte Rede der Alten" und ihre Krankheit, S. 169), aus dem beständiger Haß und Wut erwachsen (vgl. „der Ingrimm" bzw. „Haß der Alten", S. 178, und „Wütende[n]", S. 185). Überhaupt wird *nur* von Gustav und Toni gesagt, daß sie „heiter" (S. 173, 179), „freundlich" (S. 173, 179, 192) oder ‚mitleidig' (S. 178, 193) seien. Sämtliche darüber hinausgehenden, eigentlich auf „Glück" verweisenden Signalwörter: „froh", „freudig", „jauchzend" und Körperreaktionen: ‚scherzen', ‚schäkern', ‚lachen' ‚frohlocken' und ‚ermuntern' sind dagegen wiederum problematisch, da in die Mechanismen von Kalkül, Täuschung oder Betroffenheit eingebunden. „Menschlich", d.h. mitfühlend, teilnahmsvoll und „[an]teilnehmend" (S. 173) bzw. „herzlich und innig" (S. 174), d.h. seelenhaft, wird allein Toni genannt (S. 175).

116 Die Bedeutung dieser selbstreferentiellen Ebene erläutert Groß (wie in Anm. 1), S. 22: Der Text ist selbstreferentiell, „indem er den Ort seines Wahrgenommenwerdens, das dialogische Gespräch mit ihm, in sich reflektiert. […] Für poetische Texte ist folglich das kommunikative Verhältnis zwischen ihnen und ihrer Rezeption ebenso konstitutiv wie ihr besonderer Charakter, in sich selbst kommunikativ zu sein."

117 Groß (wie in Anm. 1), S. 16, Anm. 50. Er weist vor allem auf die Interpunktion hin, die Inhaltliches abbildet. – An dieser Stelle mache ich darauf aufmerksam, daß ich im folgenden nach der Ausgabe *Heinrich von Kleist: Die Verlobung in St. Domingo* (herausgegeben von Roland Reuß in Zusammenarbeit mit Peter Staengle, Basel – Frankfurt a.M. 1988), die im Rahmen der ‚Brandenburger Kleist-Ausgabe', damals noch ‚Berliner Ausgabe' (Abk.:

BKA), erschienen ist, zitiere. Sie gibt den Text der Kleistschen Erzählung originalgetreuer wieder als die Ausgabe Sembdners; Sembdner hatte sowohl bei der Zeichensetzung wie auch bei der Wiedergabe der Namen korrigierend eingegriffen. – Die in Klammern stehenden Seitenangaben mit dem Zusatz ‚BKA‘ beziehen sich ab hier auf diese Ausgabe.

118 Bereits Reuß bemerkte, daß Kommunikationsstörungen auf *allen* Ebenen des Textes nachweisbar sind. Er machte geltend: „Verhielte es sich nämlich so, daß Kleists ‚Verlobung in St. Domingo‘, ja seine Dichtung überhaupt, zu ihrem Hauptproblem das der Kommunikation hat, und dieses Problem durchaus nicht allein in der Stoffschicht, sondern ebenso in der Darstellung, im Verhältnis des Erzählers zu seinen Personen, sowie insbesondere im Verhältnis des Rezipienten zum Text reflektiert ausgetragen wird." (Reuß [wie in Anm. 3], S. 12f.)

119 Reuß (wie in Anm. 3), S. 13.

120 Ebenda, S. 11. – „Der *Vortrag* eines Textes ist vom *Text selbst* kategorial zu unterscheiden." (Ebenda; Hervorhebungen, Reuß.)

121 Er sieht hier eine in den Markierungen „angezeigte Verhältnisweise verschiedener Erzählperspektiven" (Reuß [wie in Anm. 3], S. 11).

122 Im anschließenden Gespräch mit Toni (BKA, S. 12f.), in dem keine indirekte Rede vorkommt, sind Babekans Dialoganteile mit An- und Abführungszeichen gekennzeichnet, bei Toni hingegen fehlen sie ganz. Der nächste Dialog zwischen Gustav und Nanky (BKA, S. 14) enthält zwei in indirekter Rede stehende Beiträge; und bei deren Kennzeichnung wird ein vereinheitlichendes Prinzip gemieden: Die eine indirekte Rede ist mit An- und Abführungszeichen versehen, bei der anderen fehlen sie.

123 Einige weniger bedeutende Ausnahmen hatten sich bereits vorher ergeben, und zwar in Dialogen zwischen Gustav und Toni; hier folgt einige Male auf eine indirekte Rede eine ebensolche (vgl. BKA, S. 27–28 und 29–30). Auch beider Dialog (BKA, S. 26–27) ist ausnahmsweise parallel gebaut: Der Wechsel von indirekter zu direkter Rede erfolgt bei beiden gleichermaßen, ohne daß dies durch Zeichen angezeigt würde. Ebenso folgen zwei indirekt wiedergegebene Reden von Babekan und Toni (BKA, S. 60–61) aufeinander, und auch ein Gespräch zwischen Babekan und Hoango (BKA, S. 65–66) steht (bis auf den Schlußappell Hoangos) in indirekter Rede. Die hier aufgestellte These gilt also nur für den Bereich der wörtlichen Rede.

124 „[...] Hoango [...] winkte den Negern, zu ruhen. ‚In Sainte Lüze!‘ rief er Herrn Strömli zu, der schon mit den Leichen unter dem Thorweg war: ‚In Sainte Lüze!‘ antwortete dieser: worauf der Zug, ohne verfolgt zu werden, auf das Feld hinauskam und die Waldung erreichte." (BKA, S. 90)

125 Dies ist also tatsächlich das einzige Mal im Text, daß korrekt wiedergegebene direkte Rede von einer anderen Figur in ebenso interpungierter direkter Rede erwidert wird.

126 Zuvor hatte der Erzähler vorwegnehmend betont, daß die Familie auf ihrer Flucht bis nach Port au Prince – zum Beispiel, wie Toni vermutet, „bei etwa-

niger Verfolgung der Negern" – „noch mancherlei Schwierigkeiten ausgesetzt" sei (BKA, S. 77).

127 Genaugenommen hatte Herr Strömli *dreimal* beteuert, beide Kinder am Leben lassen und dem Vater wiedergeben zu wollen: S. 191 (zwei Belegstellen) und S. 194; sein Versprechen ist somit ein dreifaches.

128 Kleist hätte das Ganze auch anders enden lassen können. Unnachgiebiges Denken (‚Auge um Auge, Zahn um Zahn') hätte, analog zum anfangs genannten Prinzip der „Rache der bestehenden Landesgesetze" (S. 178) an den vormaligen Unterdrückern, durchaus dazu führen können, daß Herr Strömli als Racheopfer für erlittenes Leid die beiden Negerknaben tötet (das entsprach jedoch nicht seinem Charakter). Dann wäre der ewige Kreislauf von Haß und Gegenhaß nie unterbrochen worden. So aber *vertraut* Congo Hoango, der sich am Ende wieder, wie zu Beginn, in einer schwächeren Position befindet, der Racheunlust seines Gegners bzw. Gegenübers und wird „belohnt", indem er seine *beiden* Knaben unversehrt zurückerhält.

129 Groß (wie in Anm. 1), S. 46. – In den Kapiteln 1.4. und 1.5. behandelt Groß den philosophischen Hintergrund im Zusammenhang mit Kleists sogenannter Kantkrise und macht u. a. auf Parallelen zu Fichtes und Hegels Selbstbewußtseinstheorien aufmerksam; vgl. ebenda, S. 30–65.

130 Reuß erkennt bei Toni ein „unauflösbares Herkunftsproblem" (vgl. Roland Reuß: „*sagt ihm –!*" In: *Brandenburger Kleist-Blätter* 9, 1996, S. 38, Anm. 15), und zwar „die Anstößigkeit einer androgyn benannten Mestize, die das Kind einer mit männlichem Eigennamen versehenen Mula*ttin* und eines Franzosen sein" soll (ebenda, S. 39). Rassen-, Geschlechter- und Altersvermischung (Toni ist die „ewig Jugendliche") sowie zahlreiche andere Faktoren (vgl. Reuß [wie in Anm. 3], vor allem S. 1–7) erregen ständig das Mißtrauen des Lesers, stehen also für nicht gelingende Kommunikation.

131 Reuß (wie in Anm. 3), S. 15.

132 Ebenda, S. 40.

133 Die These, daß es sich bei der Schreibweise „August" (statt ‚Gustav') um einen „Druckfehler" handele, weist Reuß als „unhaltbar" zurück (wie in Anm. 3, S. 39); vgl. auch das Anagramm Nicolo-Colino in Kleists *Der Findling*.

134 Reuß (wie in Anm. 3). – Reuß' Bemerkungen müssen hier korrigiert werden: Es ist nicht das erste Mal, daß „er [...] *wieder* ‚Gustav' genannt" (ebenda, S. 40) und damit „ins Bewußtsein seiner selbst und seiner Tat zurück[ge]rufen" wird (ebenda), sondern es ist das erste Mal überhaupt, daß ihn jemand im Text mit seinem Namen anspricht, und es ist daher auch wahrscheinlich, daß er zum ersten Mal wirkliches Selbstbewußtsein erlangt. Von hier ab nennt ihn auch der Erzähler „Gustav".

135 Immerhin ist Gustav die zweite Hauptfigur in der Erzählung, und er böte sich, u. a. seiner europäischen Herkunft wegen, am ehesten als Identifikationsfigur an, doch ist dieser Bezug durch seine entschiedene „Fremdheit" gestört.

136 Sieht man vom letzten Satz der Erzählung einmal ab, dann drängen sich sie-

ben Namensnennungen von S. 193, Z. 2 bis S. 194, Z. 9 auffällig dicht hintereinander. Statt „Gustav" auf S. 194, Z. 9 hätte Kleist bei dessen Todesschuß
ohne weiteres auch einfach „er" schreiben können.

137 Vgl. Jochen Schmidt: *Heinrich von Kleist. Studien zu seiner poetischen Ver-
fahrensweise*, Tübingen 1974, S. 71 f.

138 Pfeiffer (wie in Anm. 5), S. 27.

Hermann F. Weiss

EINE UNBEKANNTE FASSUNG DER *GERMANIA*-ODE HEINRICH VON KLEISTS

Seit langem schon beschäftigt sich die Forschung mit Heinrich von Kleists ab Ende 1806 hervortretender Verehrung für Königin Luise von Preußen (1776–1810), die sich z. B. in seinem Sonett zu ihrem Geburtstag (1810) manifestiert[1] und wesentlich durch ihre Haltung in den Konflikten zwischen Frankreich und Preußen mitbestimmt ist. Dagegen hat man noch nicht gefragt, ob es Verbindungen zwischen dem Dichter und ihrer jüngeren Schwester Friederike Caroline Sophie Alexandrine geborene von Mecklenburg-Strelitz (1778–1841) geben könnte, die ab 1793 in erster Ehe mit Prinz Friedrich Ludwig von Preußen (1773–1793) und in zweiter ab 1798 mit Friedrich von Solms-Braunfels (1770–1814) vermählt war. Auch die vor einer Reihe von Jahren erschienene Biographie Merete van Taacks, welche diese interessante Persönlichkeit der Vergessenheit entriß,[2] äußert sich hierzu nicht. Mir war aufgefallen, daß die „Prinzessin von Solms" in den Jahren um 1808 freundschaftliche Kontakte zu Napoleongegnern in Böhmen pflegte, die ihrerseits zum Umkreis Kleists gehörten. Traf er u. a. auch mit ihr um den 10. September 1807 in Teplitz zusammen? Am 17. September 1807 schreibt er nämlich an Ulrike: „Kürzlich war ich mit dem östr. Gesandten in Töplitz: bei Gentz, wo ich eine Menge großer Bekanntschaften machte."[3] Wer damit u. a. gemeint sein könnte, läßt sich den allerdings später entstandenen Aufzeichnungen von Gentz entnehmen, der sich ab etwa 19. Juli bis Anfang November 1807 überwiegend dort aufhielt:

> Meinen Aufenthalt in Töplitz bis in die ersten Tage des **November** verlängert. Das *Clary*'sche Haus, der Fürst von *Ligne*, die Prinzessin von *Solms* und die *Ompteda*'sche Familie scheinen hieran den vorzüglichsten Antheil gehabt zu haben.[4]

Karl August Varnhagen von Ense zufolge war das heute noch vorhandene Teplitzer Schloß unter dem damaligen Besitzer, Fürst Johann Nepomuk von Clary-Aldringen (1753–1826), zum „höchst gesellige Mittelpunkte"[5] des dortigen Badelebens geworden. Varnhagen, der 1811 erstmals in Teplitz weilte, schreibt über ihn:

> Der Fürst Johann Nepomuk war ein stiller verständiger Herr, von schlichtem und würdigem Äußern, geistreicher Geselligkeit gewohnt, mit Literatur und großer Welt wohlbekannt […]. Durch sein Verdienst war der ansehnliche Schauplatz, auf dem sich ein reiches häusliches Leben bewegte, und unaufhörlich eine glänzende fremde Welt mitwogte, stets wohlgefällig und den Umständen angemessen […]. Neben diesem Manne stand als Gattin die Tochter des Fürsten von Ligne, Christine, eine gute, harmlose Dame, die nur französisch sprach, weder Sorge noch Leid kannte, mit Geschmack an schöner Literatur den Sinn für Witz und Geist und die Lust muntrer Spiele verband […].[6]

Als „Hauptglanz in diesem reichen Schimmer"[7] gehörte der Schwiegervater des Fürsten, Karl Joseph Fürst von Ligne (1735–1814),[8] ein geistvoller Schriftsteller und Weltmann, ebenso zu diesem Kreis wie auch der hannöversche Diplomat Ludwig Konrad Georg von Ompteda (1767–1854), welcher der Kleist-Forschung u. a. als Freund von Buol und Gentz bekannt ist.[9] Ompteda lernte die Prinzessin von Solms während seines am 10. Juni 1807 beginnenden Aufenthalts in Karlsbad kennen: „es schloß sich in Karlsbad alles an sie, was Preußen geneigt war und was die Franzosen haßte."[10] Leider druckte Omptedas Sohn Friedrich (1801–1869) die verschollenen Tagebücher seines Vaters nur teilweise ab, darunter diejenigen für den Zeitraum 4. Mai 1807 bis 6. Januar 1808. In seiner Einleitung teilt er aufgrund der ihm noch vorliegenden Archivalien u. a. folgendes zum Sommer und Herbst 1807 mit:

> Um das Ende Augusts begab sich Ompteda […] nach Teplitz. […] In der ersten Zeit dieses Aufenthalts in Teplitz brachte die Familie regelmäßig ihre Abende im Hause des Fürsten Clary, des Besitzers von Teplitz zu, wo ein gewählter Kreis von Bekannten beständigen Zutritt hatte. Die Seele dieses Kreises war der Schwiegervater des Fürsten, der, auch in seinem Greisenalter noch jugendlich feurige, liebenswürdig geistreiche und treffend witzige Fürst von Ligne. Daß Gentz zu den täglichen Gästen des Hauses gehörte, versteht sich von selbst. Nach vollendeter Cur in Carlsbad erschien auch die Prinzessin Solms in Teplitz und bezog den Moritzhof, ein Schlößchen des Fürsten Clary.[11]

Die Prinzessin von Solms, die der Liste der Kurgäste zufolge bereits am 2. Juni 1807 in Teplitz eingetroffen war,[12] schrieb ihrem Bruder Prinz Georg Friedrich Karl Joseph von Mecklenburg-Strelitz (1779–1860) am 5. August 1807 über ihren dortigen Umgang mit der Familie Clary-Aldringen, dem Fürsten Ligne und der zu diesem Kreis gehörenden Schriftstellerin Juliane von Krüdener (1764–1824).[13] Der *Karlsbader Kur- und Badegästeliste für das Jahr 1807* läßt sich entnehmen, daß sie am 10. August 1807 nach Karlsbad kam.[14] Dort traf sie mehrmals mit Goethe zusammen, der sich gerade in jenen Wochen mit dem *Amphitryon* und dem *Zerbrochnen Krug* beschäftigte. Die von der Karlsbader Polizei geführten sogenannten Meldungsprotokolle geben an, daß sie am „7. September nach Teplitz mit Post" abreiste,[15] wo sie nach dem unveröffentlichten Tagebuch Juliette von Krüdeners (1787–1865) am 11. September 1807 abends ankam. Kleist und Buol werden in den detaillierten Aufzeichnungen dieser Tochter der eben genannten Schriftstellerin leider nicht erwähnt.[16] Möglicherweise hatte der Dichter während seines anscheinend kurzen Aufenthalts in Teplitz Kontakt mit der Prinzessin. Es läßt sich mit großer Wahrscheinlichkeit behaupten, daß er dort bei ihren Freunden und Bekannten verkehrte, u. a. also auch das Teplitzer Schloß besuchte.[17] Übrigens finden sich Buol und Kleist nicht auf der bereits erwähnten Liste der Kurgäste des Jahres 1807, da sie nicht aus gesundheitlichen Gründen anreisten. Man hat bisher nicht bemerkt, daß sie dort am Ende der Saison eintrafen. Die beiden letzten in der Teplitzer Kurliste verzeichneten Gäste kamen am 10. September 1807 an.[18] Für den Zeitraum 1. bis 10. September 1807 führt sie insgesamt 28 Gäste auf, also viel weniger als in entsprechenden Zeiträumen während der Hauptsaison von Juni bis August.

Die Prinzessin von Solms hielt sich ab 31. Mai[19] und erneut ab 22. Juli 1808 in Teplitz auf.[20] Gentz, der sie dort 1807 kennenlernte, charakterisiert sie in einem Brief an seinen Freund Carl Gustav Brinckmann folgendermaßen:

> die Prinzessin v. Solms, eine von denen, die man lieben lernt, je mehr man sie kennen lernt; nachdem alles, was jugendlicher Leichtsinn oder jugendliche Eitelkeit an ihr etwa verderbt haben mochten (ob gleich ich nur vom Hörensagen hierüber urteile) aufs vollkommenste wieder hergestellt ward,

ist sie eine der Vortrefflichsten ihres Geschlechts geworden; und ich habe mit ihr höchst glückliche Tage zugebracht.[21]

Und zum Sommer 1808 notierte sich Gentz später folgendes:

Eine zahlreiche Gesellschaft von Preußen, Exilirten und Napoleons=Hassern, an deren Spitze die vortreffliche Prinzessin von *Solms*, Schwester der Königin, stand, belebte in diesem Sommer Töplitz. Baron *Ompteda* (hannöverscher Gesandter zu Berlin), seine Frau und deren zwei liebenswürdige Söhne [...] waren für mich Hauptpersonen in dieser Gesellschaft [...].[22]

Im Herbst 1810 hatte Gentz in Teplitz erneut häufigen Umgang mit der Prinzessin, diesmal auch mit der ihr befreundeten Frau von Berg, die der Forschung als Gönnerin Heinrich von Kleists bekannt ist. Anscheinend war er von der ebenso schönen wie geistig regsamen Prinzessin sehr angetan, denn am 21. Oktober 1810 teilte er Adam Müller mit:

Die Prinzessin kennen Sie nicht; Sie werden aber genug von ihr wissen, wenn ich Ihnen sage, daß Frau v. Berg, mit allen ihren trefflichen Eigenschaften, doch nur eine Art von stillem Akkompagnement zu der wahrhaft erhabenen Liebenswürdigkeit dieses mit nichts zu vergleichenden Engels abgab.[23]

In seinen später entstandenen Aufzeichnungen erinnert er sich:

Am 10. August traf die *Prinzessin von Solms*, die Schwester der verstorbenen Königin, jetzige Herzogin von Cumberland, ein; nach meinem Geschmack die *schönste* Frau, die je mein Auge gesehen, nach der Meinung Aller eine der liebenswürdigsten. Sie wurde nun die Sonne, nach welcher meine Augen sich kehrten. [...] Der Monat *September* verging in einem beständigen Wechsel von Gesellschaften und Promenaden. Die *Prinzessin Solms* blieb immer die Hauptfigur; doch noch eine Menge anderer Personen, meine Freunde *Buol* und *Bose* [...] wurden viel kultivirt.[24]

Die Spuren, welche die Prinzessin von Solms in bereits veröffentlichten Zeugnissen aus Kleists Umkreis hinterlassen hat, regten mich zur Suche nach ihrem Nachlaß und ihren weit verstreuten Briefen an. In der im Landeshauptarchiv Schwerin aufbewahrten Mecklenburg-Strelitzschen Briefsammlung befinden sich zahlreiche Schreiben von ihr, u. a. an ihren Bruder Georg,[25] die Frau von

Berg[26] und deren Tochter, die der Kleist-Forschung gleichfalls bekannte Gräfin Luise Voss (1780–1865).[27] Zwar fand ich hierin für die Jahre 1807–1811 keine direkten Kleist-Bezüge, wohl aber Hinweise auf Personen in der Umgebung des Dichters und die politische Haltung der Prinzessin. Aus diesem Zeitraum ist im Landeshauptarchiv Schwerin nur der von ihr in Teplitz verfaßte, oben erwähnte Brief vom 5. August 1807 an ihren Bruder Georg erhalten. Daß ihr Bruder dem Freundeskreis verbunden war, den die Gräfin Voss auf ihrem Gut Hohen-Giewitz in Mecklenburg um sich versammelte, ist bereits bekannt.[28] Nunmehr ergibt sich, daß die Prinzessin von Solms ebenfalls Beziehungen zu diesem „Hof von Ferrara" hatte, dem auch Marie von Kleist angehörte. In ihrem Brief vom 17. August 1809 an Frau von Berg erinnert die Prinzessin an ihren kurz vorher beendeten glücklichen Aufenthalt auf Giewitz und erwähnt in diesem Zusammenhang den der Kleist-Forschung schon bekannten Georg Philipp Ludolph von Beckedorf (1778–1858).[29] Etwa im April 1811 scheint sie erneut in Giewitz gewesen zu sein.[30] Sie bewegte sich also nicht nur in Böhmen in Kreisen, in denen von Kleist die Rede gewesen sein muß. Überdies bestätigen ihre Briefe, daß sie, ähnlich wie der Dichter, im Lager der Napoleongegner stand. So beklagt sie den erzwungenen Rücktritt des Freiherrn vom Stein (19. September 1808),[31] bewundert Ferdinand von Schills (1776–1809) eigenmächtige Militäraktion[32] und verfolgt den Verlauf des Krieges von 1809 mit großer Anteilnahme.[33]

Nun hoffte ich noch, im Nachlaß der Prinzessin von Solms weitere für die Kleist-Forschung relevante Aufschlüsse zu finden. Er befindet sich unter der Signatur Dep. 103 II. im Königlichen Hausarchiv, das Seiner Königlichen Hoheit dem Prinzen Ernst August von Hannover gehört, aber seit etwa drei Jahrzehnten im Niedersächsischen Hauptstaatsarchiv Hannover als Depositum aufbewahrt wird.[34] Diese Provenienz hängt damit zusammen, daß die Prinzessin von Solms 1815 Ernst August, Duke of Cumberland (1771–1851), heiratete, der 1837 König von Hannover wurde.[35] Es stellte sich heraus, daß die in ihrem Nachlaß vorhandenen Tagebuchfragmente, die aus späteren Jahren stammen, und die zahllosen Briefe an sie für unsere Zwecke kaum von Belang sind.[36] Dagegen erweckten die knappen Ausführungen des Findbuchs zu Sammlungen in diesem Nachlaß meine Neugierde. Im Karton 14/2 befinden sich u. a. zahlreiche gedruckte Aufrufe, Befehle und Zeitungsnachrichten vom Kriegsjahr 1809, welche das bereits erwähnte Interesse der Prinzessin am damaligen militärischen und politischen Geschehen bezeugen.[37] Zum Karton 14/3 bemerkt das Findbuch, daß er „u. a. politische, patriotische Dichtung 1809–1813" enthält, darunter „Abschriften von Gedichten von Matthison, M. Claudius, Kleist". Das umfangreiche Konvolut, dessen Inhalt weder alphabetisch geordnet noch foliiert ist, enthält mehrere Abschriften von Gedichten des Jahres 1809, deren Verfasser übrigens nicht angegeben werden. Hierzu gehört z. B. *Schill. Eine Geisterstimme*[38] und Kleists berühmt-berüchtigte *Germania*-Ode. Offensichtlich wußte jemand im Niedersächsischen Hauptstaatsarchiv Hannover, wer der Autor des letzteren Gedichts ist. Das Gedicht über Schill existiert in drei Abschriften von jeweils anderer Hand, darunter auch derjenigen der *Germania*-Ode. Weitere Abschriften von dieser Hand befinden sich nicht im Karton 14/3. Vielleicht wird sich eines Tages klären lassen, wem sie zuzuschreiben ist; jedenfalls handelt es sich nicht um die Handschrift der Prinzessin von Solms.

Das Gedicht befindet sich auf einem Blatt mit den Maßen 22,5 : 19 cm, das einmal gefaltet ist, wobei sich jeweils zwei Strophen auf den Seiten 1 bis 3 befinden und die letzte und siebente auf Seite 4. Die Unterstreichungen in den Zeilen 11 und 40 und auch der dicke Schlußstrich sind in derselben Tinte wie der Text. Das Wasserzeichen zeigt einen Bienenkorb, darunter die Worte „J. HONIG-ZONEN". Leider ließ sich die zeitliche Eingrenzung dieses von der holländischen Firma Jacob Honig & Zonen hergestellten Papiers nicht ermitteln.[39]

Es folgt der Abdruck der bisher unbekannten Abschrift, die übrigens keine Korrekturen aufweist:

Germania an ihre Kinder

1.

Die des Maines Regionen,
Die der Elbe heitre Auen,
5   Die der Donau Strand bewohnen
Die das Oderthal bebauen,
Aus des Rheines Traubensitzen
Von dem duftgen Mittelmeer,
Von den Alpen Riesenspitzen,
10 Von der Ost und Nordsee her!

Chor

Horchet durch die Nacht, ihr Brüder!
Welcher Donnerruf hernieder?
Stehst du auf *Germania*?
15 Ist der Tag der Rache da?

2)

Deutscher süßer Kinder Reigen
Die mit Schmerz und Lust geküßt
In den Schooß mir flatternd steigen
20 Die mein Mutterarm umschließt;
Meines Busens Schutz und Schirmer
Unbesiegtes *Marsen* Blut,
Enkel der *Cohorten* Stürmer
Römer Ueberwinderbrut.

25 *Chor*

Zu den Waffen! zu den Waffen!
Was die Hände blindlings raffen
Mit der Keule mit dem Stab
Stürmt ins Thal der Schlacht hinab.

30 3)

Wie der Schnee in Felsenrißen;
Wenn auf grauen Alpenhöhn

Von des Frühlings heißen Küßen
Siedend auf, die Gletscher gehn;
35 Katarakten stürmen nieder,
Fels und Wald folgt ihrer Bahn,
Das Gebirg hallt donnernd wieder,
Fluren sind ein Ocean.

Chor

40 So verlaßt, – <u>voran der Kaiser,</u>
Eure Hütten, eure Häuser,
Schäumt, ein Uferloßes Meer,
Ueber diese Franken her.

4)

45 Der Gewerbsmann der den Hügeln
Mit der Fracht entgegenzeucht, –
Der Gelehrte der auf Flügeln
Der Gestirne Saum erreicht.
Schweiß bedeckt das Volk der Schnitter
50 Das die Fluren niedermäht,
Und von seinem Fels der Ritter
Der – sein Cherub – auf ihm steht.

Chor

Wer in nie gefühlten Wunden
55 Dieser Fremden Hohn empfunden,
Brüder, wer ein deutscher Mann
Schließe diesem Reih'n sich an.

5)

Alle Triften alle Stätten
60 Färbt mit ihren Knochen weiß
Welchen Rab' und Fuchs verschmähten
Gebet ihn den Fischen preiß
Dämmt den Rhein mit ihren Leichen,
Laßt – gestaucht durch ihr Gebein –
65 Schäumend um die Pfalz ihn weichen

Und ihn dann die Gränze sein.

Chor

Eine Treibjagd, wie wenn Schützen
Auf der Spur dem Wolfe sitzen
70 Schlagt ihn todt! das Weltgericht
Fragt euch nach der Ursach nicht.

6)

Nicht die Flur ists die getreten
Unter ihren Roßen sinkt
75 Nicht der Mond der in den Städten
Aus den öden Fenstern blinkt;
Nicht das Weib, das mit Gewimmer
Ihrem Todeskuß erliegt!
Und zum Lohn beim Morgen Schimmer
80 Auf den Schutt der Vorstadt fliegt.

Chor

Euren Schlachtraub laßt euch schenken. –
Wenige die deßen denken;
Höh'rem als der Erde Gut,
85 Schwillt die Sehne, flammt das Blut.

7)

Rettung von dem Joch der Knechte,
Das aus Eisenerz geprägt,
Eines Höllensohnes Rechte
90 Ueber unsern Nacken legt.
Schutz den Tempeln und Verehrung;
Unsrer Fürsten heilgem Blut
Unterwerfung und Verehrung
Gift und Dolch der Afterbrut.

95 Chor

Frey auf deutschem Boden walten
Laßt uns nach dem Brauch der Alten

Seines Segens selbst uns freun
Oder unser Grab ihn seyn.[40]

———————

Diese Abschrift, welche ich dem bisherigen Brauch[41] folgend mit dem Buchstaben j bezeichne, ist mit keiner der uns bekannten Fassungen der Ode, also den Handschriften a, e, f, g, den Abschriften c, i und den Erstdrucken b, d, h von 1813, völlig identisch. Anstatt Klaus Kanzogs umfangreiche Darbietung der bis 1970 bekannt gewordenen Textzeugen[42] durch die seither entdeckten Fassungen detailliert zu erweitern, gehe ich im Rahmen der vorliegenden Untersuchung nur kurz auf das Verhältnis von j zu den übrigen Versionen ein. Während in den von mir seinerzeit in Brno aufgefundenen Abschriften Buols, etwa der Fassung i der *Germania*-Ode, Kleists reichhaltige Interpunktion weitgehend erhalten bleibt,[43] sind andere Abschriften in dieser Hinsicht weniger zuverlässig, z.B. die neuentdeckte Fassung von *Das letzte Lied*[44] oder die hier wiedergegebene Abschrift, die noch weniger Interpunktion aufweist als der Erstdruck b. Nur in j gibt es z.B. kein Satzzeichen nach „raffen" (27) und so wenige in Strophe 4. Die folgenden wesentlichen Lesarten kommen nur hier vor:

9	den
17	Deutscher
19	flatternd
29	stürmt
31	in
40	voran der Kaiser
57	diesem
71	der
73	getreten
91	Verehrung;

Da wir die Vorlage(n) nicht kennen, läßt sich nicht mit Sicherheit sagen, welche dieser Lesarten durch Nachlässigkeit oder Mißverständnisse beim Abschreiben entstanden sind. Hängt z.B. der nur

in j vorkommende zweimalige Gebrauch der Wörter „stürmen"
und „Verehrung" innerhalb weniger Zeilen (29, 35; 91, 93) damit
zusammen? Jedenfalls ist „stürmen" in Zeile 35 sonst nur noch im
Erstdruck d belegt, wo allerdings eine andere Pluralform („Cata-
racte") voraufgeht. Zeile 91 in j kommt ebenfalls d („Schutz den
Tempeln, und Verehrung") am nächsten, unterscheidet sich aber
andererseits durch das Semikolon nach „Verehrung" von d, wo ein
Semikolon erst die nächste Zeile abschließt. Dagegen ist Zeile 93 in
j von der Wortwahl her gesehen identisch mit der entsprechenden
Zeile in den Fassungen b, c, e, f und g, in denen sich allerdings ein
Komma am Zeilenende findet. Liegt j etwa eine noch nicht ausge-
reifte Fassung zugrunde? Oder werden hier zwei oder mehrere
Vorlagen kontaminiert? Das Wort „Ursach" (71) z. B. kommt sonst
nur noch in d vor, aber dort heißt es: „Fragt Euch um die Ursach
nicht." Dagegen ist die syntaktische Anordnung dieser Zeile in j
derjenigen in a, b, c, e, f, g und i ähnlich („nach den Gründen").
   Wie verhält sich j zu den beiden Hauptsträngen der Überlieferung, die durch die sechsstrophigen Fassungen a, b, i bzw. die sie-
benstrophigen d, e, f, g gekennzeichnet sind? Die neuentdeckte Abschrift ist dem zweiten Komplex zuzuordnen, steht also z. B. der
Handschrift g viel näher als der Handschrift a. Wenn man einmal
von Differenzen in der Interpunktion absieht, hat j z. B. von insgesamt 85 Textzeilen 48 mit der Originalhandschrift e gemeinsam,
wobei die Zeilen 48 und 59 ausschließlich in diesen beiden Fassungen vorkommen. Noch enger ist die Abschrift j mit dem Erstdruck
d verwandt, mit dem sie, abgesehen von Unterschieden in der Interpunktion, 60 von insgesamt 85 Textzeilen teilt. Beide beruhen
wahrscheinlich auf verschollenen Handschriften bzw. Abschriften,
die einander nahe standen.
   Über die Textgeschichte und Verbreitung von Kleists Gedichten
des Jahres 1809 sind wir weiterhin nur lückenhaft unterrichtet. Der
neue Fund bestätigt allerdings, daß von der *Germania*-Ode besonders viele Handschriften und Abschriften kursierten. Erst seit
kurzem weiß die Forschung, daß im Zusammenhang mit Gerüch-
ten von Kleists angeblichem Heldentod die Nachricht von seiner
„Ode an die Deutschen" etwa Mitte August 1809 nach Berlin und
kurz darauf sogar nach Königsberg drang,[45] also dem damaligen

Sitz des Hofs und der Regierung. Spätestens Ende September 1809 wurde der Text in dem vom Kriegsschauplatz weit abgelegenen Königsberg bekannt, wie Friedrich August Staegemann (1763–1840) seinem Freund Friedrich Schulz (1769–1845) am 1. Oktober 1809 von dort aus mitteilte: „Das Gedicht des H v Kleist: Germania an ihre Kinder, habe ich hier gelesen. Es enthält ganz vorzügliche Strofen und sublime Zeilen."[46] Auch am Hof, wo Staegemann, der Leiter der preußischen Staatsbank, häufig verkehrte, dürfte Kleists Gedicht nicht unbekannt geblieben sein, zumal dort damals die politischen und militärischen Entwicklungen in Österreich ein hochaktuelles Thema waren. Gerade in jenen Tagen nun, am 29. September 1809, traf die Prinzessin von Solms in Königsberg ein.[47] Möglicherweise gelangte die von mir entdeckte Abschrift dort in den Besitz dieser dezidierten Napoleongegnerin. In Anbetracht ihrer Verbindungen nach Böhmen und Berlin ist es allerdings auch denkbar, daß sie das Gedicht bereits in den voraufliegenden Wochen in Neustrelitz kennenlernte. Anscheinend interessierte sie sich „warm" für die deutsche Literatur und versuchte im Herbst 1807 in Teplitz, die oben erwähnte Juliane von Krüdener mit ihr bekannt zu machen: „Ompteda, ein ausgezeichneter Vorleser, übernahm es deshalb Sachen von Schiller oder Göthe vorzutragen [...]"[48] Ob die Prinzessin von Solms auch andere Werke Kleists kannte oder sogar schätzte, bleibt vorerst unbekannt.

Anmerkungen

1   Vgl. *Heinrich von Kleist. Sämtliche Werke und Briefe.* Hrsg. von Ilse-Marie Barth, Klaus Müller-Salget u.a. Bd. 3, Frankfurt a. M. 1990, S. 441–443, 1028–1031; Bd. 4, Frankfurt a. M. 1997, S. 367 (Kleist an Ulrike von Kleist, 6. Dezember 1806).

2   Merete van Taack: *Friederike, die galantere Schwester der Königin Luise. Im Glanz und Schatten der Höfe,* Düsseldorf 1987.

3   *Kleist. Sämtliche Werke und Briefe* (wie in Anm. 1), Bd. 4, S. 389.

4   *Aus dem Nachlaß Varnhagen's von Ense. Tagebücher von Friedrich von Gentz,* Bd. 1, S. 52.

5   Karl August Varnhagen von Ense: *Denkwürdigkeiten des eignen Lebens,* Bd. 2, Frankfurt a. M. 1987, S. 213.

6   Ebenda, S. 213 f. Gemeint ist Christine von Clary-Aldringen geb. von Ligne (1757–1830).

7   Ebenda, S. 214.

8   Zu Ligne vgl. ebenda, S. 231 f.; vgl. auch K. A. v. Varnhagen: *Karl Joseph, Fürst von Ligne*, in: *Galerie von Bildnissen aus Rahel's Umgang und Briefwechsel.* Hrsg. von K. A. v. Varnhagen. Bd. 1, Leipzig 1836, S. 81–93. Nach Mitteilung des Ligne-Forschers Basil Guy (Berkeley) vom 11. November 1999 ist keine Korrespondenz zwischen Ligne und der Prinzessin von Solms erhalten. Lignes Aufzeichnungen bezeugen, daß er ihr sehr zugetan war; so beginnt er eine Reflexion vom Jahr 1807 über sein Verhältnis mit ihr folgendermaßen: „Les charmes de la figure, de l'esprit et de l'âme et de la société de la princesse de Solms." (Prince de Ligne: *Fragments de l'histoire de ma vie*. Hrsg. von Félicien Leuridant. Bd. 2, Paris 1928, S. 149); vgl. ferner ebenda, S. 164, 177 u.ö.

9   Vgl. Verf.: *Heinrich von Kleist und die Brüder von Ompteda*, in: *Beiträge zur Kleist-Forschung* 1998, S. 59–75; zum größtenteils verschollenen Ompteda-Archiv vgl. ebenda, S. 59–61. Nachzutragen wäre noch, daß Ada von Ompteda geb. von Seckendorf-Aberdar in ihren 1925 verfaßten, sehr lesenswerten masch. Memoiren mit dem Titel *Meine Erlebnisse* (Niedersächsisches Hauptstaatsarchiv Hannover, Hann. 91 v. Ompteda III, Nr. 7) lediglich erwähnt, in ihrem Wiesbadener Haus seien „viele Bilder und Familiensachen" vorhanden gewesen (Kap. 11).

10 *Politischer Nachlaß des hannoverschen Staats- und Cabinets-Ministers Ludwig von Ompteda aus den Jahren 1804 bis 1813.* Veröffentlicht durch F. v. Ompteda. Abt. 1, Jena 1869, S. 223.

11 Ebenda. Die Suche nach dem Nachlaß des mit Ompteda befreundeten schwedischen Diplomaten und Kaufmanns Claes Bartolomeus Peyron (1753–1823) in schwedischen Archiven und Bibliotheken blieb bisher ergebnislos.

12 *Liste der im Jahre 1807. [!] zu Teplitz angekommenen Kur= und Badegäste, und der Wohnungen derselben [...]*, [Teplitz 1807], S. 17. Die in der Bibliothek des Regionalmuseums Teplice befindlichen Kurlisten sind von der literaturhistorischen Forschung noch kaum beachtet worden; vgl. Verf.: *Zu Friedrich von Hardenbergs Aufenthalt in Teplitz im Sommer 1798*, in: *Aurora* 59 (1999), S. 265–272. Leider geben die Kurlisten nicht den jeweiligen Tag der Abreise an.

13 Landeshauptarchiv Schwerin, Mecklenburg-Strelitzsche Briefsammlung, Nr. 255.

14 S. 60, Nr. 644 (frdl. Mitteilung von Milan Augustin, Direktor des Regionalarchivs Karlovy Vary, vom 13. Dezember 1999).

15 Bd. 1807, Nr. 1458 (frdl. Mitteilung von Milan Augustin vom 13. Dezember 1999).

16 Frdl. Mitteilung der ‚Archives de la Ville de Genève' vom 23. Dezember 1999.

17 Zumindest für das Jahr 1809 konnten Kontakte zwischen Kleists Gönner Buol und dem Hause Clary-Aldringen nachgewiesen werden; vgl. Verf.: *Neue Funde zu Heinrich von Kleists Freundes- und Bekanntenkreis um 1809*, in:

Jahrbuch des Wiener Goethe-Vereins 96 (1992), S. 188. – Von der einst 60.000 Bände umfassenden Bibliothek der Familie Clary-Aldringen sind nur noch ca. 18.000 übriggeblieben, die in der Bibliothek des Regionalmuseums Teplice aufbewahrt werden. Einem dort befindlichen hsl. Katalog vom Jahre 1843 zufolge muß sich darin einst der Erstdruck von *Das Käthchen von Heilbronn* befunden haben, und ein noch vorhandener Katalog zu Zimmer IV der früheren Bibliothek, das u. a. der deutschen Literatur gewidmet war, weist vier Signaturen zu Kleist auf, leider ohne Titelangaben und Jahreszahl (frdl. Mitteilung von Dr. Jana Michlova, Leiterin der Bibliothek des Regionalmuseums Teplice, vom 23. September 1999).

18 *Liste* (wie in Anm. 12), S. 97.

19 Vgl. *Politischer Nachlaß* (wie in Anm. 10), Abt. 1, S. 390 (Tagebuch vom 31. Mai und 1. Juni 1808). Zu weiteren Kontakten zwischen Ompteda und der Prinzessin im Juli und August 1808 vgl. ebenda, S. 392 f., 395.

20 *Liste der im Jahre 1808 .[!] zu Teplitz angekommenen Kur= und Badegäste, und der Wohnungen derselben,* Teplitz [1808], S. 75.

21 *Briefe von und an Friedrich von Gentz.* Hrsg. von Friedrich Carl Wittichen. Bd. 2, München/Berlin 1910, S. 288.

22 *Aus dem Nachlaß* (wie in Anm. 4), Bd. 1, S. 54; vgl. auch *Politischer Nachlaß* (wie in Anm. 10), Bd. 2, S. 227.

23 *Briefe von und an F. v. Gentz* (wie in Anm. 21), Bd. 2, S. 422. Um 1818 lebte Frau von Berg übrigens als Hofdame der Prinzessin in England; vgl. *Wilhelm von Humboldt. Gesammelte Schriften.* Hrsg. von Albert Leitzmann. Bd. 15, Berlin 1918, S. 462 ff.

24 *Aus dem Nachlaß* (wie in Anm. 4), Bd. 1, S. 211 f. Ernst Ludwig Hans von Bose (1770–1817) gehörte zu dem Dresdener Umkreis Kleists; vgl. Verf.: *Neue Funde* (wie in Anm. 17), S. 186 f.; er war z. B. mit Ompteda und Gentz befreundet; vgl. *Politischer Nachlaß* (wie in Anm. 10), Abt. 1, S. 223. – 1811 weilte die Prinzessin von Solms zusammen mit ihrem Bruder Georg von Mecklenburg-Strelitz erneut in Teplitz; vgl. K. A. Varnhagen v. Ense: *Denkwürdigkeiten* (wie in Anm. 5), Bd. 2, S. 234.

25 Landeshauptarchiv Schwerin, Mecklenburg-Strelitzsche Briefsammlung, Nr. 255, 256, 913.

26 Ebenda, Nr. 909. Allein aus dem Zeitraum 1807–1810 sind 41 Briefe vorhanden. In dieser Briefsammlung befinden sich auch 52 Briefe der Frau von Berg an den Erbprinzen Georg, die für unsere Zwecke aber nicht von Belang sind.

27 Ebenda, Nr. 154.6. In der Briefsammlung gibt es lediglich einen auf den 9. September 1810 datierten Brief Ludwig von Omptedas an die Prinzessin von Solms (Nr. 908). In den nur spärlich erhaltenen Korrespondenzen ihrer Schwester, der Herzogin Charlotte von Sachsen-Hildburghausen, befinden sich keine Briefe von ihr (frdl. Mitteilung des Thüringischen Staatsarchivs Altenburg vom 15. Dezember 1999). Im sogenannten Fischbacher Archiv, das im hessischen Staatsarchiv Darmstadt aufbewahrt wird, existiert aus dem Zeitraum 1807–1811 nur ein in unserem Zusammenhang allerdings nicht re-

levanter Brief der Prinzessin von Solms an Prinzessin Marianne von Preußen vom 12. März 1811. Im Fürst Thurn und Taxis Zentralarchiv Regensburg befinden sich keine Briefe von ihr an ihre Schwester Therese von Thurn und Taxis (1773–1839) aus dem Zeitraum 1807–1812 (frdl. Mitteilung vom 10. Februar 2000).

28 Vgl. Verf.: *Ein unbekannter Brief Heinrich von Kleists an Marie von Kleist*, in: *Jahrbuch der Deutschen Schillergesellschaft* 22 (1978), S. 109; zum Giewitzer Kreis vgl. ebenda, S. 105–109.

29 Landeshauptarchiv Schwerin, Mecklenburg-Strelitzsche Briefsammlung, Nr. 909. Beckedorfs Biographie ist nur teilweise erforscht. Im Landeshauptarchiv Schwerin befinden sich zwei am 26. Oktober 1809 in Neustrelitz verfaßte Dokumente, die sich auf seine Ernennung zum Hofrat beziehen (Strel. Fürstenhaus, I, 476, 1), und zwei weitere dort aufgesetzte vom 26. Mai 1810 zur Dispensation vom Aufgebot im Zusammenhang mit seiner bevorstehenden Eheschließung (Strel. Familienakten, Nr. 235). Ein unbekannter Zeitgenosse charakterisiert Beckedorf folgendermaßen: „Er war der erste Lehrer und Führer, den der Erbprinz Carl von Anhalt-Bernburg erhielt; sein Aeußeres empfehlend, man kann sagen, imposant; seine Tournure die der großen Welt. Geistig war B. gut begabt, daneben talentvoll, namentlich als Vorleser und Declamator; überall machte er einen günstigen Eindruck, nicht am Wenigsten auf die Damen." (*Lebensbild Gebhard Antons von Krosigk, weiland Herzoglich Anhaltischen Gesammtraths* [...], Bd. 2, Bernburg 1870, S. 207) Zu Beckedorfs späterem Wirken vgl. Max Lenz: *Geschichte der Königlichen Friedrich-Wilhelms-Universität zu Berlin*, Bd. 2, 1. Hälfte, Halle 1910, S. 90–92.

30 Vgl. ihren am 28. April 1811 in Neustrelitz verfaßten Brief an Luise von Voss (Landeshauptarchiv Schwerin, Mecklenburg-Strelitzsche Briefsammlung, Nr. 154.6). Unbekannt war bisher, daß der auch in anderen Briefen der Prinzessin Solms erwähnte Erzieher Karl Johann Konrad Matthaei (1744–1836) ebenfalls zum Giewitzer Kreis gehörte. Am 23. Januar 1808 z. B. teilt sie ihrem Bruder Georg mit, daß sich Matthaei noch in Giewitz aufhalte (ebenda, Nr. 256). Zu Matthaei vgl. *Allgemeine Deutsche Biographie*, Bd. 52, S. 232–237.

31 Ebenda, Nr. 909.

32 Vgl. ihren Brief an ihren Bruder Georg vom 5. Juni 1809, worin sie ihm übrigens Grüße an Johann George Scheffner (1736–1820) aufträgt, welcher der Kleist-Forschung schon bekannt ist (ebenda, Nr. 256). Die Handschriftenabteilung der Universitätsbibliothek Bonn besitzt ein Gedicht Scheffners auf die Prinzessin von Solms vom Jahr 1807 (frdl. Mitteilung von Erich Mertens vom 22. November 1999).

33 Ebenda (An Georg von Mecklenburg-Strelitz, 19. Juli 1809).

34 Zur Geschichte des Königlichen Hausarchivs vgl. *Übersicht über die Bestände des Niedersächsischen Hauptstaatsarchivs in Hannover*, Bd. 4, Göttingen 1992, S. 32–41; zum Nachlaß der Prinzessin von Solms vgl. ebenda, S. 47f.

35 Vgl. Geoffrey Malden Willis: *Ernst August, König von Hannover*, Hannover 1961. Willis war von 1964 bis 1969 Archivar des Hauses Hannover.

36 Unter der Signatur Dep. 103 II Korrespondenzen, 11/27 befindet sich ein Prolog von Ludwig von Beckedorf (vgl. Anm. 29), der am 10. Oktober 1808 von einer Frau von Oertzen vorgetragen wurde.

37 Am 17. Juli 1809 schickte ihr Luise von Voss das österreichische Bulletin über die Schlacht bei Wagram (Hauptstaatsarchiv Hannover, Dep. 103 II Korrespondenzen, 13/89). Es ist bezeichnend für die antinapoleonische Einstellung der Prinzessin, daß Ludwig von Ompteda sie im Frühjahr 1809 anläßlich ihres Besuchs auf dem seiner Schwiegermutter gehörenden Gut Schönermark in seine bevorstehende Geheimmission nach England einweihte; vgl. *Politischer Nachlaß* (wie in Anm. 10), Abt. 1, S. 414.

38 Die Anfangszeilen des Gedichts lauten: „Nicht um mich, ihr treuen Streitgenossen – weint um ein entartetes Geschlecht […]" Es ist nicht identisch mit dem Gedicht gleichen Titels, das Max von Schenkendorf in Königsberg verfaßte, und scheint der Schenkendorf-Forschung unbekannt zu sein (frdl. Mitteilung von Erich Mertens vom 22. November 1999).

39 Frdl. Mitteilung von Andrea Lothe, Papierhistorische Sammlungen der Deutschen Bücherei Leipzig, vom 11. November 1999.

40 Niedersächsisches Hauptstaatsarchiv Hannover, Dep. 103 II 14/3. Ich danke Seiner Königlichen Hoheit dem Prinzen Ernst August von Hannover für die Erlaubnis zur Durchsicht zahlreicher Konvolute im Nachlaß der Königin Friederike und die Genehmigung zur Wiedergabe der Abschrift, ferner Herrn Dr. Dieter Brosius (Hauptstaatsarchiv Hannover) für zahlreiche Auskünfte.

41 Vgl. *Kleist. Sämtliche Werke und Briefe* (wie in Anm. 1), Bd. 3, S. 997–1001.

42 Klaus Kanzog: *Prolegomena zu einer historisch-kritischen Ausgabe der Werke Heinrich von Kleists. Theorie und Praxis einer modernen Klassiker-Edition*, München 1970, S. 150–168.

43 Vgl. Verf.: *Funde und Studien zu Heinrich von Kleist*, Tübingen 1984, S. 299–304.

44 Vgl. Verf.: *Eine neuentdeckte Fassung von Heinrich von Kleists ‚Das letzte Lied'. Ein Beitrag zu den Gedichten des Jahres 1809*, in: *Kleist-Jahrbuch 1999*, S. 251–265.

45 Vgl. Verf.: *Gerüchte vom Heldentod des Dichters. Unbekannte Zeugnisse zu Heinrich von Kleist vom Jahre 1809*, in: *Kleist-Jahrbuch 1998*, S. 276, 278.

46 Vgl. ebenda, S. 279.

47 *Die Jugend des Königs Friedrich Wilhelm IV. von Preußen und des Kaisers und Königs Wilhelm I. Tagebuchblätter ihres Erziehers Friedrich Delbrück (1800–1809).* Hrsg. von Georg Schuster. 3. Teil, Berlin 1907, S. 276.

48 *Politischer Nachlaß* (wie in Anm. 10), Bd. 2, S. 224. Zum etwa Mitte Juli 1807 beginnenden Aufenthalt J. von Krüdeners und ihrer Tochter Juliette in Teplitz vgl. Francis Ley: *Madame de Krüdener 1764–1824. Romantisme et Sainte-Alliance*, Paris 1994, S. 202–205. Ihr in der Württembergischen Landesbibliothek Stuttgart aufbewahrter, in Teplitz am 10. August 1807 verfaßter Brief an

die Prinzessin Solms (Cod. hist. 4° 333a, Nr. 391) ist in unserem Zusammenhang ebensowenig relevant wie ihr Brief an diese vom Mai 1809 (ebenda,
Nr. 274).

Eberhard Siebert

„GRÜNE GLÄSER" UND „GELBSUCHT"
EINE NEUE HYPOTHESE ZU KLEISTS „KANTKRISE"

Seit hundert Jahren oder länger wird nach dem Text gesucht, der Kleist in die Krise gestürzt hat, die sich die Forschung als Kantkrise zu bezeichnen gewöhnt hat. Aber trotz aller Bemühungen, insbesondere von Ernst Cassirer,[1] Ludwig Muth[2] und Ulrich Gall,[3] konnte bisher kein Werk namhaft gemacht werden, das zweifelsfrei und unumstritten als dieser Text identifiziert werden könnte.[4] Einiges spricht dafür, daß die bisherigen Versuche erfolglos waren, weil ihnen eher philosophische als philologische Ansätze zugrunde lagen. Bei dem vorliegenden Versuch sollen daher philologische Überlegungen im Vordergrund stehen. Dazu gehört als notwendige Voraussetzung die genaue Beachtung der Quellen. Kleist schrieb am 22. März 1801 an Wilhelmine von Zenge:

> Vor kurzem ward ich mit der neueren sogenannten Kantischen Philosophie bekannt – u Dir muß ich jetzt daraus einen Gedanken mittheilen, indem ich nicht fürchten darf, daß er Dich so tief, so schmerzhaft erschüttern wird, als mich. Auch kennst Du das Ganze nicht hinlänglich, um sein Interesse vollständig zu begreifen. Ich will indessen so deutlich sprechen, als möglich.
>
> Wenn alle Menschen statt der Augen grüne Gläser hätten, so würden sie urtheilen müssen, die Gegenstände, welche sie dadurch erblicken, *sind* grün – und nie würden sie entscheiden können, ob ihr Auge ihnen die Dinge zeigt, wie sie sind, oder ob es nicht etwas zu ihnen hinzuthut, was nicht ihnen, sondern dem Auge gehört. So ist es mit dem Verstande. Wir können nicht entscheiden, ob das, was wir Wahrheit nennen, wahrhaft Wahrheit ist, oder ob es uns nur so scheint. Ist das letzte, so *ist* die Wahrheit, die wir hier sammeln, nach dem Tode nicht mehr – u alles Bestreben, ein Eigenthum sich zu erwerben, das uns auch in das Grab folgt, ist vergeblich –
>
> Ach, Wilhelmine, wenn die Spitze dieses Gedankens Dein Herz nicht trifft, so lächle nicht über einen Andern, der sich tief in seinem heiligsten Innern davon verwundet fühlt. Mein einziges, mein höchstes Ziel ist gesunken, und ich habe nun keines mehr –[5]

Einen Tag später verfaßte er einen Brief an seine Halbschwester Ulrike. Der Beginn lautet folgendermaßen:

Mein liebes Ulrikchen, ich kann Dir jetzt nicht so weitläufig schreiben, warum ich mich entschlossen habe, Berlin sobald als möglich zu verlassen u ins Ausland zu reisen. Es scheint, als ob ich eines von den Opfern der Thorheit werden würde, deren die Kantische Philosophie so viele auf das Gewissen hat. Mich eckelt vor dieser Gesellschaft u doch kann ich mich nicht losringen aus ihren Banden. Der Gedanke, daß wir hienieden von der Wahrheit nichts, gar nichts, wissen, daß das, was wir hier Wahrheit nennen, nach dem Tode ganz anders heißt, u daß folglich das Bestreben, sich ein Eigenthum zu erwerben, das uns auch in das Grab folgt, ganz vergeblich u fruchtlos ist, dieser Gedanke hat mich in dem Heiligthum meiner Seele erschüttert – Mein *einziges* u *höchstes* Ziel ist gesunken, ich habe keines mehr.[6]

Obgleich Kleist in beiden Briefen teilweise die gleichen Formulierungen verwendet, unterscheiden sich die Schreiben in ihrer Tendenz recht deutlich voneinander. Im Brief an Wilhelmine schildert Kleist seine Situation; er versucht, ihre Darstellung möglichst überzeugend und nachvollziehbar zu entwickeln. Erst nahezu anderthalb Seiten nach den zitierten Abschnitten deutet sich, deutet er eine Konsequenz aus der Krise an: die Idee, eine Reise zu unternehmen. Als Kleist am nächsten Tag an Ulrike schreibt, steht der Entschluß zur Reise bereits fest; was Kleist zu dessen Begründung anführt, wirkt wie eine vergröbernde, nachgeschobene Zusammenfassung. Es scheint deshalb gerechtfertigt, zum alleinigen Ausgangspunkt für die folgenden Überlegungen den Brief an Wilhelmine zu wählen, insbesondere die Formulierung von der „neueren sogenannten Kantischen Philosophie". Sie kann gar nicht ernst genug genommen werden.

Mit der „s o g e n a n n t e n Kantischen Philosophie" kann Kleist nicht Kants eigene Philosophie gemeint haben. Denn wäre es so gewesen, hätte er schlicht von Kant gesprochen, so wie er es zweimal an anderer Stelle in seinen Briefen getan hat.[7] Folglich brauchen wir bei Kant selber nicht (mehr) zu suchen; offenbar dachte Kleist an eine interpretierende, eine popularisierende oder eine polemisch verzerrende Darstellung. In Betracht gezogen werden muß sogar die banale Möglichkeit, daß Kleist auf einen Autor anspielte, der im Titel seines Buches den Begriff „Kantische Philosophie" verwendet hat.

Wer kommt in Frage? Vor dem Versuch, darauf eine Antwort zu finden, ist eine grundsätzliche Bemerkung am Platze. Wir haben die

Wahl zwischen zwei Annahmen und deren Konsequenzen. Erinnern wir uns an den Konditionalsatz von den „grünen Gläsern". Entweder ist die dadurch eingeleitete Gedankenkette Kleists eigene Leistung, will sagen: er hat einen vorgefundenen Text umgeformt; dann werden wir auch diesmal – wie die bisherige Forschung – über Wahrscheinlichkeiten nicht hinausgelangen. Oder aber wir unterstellen Kleist, er habe sich eng an Metaphorik, Gedankenführung und Syntax seiner Vorlage, des die Krise auslösenden Textes, gehalten; dann dürfen wir hoffen, diesen zu finden. Hier soll von der zweiten Annahme ausgegangen werden, wenn sie auch zunächst durch nichts anderes gerechtfertigt ist als durch den Ehrgeiz, einen Text wiederzuentdecken, der für Kleists Entwicklung so ungemein wichtig war.

Zurück zur Frage, wer der Autor des gesuchten Textes sein könnte. Von seiner – cum grano salis – antirationalistischen Grundeinstellung her kann Johann Georg Hamann als Kandidat betrachtet werden. Auch sein Reichtum an (vornehmlich dunklen) Metaphern qualifiziert ihn dafür. Ihm wäre das Bild von den „grünen Gläsern" zuzutrauen. Vor der Fortsetzung dieser Erörterungen ist aber eine weitere Klärung notwendig. Es war, wie erinnerlich, nicht von der „sogenannten Kantischen Philosophie" schlechthin die Rede, sondern von der „neueren sogenannten Kantischen Philosophie". Wenn der Begriff „neuere" auch gewiß dehnbar ist und unterschiedliche Definitionen zuläßt, so wird es hier doch nicht gänzlich falsch sein, darunter etwa anderthalb bis höchstens zwei Jahre zu fassen. Dann allerdings scheidet Hamann aus. Er starb bereits 1788; sein *Fragment einer ältern Metacritik und einige Aufsätze, die Kantische Philosophie betreffend* erschienen postum 1800. Wohl niemand wird sie seinerzeit als „neuere" Stellungnahme zu Kant haben bezeichnen wollen.

Zu denken ist auch an Karl Leonhard Reinhold, den zeitgenössischen Kant-Exegeten. Aber Schriften, die entweder die „Kantische Philosophie" expressis verbis im Titel führen oder sich zum Problem der Erkenntnis der Wahrheit äußern, erschienen nicht um 1800, sondern weit vorher oder nachher. Da ist zunächst die Abhandlung *Über die bisherigen Schicksale der Kantischen Philosophie* von 1789 zu nennen. 1790 bis 1792 folgten die berühmten *Brie-*

fe über die Kantische Philosophie; bereits 1790 kamen in anderen Verlagen zwei Auswahlausgaben davon heraus.

Erst nach einer langen Pause veröffentlichte Reinhold weitere Beiträge zum Thema. 1808 waren es *Die Anfangsgründe der Erkenntnisz der Wahrheit in einer Fibel für noch unbefriedigte Forscher nach dieser Erkenntnisz*; 1816 erschien *Das menschliche Erkenntnisvermögen aus dem Gesichtspunkte des durch die Wortsprache vermittelten Zusammenhangs zwischen der Sinnlichkeit und dem Denkvermögen untersucht und beschrieben.*[8] Der *Versuch einer neuen Theorie des menschlichen Vorstellungsvermögens* schließlich, den Ulrich Gall als Auslöser für Kleists „Kantkrise" glaubte namhaft machen zu können, datiert von 1789.[9] Aus chronologischen Gründen – und auch vom Stil her – kann Reinhold nicht der von der Kleist-Forschung gesuchte philosophische Autor gewesen sein.

Wenden wir uns Johann Gottfried Herder zu. Ähnlich wie Hamann verfaßte auch er eine *Metakritik zur Kritik der reinen Vernunft*; sie erschien 1799. Bei ihrer Lektüre spürt man allenthalben Herders Abneigung und Groll gegen Kant; ihm wurde sogar die verzerrende Darstellung von Kants Philosophie vorgeworfen, gegen die sich dann um so trefflicher polemisieren ließ. Damit läßt sich auf Herder in geradezu idealer Weise Kleists Formulierung von der „neueren sogenannten Kantischen Philosophie" anwenden. Hält die *Metakritik*, was wir uns von ihr versprechen? Sehen wir zu. Im Ersten Teil: *Verstand und Erfahrung*, und zwar im Kapitel VI *Vom Idealismus und Realismus*, lesen wir:

Dem klärsten Sinn, dem Gesicht, traut er am wenigsten; denn seine Gegenstände, Farben und Umrisse, sind ihm fern. Er hat sich an ihnen oft hintergangen gefunden, d.i. (da kein Sinn hintergehen kann) zum Gebrauch dieses Sinnes, des Auges, werden so feine Regeln erfordert, ohne welche seine an sich höchst richtige *Anwendbarkeit* leidet, daß der Verstand fast nicht *vorsichtig* genug sein kann, durchs Auge zu erkennen und auszusprechen: „*Das ist! Das ist nicht! So ist es!*" Da im Gebiet dieses Sinnes der Gegenstand uns nicht nur entfernt ist, sondern auch zwei, wo nicht mehr Medien, *Luft* und *Licht*, zwischen uns und ihn in die Mitte treten; da unser Auge selbst endlich ein so kunstreiches Organ ist, daß seine feinsten Bewegbarkeiten uns noch hinter dem Schleier liegen: wie mancherlei Täuschungen können veranlaßt werden, in welche sich Auge, Medium und Gegenstand teilen! Krankheiten oder Ermattungen des Organs, Verschiedenheiten der Luft und des Lichts, endlich die Beschaffenheit und Stellung der Gegenstände selbst zeigen uns eine Menge solcher Täuschungen, deren Ursachen die Physik und Mathematik angibt, deren Wirkung optische Instrumente wiederholen, deren Effekte die Zeichen- und Malerkunst sogar künstlich nachahmt; denn der höchste Effekt dieser Künste beruht auf optischem Truge.

Wie ging die Natur also zu Werk, um uns vor Täuschungen dieses Sinnes nicht nur zu sichern, sondern uns auch an diesem scheinbar trügenden Organ sogar eine Regel der Gewißheit für andre Sinne zu geben? Sie gesellte ihm *mehrere*, die *verschiedensten* Sinne zu und nahm ihren Aufseher, den sie gebrauchenden und vereinigenden Verstand, damit fortgehend in ihre Schule.[10]

Mag es auch zwischen Kleists Darlegungen im Brief an Wilhelmine und dem zitierten Herder-Text manche Ähnlichkeit geben, so ist doch ein entscheidender Unterschied nicht zu übersehen. Für Kleist ist die Unzuverlässigkeit der optischen Wahrnehmung ein Gleichnis dafür, daß der Verstand zur Erkenntnis der objektiven und über unseren Tod hinaus Bestand habenden Wahrheit nicht taugt; Herder dagegen sieht den Verstand als korrigierende Instanz unserer trügerischen sinnlichen Wahrnehmungen. Schauen wir uns in der *Metakritik* weiter um:

Der menschliche Verstand erkennt, was ihm erkennbar, in der Weise, wie es ihm seiner Natur und seinen Organen nach erkennbar ist.[11]

Insofern hier die Begrenztheit des menschlichen Verstandes auf den Punkt gebracht worden ist, mag der Anstoß zu Kleists Krise von hier ausgegangen sein. Wenn wir aber größere Sicherheit erreichen wollen – und das wollen wir ja –, dann müssen wir weiter Ausschau halten nach einem Text, der den zitierten Abschnitten aus Kleists Brief auch sprachlich und stilistisch nähersteht. Dieser Text müßte eine weniger anspruchsvolle Diktion aufweisen als Herders *Metakritik;* er müßte in einem populäreren und leichter verständlichen Stil verfaßt sein.

Ein solcher Text ließe sich möglicherweise unter den Rezensionen zur *Metakritik* entdecken. Bei der Durchsicht der in Frage kommenden Jahrgänge der *Neuen allgemeinen deutschen Bibliothek*, an die zuvörderst zu denken war, fanden sich in Band 62 von

1801[12] mehrere Besprechungen von Herders Buch. Und bei der sicherheitshalber fortgesetzten Durchsicht fiel in Band 65 (ebenfalls von 1801)[13] der folgende Titel auf:

Sebastian Mutschelle: *Versuch einer solchen faßlichen Darstellung der Kantischen Philosophie, daß hieraus das Brauchbare und Wichtige derselben für die Welt einleuchten möge.* Erstes Heft. Erste Hauptfrage: „Was kann ich wissen?" Selbstverlag ohne Ort 1799.

Ohne jede Vorrede sei daraus der folgende Abschnitt zitiert:

Wenn das Auge mit der Gelbsucht behaftet ist, so erscheint der Gegenstand nicht darum gelb, weil er für sich gelb ist, sondern weil ihn das Aug, nach seiner dermalig innern Beschaffenheit nicht anders, als gelb schauen kann: er trägt, so wie er in der Vorstellung vorkömmt, etwas an sich, das nicht von ihm, sondern vom anschauenden Auge herrührt, und man kann also von ihm nicht sagen, daß er so, wie er sich darstellt, wirklich sey, sondern nur, daß er dem Auge so erscheine. Auf eine ähnliche Weise, wenn der Gegenstand, wie er sich in der sinnlichen Anschauung darstellt, überhaupt etwas von dem, was das anschauende Gemüth kraft seiner innern Naturbeschaffenheit hinzugiebt, und also etwas Fremdes an sich hat, so kann man von ihm nicht sagen und wissen, was er an sich sey, sondern nur, wie er uns zufolge der Beschaffenheit unsers Beschauungsvermögens erscheine.[14]

An die Erörterung des trügerischen Gesichtssinnes schließt Mutschelle den Vergleich mit dem „anschauenden Gemüth" beziehungsweise dem „Beschauungsvermögen" an; Kleist spricht dagegen von „Verstand". Bis auf diese Abweichung ist die Ähnlichkeit beider Texte in Wortwahl, Metaphorik, Gedankenführung und Syntax so evident, daß es kaum zweifelhaft sein kann: Mutschelles Text ist für Kleists „Kantkrise" ursächlich gewesen.

Wer war Sebastian Mutschelle? Sollte die Annahme zutreffen, daß er heutigen Germanisten kein Begriff ist, dann mögen ein paar biographische Fakten nicht überflüssig sein: Geboren am 18. Januar 1749 in Allershausen, Besuch des Jesuitengymnasiums in München, 1765 Eintritt in den Jesuitenorden, 1774 Priesterweihe in Freising, 1775 Kanoniker am Kollegiatstift St. Veit ebendort, 1779 Schulkommissar ebendort, 1793 erzwungene Niederlegung der Ämter wegen des Verdachts unkirchlicher Gesinnung (aufgrund

Sebastian Mutschelle (1749–1800). Kupferstich von Schramm, 1802.
Frontispiz in: Kajetan Weiller, *Mutschelles Leben*, München 1803

seiner Reformbestrebungen und seiner Orientierung an Kants Philosophie), Pfarrer in Baumkirchen bei München, 1799 Rehabilitierung und Professor für Moral am Lyzeum in München, 1800 Ruf auf einen geplanten Lehrstuhl für katholische Theologie an der

Universität Königsberg, noch vor Abschluß der Verhandlungen gestorben am 28. Januar 1800 in München. Mutschelle erstrebte eine Verbindung der katholischen Morallehre mit Kants Philosophie; er gilt als Förderer des Kantianismus und als einer der bedeutendsten Anhänger Kants im katholischen Deutschland.[15]

Die interessante Frage, wann und wie Kleist auf Mutschelle aufmerksam geworden sein mag, kann hier nur gestellt werden. Bei ihrer Beantwortung wäre folgendes zu bedenken: Die Besprechung in der *Neuen allgemeinen deutschen Bibliothek* dürfte nicht schon im Januar oder Februar, sondern erst im weiteren Verlauf des Jahres 1801 erschienen, für Kleist also zu spät gekommen sein. Schneller waren die Neuerscheinungs-Anzeigen, die von Berliner Buchhändlern in relativ kurzen Abständen in den beiden großen Berliner Zeitungen, der *Spenerschen* und der *Vossischen*, veröffentlicht wurden. Es steht jedoch dahin, wieweit sie dem Zeitungsleser Kleist, der in der fraglichen Zeit (1799) allenfalls ausnahmsweise in Berlin war, tatsächlich zugänglich waren.

Oder war Mutschelle um 1800 Tagesgespräch (so wie heute etwa Hans Küng und Eugen Drewermann)? Das wird sich – wenn überhaupt – nur mit großer Mühe feststellen lassen. Immerhin scheinen seine Bücher recht weit verbreitet gewesen zu sein; für die Kant-Einführung sind über die (online geführten) Verbundkataloge der deutschen Bibliotheken selbst heute noch fünfzehn Standorte nachzuweisen, die meisten davon in Süddeutschland. Der Reprint von 1968 wurde dabei nicht berücksichtigt.

Denkt man an die Affinität der Romantik zum Katholizismus, liegt die Frage nahe, ob Kleists Kenntnis des Buchs von Mutschelle durch einen der Berliner Romantiker vermittelt worden sein könnte. Auszuschließen ist dies für Heinrich Wackenroder, Adam Müller, Ludwig Tieck, Clemens Brentano und Achim von Arnim. Die Gründe sind unterschiedlich: früher Tod, fehlende Hinneigung zum Katholizismus oder späte Konversion, später Beginn der Bekanntschaft. Allein Friedrich Schlegel kommt in Betracht. Zwar erfolgte sein Übertritt zum Katholizismus erst 1808, aber er war ein solider Kenner von Kants Philosophie, und Kleists Kant-Kenntnis vor 1801 geht wesentlich auf die Vermittlung Schlegels zurück. Das hat Gall wahrscheinlich gemacht.[16] Ob und wie Kleist durch Schlegel auch auf Mutschelles Buch hingewiesen worden sein könnte, darüber ließe sich nur spekulieren.

Ebensogut läßt es sich vorstellen, daß Kleist im katholischen Würzburg auf Mutschelles Kant-Einführung aufmerksam geworden ist. Nachweislich hat er sich auf der Würzburger Reise für Kant interessiert, ließ er sich doch am 14. August 1800 „[s]eine" Schrift über die Kantische Philosophie von Ulrike nachschicken.[17] Ungefähr vier Monate nach der Rückkehr aus Würzburg brach die Krise aus.

Ein zweiter Fragenkomplex knüpft sich an die so häufig zitierten „grünen Gläser". Warum hat Kleist die „Gelbsucht"-Metapher durch die „Gläser"-Metapher ersetzt? Waren um 1800 optische Motive en vogue? Wem fiele in diesem Zusammenhang nicht Hoffmanns Brille ein, die ihm die Puppe Olympia als lebendigen Menschen erscheinen läßt? Freilich, Offenbachs Oper *Hoffmanns Erzählungen* datiert erst von 1881, aber wie steht es bei E.T.A. Hoffmann selber mit der Vorlage für den Olympia-Akt? Die Novelle *Der Sandmann*, aus der die Oper das Motiv von Nathanaels Zauberfernglas entlehnt und umgeformt hat, wurde erst 1816 veröffentlicht, hat also Kleist mit Sicherheit nicht angeregt. Umgekehrt werden in einer australischen Dissertation[18] Kant (!) und Kleist, aber unter anderen auch Ludwig Tieck, Friedrich Maximilian Klinger und Bonaventuras *Nachtwachen* in einer Tradition optischer Motive gesehen, die auf Hoffmann zuläuft und in der er einen herausragenden Platz einnimmt. Für Kleist sind in diesem Zusammenhang Tieck und Klinger interessant. Eine Wendung wie „das Mittelglas des Verstandes"[19] aus Tiecks Roman *Geschichte des Herrn William Lovell* von 1795/96 läßt aufhorchen. Die auf anderen Beobachtungen gründende Vermutung, Kleist habe den *William Lovell* gekannt,[20] sollte mit Blick auf diese Formulierung erneut diskutiert werden. Den *Kettenträger* von Friedrich Maximilian Klinger jedenfalls hat Kleist gelesen – sogar während der „Kantkrise", wie wir aus dem oben ausführlich zitierten Brief an Wilhelmine wissen.[21] Hanna Hellmann dürfte mit ihrer Hypothese recht gehabt haben, Kleist verdanke die „Gläser"-Metapher dem *Kettenträger*,[22] aber – wie nunmehr zu betonen ist – im hier besprochenen Kontext nur das konkrete Bild, nicht jedoch dessen philosophischen Gehalt.

Des weiteren möchte ich der nachfolgenden Forschung die Erörterung der Frage überlassen, ob Kleist das Buch von Mutschelle – und durch dieses hindurch Kants *Kritik der reinen Vernunft* – richtig verstanden hat. Denn Mutschelle hat seiner Einführung, wie er selber schreibt,[23] die *Kritik der reinen Vernunft* zugrunde gelegt. Allenfalls ein „angehender philosophischer Lehrling",[24] wünsche ich mir, daß Berufenere die Problematik des angemessenen Verständnisses anpacken mögen. Der sogleich zu zitierende Abschnitt aus Mutschelles Buch sollte in diese Überlegungen einbezogen werden. Wenn Kleist bei seiner Lektüre nicht völlig unsystematisch vorgegangen ist, muß er ihn gelesen haben; denn er steht vier Seiten vor dem oben wiedergegebenen Zitat. Mutschelle faßt Kants Antwort auf die Frage: „Was kann ich von sinnlichen Dingen wissen?" folgendermaßen zusammen:

> Sie ist verneinend und bejahend; sie spricht uns das Wissen, was die Dinge an sich sind, ab, und erkennt uns das Wissen allgemeiner Gesetze, unter denen die Naturerscheinungen stehen, zu.[25]

Ein Letztes: Peter Staengle hat kürzlich Zweifel an der Glaubwürdigkeit der Kantkrise geäußert.[26] Verstehe ich ihn richtig, dann hat seiner Auffassung zufolge Kleist die Krise wenn nicht erfunden, so doch dramatisiert, um einen Reisegrund zu haben. Aber meint einer, der von seinem gesunkenen „höchsten Ziel", von „glühender Angst" und von Erschütterung „in dem Heiligthum meiner Seele"[27] spricht, meint ein solcher, frage ich, es damit nicht ernst? Im Lichte der nunmehr erschlossenen Quelle sollte Staengles Einschätzung kritisch überprüft werden.

Anmerkungen

1   Ernst Cassirer: *Heinrich von Kleist und die Kantische Philosophie*, Berlin 1929 (= *Philosophische Vorträge*, veröffentlicht von der Kant-Gesellschaft, Nr. 22).

2   Ludwig Muth: *Kleist und Kant. Versuch einer neuen Interpretation*, Köln 1954 (= *Kantstudien*, Erg.-H. 68); zugleich Phil. Diss. Mainz.

3   Ulrich Gall: *Philosophie bei Heinrich von Kleist. Untersuchungen zu Herkunft und Bestimmung des philosophischen Gehalts seiner Schriften*, Bonn 1977 (= *Abhandlungen zur Philosophie, Psychologie und Pädagogik*, Bd. 123); zugleich Phil. Diss. Köln 1976.

4   Vgl. den Kommentar in: Klaus Müller-Salget, Stefan Ormanns (Hrsg.): *Briefe*

von und an Heinrich von Kleist 1793–1811, Frankfurt am Main 1997 (= *Heinrich von Kleist. Sämtliche Werke und Briefe in vier Bänden*. Hrsg. von Ilse-Marie Barth, Klaus Müller-Salget, Stefan Ormanns und Hinrich C. Seeba. Bd. 4 = *Bibliothek deutscher Klassiker*, Bd. 122), S. 549–551.

5 Kleist (wie in Anm. 4), S. 205.

6 Ebenda, S. 207 f.

7 Ebenda, S. 124 und 127 (Briefe an Wilhelmine von Zenge vom 15. und 16. September 1800).

8 Alle Titel wurden zitiert nach: Hilmar Schmuck, Willi Gorzny (Bearb.): *Gesamtverzeichnis des deutschsprachigen Schrifttums 1700–1910*, Bd. 115, München – New York – London – Paris 1984, S. 320–322.

9 Gall (wie in Anm. 3), S. 108–135.

10 Johann Gottfried Herder: *Metakritik zur Kritik der reinen Vernunft*, Berlin 1955 (= *Philosophische Bücherei*, Bd. 4), S. 164 f.

11 Ebenda, S. 150.

12 *Neue allgemeine deutsche Bibliothek*, Bd. 62,1 (1801), S. 129–171.

13 Ebenda, Bd. 65,1 (1801), S. 76–78.

14 Sebastian Mutschelle: *Versuch einer solchen faßlichen Darstellung der Kantischen Philosophie, daß hieraus das Brauchbare und Wichtige derselben für die Welt einleuchten möge*. Erstes Heft. Erste Hauptfrage: „Was kann ich wissen?" Selbstverlag o. O. 1799. – So lautet, wie bereits zitiert, die Angabe in der *Neuen allgemeinen deutschen Bibliothek*. In dem von mir benutzten Exemplar der Staatsbibliothek zu Berlin (Signatur: Nm 466) findet sich ein abweichendes Impressum: München, bey Joseph Lindauer, 1802. Es ist zu vermuten, daß sich diese Variante auf das aus sieben Heften bestehende abgeschlossene Werk bezieht. – Mein Zitat befindet sich auf S. 15.

15 *Neue Deutsche Biographie*, Bd. 18, Berlin 1997, S. 658 f. – Vgl. auch: *Allgemeine Deutsche Biographie*, Bd. 23, Leipzig 1886, S. 115 f., sowie Walter Kasper (Hrsg.): *Lexikon für Theologie und Kirche*, 3. Auflage, Bd. 7, Freiburg – Basel – Rom – Wien 1998, Sp. 557.

16 Gall (wie in Anm. 3), S. 56–77, bes. S. 72 f.

17 Kleist (wie in Anm. 4), S. 67.

18 Yvonne Jill Kathleen Holbeche: *Optical motifs in the works of E.T.A. Hoffmann*, Göppingen 1975 (= *Göppinger Arbeiten zur Germanistik*, Nr. 141); zugleich Diss. Sydney, bes. S. 3 f.

19 Zitiert nach Holbeche (wie in Anm. 18), S. 4.

20 Kommentar zu Kleists Briefen (wie in Anm. 4), S. 713 f.

21 Kleist (wie in Anm. 4), S. 206.

22 Kommentar zu Kleists Briefen (wie in Anm. 4), S. 719–721.

23 Mutschelle (wie in Anm. 14), S. XVI und 63.

24 Ebenda, S. 63.

25 Ebenda, S. 11.

26 Peter Staengle: *Heinrich von Kleist*, München 1998 (= dtv 31009), S. 48 f.

27 Kleist (wie in Anm. 4), S. 206 und 208.

Korrekturnote

Wenige Tage vor Redaktionsschluß wurde ich auf das folgende Buch aufmerksam: Kajetan Weiller: *Mutschelles Leben*, München 1803. Ich habe dieser Biographie nicht nur das meinem Aufsatz beigegebene Porträt entnommen, sondern ich bemerkte auch, daß Weiller als Todestag den 28. November 1800 angibt (S. 99, 125, 139). Dieses Datum – und nicht der von mir aus der *Neuen Deutschen Biographie* übernommene 28. Januar 1800 – muß das richtige sein, weil das feierliche Totenamt am 11. Dezember 1800 stattgefunden hat. Dies geht aus einer Gedenkrede von Weiller hervor, die dem von mir benutzten Exemplar der Staatsbibliothek zu Berlin beigebunden ist.

An diese Korrektur sei noch eine Überlegung angeschlossen. Wie Weiller mitteilt, ging der Ruf auf den Königsberger Lehrstuhl nicht von der dortigen Universität, sondern von Berlin aus. Ignatius Aurelius Feßler war damals Konsulent für die katholischen Angelegenheiten der neu organisierten polnischen Provinzen. In dieser Eigenschaft führte er die Verhandlungen mit Mutschelle (S. 86 ff.), dessen Tod demnach in Berlin wohl mit besonderer Aufmerksamkeit zur Kenntnis genommen worden sein dürfte. Es fehlte die Zeit, um die Berliner Zeitungen daraufhin durchzusehen. Die Möglichkeit, daß Kleist im Zusammenhang mit Mutschelles Tod von dessen Kant-Einführung gehört hat, sollte bedacht werden.

Horst Häker

KLEIST AUF RÜGEN

Aus mehreren Briefen Kleists wissen wir,[1] daß er zusammen mit seiner Schwester Ulrike irgendwann vor dem August 1800 die Insel Rügen besucht hat. Die Frage, wann das war, beantwortet Minde-Pouet 1906 in der Kleist-Ausgabe Erich Schmidts, anknüpfend an die erste namentliche Erwähnung von „Brokes" und damit auch von Rügen, in dem Brief an Wilhelmine von Zenge vom 20. August 1800, mit den Worten: „Wir wissen nicht, wann Kleist in Rügen war."[2]

Dabei hätte es bis heute bleiben müssen, denn stichhaltige Kenntnisse dazu hat bisher niemand vorlegen können. Dennoch gibt es die vorherrschende Meinung, Kleist sei im Sommer 1796 auf Rügen, und zwar in dem damals in Mode gekommenen Kurort Sagard gewesen. Diese Vorstellung geht offenkundig auf Paul Hoffmann zurück, der 1934 versuchte, die Wissenslücke zu schließen, die er zunächst noch um die Fragen nach dem Zweck der Reise und den auf Rügen besuchten Orten erweiterte.[3] Für die erste Frage, die nach der Zeit der Reise, stellt er schon im einleitenden Abschnitt – „um es gleich vorweg zu nehmen" – fest, sie sei „höchstwahrscheinlich im Jahre 1796" erfolgt. Seine Setzung begründet er so: „Daß die zwei und ein Vierteljahr Kriegsbeschwerden an dem noch nicht neunzehn Jahre alten Heinrich [...] von Kleist spurlos vorübergegangen wären, ist nicht anzunehmen." Es sei daher „kaum zu bezweifeln", daß „der Arzt [...] den Gebrauch einer Kur anempfohlen, wohl gar verordnet hatte". Man habe sie aber nicht im Herbst 1795 antreten wollen, sondern „in den Sommer 1796 verschoben". Wenn Rügen für die Ausführung gewählt wurde, „so steht unbestreitbar fest, daß S a g a r d das Ziel" gewesen sei.

Es kann nicht übersehen werden, daß Hoffmann Schlußfolgerungen aus Vermutungen zieht, um daran neue Folgerungen zu knüpfen; lediglich die Ortsbestimmung „Sagard" erscheint verläßlich, weil man damals, wie verschiedene prominente Beispiele zeigen, tatsächlich dorthin fuhr, wenn man schon die recht beschwer-

liche Reise nach Rügen angetreten hatte. Wenn Hoffmann ohne jeden Beleg in Kleists Briefen oder anderswo Heinrichs drei Jahre
jüngeren Bruder Leopold in das Reiseprojekt einbezieht, schwächt
er zusätzlich die Beweiskraft seiner Darlegung. Trotzdem haben
die späteren Kleist-Ausgaben Hoffmanns selbstsicher vorgetra-
gene Behauptungen, zum Teil mit einem Distanz anzeigenden Fragezeichen, übernommen.[4]

Nützlich hingegen sind Hoffmanns Hinweise auf Wilhelm von
Humboldts und Rellstabs Berichte über ihre Reisen nach Rügen
1796 und auf Sagard als Kurort, wenn man davon absieht, daß er
den Pfarrer Heinrich Christoph von Willich (1759–1827), der Sagard 1795 wieder zum Kurort machte und es bis 1806 in seinem
Rang erhalten konnte, mit seinem älteren Bruder, dem Pfarrer Eh-
renfried Theodor von Willich, verwechselt.

Christoph – so der Rufname – von Willich war ein rühriger
Mann. In einem Verzeichnis der Geistlichen von Rügen heißt es
u. a.: „Er ließ 1792 (-95) die Orgel neu bauen. Er eröffnete 1795 den
Gesundbrunnen in Sagard, 1801 die Kohlenhütte in Stubbenkammer, auch ließ er eine große Steinbrücke über den Sagarder Bach
bauen."[5] Humboldt wie auch Rellstab kennzeichnen ihn als einen
klug und gerecht handelnden Wirtschafter, als einen Unternehmer,
der sich bemüht, den Kurgästen nicht nur mit Hilfe seines Bruders,
des Arztes Dr. Moritz von Willich, medizinische Wohltaten zu bereiten, sondern der auch als ideenreicher Organisator für die Unterhaltung der Kurgäste sorgt.[6] Schließlich hieß sein Unternehmen
offiziell „Brunnen-, Bade- und Vergnügungsanstalt".[7] Besondere
Attraktionen in Pfarrer Willichs Unterhaltungsprogramm waren
die Fahrten zum Herthasee und zur Steilküste mit der Stubbenkammer. Humboldt wie Rellstab haben an den Fahrten teilgenommen, beide berichten von den „Veranstaltungen zur Bequemlichkeit und dem Vergnügen der Reisenden" durch Pfarrer Willich.
„Dafür", so Humboldt, „bezahlt jeder Reisende einen Beitrag, dessen Summe freiwillig ist [...]. Dieser Beitrag wird in einem Buch
eingezeichnet, in dem man zugleich die ganze Einrichtung beschrieben antrifft."[8] Rellstab berichtet Gleiches; er nennt das Buch
„Stammbuch von Stubbenkammer".[9]

Dieses Buch nun ist das Mittel, in dem Hoffmann den so dringend benötigten Beweis für seine Hypothese über Kleists Reise nach Rügen vermutet: „Ich bin davon überzeugt, daß es die Namen von Brockes, der Geschwister von Kleist, der Gräfin von Eickstedt [...] enthält. Vor Jahren", so schreibt er 1934, „habe ich mir alle erdenkliche Mühe gegeben zu erfahren, ob dies Buch erhalten ist [...]. Die Antwort war ebenso unzulänglich als unerfreulich." Geradezu zornig fordert er die Kirchenbehörden auf, dem zuständigen Pfarrer eine strikte Anweisung zur Suche nach dem Buch zu erteilen. Die Suche blieb auch im Jahre 2000 ergebnislos.

Es sei noch auf eine Bemerkung Humboldts zur Überfahrt vom Festland nach Rügen oder umgekehrt hingewiesen, weil sie mit Kleists Äußerungen über die Courage seiner Schwester Ulrike bei der Überfahrt im Brief an Frau von Werdeck vom 28. Juli 1801 korrespondiert. Kleist: „Als wir auf der Ostsee zwischen Rügen und dem festen Lande dem Sturme auf einem Bote mit Pferden u Wagen dem Untergange nahe waren, u der Schiffer schnell das Steuer verließ, die Segel zu fällen, sprang sie an seinen Platz u hielt das Ruder."[10] Humboldt zur Überfahrt von Stralsund nach Rügen: „Wir liessen den Wagen im grossen Boot vorangehn, und schifften in einem kleinen nach." Etwas weiter erklärt er dieses Verfahren: „Die Ueberfahrt mit den Ruderböten ist immer, auch bei starkem Sturm gefahrlos, nicht so die mit der sogenannten Grahlschen Fähre, welche segelt."[11]

Das Archiv des Städtchens Sagard ist 1992 fast gänzlich verbrannt. Wesentliche Bestände sind jedoch schon lange vorher in das Landesarchiv Greifswald gelangt; zu ihnen gehört eine Akte von 125 Blatt, den Schriftverkehr des Pfarrers Christoph von Willich mit dem Vertreter der Königlich-Schwedischen Regierung in Stralsund in den Angelegenheiten des Kurorts Sagard von 1795 bis 1807 enthaltend.[12] Der größere Teil besteht aus Berichten, Kostenaufstellungen, Eingaben und Bitten des Pfarrers von Willich in deutscher Sprache, der geringere Teil sind die Antworten oder Vermerke der Behörde, einiges davon in schwedischer Sprache. Auch ein Schreiben aus Stockholm mit der Unterschrift Gustav Adolfs (IV.) gehört dazu.

Die mitunter langen Berichte und Darlegungen von Willichs dienen fast ausschließlich der direkten oder indirekten Förderung Sagards als Kurort; häufig sind es Bitten um finanzielle oder materielle Unterstützung. In fast jedem Bericht verweist der Pfarrer auf die Expertisen oder zumindest Empfehlungen bekannter Fachleute, denen der Sagarder Brunnen gerecht werde; der Name des Arztes Hufeland erscheint besonders oft, daneben werden die Chemiker Hermbstädt und Klapproth genannt. Genauso bemüht er sich, durch die Erwähnung von Kurgästen mit Rang und Namen die Bedeutung des Sagarder Brunnens zu unterstreichen. Dabei nimmt die Gräfin von Eickstedt von vornherein den ersten Platz ein, aber auch eine Frau von Brockes und eine Gräfin Schwerin aus Prenzlau werden genannt. Ihr Sohn, der Fähnrich Graf Curt von Schwerin, wird einmal als Beispiel für die heilsame Wirkung des Brunnens hervorgehoben.

Ende Juni oder Anfang Juli 1800 verfaßt Pfarrer von Willich wieder einmal einen langen Bericht an die Regierung in Stralsund, „betreffend die Brunnen= und Baade=Anstalten zu Sagard". Der Eingang wird in Stralsund unter dem 19. Juli 1800 registriert. Dieses einzige Mal ist dem Bericht als eine von drei Anlagen eine Liste prominenter Besucher des Bades beigefügt; sie reicht vom Beginn (d. h. 1795) bis zum Augenblick der Ausfertigung („1800. Zu Anfange des Sommers.").[13] Danach war die Gräfin Eickstedt von 1795 an jeden Sommer in Sagard, 1795 begleitet von „Fräulein Henriette von Eickstedt aus Gartz". 1796 wird „Frau von Brockes aus Dargun in Mecklenburg" notiert, genauso 1798. Im selben Jahr erscheint auch eine Frau Mevius, ebenfalls aus Mecklenburg. Hermann F. Weiss hat vor einigen Jahren darauf aufmerksam gemacht, daß Ludwig von Brockes offenbar Verwandte in Dargun hatte und daß seine Mutter eine geborene von Mevius war. Er konnte ferner mitteilen, daß Brockes' Mutter im Februar 1799 gestorben ist.[14] Es ist anzunehmen, daß sie es war, die Sagard 1796 und 1798 besucht hat, in diesem letzten Jahr begleitet von einer Verwandten oder Schwägerin.

Die schon erwähnte Gräfin Schwerin „aus Prentzlau" wird für jedes der Jahre 1797 bis 1800 aufgeführt; 1798 begleitet sie ihr Sohn Curt, 1799 und 1800 ihr „Fräulein Tochter". 1798 ist auch ein „Hauptmann von Gaudi" Gast in Sagard, desgleichen die „Frau

LandRäthinn von Podewills aus Preußisch Pommern". Der „Pre-
mier=Lieutenant Zülich aus dem Preußischen" ist 1799 in Sagard.
1797 kann Herr von Willich die „Majorinn von Plötz aus Pasewalck" zum ersten Mal begrüßen; 1800 ist sie zum zweiten Male da.
Im selben Jahr – und nur in diesem! – ist „Herr von Brockes aus
Schwerin" anwesend. Die Namen Heinrich und Ulrike von Kleist
enthält des Pfarrers Liste nicht; sie haben zu den Namenlosen
gehört, die von Willich in der letzten Zeile für das Jahr 1800 unter
„und mehrere" subsumiert. Im übrigen sind auch Wilhelm von
Humboldt und Rellstab nicht unter den notierten Gästen; beide
waren nur ein oder zwei Tage in Sagard, und es ist denkbar, daß
auch die Geschwister von Kleist sich nur kurze Zeit in Sagard auf-
hielten. Der Pfarrer hat ausschließlich länger weilende Badegäste in
seine Liste aufgenommen.

Daß Heinrich und Ulrike von Kleist nur 1800 und nicht schon
1796 Brockes in Sagard kennengelernt haben können, geht aus von
Willichs Liste zweifelsfrei hervor. Das in Stralsund auf den Bericht
gesetzte Eingangsdatum (19. Juli 1800) und des Pfarrers begren-
zender Hinweis in der Besucherliste („1800. Zu Anfange des Sommers.") geben uns erfreulicherweise die Möglichkeit, Kleists Aufenthalt in Sagard und den Beginn der Bekanntschaft mit der Gräfin
Eickstedt und mit Ludwig von Brockes auf die Zeit Juni/Anfang
Juli 1800 einzuschränken. Versucht man festzustellen, was die Literatur zu Kleists Biographie über diese Zeit mitzuteilen hat, so bemerkt man: nichts. Bezeichnend dafür die „Lebenstafel" in Sembdners Kleist-Ausgabe: „1800 Anfang: Verlobung mit Wilhelmine v.
Zenge. Das Kleistsche Gut Guhrow bei Cottbus wird verkauft. 14.
August: Abreise nach BERLIN."[15] Auch aus den *Lebensspuren*
geht für die Zeit zwischen dem Frühjahr und dem 14. August 1800
nichts hervor.[16] In der Ausgabe des Deutschen Klassiker Verlages
heißt es: „1800 Im Frühjahr inoffizielle Verlobung [...]. Im Sommer bricht er das Studium nach drei Semestern ab, reist Mitte August über Berlin nach Pasewalk [...]."[17] Es ist deutlich: Wie 1799
bricht Kleist ungefähr im Mai 1800 eine in Aussicht genommene
Laufbahn ab; aber diesmal stürzt er sich nicht auf etwas Neues, sondern pausiert. Er hat Zeit, sich aus der gewohnten Umgebung zu
entfernen, vielleicht gar zu fliehen und über einen neuen Lebens-

plan nachzudenken. Dient die Reise nach Rügen diesem Zweck? Oder hat ihn die unternehmungslustige Ulrike überredet? Spielen auch, angesichts des Reiseziels, gesundheitliche Erwägungen eine Rolle? Wir wissen es nicht. Auch Brockes hat zu der Zeit einen Lebens- oder Laufbahnabschnitt beendet; er ist frei und hat Zeit, zu reisen und über seine Zukunft nachzudenken. Man wird darüber in Weiss' Aufsatz vorzüglich informiert.[18]

Wenn Kleist am 21. August 1800 schreibt: „Er hat mit mir denselben Zweck",[19] zeigt sich darin genau wie in Brockes' Bereitschaft, „mich in meinem Unternehmen zu unterstützen",[20] die große Ähnlichkeit in beider Männer – trotz des erheblichen Altersunterschiedes[21] – dauernder und auch aktueller Disposition: Sie waren der akademischen Bildung zugewandt, hatten kein festes Verhältnis zu einer gesellschaftlich-konventionellen Erwerbsstellung und gaben sich im Sommer 1800, frei von den unmittelbaren Zwängen einer Position oder Laufbahn oder der Bindung an eine Familie, einer ziemlich abenteuerlich wirkenden Neuorientierung mit bis heute unbekanntem Ziel hin. Daß sie sich in einem Kurbad kennenlernten, könnte auf gleiche oder ähnliche gesundheitliche Probleme hinweisen, aber das muß nicht so sein.

Die Datierung von Kleists Reise nach Rügen auf den Frühsommer 1800 statt auf eine Zeit vier Jahre davor läßt den Ablauf der Ereignisse (Bekanntschaft mit Brockes, Fahrt nach Pasewalk und Koblentz, Reise nach Würzburg) sehr viel gedrängter erscheinen und gibt seinen Äußerungen darüber in den Briefen an Wilhelmine den Charakter des Unmittelbaren. Man muß sich daran gewöhnen, daß er Wilhelmine an eine nur sechs oder sieben Wochen zurückliegende Unterhaltung erinnert, wenn er ihr am 20. August 1800 schreibt: „Du weißt doch mit welcher Achtung ich und Ulrike von einem gewissen Brokes sprach, den wir auf Rügen kennen gelernt haben?"[22] Allerdings paßt die Unmittelbarkeit eher zu Kleists beiläufiger Erwähnung der Reise nach Rügen als die Vorstellung, er erinnere an ein vier Jahre zurückliegendes Geschehen aus seinem Leben. Merkwürdig bleibt es dennoch, daß er mit seiner Schwester eine zwei oder drei Wochen dauernde Reise unternommen hat, ohne – wie es aussieht – auch nur einmal an die allein gebliebene Verlobte zu schreiben.

Es fragt sich, ob es außer zur Gräfin Eickstedt und zu Brockes Beziehungen Kleists zu der einen oder anderen Person, die des Pfarrers Liste nennt, gegeben haben kann. Mit der Gräfin Schwerin wird es unschwer zumindest für konventionelle Unterhaltungen Gesprächsstoff gegeben haben: Der Chef des Frankfurter Regiments, dem Kleists Vater angehörte, war bis zu seinem Tode in der Schlacht bei Prag 1757 der Berühmteste seines Geschlechts, der Generalfeldmarschall Curt von Schwerin,[23] und auch der Kommandeur von Heinrich von Kleists Regiment Garde war bis 1796 ein Graf von Schwerin.[24] Mit der „Majorinn von Plötz" kann es ebenfalls Gespräche über mehrere ihrer Verwandten gegeben haben, die als Offiziere in Potsdam oder in Frankfurt zu Kleists weiterem Bekanntenkreis gehört haben müssen.[25] Von besonderem Reiz im Zusammenhang mit Kleists geheimnisträchtigen Hinweisen auf diesen Ort im Brief an Wilhelmine vom 16. August 1800 ist natürlich die Angabe „aus Pasewalck" für die Herkunft der Frau von Plötz. Es ist unvorstellbar, daß Kleist sich in dieser kleinen Kleinstadt mit Brockes in Heimlichkeit getroffen haben könnte, ohne daß die wenigen Standespersonen – darunter die Frau von Plötz – sofort davon erfahren hätten. Viel wahrscheinlicher ist es, daß sie, zusammen mit der Gräfin Eickstedt, in die Unternehmung eingebunden war. Das entspräche zugleich dem Eindruck, den Pfarrer Willichs Liste vermittelt, die Badegesellschaft von Sagard sei von Frauen, vor allem von Matronen dominiert worden.

Der für 1798 vom Pfarrer notierte „Hauptmann von Gaudi" ist mit großer Wahrscheinlichkeit identisch mit dem Offizier, von dem am 12. November 1799 Kleist der in Werben weilenden Ulrike mitteilt: „Gaudi ist Major u hat Schätzels Compagnie."[26] Dieser Name ist selten in den Ranglisten der preußischen Armee, und Friedrich Wilhelm Leopold von Gaudi, vorher Adjutant des Generalleutnants Franz Kasimir von Kleist, war am 2. November 1799, zehn Tage, bevor Kleist an Ulrike schrieb, „Major und Kompagniechef im Infanterieregiment von Zenge (Nr. 24)" geworden;[27] vorher war er natürlich Hauptmann gewesen. Kleists Hinweis läßt auf wenigstens flüchtige Bekanntschaft schließen. Es ist denkbar, daß Gaudi die Geschwister Kleist auf Sagard aufmerksam gemacht hat.

Kleist hat nicht nur während der Reise nach Rügen und des Aufenthalts dort keine Briefe geschrieben, er hat die Insel auch später – von den erwähnten Ausnahmen und zwei oder drei weiteren abgesehen – nicht erwähnt, geschweige denn ihre Schönheiten ausgiebig geschildert, wie er es z.B. mit den sächsischen Tälern oder der Stadt Würzburg getan hat. Auch Stralsund und die Ostsee sind ihm nur knappe Erwähnungen wert, und dies stets im Zusammenhang mit Personen. Nicht der realen Stadt, eher einem symbolischen oder metaphysischen Ort dient die rätselhafte Nennung Stralsunds in dem für Wilhelmine bestimmten Aufsatz über die Aufklärung des Weibes vom 16. September 1800. Anknüpfend an einige Gedanken über die „Bestimmung unseres ewigen Daseins" und das „selbst für Männer unfruchtbar[e] u oft verderblich[e]" Nachdenken darüber, setzt er sich selbst als Beispiel: „Solche Männer begehen die Unart, die ich begieng, als ich mich im Geiste von Frankfurt nach Stralsund, u von Stralsund wieder im Geiste nach Frankfurt versetzte."[28] Liegt hier mehr vor als eine recht unmittelbar wirkende Anspielung auf die konkrete jüngste Vergangenheit? Ist ihm Stralsund und dahinter Rügen zu einer existentiellen Markierung geworden? Es bleibt bei diesem einmaligen rätselhaften Gebrauch des Namens.

Auch in Kleists Werken findet sich fast nichts, was mit Rügen zu tun hätte. Der nüchterne Wilhelm von Humboldt, der sich über die Bodenqualität und den Wert der zu erwartenden Getreideernte ausläßt, kann sich nicht genug tun, die Schönheiten der Insel zu rühmen und dabei mehrmals den neuen Ausdruck „romantisch" zu gebrauchen. Er besucht sogar Kosegarten, der damals Pfarrer in Altenkirchen, nicht weit von Sagard, war, und beschreibt ausführlich ihn und seine Lebensumstände.[29] Bei Kleist reduziert sich das Wissen um den dichtenden Pfarrer auf die bekannte Bemerkung in den *Empfindungen vor Friedrichs Seelandschaft* in den *Berliner Abendblättern* vom 13. Oktober 1810: „eine wahrhaft Ossiansche oder Kosegartensche Wirkung". Es läßt sich aber der Eindruck nicht verdrängen, daß Kleist nur in diesem Text – einem ganz und gar ostseehaften Sujet gewidmet – der Insel Rügen einen Augenblick lang nahe war. Doch der spöttische Einbruch des Gedankens an „eine Quadratmeile märkischen Sandes" hebt die romantische Impression sofort wieder auf und gibt der Betrachtung ihre eigentümliche Zweideutigkeit.

Auf den mythologischen Bereich des Herthasees und der sogenannten Herthaburg, wohin Pfarrer von Willich seine Gäste führte, könnte die mehrfache Anrufung der Göttin Hertha in Kleists *Hermannsschlacht* zurückgehen. Kleist befände sich dabei in einer gewissen Nachbarschaft zu Fouqué, der, ohne je auf Rügen gewesen zu sein, 1808 seinen recht originellen Abenteuerroman *Alwin* mit den Worten enden läßt: „Das heilige Rügen aber nahm sie in seine begeisternde [sic] Waldungen auf."[30] – Kleists Heiligtümer standen wohl an anderen Orten.

Anmerkungen

1 An Wilhelmine von Zenge, 20. August 1800; an dies., 21. August 1800; an Adolphine von Werdeck, 28. Juli 1801.

2 *H. v. Kleists Werke.* Im Verein mit Georg Minde-Pouet und Reinhold Steig herausgegeben von Erich Schmidt. 5. Bd., Leipzig und Wien, o.J. [1906], S. 82, Anm. zu Z. 11.

3 Paul Hoffmann: *Heinrich von Kleists Reise nach Rügen*, in: *Deutsche Zukunft*, 29. Juli 1934. Der Aufsatz umfaßt nur drei Spalten, so daß die einzelnen Zitate nicht näher zugeordnet werden.

4 Helmut Sembdner bis in die letzte Auflage seiner Kleist-Ausgabe, München ⁹1993, 2. Bd., S. 1021 („Lebenstafel") ohne Einschränkung; Ausgabe des Deutschen Klassiker Verlags (= DKV), Bd. 4, Frankfurt/Main 1997, S. 1121 („Chronologische Übersicht") mit Fragezeichen.

5 *Die Evangelischen Geistlichen des ehemaligen Regierungsbezirkes Stralsund – Insel Rügen –*, Greifswald 1956, S. 103.

6 *Wilhelm von Humboldts Tagebücher.* Herausgegeben von Albert Leitzmann. Erster Bd. 1788–1798, Berlin 1916, S. 274ff., zu Pfarrer „Wyllich" bes. S. 281. Johann Carl Friedrich Rellstab: *Ausflucht nach der Insel Rügen durch Meklenburg und Pommern.* Nach der Ausgabe Berlin 1797 neu herausgegeben […] von Wolfgang Griep. Edition Temmen, Bremen, ⁴1999. Über den Prediger „v. Wilich" bes. S. 53ff. – Der Verfasser ist identisch mit dem Opernrezensenten „J.C.F.R.", der sich auf Kleists Drängen am 21. November 1810 in den *Berliner Abendbättern* von dem Vorwurf reinigte, bestochen zu sein.

7 So der Herausgeber des Nachdrucks von Rellstabs *Ausflucht* auf S. 54, Anm. 1.

8 Humboldt (wie in Anm. 6), S. 284.

9 Rellstab (wie in Anm. 6), S. 64.

10 Zitiert nach der Ausgabe des DKV (wie in Anm. 4), S. 254.
11 Humboldt (wie in Anm. 6), S. 275.
12 Rep. 10, Nr. 2021.
13 Ebenda, Bl. 96.
14 Hermann F. Weiss: *Heinrich von Kleists Freund Ludwig von Brockes*, in: *Beiträge zur Kleist-Forschung*, Frankfurt (Oder) 1996, S. 102–132; hier: S. 103–105.
15 Sembdner, wie in Anm. 4.
16 Helmut Sembdner (Hrsg.): *Heinrich von Kleists Lebensspuren*, München ⁷1996, S. 30–40.
17 Wie in Anm. 4, S. 1123.
18 Wie in Anm. 14, S. 111.
19 Brief an Ulrike, zitiert nach der Ausgabe des DKV (wie in Anm. 4), S. 80.
20 Brief an Wilhelmine von Zenge vom 20. August 1800, zitiert nach der Ausgabe des DKV (wie in Anm. 4), S. 79.
21 Brockes war zehn Jahre älter als Kleist.
22 Wie in Anm. 20.
23 Kurt von Priesdorff: *Soldatisches Führertum*, Bd. 1, Hamburg o.J. [etwa 1936], S. 124ff. (Biographie Nr. 201).
24 Wie in Anm. 23, Bd. 3, Hamburg o.J. [etwa 1936/37], S. 80 (Biographie Nr. 999: Friedrich Wilhelm Felix von Schwerin).
25 Z.B. war Christian Friedrich Wilhelm von Ploetz seit 1796 Kommandeur im Regiment No. 18, dem Marie von Kleists Mann angehörte.
26 Zitiert nach der Ausgabe des DKV (wie in Anm. 4), S. 50.
27 Priesdorff (wie in Anm. 24), S. 466 (Biographie Nr. 1216).
28 Zitiert nach der Ausgabe des DKV (wie in Anm. 4), S. 127.
29 Humboldt (wie in Anm. 6), S. 290ff.
30 Friedrich de la Motte Fouqué: *Alwin. Ein Roman in zwei Bänden von Pellegrin*, Berlin 1808. Nachdruck des Georg Olms Verlags 1990.

Der Verfasser dankt für ihre prompte und zielgerichtete Hilfe Frau Ingrid Schmidt, Leiterin des Stadtmuseums von Bergen/Rügen, und Herrn Archivamtmann Rodig vom Landesarchiv Greifswald.

Horst Häker

NACHRICHTEN VOM OFFIZIERSCORPS
DER KÖNIGLICH PREUSSISCHEN ARMEE VON 1806

„Ranglisten" und „Stammlisten"

Im Jahre 1828 erschien „Mit allerhöchster Genehmigung Seiner Majestät des Königs" beim Verleger Mittler in Berlin die *Rangliste der Königlich Preußischen Armee für das Jahr 1806 mit Nachrichten über das nachherige Verhältniß der darin aufgeführten Officiere und Militair=Beamten.* Als „Redacteur" nennt das Titelblatt den „Kriegsrath Müller v.d. Geh. Kriegs=Kanzlei". Das Buch im üblichen Format der „Ranglisten" mit insgesamt fast 400 Seiten war beim Publikum so erfolgreich, daß es noch im selben Jahr zu einer zweiten Auflage „mit den seit dem Erscheinen eingetretenen Veränderungen und ermittelten Berichtigungen" kam.[1]

Im „Vorbericht" zur ersten Auflage, datiert auf den „22. December 1827", heißt es einleitend

> Die seit dem Jahre 1785 jährlich erschienene gedruckte Rangliste der Königlich Preußischen Armee wurde durch die Begebenheiten des Jahres 1806 auf längere Zeit in ihrem jährlichen Erscheinen gehemmt und hat hiernächst wegen der neuen Organisation der Armee nach dem Tilsiter Frieden, so wie wegen der neuen Formationen in den Feldzügen 1813, 1814 und 1815 nicht eher als im Jahre 1817 mit Allerhöchster Genehmigung wieder erscheinen, darin haben aber die in dem Zeitraum von 1806 bis 1817 vorgefallenen Personal=Veränderungen wegen ihres großen Umfangs nicht aufgenommen werden können.[2]

Der „Redacteur" setzt – wie die Notwendigkeit der zweiten Auflage beweist, zu Recht – bei den „noch lebenden Herren Officieren in und außer Dienst" das Interesse voraus, „Notizen" über die „zerstreuten Zeitgenossen und Waffengefährten zu sammeln". Um aber „den Raum dieser Rangliste mit Nachrichten nicht zu weit auszudehnen" (es handelt sich um beinahe 8.000 Personen!), ist

1) bei den im Dienst Verbliebenen deren militairisches Dienstverhältniß im Jahre 1827,
2) bei den in dem Zeitraum von 1806 bis 1827 aber bereits Abgegangenen das Jahr des Absterbens, der Verabschiedung mit oder ohne Pension etc., des Ausscheidens mit Wartegeld, Inactivitäts=Gehalt etc., die Charakter=Erhöhung, die erlaubte Uniform, die erhaltene Civil=Versorgung [...] aufgenommen worden.
Bei den seit 1806 ohne Pension, Wartegeld etc. oder mit der Erlaubniß zum Uebertritt in fremde Dienste Verabschiedeten hat aber nur deren [...] ferneres Schicksal bemerkt werden können, wenn darüber [...] Nachricht zu erlangen gewesen ist.[3]

Man sieht, daß das Buch für die Veteranen der Zeit gedacht ist, für Männer, die ihr Leben im Dienst des Staates verbracht hatten oder noch verbrachten und die dafür im Alter finanzielle und für sie ebenfalls wichtige symbolische Gegendienste erwarten durften. Trotz dieser Bestimmung steckt es voller Informationen, die – weit über die Absichten des „Redacteurs" hinaus – einen Eindruck von Preußens problematischer Stärke vor Jena und Auerstedt und vom Ausmaß seiner militärischen und staatlichen Katastrophe im Oktober 1806 geben. Darüber hinaus werden in jeder „Rangliste" Strukturen und ein sich darin widerspiegelndes Bewußtsein der gesellschaftlich führenden Schicht des Landes sichtbar, wie sie Generationen von preußischen Adligen geprägt haben. Auch Heinrich von Kleist gehörte zu ihnen. Die folgenden Ausführungen befassen sich zunächst mit der originalen *Rangliste* von 1806 und der *Stammliste* der Armee aus demselben Jahr. Gelegentlich wurden jedoch die Angaben von 1828 denen der Originalliste vorgezogen, weil der „Redacteur" von 1828 die ihm bekannt gewordenen Änderungen aus der Zeit vom Herbst 1806 bis zum Tilsiter Frieden (Juli 1807) eingearbeitet hat und seine Liste damit gewissermaßen den Zustand bis zum letzten Tage des alten Staates Preußen wiedergibt. Während die „Rangliste", jährlich neu aufgelegt, jeden einzelnen Offizier der preußischen Armee vom Fähnrich oder Kornett bis zum Generalfeldmarschall aufführt, geordnet nach Regimentern, Bataillonen usw., dient die „Stammliste" einem anderen, weniger praktischen Zweck: der Pflege der Tradition. Deshalb brauchte sie auch nicht jedes Jahr neu zu erscheinen. Bis 1792 wurde die *Rang= und Stamm=Liste* in einem Band herausgegeben.

„Mit gegenwärtiger Rangliste", schreibt deren Herausgeber 1793 im ‚Vorbericht',

> welche alle Jahre zu gewöhnlicher Zeit erscheinet, fängt sich sonach eine neue Periode an; dagegen die Stammliste, oder Beschreibung aller Regimenter der Königl. Preußischen Armee, nach ihren Garnisonen, Uniformen, Cantons, Stiftungszeit, Feldzügen, und der bey jedem Regimente, Bataillon oder Corps auf einander folgenden Chefs etc., ein Werk für sich bleibt das, wie jedes andere Buch, nur alsdann wieder neu aufgelegt wird, wenn der Abgang desselben es nothwendig macht. In der Stammliste ist bei den Regimentern die Anciennetät [sic] beibehalten worden, dagegen sie in der Rangliste die inspektionsmäßige Ordnung erhalten hat [...]⁴

Die „inspektionsmäßige Ordnung" ist eine regionale Zusammenfassung der Regimenter; es gab z. B. die „Potsdamsche Inspection von der Infanterie" oder die „Westpreußische Inspection von der Cavallerie". Da einer der Chefs der zugehörigen Regimenter jeweils auch Chef der „Inspection" war, lautete – so wie bei den Regimentern – die vollständige Bezeichnung etwa „Ostpreußische Inspection von der Infanterie des General=Lieutenants v. Rüchel". Mitunter dauerte die Anpassung an die häufigen Beförderungen, Umsetzungen und anderen Änderungen ihre Zeit. So hieß es 1806 immer noch „Märkische Inspection von der Infanterie des Generals der Infanterie v. Kleist", obwohl dieser bereits Chef des Infanterie-Regiments No. 5 in Magdeburg war. Die „Magdeburgische Inspection" aber wurde ihrerseits vom Generalfeldmarschall Herzog Karl Wilhelm Ferdinand von Braunschweig geleitet, während das früher vom General von Kleist geführte Regiment No. 12 in der märkischen Garnison Prenzlau 1806 den Sohn des Generalfeldmarschalls, Generalmajor Herzog Friedrich Wilhelm von Braunschweig-Oels, zum Chef hatte. In den „Ranglisten" wurden für jedes Regiment, Bataillon usw. außer dem Offizierscorps auch die im „Unterstab" zusammengefaßten Militärbeamten aufgeführt, in der Regel vier Personen: ein (Regiments- oder Bataillons-) Quartiermeister, ein Feldprediger, ein „Auditeur" (Justizbeamter) und ein Chirurg; bei der Kavallerie kam noch ein Stallmeister hinzu.

Dem „inspektionsmäßig" gegliederten Teil der „Ranglisten" folgte jeweils eine mehr als 50 Seiten umfassende „Rang=Liste der Herren Generale und sämmtl. Stabs=Officiere der Armee". Hier

wurden alle Offiziere vom Major an aufwärts noch einmal aufgeführt, und zwar, getrennt nach Infanterie, Kavallerie usw., nach
dem Datum der Ernennung geordnet und mit Angabe des Lebens-
alters und der Gesamtdienstzeit. Der „Redacteur" von 1828 hat
diesen Teil weggelassen.

Die „Stammliste":
Drill, Uniformen, Feldzüge in Mittel- und Westeuropa

Die 1806 wiederaufgelegte *Stammliste* beginnt mit 18 Seiten Geschichte: *Historische Nachrichten von der Preußischen Armee.*[5]
Darin wird vor allem der Auf- und Ausbau des stehenden Heeres
von den Anfängen unter Kurfürst Johann Georg am Ende des 16.
Jahrhunderts bis in die Zeit König Friedrich Wilhelms III. fakten-
reich dargestellt. Die stetige Vergrößerung der Armee wie auch or-
ganisatorische und militärtechnische Verbesserungen stehen im
Vordergrund. Aus der Epoche Friedrich Wilhelms I. wird z.B. berichtet, daß „das Fußvolk binnen sehr kurzer Zeit zu einer bis dahin unerhörten Vollkommenheit in den vorgeschriebenen Uebungen" gelangt sei.

> ‚Es machte solche mit so vieler Genauigkeit,' sagt Friedrich II ‚daß die Be-
> wegungen eines ganzen Bataillons den Wirkungen des Triebwerkes einer
> vollkommen gemachten Uhr gleich waren.'[6]

Es kommt einem natürlich Heinrich von Kleists wie eine Replik
wirkende Äußerung von 1799 in den Sinn:

> Die größten Wunder militairischer Disciplin, die der Gegenstand des Er-
> staunens aller Kenner waren, wurden der Gegenstand meiner herzlichsten
> Verachtung […], und wenn das ganze Regiment seine Künste machte, schien
> es mir als ein lebendiges Monument der Tyrannei.[7]

Die eigentliche „Stammliste" stellt zunächst die Regimenter der Infanterie vor. Die Einleitung hierzu, anderthalb Seiten lang, befaßt
sich ausschließlich mit den für die ganze Waffengattung verbindli-
chen Einzelheiten der Uniformen. Man muß dabei bedenken, daß
jedes der 60 Infanterie-Regimenter voneinander sich unterschei-
dende Uniformen trug, daß die Kavallerie und die Artillerie, die

Füsilier-Bataillone und das Ingenieur-Corps usw. wiederum anders gekleidet waren. Den „Montirungen der in der königlichen Suite befindlichen Officiere" (zu denen z.B. der Oberst Christian von Massenbach gehörte) ist ein eigener Abschnitt gewidmet.[8]

Als Beispiel für die Darstellung der Uniform eines gewöhnlichen Infanterie-Regiments möge die des Regiments Zenge (No. 24) mit der Garnison in Frankfurt a. d. Oder, Soldin und Crossen dienen:

> Uniform. Ponceaurothe Aufklappen, Aufschläge und Kragen, um den Klappen eine weiß= und roth gestreifte Einfassung, und auf jeder 6 eben solche vorn runde Schleifen, 2 unter denselben, 2 über dem eingefaßten Aufschlage und 2 hinten. Die Officiere haben unter den Klappen 2 von Gold gestickte Schleifen, 2 über dem Aufschlage, 2 auf den Taschen, 2 hinten, und um den Huth eine schmale goldene Tresse. Das ganze Regiment hat, statt der gewöhnlichen blechernen Schilde, tombachene auf den Patrontaschen.[9]

Diese – vollständige – Beschreibung nimmt nur zehn Druckzeilen in Anspruch. Ein Elite-Regiment wie das der Kürassiere „Garde dü [sic] Corps" mit den drei Königs-Standorten Potsdam, Berlin und Charlottenburg kam auf 26 Zeilen („Ihre Kürasse sind polirt, und die Gefäße der Säbel vergoldet."[10]), und das Regiment Garde (No.15), dem Heinrich von Kleist angehört hatte, benötigte gar 53 Zeilen.[11] Die Beschreibung könnte vergessen lassen, daß man es mit der Uniform eines preußischen Regiments – wenn auch eines ganz exklusiven – und nicht mit teuren Damengewändern aus dem Beitrag eines Mode-Journals zu tun hat:

> Uniform. Ponceaurothe Aufschläge, Klappen und Kragen; Kragen und Rabatten sind an der Officier=Uniform mit einer silbernen Stickerei eingefaßt; außerdem ist sie mit 30 breiten gestickten mit reichen losen Quasten gezierten Litzen besetzt, wovon 8 auf jeder Rabatte, 2 unter derselben, 2 auf jedem Aufschlage, 2 auf der Tasche und 2 hinten stehen. Die silbernen Montirungsknöpfe sind etwas gewölbt und von einerlei Größe. [...]

Der anonyme Verfasser der einleitenden *Historischen Nachrichten* kritisiert womöglich solche ins Extrem getriebenen aktuellen modischen Ausschreitungen, wenn er schreibt:

> Auch hatten die unausgesetzten Beschäftigungen mit dem Soldatenwesen vielleicht zu allerhand übertriebenen Verfeinerungen, besonders in Rück-

sicht auf Anzug und Putz, Anlaß gegeben. Der lange Friede führte, von der Vorsorge für Ordnung, Reinlichkeit und Mannszucht, endlich auf Kleinigkeiten blos für das Auge, und der eigentlich kriegerische Geist erlosch zum Theil in mehrern Officieren.[12]

Diese scheinbar auf die Verhältnisse von 1806 zielenden Bemerkungen galten jedoch den letzten Regierungsjahren des „Soldatenkönigs". Ebenfalls wie Kritik an den aktuellen Zuständen wirkt es, wenn der Verfasser, anknüpfend an die weiter vorn zitierte Äußerung Friedrichs des Großen, meint:

Diese Uebungen selbst waren vielleicht nicht alle zweckmäßig. Man legte zu viel Werth auf die sogenannten Handgriffe, und hielt sich zu lange bei ihnen auf.[13]

Etwas weiter, schon gegen den Schluß hin, behauptet er vom Einsatz der preußischen Armee während des Rheinfeldzugs in den neunziger Jahren ganz unkritisch:

[…] und von allen damals gegen Frankreich verbundenen Heeren war es das Einzige, welches keine Schlacht verlor, und vom Feinde geehrt und gefürchtet ins Vaterland zurückkehrte.[14]

Angesichts der militärischen und politischen Lage Preußens, die Kleist schon im Dezember 1805, wie sein Brief an Rühle zeigt,[15] als äußerst bedrohlich empfand, erscheint solche Beschwörung der eigenen Unbesiegbarkeit – wenn sie denn ehrlicher Überzeugung entsprang – wie pure Rhetorik.

Eine Vorstellung von der oft behaupteten wahrhaft kriegerischen Tradition der Armee des Staates Brandenburg-Preußen vermittelt der Blick in die Geschichte der ältesten Regimenter. Da befanden sich die Infanterie-Regimenter No.1 und No. 2, beide 1619 entstanden und so die ältesten Einheiten der Armee überhaupt, 1656 vor Warschau, das Regiment No. 2 kämpfte 1674 im Elsaß, „wo es gegen Türenne stand", beide Regimenter marschierten 1686 nach Ungarn und waren an der Belagerung von Ofen beteiligt, 1689 schon waren sie wieder am Rhein und belagerten Bonn, 1705 kämpfte das Regiment No. 2 im Spanischen Erbfolgekrieg in Italien, 1708/09 waren beide Regimenter wieder im Westen, wo sie – zeitweise unter dem Oberkommando des Prinzen Eugen – in Brabant gegen die Armee Ludwigs XIV. eingesetzt waren. Und so noch weiter durch das 18. Jahrhundert, so daß der Siebenjährige Krieg wie der – wenn auch bedeutendste – Teil einer Serie erscheint.[16] Die Kürassier-Regimenter, früher entstanden als die der Dragoner und Husaren, waren in ihrem ältesten Bestand, den Regimentern No. 1–4, diejenigen, mit welchen der Große Kurfürst bei Fehrbellin die Schweden geschlagen hatte; auch sie waren ständig in Mittel- und Westeuropa unterwegs und kämpften bei Ofen, bei Bonn, bei Namur und Malplaquet und 1715 auch bei Stralsund und auf Rügen gegen den nicht nur von Kleist bewunderten schwedischen König Carl XII.[17]

Unter den preußischen Husaren-Regimentern gab es eine exotisch anmutende Besonderheit. 1745 wurde ein sogenanntes Bosniaken-Corps gegründet, das bald zum regulären Husaren-Regiment No. 9 wurde. Es wurde 1800 als Bosniaken-Corps aufgelöst

> und dagegen aus dem kleinen Adel der neuen preußischen Provinzen [d. h. des von Preußen annektierten Teils des früheren Königreichs Polen] ein Corps von 15 Escadrons, unter dem Namen eines Regiments und eines Bataillons Towarczys, errichtet.[18]

Das Husaren-Regiment No. 9 hieß daher von 1800 bis 1806 „Corps Towarczys". Das polnische Wort bedeutet „Genossen". Eine der Escadrons bestand „aus wirklichen Tataren".[19]

Es ist noch auf ein standespolitisches Problem hinzuweisen, das die *Stammliste* nur dezent andeutet. „Preußens weise Monarchen", wie es in dem Abschnitt ‚Das adeliche Cadettencorps' heißt, „stifteten und verbesserten" diese „Pflanzschule für künftige Officere",

> um dem zahlreichen armen Adel ihrer Staaten Gelegenheit zu verschaffen, sich diejenigen Kenntnisse zu erwerben, die ihn dereinst zu den ersten militärischen Chargen fähig machen. [...] Wenn in andern Staaten nur der sogenannte hohe oder reiche Adel, durch Familienverhältnisse und Protektion, zu den ersten Militärstellen gelangt, so ist in unserm glücklich regierten Staate auch für den Aermsten diese Bahn offen.[20]

Wohlgemerkt: „für den Aermsten" adliger Herkunft, wie kurz darauf noch einmal bestätigt wird:

Statutenmäßig werden die jungen Leute beim Corps [...] angenommen, wenn sie eine gesunde, zum Militärdienst taugliche Constitution haben, und von adelichen Eltern im Lande gebohren sind.[21]

Erst unter Friedrich Wilhelm III. erhielt am 1. Dezember 1801 das „Institut eine neue Einrichtung", die u. a. vorsah, daß

auf immediate Genehmigung Sr. Majestät die Söhne nicht=adelicher Officiere, wenn sie in der Ehe erzeugt sind, Aufnahme finden [...][22]

Außer in Berlin durften auch in den

Provinzial=Instituten in Culm, Stolpe und Kalisch einige [!] Söhne nicht= adelicher Officiere aus den Provinzen, worin sich die Anstalten befinden, aufgenommen werden [...][23]

Es handelt sich bei alledem um das „adeliche Cadettencorps"; über den Anteil bürgerlicher Offiziere in der preußischen Armee ist damit, wie sich zeigen wird, nichts gesagt.

Die „Rangliste" (1):
Gliederung und Truppenstärke der Armee

Die „Ranglisten" boten dem Benutzer nicht nur eine vollständige Übersicht über das Offizierscorps der preußischen Armee, sie waren zugleich die jährlich aktualisierte rückhaltlose Offenlegung der quantitativen Stärke der Armee, der Standorte aller Truppenteile und anderer organisatorischer Faktoren. In der *Rangliste* von 1793 wird für jedes Regiment, jedes Bataillon, das am Feldzug teilnahm, angegeben: „(Bey der Armee am Rhein.)"[24], und für andere, die an dadurch vorübergehend entblößte Standorte verlegt wurden, war auch das vermerkt: „(Jetzt zur Besatzung in Glogau.)"[25]. Militärische Geheimhaltung im umfassenden Sinne gab es offensichtlich nicht; sie bezog sich allenfalls auf strategische Pläne.

Die *Rangliste* von 1806 nennt 60 Regimenter Infanterie, ein Regiment Feldjäger, 24 Füsilier-Bataillone, zusammengefaßt in acht Brigaden, fünf Regimenter Artillerie und 38 Regimenter Kavallerie (13 Kürassiere, 14 Dragoner, 11 Husaren). Dazu kamen die Festungsbesatzungen und allerlei Sondereinheiten wie das „Pontonnier=Corps", das „Mineurcorps", das „Ingenieurcorps".

Jedes Infanterie-Regiment bestand aus drei Bataillonen, von denen jedoch nur die ersten beiden für den Kampf vorgesehen waren; das „Dritte Musketierbataillon" – bis 1797 treffender als „Depotbataillon" bezeichnet – hatte in „Kriegszeiten den Abgang der Regimenter durch gut exercirte Leute zu ersetzen":[26] Es war das Ersatzbataillon. Wegen dieser geringer geschätzten Aufgabe hatte wahrscheinlich Friedrich Wilhelm III. 1797 als junger König den Namen ändern lassen. Zu den meisten Infanterie-Regimentern gehörte auch – „zur Versorgung der alten, zum Dienst unfähigen Leute"[27] – eine „Invalidencompagnie".

Die *Rangliste* von 1793 nennt in einer Übersicht die vorgesehene Truppenstärke; als Beispiele mögen die Infanterie und die Dragoner dienen.[28]

Ein Infanterieregiment hat:

55 Oberofficiers.	12 Compagniechirurgi.
144 Unterofficiers.	3 Reg. Artill. Unteroffic.
6 Hautboisten.	51 Regimentsartilleristen.
1 Regimentstambour.	7 Unterstaab.
2 Bataillonstambours.	110 Scharfschützen.
36 Compagnietambours.	1920 Gemeine.

Bey einem Dragonerregiment von 5 Esquadrons befinden sich:

37 Oberofficiers.	5 Fahnenschmiede.
75 Unterofficiers.	5 Unterstaab.
1 Staabstrompeter.	610 Gemeine.
15 Esquadronstrompeter.	751 Pferde.
5 Esquadronschirurgi.	

In der *Rangliste* von 1806 gibt es keine derartige Übersicht, man kann aber die Anzahl der „Oberofficiers" prüfen und feststellen: Nur bei der Infanterie ist sie um ungefähr zehn Prozent gestiegen, bei den übrigen Waffengattungen hat sie sich nicht verändert. Es ist anzunehmen, daß dies für alle Ränge gilt; man kommt daher für die preußische Armee vor Jena und Auerstedt auf etwa folgende Feldkampfstärke:

Infanterie	155.000 Mann
Füsiliere	17.000 "
Kavallerie	38.000 "
Artillerie	10.000 "
Feldarmee	220.000 Mann

Die „technischen" Truppen fielen ihrer Anzahl nach kaum ins Gewicht, und die „Dritten Bataillone" mit ihren 27.000 Mann waren nicht unmittelbar für den Kampf gedacht und geeignet. Die Besatzungen der Festungen – z.B. Magdeburg, Spandau, Kolberg, Küstrin – waren ortsgebunden und sollten nur defensiv eingreifen.

Heinrich von Kleist empfand beim Blick auf Napoleons Aggressionen Preußens Armee bekanntlich als zu klein; in seinem schon erwähnten Brief an Rühle vom Dezember 1805 nimmt er den Untergang des Königs an, „wenn er seine Armee nicht um 300000 Mann vermehren könne"[29]. Mag man diese Vorstellung für eine Kleistsche Übersteigerung oder auch für einen Schreibfehler halten, so war die Frage nach dem hinlänglichen Umfang der preußischen Armee in den Jahren 1805/06 durchaus berechtigt. Daß Kleist – vor dem Kampf – nicht nur Kritik an der zu geringen Menge der preußischen Truppen übte, sondern auch – nach dem Kampf – an ihrem Mangel an Tapferkeit, läßt er durch den Erzähler in seiner *Anekdote aus dem letzten preußischen Kriege* unverblümt deutlich werden.[30] Es wird darauf zurückzukommen sein.

Die „Rangliste" (2):
Die Altersstruktur des Offizierscorps

Die *Rangliste* von 1806 verzeichnet 7.255 Offiziere und 663 Militärbeamte, zusammen 7.918 Namen. Es liegt im Wesen hierarchisch geordneter Systeme, daß sie pyramidenförmig gebaut sind: 974 Fähnriche oder „Cornets" (so bei den Kürassieren und Husaren), 3.042 „Seconde-" und 833 „Premierlieutenants" sowie 690 „Stabscapitains" oder Stabsrittmeister (Kürassiere, Husaren) und 647 „Capitains" oder Rittmeister (wie vorher), insgesamt 6.186 Offiziere mit niedrigerem Rang waren die tragenden Schichten der Pyramide für die „Stabsofficiere" und Generalsränge: 664 Majore,

62 „Oberstlieutenants", 185 Oberste, 102 Generalmajore, 41 „Generallieutenants", 12 „Generale" der Infanterie oder der Kavallerie und drei Generalfeldmarschälle, zusammen 1.069 Offiziere.

Die „Generale" und die „Stabsoffiziere" werden, wie schon bemerkt, in einer besonderen „Rang=Liste" noch einmal aufgeführt, und zwar nach den Waffengattungen und nach dem Dienstrang geordnet, innerhalb der Ränge nach dem Datum der Ernennung. Da außerdem das Lebensalter und die Dienstzeit, beides in Jahren, angegeben werden, ist diese Liste ein exemplarischer Beleg für das Prinzip der Anciennität und zugleich ein Ausweis über die Altersstruktur der im Jahre 1806 ranghöchsten 15 % des preußischen Offizierscorps.

Die Anciennität als Beförderungsprinzip wird besonders deutlich, wenn man nur die Gruppe der Generäle betrachtet. Die 102 Generalmajore als Inhaber des untersten Ranges waren im Durchschnitt 62 Jahre alt, die 41 „Generallieutenants" 65, die wirklichen Generäle 66 und die drei Generalfeldmarschälle gar 71; der älteste dieser drei, der Herr von Möllendorf, Chef des Regiments No. 25 in Berlin, zählte bereits 81 Jahre, und er war seit 1740, dem Jahr des Regierungsantritts Friedrichs des Großen, bei der Armee! Die beiden jüngeren Feldmarschälle waren 70 (der Herzog von Braunschweig) und 63 Jahre alt (der Kurfürst von Hessen).[31]

Von den 67 Generälen der Infanterie-Regimenter und der Füsilier-Brigaden waren nur 14 jünger als 60 Jahre, das Gros, nämlich 39, rangierte zwischen 60 und 69 Jahren. Bei der Kavallerie war es ähnlich: 24 von 41 Generälen waren 60–69 Jahre alt, 14 waren jünger als 60. Alles in allem waren von den aktiven Truppenführern der Feldarmee im Oktober 1806 über 70 % älter als 60 Jahre, mehr als 40 % waren sogar älter als 65. Sehr viele von ihnen hatten noch den Siebenjährigen Krieg mitgemacht, der 50 Jahre zuvor begonnen hatte – eine eher zweifelhafte Empfehlung.

Daß es jüngere Offiziere im Generalsrang gab, ist auf zwei Ursachen zuruckzuführen: einmal auf die Herkunft aus „regierenden Häusern", zum anderen auf die üblichen individuellen und gesellschaftlichen Faktoren wie Ehrgeiz und Tüchtigkeit, Protektion und gute Gelegenheit. Zur ersten Kategorie gehörten der nur 34jährige Prinz von Oranien, späterer König der Niederlande, als

Chef des Infanterie-Regiments No.19 in Berlin,[32] der 33jährige Prinz Ludwig („Louis") Ferdinand von Preußen als Chef des Infanterie-Regiments No. 20 in Magdeburg[33] und der schon erwähnte Herzog Friedrich Wilhelm von Braunschweig-Oels als Chef des Infanterie-Regiments No.12 in Prenzlau.[34] Auch der Herzog von Württemberg war mit 48 Jahren als General der Kavallerie und Chef des Husaren-Regiments No. 4 in Oberschlesien[35] immer noch viel jünger als die meisten regelbeförderten höheren Offiziere.

Zur zweiten Kategorie gehörten wie zur ersten nur sehr wenige Offiziere, z.B. Heinrich von Kleists Regimentschef von 1798/99, Ernst von Rüchel, der es schon mit 45 Jahren zum „Generallieutenant" gebracht hatte,[36] oder der Generalmajor von Usedom, der seinen Rang mit 48 Jahren erreicht hatte und Chef des Husaren-Regiments No. 10 in „Südpreußen",[37] einem der Beutestücke aus der letzten Teilung Polens, war.

Die weniger begünstigten höheren Chargen waren den langen Weg der allmählichen Rangerhöhung gegangen; jede neue Stufe auf der Pyramide war nur mit geduldigem Hoffen und dem Ausstechen von zahlreichen Konkurrenten zu erreichen. Viele kamen nicht über den Rang eines Obersten oder auch nur eines Majors hinaus. August Wilhelm Hartmann von Zenge beispielsweise, 1736 geboren und als Fähnrich und Leutnant an fast allen bekannteren Schlachten des Siebenjährigen Krieges beteiligt und vor Prag verwundet, wurde erst 1784 – mit 48 Jahren – zum Major und neun Jahre später zum Obersten befördert; am 20. Mai 1799, mit fast 63 Jahren, hatte er das Ziel erreicht und war, bereits Chef des Infanterie-Regiments No. 24, zum Generalmajor ernannt worden.[38] Peter (Pierre) von Gualtieri, Bruder der Marie von Kleist und mit Heinrich von Kleist gut bekannt, war, 1763 geboren, erst 35 Jahre alt, als er von Friedrich Wilhelm III. zum Major befördert, allerdings auch aus der Königlichen Suite entfernt wurde, der er unter des Königs Vater als Rittmeister angehört hatte. Er soll die Protektion der Gräfin Lichtenau genossen haben.[39] Der brave Herr von Zenge hatte trotz aller Schlachten der Feldzüge Friedrichs und trotz seiner Verwundung 13 Jahre länger gebraucht, Major zu werden, als Gualtieri, der an keinem Krieg kämpfend teilgenommen hatte.

Das Prinzip der Ancienniät ist auch in den Rängen unterhalb

der Generalität fast ohne Ausnahmen beachtet worden. Die Obersten und „Oberstlieutenants" waren älter als die Majore, diese älter als die „Capitains"; Intelligenz, Einsatzbereitschaft, Mut und ähnliche Eigenschaften konnten – und können es vermutlich auch heute noch – in einem solchen System nur in sehr engem Rahmen ausschlaggebend für eine Beförderung sein.

Abgesehen davon aber waren die Truppenführer der preußischen Armee von 1806 zu alt für die Aufgabe, die ihnen bald gestellt werden sollte; zu viele von ihnen hatten sich beim jahrzehntelangen Klettern auf der Beförderungspyramide und beim Beachten der kleinlichen „Montirungs"-Vorschriften und des Exerzier-Reglements schon in den Revüen und Manövern um ihre besten Kräfte gebracht.

Die „Rangliste" (3):
Adlige und Bürgerliche

Es ist offensichtlich, daß bestimmte Teile der Armee – einzelne Regimenter, aber auch ganze Gattungen – sich bis 1806 erfolgreich gegen die Aufnahme bürgerlicher Offiziere zur Wehr setzten; sie wurden vom Adel bevorzugt und geprägt. Die standesbewußteste Gattung war demnach die der Kürassiere; von den 497 Offizieren der 13 Regimenter dieser ältesten, dem technisch überholten Rittertum am nächsten stehenden Ausprägung der brandenburgisch-preußischen Kavallerie war 1806 nicht ein einziger bürgerlicher Herkunft. Der Name eines der Regimenter – „Gensd'armes" – ist bis in die Literatur hinein geradezu kennzeichnend geworden für den Hochmut und den ins Leichtfertige spielenden Übermut des preußischen Militäradels vor Jena und Auerstedt. Die Dragoner waren fast genauso adelsstolz; von ihren 634 Offizieren des Jahres 1806 gehörten nur zwei nicht zum Adel.

Ganz anders die Husaren, die – kriegstechnisch gesehen – modernste und effektivste Reitertruppe der Zeit. Ab etwa 1730 entstanden, waren sie die jüngste der drei um 1806 in Preußen üblichen Kavallerie-Gattungen; ihnen fehlte damit eine für konservatives Denken wesentliche Komponente: Tradition. Es wird auch nicht ohne Bedeutung gewesen sein, daß die Husaren an nicht-deutsche

Überlieferungen anknüpften: Sie „sind nach ungarischer Art gekleidet", heißt es in der *Stammliste*.[40] Ebenso wird der Standort der meisten ihrer Regimenter in „Südpreußen", Oberschlesien und „Neu-Ostpreußen" wenig attraktiv gewesen sein; jedenfalls waren 94 der 606 Offiziere Bürgerliche, d.h. 16 %. In einigen Regimentern lag ihr Anteil noch viel höher: Im Regiment No. 5 betrug er 36 % und in den Regimentern No. 9 („Towarczys") und No.10 je 25 %. Selbst in Generalleutnant von Blüchers pommerschem Regiment No. 8 waren 5 von 55 Offizieren bürgerlich.[41]

Bei der Infanterie gab es in 16 von 61 Regimentern (das sogenannte Feldjäger-Regiment mitgezählt) keine bürgerlichen Offiziere; die 113 Bürgerlichen unter den 4.240 Infanterie-Offizieren entsprechen einem Anteil von 2,7 %. Zwei Regimenter mit je 14 % bürgerlichen Offizieren fallen aus dem Rahmen: das Regiment No. 48 des Generalfeldmarschalls Kurfürst von Hessen in Paderborn[42] und das Feldjäger-Regiment des 47jährigen Obersten Johann David Ludwig von Yorck im märkischen Mittenwalde.[43]

Es ist nicht zu übersehen, daß man die bürgerlichen Offiziere von den zum Krieg bestimmten ersten beiden Bataillonen fernhielt: 80 gehörten den „Dritten Musketierbataillonen", also der Ersatztruppe an, nur 33 wurden in den Kampfbataillonen geduldet, wovon noch sieben zum Yorckschen Regiment gehörten, das kein „Drittes Bataillon" besaß. Die Anzahl der bürgerlichen Offiziere in den Feldzugs-Bataillonen der 60 klassischen Infanterie-Regimenter reduziert sich damit auf 26 (von 4.189).

Noch deutlicher wird die Hintanstellung der nicht-adligen Offiziere, wenn man die „Invaliden=Compagnien" der Regimenter betrachtet. Von den dort aufgeführten 115 Offizieren meist niedrigen Ranges waren 49 bürgerlicher Herkunft. Auch die ab 1787 sukzessive neu eingerichteten Füsilier-Bataillone standen den Bürgerlichen eher offen; 17 % der 494 Offiziere waren nicht von Adel. In der „Ersten Warschauer Brigade"[44] waren es sogar 25 % und in der „Westphälischen Brigade"[45] 23 %.

Es wird kaum verwundern, daß das Offizierscorps der Artillerie[46] eine bürgerliche Domäne war; nur 100 der 370 Offiziere waren Adlige. Kaum zu erklären ist es dagegen, daß zu den 72 Offizieren des „Ingenieur=Corps"[47] 46 Adlige gehörten und in den übrigen technischen Truppen – „Pontonnier=Corps" etc. – immer noch 50 von 114.

Unter den 663 Militärbeamten der „Unterstäbe" waren sechs Herren von Adel zu finden, darunter ein Stallmeister.

Die „Rangliste" (4):
Bekannte Namen

Mit Blücher und Yorck wurden schon berühmt gewordene Persönlichkeiten erwähnt, die als Chefs von Regimentern bereits 1806 zur führenden Schicht des preußischen Offizierscorps gehörten. Auch Scharnhorst, bürgerlicher Herkunft, aber wegen seiner Verdienste 1802 in den Adelsstand erhoben, war schon vor dem Oktober 1806 mit dem Rang eines Obersten unter den herausragenden preußischen Offizieren. Neben Christian von Massenbach war er „General=Quartier=Meister=Lieutenant" im „General=Quartier=Meister=Stab",[48] den man heute als Generalstab bezeichnen würde. Außerdem war er „Directeur" der „Academie für junge Officiere" in Berlin.[49] Ganz unauffällig hingegen war der 45jährige Neidhardt von Gneisenau, der es im Herbst 1806 noch nicht weiter als bis zum „Capitain" in der kaum beachteten Niederschlesischen Füsilier-Brigade mit Garnison in dem Städtchen Jauer gebracht hatte.[50] Immerhin erregte er bei Jena im Stabe des Generalleutnants von Rüchel, vor allem nach dessen Verwundung, so viel positives Aufsehen, daß er im Dezember 1806 zum Major ernannt wurde.[51]

Die Namen Yorck und Gneisenau sind nur einmal unter den über 7.000 Angehörigen des Offizierscorps zu finden, während die bekannten Namen der alten staatstragenden Geschlechter immer wieder ins Auge fallen, verteilt über alle Ränge und über die Garnisonen des ganzen Staates. Der Name Arnim etwa erscheint 37mal, die von Frankenberg sind 23mal vertreten, von Rohr gibt es 19mal, Bismarck und von der Marwitz je 15mal, Pannwitz 11mal und Strantz 10mal. Die mit Abstand größte Namensgruppe stellt mit 49 Vertretern das Geschlecht derer von Kleist. Diese zahlreiche und stark gegliederte Familie muß wohl als die kriegerischste in Preußen betrachtet werden.

Überraschend mag es sein, daß zwei Namen, die aus dem Umgang Heinrich von Kleists bekannt sind und in der Fachliteratur häufig wie Einzelerscheinungen behandelt werden, mehrfach verzeichnet sind. So gibt es – außer Christian von Massenbach – sechs weitere Offiziere dieses Namens, darunter mehrere in Ostpreußen.[52] Zwei der Herren von Massenbach sind wahrscheinlich die Söhne des Obersten.

Der Name Gualtieri erscheint viermal; einer der Träger war Charles von Gualtieri, jüngerer Bruder von Peter (Pierre) von Gualtieri und Marie von Kleist und Schwager von Christian von Massenbach;[53] die anderen drei sind Seitenverwandte.[54]

Die 49 Offiziere mit dem Namen Kleist sind über den ganzen Staat verstreut; ihre Standorte heißen Frankfurt a. d. Oder, Paderborn, Magdeburg, Angerburg, Pasewalk, „Vorstädte von Breslau und die umliegenden Dörfer" (Kürassier-Regiment No. 1), Potsdam, Graudenz usw. 19 von ihnen waren bei der Kavallerie, darunter zehn Kürassiere und ein Husar (vom Regiment Blücher), 23 gehörten zur Infanterie, einer – ein „Capitain" – war beim Ingenieur-Corps in Magdeburg als „Ingenieur de la place",[55] zwei dienten in einer „Invaliden=Compagnie"[56]. Die restlichen vier gehörten keiner formierten Truppe an, sondern – so der spätere Graf Kleist von Nollendorf – zur Königlichen Suite[57] oder waren die Adjutanten wichtiger Generäle: ein „Stabs=Capitain" beim General von Rüchel in dessen Eigenschaft als Chef der Ostpreußischen Inspektion,[58] ein „Capitain" beim Prinzen „Louis" Ferdinand[59] und ein Oberst beim Generalfeldmarschall Herzog von Braunschweig als dem Chef der Magdeburger Inspektion.[60]

Die meisten der 49 Herren werden jung gewesen sein, denn 28 von ihnen standen in den alleruntersten Rängen. Nur einer von allen war 1806 im Generalsrang: der 70jährige General der Infanterie Franz Kasimir von Kleist, Kommandant der Festung Magdeburg und Vater des Schriftstellers Franz Alexander von Kleist.[61]

Nach dem Oktober 1806 (1):
Die Auflösung der preußischen Armee

Es kann nun auf die Informationen zurückgekommen werden, welche in den „Nachrichten über das nachherige Verhältniß [...]" in der 1828 wiederherausgegebenen *Rangliste* von 1806 zu den Folgen der Niederlage von Jena und Auerstedt und zum Teil auch der Feldzüge von 1813/14 und 1815 mitgeteilt werden. Der „Redacteur" von 1828 hat sich nicht, wie der Titel vermuten läßt, auf das individuelle Schicksal der fast 8.000 Offiziere und Beamten beschränkt, er gibt auch Auskunft über die Auflösung oder das Fortbestehen der Regimenter und Bataillone sowie der Festungen. Seine „Ranglisten"-Reprise wird damit zum detaillierten Bericht über das Ende einer traditionsreichen Militär-Organisation, die vor allem auf König Friedrich Wilhelm I. zurückging, aber er gibt auch Hinweise auf die neuformierten Regimenter und Brigaden.

Die Mitteilung über das Schicksal eines Regiments oder Bataillons findet sich jeweils am Ende der Personalliste; sie lautet z. B. für das „Regiment Garde. (No.15.)" in Potsdam ohne Umschweife: „1806 aufgelöset." Der kurze Vermerk wiederholt sich unter den Listen vieler Einheiten. Es gibt aber auch längere Mitteilungen:

> Das Regt. u. 3. M.=B. wurden 1806 aufgelöset, die Inv.=Comp. 1809 der 2. Kurm. Prov.=Inv.=Comp. einverleibt,

heißt es für das Infanterie-Regiment No.12[63] und so oder ähnlich für viele andere. In den relativ wenigen Fällen der Erhaltung kampffähiger Regimentsteile lautet der Vermerk so wie beispielsweise für das Dragoner-Regiment No.6 im ostpreußischen Königsberg:

> Das Regt. wurde 1807 von 10 auf 8 Esc. gesetzt u. 1808 aus dem 1. Bat. das 3te, aus dem 2. Bat. aber das 4te Cür.=Rgt. gebildet; 1815 wurde von jedem dieser beiden Regtr. 1 Esc. zur Errichtung des 7ten Cür.=Regts. u. des 4ten Drag.=Regts. abgegeben.[64]

Man sieht hier, wie unmittelbar aus dem Zusammenbruch heraus die neue Armee entstand.

Es wurden 1806/07 ganz oder fast ganz aufgelöst

von 60	Infanterie-Regimentern	53
» 8	Füsilier-Brigaden	6
» 38	Kavallerie-Regimentern	28

Von den – für den Kampf bedeutungslosen – 19 regional verteilten „Invaliden=Compagnien" wurden nur die in Mansfeld und Peine aufgelöst; eine in Franken wurde vom Königreich Bayern übernommen.[65]

Nicht aufgelöst, jedoch reorganisiert und mit neuer Bezeichnung fortgeführt wurden sieben Infanterie-Regimenter, sechs davon mit ostpreußischem Standort, das siebente mit dem Standort Warschau und bemerkenswerterweise das Yorcksche Feldjäger-Regiment aus der Mark Brandenburg. Die zwei nicht aufgelösten Füsilier-Brigaden hatten ihre Garnisonen ebenfalls in Ostpreußen. Auch die zehn überwiegend erhalten gebliebenen Kavallerie-Regimenter waren in der Mehrzahl in den östlichen Provinzen des Königreichs stationiert gewesen, über die Napoleon erst 1807 die Herrschaft errang.

Aus den fünf Regimentern der Feldartillerie und den Resten der Festungsartillerie wurden 1809 drei Artillerie-Brigaden.[66]

Nach dem Oktober 1806 (2):
Festungen und Kommandanten

Neben der Niederlage von Jena und Auerstedt belastete in der Zeit nach dem Oktober 1806 nichts so sehr das Selbstbewußtsein der Preußen wie die Kapitulation ihrer bedeutenden Festungen. Insbesondere die Übergabe von Magdeburg, von Stettin und von Küstrin beschäftigte die Gemüter und später das Kriegsgericht. Die drei Fälle bestätigen aber auch, daß die ihnen zugrunde liegenden Mängel – nicht zuletzt das zu hohe Alter und die damit verbundene Gebrechlichkeit der Kommandanten – schon vor dem Ausbruch des Krieges jedem bekannt sein konnten. Das starre System von Anciennität und Subordination wie auch die mißverstandene Fürsorge für die in die Jahre gekommenen Generale verhinderten die rechtzeitige Korrektur in Friedenszeiten. Wie erst in der äußersten

Bedrängnis Abhilfe geschaffen werden konnte, zeigt das Beispiel der Festung Kolberg.

Die Festung Magdeburg ging 1806

am 11. November an die kaum davor erschienenen Franzosen über, obgleich die hinreichend starke Besatzung mit allen Bedürfnissen versehen war,

liest man in Brockhaus' *Conversations=Lexicon* von 1817.[67] Priesdorff teilt Einzelheiten mit: Der Kommandant, der General von Kleist, übergab

die Festung Magdeburg mit 24000 Mann Besatzung, 600 Geschützen und und ungeheuren Vorräten dem Marschall Ney.

Die Verwirrung, die damals in Magdeburg herrschte,

die Straßen gedrängt voll von Geschützen und Bagagen [...], die Masse der Flüchtlinge und Verwundeten, die Schutz suchten,

alles sei

keine Entschuldigung für das Verhalten des Gouverneurs, des Generals von Kleist, und der anderen Generale, die die Verantwortung unter ihm trugen.

Das Kriegsgericht, das der König am 10. September 1808

über ihn befahl, faßte einstimmig folgendes Urteil: ,General von Kleist wäre, wenn er noch lebte, wegen der übereilten und durchaus pflichtwidrigen Übergabe der wichtigen Festung Magdeburg an die Franzosen zu arquebusiren.'

Franz Kasimir von Kleist war am 30. März 1808, 72 Jahre alt, in einem Berliner Gasthof gestorben.[68]

Die bei Priesdorff erwähnten „anderen Generale" nennt das *Lexicon* von 1817 bei ihren Namen:

Die verrätherische Capitulation schlossen der Commandant, General von Kleist, und die Generale Graf Wartensleben und von Renouard.[69]

Leopold Alexander Graf von Wartensleben, Generalleutnant, war im November 1806 62 Jahre alt; er wurde 1809 zu lebenslanger Festungshaft verurteilt, aber am 30. Mai 1814 begnadigt. Er starb 1822.[70] Johann Jeremias von Renouard, Generalmajor, 65 Jahre alt zur Zeit der Kapitulation, war bei Auerstedt schwer verwundet worden und in diesem Zustand nach Magdeburg gekommen, wo er, „körperlich und geistig nicht mehr auf der Höhe in die Kapitulation [...] verwickelt" wurde. Im November 1809 verurteilte man ihn zu zwei Jahren Festung. Er starb während des Arrests im Dezember 1810.[71] Die „Ranglisten"-Reprise von 1828 erwähnt all diese zwanzig Jahre zurückliegenden Ereignisse und die daran sich knüpfenden schmachvollen persönlichen Folgen mit keinem Wort. Offenkundig war schon lange – wie von Wartenslebens Begnadigung zeigt – ein Schlußstrich gezogen worden, und man vermied es „mit allerhöchster Genehmigung", alte Wunden wieder aufzureißen. So lautet die Bemerkung über das Schicksal des Generals von Kleist nach 1806 nur „1808 gest.", für von Wartensleben entsprechend „1822 gest." und für von Renouard „1810 gest.".[72]

War auch die Kapitulation von Magdeburg die aufsehenerregendste und der damit verknüpfte Name Kleist der berühmteste, so lösten doch auch die Kapitulation von Stettin und die von Küstrin Empörung und Entsetzen aus. Dabei ist der Fall des Kommandanten von Stettin, des Generalleutnants Christian von Romberg, schlechthin exemplarisch und geradezu tragisch zu nennen. Romberg, im Juli 1729 geboren, wurde mit 70 Jahren von Altersbeschwerden geplagt, so daß der König ihn 1799 aus der Feldarmee, wo er Chef eines Regiments war, in den Festungsdienst versetzte. Dazu schrieb er ihm (nach Priesdorff):

,Da es Euch bei der Abnahme Eurer Kräffte unstreitig angenehm seyn wird, in ein ruhigeres Verhältnis zu kommen, so will Ich Euch hierdurch das vacante Gouvernement zu Stettin [...] verleihen [...]. Ich schmeichle Mir, daß diese Eure Versorgung [!] Euch zum Beweise Meiner Zufriedenheit [...] dienen werde [...].'

Der wichtigen Stellung als Gouverneur von Stettin war Romberg nicht gewachsen. Körperlich behindert und 77 [!] Jahre alt, übergab er ohne zwingenden Grund die wichtige Festung [...] den Franzosen.

Romberg wurde im März 1809 zu lebenslanger Festungshaft verurteilt, er starb aber noch vor Antritt der Haft im Mai 1809 im Alter von fast 80 Jahren.[73] Er war 59 Jahre bei der Armee gewesen, hatte aber schließlich bei der „Versorgung" versagt. Vermerk in der *Rangliste* 1806/1828: „1809 gest.".[74]

In der Festung Küstrin hätte das Kommando eigentlich der Generalleutnant von Lattorf haben sollen, aber auch dieser, 1733 geboren, war offenbar nicht mehr in der Lage, es im Oktober/November 1806 wahrzunehmen;[75] die Verantwortung fiel auf den 57jährigen Obersten von Ingersleben. Aus unerfindlichem Grunde übergab er am 1. November 1806 die „reichlich verproviantierte Festung ohne Aufforderung einem französischen Reiterhaufen", wie es etwas drastisch und noch immer voller Empörung 1888 in *Meyers Konversations-Lexikon* heißt. Die Franzosen ihrerseits hielten Küstrin bis zum 20. März 1814,[76] als die russische und die preußische Armee sich anschickten, in Paris einzumarschieren. „Generalieutenant" von Lattorf starb 1808, der Oberst von Ingersleben 1814.[77]

Die Ereignisse um die Festung Kolberg in der Zeit vom Oktober 1806 bis zum Sommer 1807 unterscheiden sich sehr von den vorher dargestellten. Der ursprüngliche Kommandant, der 65jährige Oberst Lucadou aus Genf, scheiterte trotz seines Willens zur Verteidigung der Stadt und der Festung und trotz einiger dazu geeigneter Maßnahmen nicht so sehr an seinem Alter als vielmehr an persönlichen Schwierigkeiten im Umgang mit den übrigen Verteidigern der Stadt.[78] Dennoch begründete der König in dem Schreiben an den Major Gneisenau dessen Ernennung zum neuen Kommandanten im April 1807 so:

> ‚Da der Oberst von Lucadou bei seinem Alter und der damit verbundenen Abnahme seiner Kräfte nicht im Stande sein würde, auf die Dauer [...].'[79]

Lucadou bekam einen Abschied in Ehren; der Vermerk in der *Rangliste* 1806/1828 lautet: „1807 als Gen.=Maj. m. Beibeh. seiner Unif. dim., 1808 pens. 1812 gest."[80]

Für den „Capitain" des Jahres 1806 von Gneisenau ist vermerkt:

„1828 Graf v. Gneisenau, Gen.=Feldm. u. Gouverneur von Berlin etc."[81]

Nach dem Oktober 1806 (3):
Gefallene, Deserteure und Freicorps

Von den 7.255 Offizieren, welche die *Rangliste* der preußischen Armee für 1806 nachweist, sind nach den Vermerken der Reprise von 1828 186 in den Schlachten und Gefechten der Jahre 1806/07 „geblieben" oder „an Wunden gest.". Das entspricht 2,56 %. Da dem „Redacteur" nicht alle Todesfälle bekanntgeworden sein werden und auch für einige Offiziere die Jahre 1806 oder 1807 ohne Hinweis auf den Krieg als Sterbedatum angegeben werden, wird die Anzahl in Wirklichkeit etwas höher gelegen haben. Dennoch fällt es auf, daß die Anzahl der Gefallenen in den Jahren 1813/14 (bei gleichen Einwänden) mit 310 (4,27 %) signifikant höher liegt. Wenn man nach der Ursache sucht, bleibt nur der Schluß: Die Kämpfe in den „Befreiungskriegen" wurden härter und mit größerem Einsatz ausgetragen. Eben hier hat die Bemerkung des Erzählers aus Kleists *Anekdote aus dem letzten preußischen Kriege* ihren Platz:

> [...] daß wenn alle Soldaten, die an diesem Tage mitgefochten, so tapfer gewesen wären, wie dieser, die Franzosen hätten geschlagen werden müssen, wären sie auch noch dreimal stärker gewesen, als sie in der That waren.[82]

Der Feldzug von 1815 war weit weniger verlustreich, abgesehen davon, daß längst nicht mehr alle Angehörigen des Offizierscorps von 1806 an den Kämpfen beteiligt waren: Nur 48 waren „geblieben".

Zu den prominentesten Toten der Schlachten und Feldzüge gehörten 1806 der 70jährige Generalfeldmarschall Herzog von Braunschweig und Prinz „Louis" Ferdinand, 1813 der inzwischen zum „General=Lieutenant" avancierte Scharnhorst und 1815 der Generalmajor Herzog Friedrich Wilhelm von Braunschweig, Nachfolger des 1806 gefallenen alten Herzogs.

Es gab aber auch Offiziere, die in den Jahren 1808–12 infolge der in Europa herrschenden unruhigen politischen Verhältnisse ums

Leben kamen, wenn auch meist nicht im herkömmlichen Sinne auf dem Schlachtfeld. Dazu müssen einige Hinweise auf die zum Teil widersprüchlichen Bestrebungen der Jahre zwischen Preußens Untergang und dem Beginn der „Befreiungskriege" gegeben werden, Bestrebungen, die fast durchweg von jungen Offizieren getragen wurden. Aber auch die offizielle Bündnispolitik der Herrschenden spielte dabei ihre Rolle.

Zunächst ist festzustellen: Wie vermutlich in jeder Armee der Welt, gab es auch in der preußischen Desertionen. Die „Ranglisten"-Reprise verzeichnet solche Fälle – meist mit dem Wort „desertirt" – 70mal, davon 61mal in den Jahren 1806/07 und sechsmal 1809. Bis auf zwei Offiziere im Rang eines „Capitains" waren alle Deserteure junge Leute: Fähnriche, Kornetts und „Seconde-Lieutenants". Der klassische Fall von Desertion lag z.B. vor, wenn es von zwei „Seconde=Lieutenants" heißt: „1806 desert. u. in Poln. Dienste getreten." Beide gehörten davor zur „Zweiten Warschauer Füsilier=Brigade".[83] Bei einem anderen, einem Kornett, ist vermerkt: „1806 nach Südpreußen gegangen."[84] Nur von einem einzigen Offizier, der 1808 desertierte, meldet der „Redacteur": „1810 als Deserteur verurtheilt."[85]

Für insgesamt 22 junge Offiziere heißt es wie bei einem Fähnrich aus dem Infanterie-Regiment No. 3: „1806 desertirt u. zum Isenburg. Corps übergegangen, nachher gest."[86] Der Fürst von Isenburg, einem Duodezfürstentum in der Gegend von Offenbach, war am 12. Juli 1806 dem Rheinbund beigetreten; er stellte ein Fremdenregiment zum Dienst für die Sache Napoleons auf, das einigen Zulauf eben auch von preußischen Deserteuren hatte.[87] Andere junge preußische Offiziere gingen in den Dienst des von Napoleon gegründeten „Königreichs Westphalen". Man muß sich fragen, ob die Deserteure nicht häufig aus Bequemlichkeit oder aus Unkenntnis so handelten, wie sie es taten, denn für zahlreiche Offiziere (für welche die preußische Armee nach Jena und Auerstedt gar keine Verwendung mehr hatte) gab der König, wie die Reprise zeigt, die Erlaubnis zum Übertritt in fremde Dienste.[88]

Zum Isenburgischen Corps und den anderen rheinbündischen Verlockungen gab es die bekannten Gegen-Unternehmungen auf der Seite der Gegner Napoleons. Sie sind alle nicht frei von dem

Anstrich der Abenteuerlichkeit, was natürlich zur Tatenlosigkeit verurteilte Fähnriche und Leutnante anzog. Bedeutender als die romantisch anmutende Unternehmung des Majors Schill im Jahre 1809 war das Corps, das der junge Herzog Friedrich Wilhelm von Braunschweig-Oels gegründet hatte; in der vergeblichen Hoffnung, eine Volkserhebung auszulösen, zog es zunächst kämpfend durch Norddeutschland und setzte sich schließlich nach England ab. Von dort aus gelangten die meisten Dazugehörenden nach Spanien.[89] Die *Rangliste* 1806/1828 vermerkt dies bei 28 Offizieren. Mindestens einer davon ist kurioserweise 1809 aus der preußischen Armee desertiert, um sich dem Corps des Herzogs anschließen zu können.[90]

In Spanien konnten die ehemals preußischen Offiziere auf Gegner treffen, die als Deserteure der preußischen Armee in den Dienst des neuen Herzogtums Warschau getreten waren und nun für Napoleon in Spanien kämpften. Andere wiederum marschierten zusammen mit der „Grande Armée" 1812 in Rußland ein und hatten Angehörige des preußischen Corps an ihrer Seite. Von früheren oder zu der Zeit noch aktiven Offizieren der preußischen Armee sind lt. Reprise in den Jahren 1808–1812 74 zu Tode gekommen. Drei starben 1808 in Nancy in französischer Kriegsgefangenschaft, 17 kamen bei Schills Unternehmung ums Leben (davon wurden vier in Wesel standrechtlich erschossen), sechs fielen im Braunschweig-Oelsschen Corps in Deutschland oder in Spanien im Kampf gegen Napoleon, acht starben ebenfalls in Spanien in Truppen des Rheinbunds und vier in polnischen Diensten beim Einsatz für Napoleon in Spanien oder in Rußland. Dort beendeten 1812 ihr Leben im Kampf gegen Rußland 25 früher preußische Offiziere, die rheinbündischen Truppen angehörten, und elf Offiziere des Corps der neuen preußischen Armee.

Für den Einsatz in dem ab 1813 wieder verbündeten und befreundeten Reich des Zaren nuanciert der „Redacteur" von 1828 den Sprachgebrauch in bemerkenswerter Weise. Von einem Fähnrich, der im Dienst des Königreichs Westfalen in Rußland fiel, heißt es: „1812 Westphäl. Pr.=Lt. im Gen.=St., auf der Retirade von Moskau gest."[91] und von einem badenschen Offizier: „1812 Großherzogl. Badenscher St.=Cap. [...] in der Schlacht an der Berezina geblieben."[92] Für alle im Kampf gegen die Russen an der Seite der Franzosen umgekommenen Preußen hingegen lassen die Vermerke den Ort des Todes und damit den Zweck des Einsatzes nicht erkennen: „1812 Cap. im Ostpreuß. Jäger=Bat., geblieben."[93] Es scheint hier ein Gefühl der Scham durch, das Heinrich von Kleist schon im November 1811 empfunden hat:

> Die Allianz, die der König jezt mit den Franzosen schließt, ist auch nicht eben gemacht mich im Leben festzuhalten. [...] Was soll man doch, wen der König diese Allianz abschließt, länger bey ihn machen?[94]

Heinrich von Kleist: Anwendung von Namen

Es kann kaum überraschen, daß die Namen, die Heinrich von Kleist in dem Schauspiel *Prinz Friedrich von Homburg* verwendet, sich fast alle in der *Rangliste* finden. Es gab sie wohl nur zum kleineren Teil im Reiterheer des Großen Kurfürsten bei Fehrbellin, aber sie sind eine dichte und repräsentative Auswahl aus den Namen des preußischen Offizierscorps von 1806. Das gilt nicht nur für Namen wie Mörner, Ramin, Borck, von der Goltz, Graf Sparr, Graf Reuß oder Strantz, es finden sich auch mehrere Grafen von Hohenzollern aus dem Hause Hohenzollern-Hechingen. Damit entsteht der Eindruck großer aktueller Authentizität, so daß die Zeitgenossen – hätten sie das Werk denn rechtzeitig kennengelernt – sich hätten wiedererkennen und identifizieren können.

Weniger selbstverständlich ist es, wenn Kleist im *Kohlhaas* einem sonst wenig bekannten, aber wichtigen hochrangigen Offizier seiner Zeit Ehre erweist: dem Herrn von Geusau, der als „dieser würdige Mann" im *Kohlhaas* ausgezeichnet wird. Er hat in der Erzählung den Vornamen Heinrich und ist Stadthauptmann in Brandenburg;[95] der wirkliche Geusau von 1806 hieß Levin. Er hatte 1806 eine Fülle von Aufgaben und Funktionen. Er war 1734 in Thüringen geboren worden; seine Eltern stammten aus Baden. Levin von Geusau war „General=Lieutenant"; als Generalquartiermeister war er der Chef des Generalstabs und der unmittelbare Vorgesetzte von Scharnhorst und Christian von Massenbach. Er leitete auch das „Ingenieur=Departement" im „Ober=Krieges=Collegium", war für die Inspektion aller preußischen Festungen zuständig und Kurator der „Medicinisch=chirurgischen Pepiniere", der Anstalt für die Ausbildung der Militär-Ärzte. Kaum jemand in Preußen hatte 1806 so viel Macht in Händen wie der Herr von Geusau, und trotzdem ist er fast unbekannt geblieben. Er starb im Dezember 1808; im Dezember 1806 hatte er, 72 Jahre alt, darum gebeten, ihn von allen seinen Ämtern zu entbinden.[96]

Unter den fast 8.000 Namen der *Rangliste* von 1806 erscheint ein einziges Mal ein Adam, ein – bürgerlicher – „Seconde=Lieutenant" in der Invaliden-Kompanie des Regiments Kleist in Magdeburg.[97] Unter den gleich dahinter genannten Mitgliedern des „Unterstabs" gibt es den – bürgerlichen – Feldprediger Walther.[98] Träger dieses Namens, auch mit Adelsprädikat, finden sich mehrere in der *Rangliste*. Der Name Licht ist wiederum nur einmal vertreten; sein Träger war – bürgerlichen Standes – Regiments-Chirurg in einem ostpreußischen Dragoner-Regiment.[99] Ebenfalls nur einmal vorhanden ist der Name Ruprecht; so hieß der – bürgerliche – Regiments-Quartiermeister eines oberschlesischen Husaren-Regiments.[100] Es ist nicht klar, ob Kleist sich durch die *Rangliste* bei der Wahl der Namen (die ausschließlich von Nicht-Adligen stammen!) hat inspirieren lassen, aber dennoch sieht man den *Zerbrochnen Krug* plötzlich auch als Spiegel der Zustände in den ländlichen Rekrutierungskantonen der preußischen Armee. Und wenn Frau Marthe in V. 470ff. vor ihrer Tochter schwärmt,

> Der Herr Korporal
> Ist was für dich, der würd'ge Holzgebein,
> Der seinen Stock im Militär geführt,[101]

so klingt das wie eine ironische Schelte der Armee und speziell wie eine Verspottung der Invaliden-Kompanien.

Schließlich gibt es zu der Erzählung *Der Zweikampf* eine erstaunliche Beziehung, erstaunlich allerdings nur unter der Voraussetzung, daß man den *Zweikampf* als eine aktuell gemeinte Parabel auffaßt, deren Spuren nicht zuletzt nach Ostpreußen weisen.[102] Dort wartete der König nach dem – im Sinne der Parabel – zunächst verlorenen Zweikampf auf seine Wiederherstellung, und dort gab es auch Kleists früheren Regimentschef von Rüchel, der, bei Jena schwer verwundet, im Dezember 1806 dem König seine Dienste wieder anbieten konnte. In Rüchels Königsberger Infanterie-Regiment No. 2 hatte es 1806 einen Major von Trotta gen. von Treyden gegeben.[103]

Als Chef der „Ostpreußischen Inspection von der Infanterie" hatte der Generalleutnant von Rüchel einen „Stabs=Capitain" von Kleist als Adjutanten, worauf weiter vorn hingewiesen wurde. Der Adjutant trat „bald zu seinem General in freundschaftliche Beziehung", und Rüchel, 1754 geboren, Vater von vier Töchtern, aber keines Sohnes, adoptierte den 24 Jahre Jüngeren, dem im Juli 1807 – wohl vom König selbst – erlaubt wurde, sich künftig von Rüchel-Kleist zu nennen. Im Januar 1808 heiratete er eine der Töchter Rüchels.[104] Ist schon diese Symbiose von Namen und Existenzen erstaunlich genug, so müssen einen die Vornamen des Herrn von Rüchel-Kleist, denkt man an die Antagonisten des *Zweikampfs*, wahrlich überraschen: Er hieß Friedrich Jakob. Ein Zufall? – Ein Zufall, was sonst?

Anmerkungen

1 In den folgenden Anmerkungen als „Reprise" bezeichnet.
2 Reprise, S. III.
3 Ebenda, S. IV.
4 *Rangliste der Königl. Preußischen Armée für das Jahr 1793*, Berlin, bei Himburg, S. 3.
5 *Stammliste aller Regimenter und Corps der Königlich=Preußischen Armee. Für das Jahr 1806.* Berlin 1806, S. 3–21.
6 Ebenda, S. 15.
7 *Briefe von und an Heinrich von Kleist 1793–1811*, Bd. 4 der Kleist-Ausgabe des Deutschen Klassiker Verlags, Frankfurt am Main 1997, S. 27.
8 *Stammliste*, S. 279.
9 Ebenda, S. 80–81.
10 Ebenda, S. 220–221.
11 Ebenda, S. 59–60.
12 Ebenda, S. 15.
13 Ebenda.
14 Ebenda, S. 20.
15 Wie in Anm. 7, S. 351.
16 *Stammliste*, S. 25–26, 28.
17 Ebenda, S. 196–203.

18 Ebenda, S. 272–273.
19 Ebenda, S. 272.
20 Ebenda, S. 184–185.
21 Ebenda, S. 186.
22 Ebenda, S. 188.
23 Ebenda.
24 *Rangliste* 1793, z. B. S. 12 („Regiment Garde").
25 Ebenda, S. 97 („Regiment Graf zu Anhalt").
26 *Stammliste*, S. 19.
27 Ebenda.
28 *Rangliste* 1793, S. 6–7.
29 Wie in Anm. 7.
30 Heinrich von Kleist: *Berliner Abendblätter*. Faksimiledruck mit einem Nachwort von Georg Minde-Pouet, Leipzig 1925, S. 24–25 (6. Oktober 1810).
31 *Rangliste* 1806, S. II-III.
32 Ebenda und S. 15.
33 Ebenda, S. II-III, 29.
34 Ebenda, S. IV-V, 23.
35 Ebenda, S. XLII-XLIII, 131.
36 Ebenda, S. II-III, 40.
37 Ebenda, S. XLIV-XLV, 127.
38 Vgl. dazu: Kurt von Priesdorff: *Soldatisches Führertum*, Hamburg o.J. [etwa 1935–40], 3. Bd., S. 63–64 (Nr. 977 der mehr als 3.000 Biographien preußischer Generäle).
39 Siehe dazu: Horst Häker: *Kleists Beziehungen zu Mitgliedern der Französisch-reformierten Gemeinde in Berlin*, in: *Kleist-Jahrbuch* 1983, Berlin 1983, S. 98 ff.; hier vor allem: S. 105 ff.
40 *Stammliste*, S. 250.
41 *Rangliste* 1806, S. 128–129, 139–141, 127–128, 117–118.
42 Ebenda, S. 83–84.
43 Ebenda, S. 25.
44 Ebenda, S. 100–101.
45 Ebenda, S. 97.
46 Ebenda, S. 143 ff.
47 Ebenda, S. 152–153.
48 Ebenda, S. LVIII.
49 *Stammliste*, S. 192.
50 *Rangliste* 1806, S. 104.
51 Priesdorff (wie in Anm. 38), 4. Bd., S. 33 ff. (Nr. 1236).
52 *Rangliste* 1806, S. 25, 40 (zweimal), 123, 124, 125.
53 Ebenda, S. 12.
54 Ebenda, S. 51 (zweimal), 96.
55 Ebenda, S. 151.
56 Ebenda, S. 154, 156.

57 Ebenda, S. LVIII.
58 Reprise, S. 362.
59 Ebenda, S. 361.
60 *Rangliste* 1806, S. 26.
61 Ebenda, S. 27 und LXIII sowie Priesdorff (wie in Anm. 38), 2. Bd., S. 276 ff. (Nr. 772).
62 Reprise, S. 2, 5.
63 Ebenda, S. 44.
64 Ebenda, S. 279.
65 Ebenda, S. 351, 354.
66 Ebenda, S. 336.
67 ,Vierte Original=Auflage', 6. Bd., S. 24.
68 Priesdorff (wie in Anm. 38), 2. Bd., S. 277–278.
69 Wie in Anm. 67.
70 Priesdorff (wie in Anm. 38), 2. Bd., S. 441 (Nr. 918).
71 Priesdorff (wie in Anm. 38), S. 75 (Nr. 992).
72 Reprise, S. 51, 202, 57.
73 Priesdorff (wie in Anm. 38), 2. Bd., S. 250 (Nr. 743).
74 Reprise, S. 366.
75 Priesdorff (wie in Anm. 38), 2. Bd., S. 366 (Nr. 840).
76 4. Auflage, 10. Bd., S. 360.
77 Reprise, S. 367.
78 Priesdorff (wie in Anm. 38), S. 285 (Nr. 1132).
79 Priesdorff (wie in Anm. 38), 4. Bd., S. 39 (Nr. 1236).
80 Reprise, S. 368.
81 Ebenda, S. 228.
82 Wie in Anm. 30.
83 Reprise, S. 223, 224.
84 Ebenda, S. 283.
85 Ebenda, S. 261.
86 Ebenda, S. 59.
87 Brockhaus' *Conversations=Lexicon, Vierte Original=Auflage*, 1817, 5. Bd., S. 99.
88 Als Beispiel: Fähnrich von Billerbeck im Infanterie-Regiment No. 22, Reprise, S. 67: „1809 mit Erlaubn. in fremde Dienste zu gehen dim."
89 Siehe dazu: Priesdorff (wie in Anm. 38), S. 116 ff. (Nr. 1025): „Friedrich Wilhelm Herzog von Braunschweig=Oels, Der Schwarze Herzog".
90 Reprise, S. 43.
91 Ebenda, S. 188.
92 S. 203.
93 Ebenda, S. 45.
94 Wie in Anm. 7, S. 509 (Brief an Marie von Kleist, 10. November 1811).
95 *H. v. Kleist. Sämtliche Werke.* Berliner Ausgabe, herausgegeben von Roland

Reuß und Peter Staengle, Bd. II/1: *Michael Kohlhaas*, Basel und Frankfurt am Main 1990, S. 95–96.

96 Priesdorff (wie in Anm. 38), 2. Bd., S. 335 ff. (Nr. 820); *Rangliste* 1806, S. II-III, LVIII, LXI; Reprise, S. 343.

97 *Rangliste* 1806, S. 28.

98 Ebenda, S. 29.

99 Ebenda, S. 124.

100 Ebenda, S. 134.

101 Zitiert nach: Kleist-Ausgabe des Deutschen Klassiker Verlags (wie in Anm. 7), Bd. 1, Frankfurt am Main 1991, S. 305.

102 So meine Auffassung in dem noch nicht veröffentlichten Vortrag: *Wessen Recht und Ehre? Parabolische Hinweise in Heinrich von Kleists Erzählung ,Der Zweikampf'*, gehalten am 17. Oktober 1997 in Frankfurt (Oder).

103 *Rangliste* 1806, S. 40.

104 Zu Rüchel ausführlich: Priesdorff (wie in Anm. 38), 2. Bd., S. 391 ff. (Nr. 878); zu Rüchel-Kleist: Ders.: 4. Bd., S. 334 ff. (Nr. 1340).

Werner Ort

EIN INTRIQUER & UNRUHIGER GEIST
AUSKUNFT AUS FRANKFURT (ODER) UND
MAGDEBURG
ÜBER HEINRICH ZSCHOKKE

Im Dezember 1801 traf Kleist von Paris kommend in Basel ein. Er wollte den Theaterdichter Heinrich Zschokke aufsuchen, berühmt geworden durch das Drama *Abällino, der große Bandit,* traf ihn aber nicht mehr an und reiste zu ihm nach Bern, wo die beiden mit einem Sohn und einem Schwiegersohn Christoph Martin Wielands eine Dichtergemeinschaft bildeten. An seine Schwester schrieb Kleist über Zschokke in Basel: „Er hat einen guten Ruf und viele Liebe zurückgelassen. Man sagt, er sei mit der jetzigen Regierung nicht sehr zufrieden."[1]

Heinrich Zschokke war während vierzehn Monaten Regierungsstatthalter von Basel gewesen und hatte die widerspenstige Landbevölkerung gezähmt, die sich weigerte, die in der helvetischen Revolution von 1798 abgeschafften Zinsen und Zehnten wieder zu bezahlen. Mit Proklamationen und Verordnungen hatte er die Basler an ihre Pflichten gemahnt und mit Hilfe der Armee Ruhe und Ordnung durchgesetzt. Statt seiner Vision einer freien Bürgergesellschaft war er gezwungen, einen Polizeistaat zu schaffen, um die angeschlagene Autorität der helvetischen Regierung aufrechtzuerhalten. Als nach einem Putsch im Herbst 1801 die konservativen Kräfte an die Macht gekommen waren und sogleich jegliche freie Meinungsäußerung unterdrückt und andere politische Gesinnungen verfolgt hatten, quittierte Zschokke sein Amt.

Er trug sich nun mit ähnlichen Plänen wie Kleist: sich aus der Politik zurückzuziehen, ein Landgut zu kaufen und dort, entfernt von den Stürmen und Anfechtungen des Lebens, sich ganz den Musen und Wissenschaften zu widmen. Beide waren sich überhaupt in vielem sehr ähnlich: geist- und phantasievoll, Idealisten, vielseitig begabt und interessiert, ihrer Herkunft entfremdet, entwurzelt. Aber im Gegensatz zum Frankfurter Dichter Kleist hatte der sechseinhalb Jahre ältere Magdeburger Zschokke seine Lebenskrisis schon hinter sich oder vielmehr: In jenem Winter, in Begleitung Kleists, war er dabei, sie endgültig zu überwinden.[2]

Die Stadt Basel kam nicht nur Kleist still und öde vor, auch auf Zschokke wirkte sie kalt und abweisend. Er hatte, obwohl ihm Liebenswürdigkeit und großes Bemühen um das Wohl der Stadt konzediert wurden, kaum Zugang zur Gesellschaft und zu den Herzen der Bürger. Abgesehen davon, daß viele, zumal ältere, Basler die nach dem Diktat Frankreichs entstandene helvetische Republik als Fremdkörper empfanden und daß alle sich von der dauernden Präsenz fremder Soldaten belästigt, von den Reglementierungen eingeschränkt fühlten, war man nicht gewohnt, von einem Fremden regiert zu werden. Einige glaubten, als Zschokke zu ihrem politischen Oberhaupt bestimmt wurde, daß Basel jetzt vollständig dem Ausland ausgeliefert werde.[3]

Dabei war Zschokke in sein Amt als oberster Vertreter der helvetischen Regierung in Basel nur deshalb gelangt, weil kein Einheimischer mit der richtigen politischen Einstellung zur Verfügung stand und weil er zufälligerweise in Bern war, als man händeringend nach einem Ersatz für den in die Hauptstadt berufenen Johann Jakob Schmid suchte. Dieser, ein eifriger Anhänger der neuen Ordnung, hatte selber Zschokke für den Posten vorgeschlagen, und der konservative Berner Regierungsvertreter Karl Albrecht von Frisching hatte beruhigende Signale nach Basel gesandt, als man sich von dort besorgt erkundigte, was von dem neuen Statthalter zu erwarten sei. Zschokke habe bisher die ihm anvertrauten Aufgaben zur Zufriedenheit gelöst, schrieb Frisching. Wenn man ihn mit den richtigen Leuten umgebe, werde man zufrieden mit ihm sein.[4]

Offenbar genügte einigen Baslern diese Aussage nicht. Sie erkundigten sich in Magdeburg, das Zschokke mit 17 Jahren verlassen, und in Frankfurt an der Oder, wo er 1790 ein Studium der freien Künste und der Theologie begonnen und bis 1795 als Privatdozent gewirkt hatte. Die Auskünfte, die beide durchweg negativ ausfielen, hatten keinen Einfluß auf Zschokkes Stellung in Basel. Abgesehen davon, daß sie erst einen Monat nach Aufnahme seiner Tätigkeit in Auftrag gegeben worden waren, wurden sie nie publik gemacht.

Über den Auftraggeber wissen wir nichts, auch nicht über die Auskunfterteilenden. In der Abschrift, die uns vorliegt, wurden alle Hinweise sorgfältig getilgt.[5] Wir können nur Vermutungen anstellen: Die Basler Handelsherren und Fabrikanten, zugleich oft einflußreiche Politiker, verfügten über ein ausgedehntes Geflecht geschäftlicher Beziehungen mit dem Ausland. In Frage kommen auch Kirchenleute; darauf verweist die Art der Auskunft, die sich weniger auf Fakten denn auf eine moralische und charakterliche Würdigung Zschokkes konzentriert. Auffallend ist eine zutiefst konservative Grundhaltung, die in Preußen unter dem Eindruck der Französischen Revolution weit verbreitet war. Allenthalben witterte man Jakobinerclubs, die das Staatsgefüge und die Monarchie bedrohen könnten. Zschokke war kein Freund der Revolution, aber er suchte die Schuld an Aufständen nicht bei irgendwelchen Unzufriedenen und Agitatoren, sondern in der Unterdrückung des Volks, in der Despotie, und er griff Adel und Klerus, die an überholten Strukturen festhielten, publizistisch scharf an. Sein Selbstbewußtsein als Sohn und Bruder ehrbarer Tuchmacher, die es durch Fleiß und nicht durch Geburt zu Geld und Ansehen gebracht hatten, machte Zschokke für Zurücksetzungen empfindlich. Jede persönliche Kränkung – daß man ihm etwa 1793 in Frankfurt eine bezahlte Professur verweigerte – betrachtete er als Angriff auf das liberale Bürgertum schlechthin. Als Dozent war Zschokke Kantianer, ein unbedingter Vertreter der Aufklärung, die sich die Befreiung der Menschen aus ihrer geistigen Unmündigkeit zum Ziel setzte. Sein liberales Denken brachte ihn in Verbindung zum Freimaurertum. Der ständischen Ordnung stellte er das Ideal einer Gemeinschaft gleichberechtigter Menschen gegenüber. Auch das machte ihn in manchen Kreisen suspekt. Dies als Vorbemerkung zu den im folgenden abgedruckten Auskünften über Zschokke.[6] Viele der gemachten biographischen Aussagen sind falsch. Sie können leicht anhand der ausgezeichneten Dissertation von Carl Günther über Zschokkes Bildungs- und Jugendzeit überprüft werden, einer Arbeit, welche die vorhandenen Quellen auswertet und trotz ihres Alters kaum größere Korrekturen nötig macht.[7]

Heinrich Zschokke (1771–1848) um 1794.

Ffurth ª/o den 26 October 1800

Heinrich Z – – ist von *Magdeburg*, sein Vater war da Tuchmacher. Er kam wie man sagt früh nach *Meklinburg*, wo er, wie einige Aussagen, irgendwo Schreiber gewesen, nach andern aber Schulunterricht genoßen haben soll.[8] Etwa 16 Jahr alt, um das Jahr 1786, *engagirte* er sich als Dichter & *Acteur* bey einer herumreisenden *Comödien* Truppe, & spielte in Landberg <u>an der Warte</u>, und andern kleinern Oertern verschiedene Rollen, z.B. die des Peters in Menschen=Haß & Reue.[9] Ohngefähr 1789 kam er hieher um Theologie zu studiren,[10] er schrieb häuffig, & ließ unter andern *Steinbarts der Weise* drucken.[11] Anno 1792 ließ er sich *examiniren* um Magister zu werden, bey der *promotion* wart ihm von einigen Profeßoren scharf zugesezt, denen er um so weniger antworten konte, da er in Sonderheit mit dem Latein nicht genung bekant war.[12] Kurz darauf reiste er nach *Cüstrin* um die Erlaubniß zu predigen zu erhalten,[13] von da ging er nach *Berlin* & *Magdeburg*, kam aber bald wieder nach *Franckfurth*, wo er nun ein Wochenblat, die *Ephemeriden* schrieb, welches keinen Beyfall erlangte & nicht lange Bestand hielte.[14] Er schrieb auch im Verlag des hiesigen Buchhändlers *Kunze* verschiedene Bücher. Z. B. *Bibliotheck* nach der *Mode*[15], die schwarzen Brüder[16], der Roman und das Schauspiel *Abelino*[17] & andere mehr. Auch fing er an *Coligia* zu lesen, jedoch ohne sich weiter *habilitirt* zu haben. Er hatte verschiedene junge eifrige Zuhörer, welche alle ihren Eltern Verdruß verschaft haben und überhaupt hielte man von ihm, daß er zwar ein guter, aber überspanter Kopf mit einem bösen Herzen sey, der gar keine Vorkentniße erlangt hatte & eine höchst tadelhafte *politische*, & *religioese* Denkungsart, nicht allein besize, sondern auch seinen Zuhörern einzuprägen suche. Er schrieb um nemliche Zeit auch eine *Aestethic*, welche aber wenig Beyfall erhalten, & dem Herzog von *Meklinburg* Schwerin zugeeignet war.[18] A⁰ 1795 ist er von hier wieder verschwunden; nach seinem Verschwinden, erschien eine Schrift, die *Catheder* Beleuchtung worin die beyden vorher gedachten Profeßoren scharf mit genommen wurden, man erkante darin den Verfaßer Z - - sehr leicht, insonderheit, da er sich selbst Z - - sehr lobte.[19] Professor ist er ansonsten hie nie gewesen, auch wohl schwerlich dazu in Vorschlag gebracht worden, man kante ihn zu gut, & wehe der Stadt die ihn nun als *Regens* hatt; man kann hier nicht begreifen, wie selbst in *revolutions* Zeiten man Ihn hatt wählen können –

Magdeburg den 23 Octbr 1800.
Auf Ihre Anfrage in Ihrem geehrten vom 21ten dieses – diene daß H Z - - von hier gebürtig ist. Sein Vater war Wollen Weber & Tuchmacher, er hatt in *Frankfurth* ᵃ/o Thologie[!] studirt, und soll viel Witz und Verstand aber keine Ueberlegung besitzen & von seinem *Charackter* sagt man daß er solchen bey Gelegenheiten, nicht ganz von den besten gezeigt und das er besonders einen sehr großen Grad von Leichtsin besitzen soll. Da er in seiner Jugend von hier auswanderte, kam er unter eine Truppe *Commedianten*, er spielte in kleinen Städten mit, und bekam Lust & einige Kentniße zum theatralischen Fache; sein *intriquen* & unruhiger Geist ließ ihn nicht bey dieser Truppe, er suchte in eine andere im *Mecklinburg*schen zu kommen, diese wolte ihn aber nach genommener *information* nicht annehmen, er ging also nach *Frankfurth* ᵃ/o, von da nach *Cüstrin*, schrieb beständig Gedichte, Romanen, *Comödien*, Wochenschriften, *Libellen* etc. & kam endl. wieder hier in *Magdeburg* zurück. Er bewarb sich um eine Prediger Stelle, die er aber nicht erhalten hatt, weil man ihn nicht ohne Ursache von Freigeisterei und schlechter Aufführung in Handel und Wandel, Reden und Schreiben, beschuldigte.[20] darauf ist er wieder nach Ffurth ᵃ/o zurük gegangen, soll aber wegen seines freien Redens und Schreibens gegen die Regirung, und seines Anhangs an das Französische Revollutions Ungeheurs, von

da verwiesen worden seyn, da er sich dann auf einmal plözlich habe entfernen müßen, und wie ich vernommen, ist er nach der Schweiz gegangen, woher man dann auch schon erfahren hatt, daß er wegen seiner ungerechten Handlungen in Graubünden *arretirt* geworden,[21] hernach wieder entkommen, und nun endlich in Basel durch die *Jacobin'schen* Schweizer zum Stadthalter angestellt worden ist. Dieses ist alles was ich von diesem Mann, der würklich Fähigkeiten besizt, aber leider übeln und schädlichen Gebrauch davon macht, sagen kann. Sein Vater lebt noch. Da aber er sein Gewerb, & sein Gewerb ihn verlaßen hatt, so ist er nun Zoll-Reuter in *Neuhaldensleben* & lebt da sehr gering;[22] Zwo Schwestern hatt er hier verheurathet, die eine an einen Chirurgus, & die andere an einen kleinen Krämer –

Hier bricht die Abschrift ab. Erstaunlich ist, wie übereinstimmend die beiden Gewährsleute bei allen Irrtümern in ihren Behauptungen im Urteil über Zschokke sind. Überspanntheit, Unausgegorenheit seiner Gedanken und eine gehörige Eitelkeit wurden auch von anderen an ihm bemerkt.[23] Einen Hang zum Bösen, ja zur Immoralität, wie die beiden Auskünfte insinuieren, kann man dem späteren Verfasser der *Stunden der Andacht zur Beförderung wahren Christenthums und häuslicher Gottesverehrung* aber keineswegs zum Vorwurf machen. Es scheint sich bei der negativen Beurteilung Zschokkes um jenes Phänomen zu handeln, das seit dem Altertum als Generationenkonflikt bekannt ist.

Zschokke lehnte jegliche Autoritäten ab, die ihm vorschreiben wollten, wie er sich zu verhalten habe, aber nur, weil er selber sehr viel höhere moralische Maßstäbe an sich selber setzte und die eigene Verantwortlichkeit für sein Tun und Lassen in den Mittelpunkt stellte. Wer Zschokke näher kennenlernte, konnte sich sehr schnell von seiner Charakterfestigkeit, Verläßlichkeit und positiver Ausstrahlung auf andere Menschen überzeugen.

Es bleibt noch die Frage nach Zschokkes Einfluß, seiner Wirkung und Bedeutung für Frankfurt an der Oder und Magdeburg. Hierzu hat Wolfgang Barthel vor 17 Jahren einige kluge Gedanken geäußert und Anregungen gegeben.[24] Seine Fragen wurden seither nicht beantwortet.

Anmerkungen

1   Brief an Ulrike, 16.12.180;. hierzu Albert Gessler: *Heinrich Kleist und Basel*, in: *Basler Jahrbuch* 1908, S. 246–383; besonders S. 255.

2 Heinrich Zschokke: *Eine Selbstschau*, Bd. 1, Aarau 1842. Nachdruck herausgegeben von R. Charbon, Bern und Stuttgart 1977, S. 204 ff.

3 Dazu das Eingangskapitel in meinem Beitrag *Heinrich Zschokke als Regierungsstatthalter in Basel*, vorgesehen für die Basler *Zeitschrift für Geschichte und Altertumskunde* 2000.

4 Karl Albrecht von Frisching an Peter Burckhardt, 13.9.1800, in: *Die Schweiz und Europa. Ausgewählte Reden und Aufsätze von Edgar Bonjour*, Bd. 6, Basel 1979, S. 49 f.

5 Staatsarchiv Basel-Stadt, Räte und Beamte H 2, unter dem Datum 26.10.1800, Titel: „Auskunft über Statthalter Zockke".

6 Die Wiedergabe erfolgt mit allen Schreibeigentümlichkeiten der Verfasser; die in lateinischen Buchstaben gehaltenen Wörter werden zum Kontrast von der deutschen Schrift hier mit Kursiven wiedergegeben.

7 Carl Günther: *Heinrich Zschokkes Jugend- und Bildungsjahre (bis 1798). Ein Beitrag zu seiner Lebensgeschichte*, Aarau 1918. Zschokkes eigene Angaben, in der in Anm. 2 erwähnten *Selbstschau* von 1842, sind dagegen mit äußerster Vorsicht zu genießen. Dazu ebenfalls Günther, S. 3 f.

8 Im Januar 1788 floh Zschokke teils aus Abenteuerlust, teils wegen unerquicklicher persönlicher Verhältnisse aus Magdeburg und wurde in Schwerin beim Hofbuchdrucker Wilhelm Bärensprung Hauslehrer und Korrektor.

9 Zschokke zog im November 1788 als Theaterdichter und Schreiber einer Wandertruppe nach Prenzlau und Landsberg an der Warthe; davon, daß er auch schauspielerisch tätig gewesen sein soll – Kotzebues *Menschenhaß und Reue* war eines der meistaufgeführten Stücke auf deutschen Bühnen –, ist nichts bekannt. In Landsberg bereitete er sich seit Sommer 1789 auf das Abitur vor.

10 Immatrikulation am 22.4.1790 in Frankfurt an der Oder als Theologiestudent.

11 Gotthilf Samuel Steinbart, seit 1774 Theologie- und Philosophieprofessor in Frankfurt an der Oder, noch in der Nachfolge der Leibniz-Wolffschen Schule, einer der Hauptlehrer Zschokkes in den ersten Semestern. – Von einem solchen Druck Zschokkes ist nichts bekannt.

12 Seine Anmeldung zum Doktorexamen in Philosophie und Magister der schönen Künsten reichte Zschokke bereits im vierten Semestern ein, aber nicht in lateinischer, sondern in deutscher Sprache, was bei einzelnen Professoren Bedenken über seine Eignung hervorrief. Nach der Verteidigung seiner Dissertation, die am 24.3.1792 stattfand, erhielt er mit seinem Diplom zugleich die *facultas legendi*, d.h. die Erlaubnis, Vorlesungen zu halten. Günther (wie in Anm. 7), S. 70–74.

13 Dieses Diplom datiert vom 26.3.1792. Zschokke reiste noch am Tag der Doktordisputation nach Küstrin, um sich dort dem Theologieexamen zu unterziehen.

14 *Frankfurter Ephemeriden für deutsche Weltbürger* (1793). Vgl. Werner Ort: *„Die Zeit ist kein Sumpf; sie ist Strom" – Heinrich Zschokke als Zeitschriftenmacher in der Schweiz*, Diss. phil. Zürich (= *Geist und Werk der Zeiten*, Bd. 91), Bern 1998, S. 21.

15 *Bibliothek nach der Mode.* Erstes Bändchen, Frankfurt a.d.O. 1793.
16 *Die schwarzen Brüder. Eine abentheuerliche Geschichte von M.I.R.*, 3 Bde., Berlin, Leipzig und Frankfurt a.d.O. 1791–1795.
17 *Aballino, der große Bandit.* – Als Roman: Leipzig und Frankfurt a.d.O. 1794. Als Trauerspiel in fünf Aufzügen: ebenda 1795; zweite für die Bühne abgeänderte Ausgabe mit dem Untertitel *Verhältnisse bestimmen den Menschen*: ebenda 1795.
18 *Ideen zur psychologischen Aesthetik*, Berlin und Frankfurt a.d.O. 1793.
19 *Katheder-Beleuchtung* von Justinus Pfefferkorn [Ps. für Georg Friedrich Rebmann]. *Erste Beleuchtung*, Göttingen, Jena und Leipzig 1794. In diesem vermutlich von mehreren Verfassern zusammengestellten Baedeker der deutschen Universitäten lautet die Charakterisierung Zschokkes (S. 107 f., zit. nach Günther [wie in Anm. 7], S. 83): „Ein junger talentvoller Mann, der sich zu einem guten akademischen Lehrer mit Fleiß und Glück bildet. Er ist weit entfernt, seinen ehemaligen Lehrern nur geradezu nachzubeten, wie bei angehenden Dozenten nur allzuoft der Fall zu sein pflegt, sondern er denkt selbst sehr scharfsinnig über jeden Gegenstand, den er ergreift, besitzt eine für seine Jahre außerordentliche Belesenheit in verschiedenen Fächern der Gelehrsamkeit, womit er einen durch das Studium der schönen Wissenschaften gereinigten Geschmack verbindet. Er ist selbst Dichter, und eines seiner kleinen frühern Werke ist zur Lieblingslektüre der Deutschen geworden. Seinem Vortrag weiß er aus dem üppigen Reichtum seiner Phantasie vieles Interesse zu geben; es fehlt ihm nicht an Würde, Präzision und Deutlichkeit, nur daß er zuweilen durch das ihm eigene Feuer verleitet wird, zu schnell zu sprechen, ein Fehler, für den er seine Zuhörer schadlos zu halten weiß. – Im gesellschaftlichen Leben ist er freundschaftlich und gefällig, und eine gewisse sanfte Schwermut, die ihm eigen ist, leiht seinem Umgange manchen Reiz, der dem Herzen wohl tut."
20 Im Juni 1792 starb der zweite Pastor an der St. Katharinenkirche in Magdeburg; mit fünf zu sieben Stimmen fiel Zschokkes Bewerbung durch. Da es sich um eine Pfründe handelte, die ihrem Inhaber erlaubte, für seinen Lebensunterhalt zu sorgen, ist Zschokkes später geäußerte Vermutung berechtigt, daß sein Mitbewerber vor allem des vorgerückteren Alters wegen ihm vorgezogen wurde (*Selbstschau* [wie in Anm. 2], S. 46).
21 Zschokke war seit Dezember 1796 Direktor des Seminars Reichenau, von wo er im August 1798 unter Zurücklassung seiner Habe floh, nachdem er als „Bündner Patriot" (Propagandist einer Eingliederung Graubündens in die helvetische Republik) den Unmut der gegnerischen Partei auf sich gezogen hatte.
22 Es scheint sich hier um eine Verwechslung zu handeln; Zschokkes Vater starb, als Heinrich acht Jahre alt war.
23 So 1796 von Johann Peter Nesemann, Mitleiter des Instituts in Reichenau; bei Günther (wie in Anm. 7), S. 163.
24 Wolfgang Barthel: *Heinrich Zschokkes Frankfurter Jahrfünft (1790–1795)*, in: *Beiträge zur Kleist-Forschung 1983*, S. 50–57.

Katinka Lutze: *Tendenzen der Kleistforschung. Eine systematische Bibliographie der Sekundärliteratur zu Heinrich von Kleist,* Eitorf: gata-Verlag, 1999; 379 S.

Manche Bücher blieben besser unveröffentlicht. Katinka Lutzes bibliographische Kompilation gehört dazu. Der Publikation fehlt es an Klarheit der Begriffe, an Konsequenz und Präzision bei der Durchführung und an einer ernst zu nehmenden wissenschaftlichen Haltung. Ihre Titelliste ist unbearbeitet, unergänzt, unvereinheitlicht, eher wahllos, aus dem Internet herausgezogen und lediglich – an und für sich ein für diese Art von Titellisten begrüßenswerter Ansatz – unter Schlag- und Stichwörtern neu geordnet worden. Ungereimtheiten zu beseitigen, ist ihr dabei nicht gelungen, sie hat wohl auch gar keinen Versuch dazu unternommen. Was in Datenbanken noch angehen mag – Rezensent will das nicht beurteilen –, kann bei ausgedruckten Büchern nicht geduldet werden; sie folgen anderen Gesetzen.

Vor allem Schreibweisen und Nachweisart der Autorin lassen fast alles zu wünschen übrig, und ihre Auslassungen sind durch nichts zu rechtfertigen, es sei denn, sie wollte, womöglich mit Einverständnis des Verlages, was aber nur schwer vorstellbar ist, eine bestimmte Klientel schockieren. Um wen es sich dabei handeln mag, hat sie selbst in ihrem „Vorwort" angedeutet. Dort heißt es nämlich, daß „Umlaute und andere deutsche Absonderlichkeiten [!]" von ausländischen Eingebern „radikal [...] weggelassen" wurden, was zwar ein Problem darstelle, das man aber rechtfertigen (und deshalb die Weglassungen getrost übernehmen) könne. Und daß gar „germanistische Feinheiten zu respektieren [...] aufgrund der vorliegenden Informationen nicht möglich" (S. 13 f.) gewesen sei, macht doch ziemlich klar, wer gemeint ist und welcher Arbeit sich die Kompilatorin keinesfalls aussetzen wollte. K. L. scheint sich der Tatsache nicht bewußt gewesen zu sein, daß ihre Zusammenstellung dennoch gerade von einer (nicht eben kleinen) germanistischen Fachleserschaft – eine umfassende Kleist-Bibliographie ist seit langem ein Desiderat – dankbar aufgenommen worden wäre, hätte sie sich der Mühe unterzogen, Datenbanken hin, Datenbanken her, für die Buchpublikation einen akzeptablen und besser begründeten Text herzustellen.

Problematisch ist bereits der Titel der Schrift. Die Rede ist großzügig von „Tendenzen der Kleistforschung". Die freilich hat es zu allen Zeiten dieses Sondergebietes der Forschung gegeben, und es ist immerhin über 150 Jahre alt. Hier hätte zeitlich eingegrenzt werden müssen. Daß die von der Kompilatorin beigebrachten Belege nur bis in die frühen fünfziger Jahre des 20. Jahrhunderts zurückreichen, erkennt man freilich erst bei aufmerksamerer Durchsicht der Bibliographie. Auch ihren im Untertitel formulierten Anspruch, „eine systematische Bibliographie der [!] Sekundärliteratur zu Heinrich von Kleist" bieten zu wollen, erfüllt die Kompilatorin nicht, nicht einmal für den selbstgewählten Zeitraum von 1953 bis 1998. Ihr haben eben

nur die immer wieder beschworenen (unvollständigen) Datenbanken, nicht aber (auch) die bereits vorhandenen, umfänglicheren gedruckten Kleist-Literaturlisten vorgelegen. Dabei wäre es ihre Pflicht gewesen, sich durch diese belehren zu lassen. Sie hätte dann vor allem ihre Auslassungen erkannt und reflektieren und ihre Nachweismethoden entschieden verbessern können.

Ob man „Tendenzen" innerhalb eines Forschungsgebiets, wie es die Kleist-Forschung darstellt, überhaupt mittels einer Bibliographie sichtbar machen sollte, mag dahingestellt bleiben. Rezensent ist der Auffassung: eher nein. Tendenzen zu markieren, setzt Analyse und einen eigenen Blickwinkel voraus, dafür ist vor allem der Forschungsbericht da, dessen Verfasser begründen muß, warum er was als richtunggebend für die Entwicklung eines Forschungsgebiets ansieht. Die Bibliographie weist nach, was überhaupt vorhanden ist, sie ist objektiv, der Forschungsbericht durchaus auch subjektiv.

Für die Auslassungen sei auf ein besonders auffälliges Beispiel hingeweisen: Seit 1974 erscheinen, zunächst in der DDR, ab 1990 im vereinigten Deutschland, die von der Kleist-Gedenk- und Forschungsstätte [seit 15.10.2000: Kleist-Museum] in Frankfurt (Oder) herausgegebenen „Beiträge zur Kleist-Forschung", anfangs in unregelmäßiger Folge, ab 1992 jährlich. Sie werden bei K. L. nur einmal erwähnt. Die inzwischen dort erschienenen gut zweihundert Beiträge sind der Autorin unbekannt geblieben, sie hätten ihr aber bekannt sein können, zumal sie von Anfang an in der Weimarer „Internationalen Bibliographie zur deutschen Klassik. 1750–1850" aufgeführt und spezifiziert worden sind. Freilich mag die Kompilatorin der Auffassung sein, hier handele es sich gar nicht um echte Forschungsbeiträge, das hätte sie dann aber, z. B. im Vorwort ihrer Arbeit, darlegen und begründen müssen. Also ist diese Auslassung am Ende doch nur der Unkenntnis oder der Bequemlichkeit geschuldet? Oder weil die Titel nicht in den Datenbanken vorhanden waren? Doch was wäre das für ein Kriterium, um „Tendenzen der Kleistforschung" sichtbar zu machen?

Namen von Autoren oder Institutionen werden von K. L. oft sehr verschieden wiedergegeben. Der Name „Hans Joachim Kreutzer" z. B. wird in vier verschiedenen Schreibweisen angeboten (als „Hans Joachim Kreutzer", „Hans-Joachim Kreutzer" [falsch!], „H. J. Kreutzer", „Hans J. Kreutzer"). Ob der Literaturwissenschaftler Bernhard Böschenstein über die konsequente Falschschreibung seines Namens als ‚Boschenstein' (S. 33 und öfter; „Umlaute und andere deutsche Absonderlichkeiten") so glücklich ist, darf bezweifelt werden. Außerdem hat die Rechtfertigung („deutsche Absonderlichkeiten") doch nur die Qualität einer Ausrede, da in mehreren Fällen der ‚absonderliche' deutsche Umlaut eben doch gesetzt wurde; aber dabei mag es sich immerhin, muß man annehmen, um Eingaben des Deutschen Mächtiger ins Internet gehandelt haben. Doch geht es immer wieder auch bunt durcheinander. Auf S. 30 ist der Name „Müller-Salget" richtig wiedergegeben, während auf derselben Seite „Ursula Puschel" statt „Ursula Püschel" steht. Freilich setzt sich die Kompilatorin auch über „Absonderlichkeiten" anderer Sprachen hinweg. So fehlen oft Aussprachezeichen, etwa im Polnischen oder Französischen, auch wenn es sich nicht um Namen handelt (vgl. S. 174 unter „Kasse"; siehe ebenda die Schreibung des Namens „Slowacki" statt richtig „Słowacki"; vgl. ähnlich S. 162 unter „Fisher", S. 180 unter „Derre" oder S. 247 unter „Lefebvre"). Völlig auf Kriegsfuß steht die Kompilatorin mit der Zeichensetzung. Hier verfährt sie überaus willkürlich; bald trennt sie zu Trennendes durch Kommata ab, bald durch Semikola, bald durch Punkte, bald gar nicht. Beispiele hierfür finden sich auf fast jeder Seite des Buches. Von Druckfehlern, die leider ebenfalls sehr zahlreich sind, soll gar nicht erst die Rede sein.

Besonders ärgerlich ist der Verzicht auf Quellennachweise einzelner Arbeiten in leider allzu vielen Fällen. Immer wieder begegnet ein hilfloses „[o.O.]". So steht S. 42 z.B. die Angabe „Grathoff, Dirk: Die Zensurkonflikte der Berliner Abendblätter: Zur Beziehung von Journalismus und Öffentlichkeit bei Heinrich von Kleist. [o.O.] 1973", so als sei dieser Ti-tel als selbständige Publikation ohne Orts- [und, in diesem Falle, Quellen-]angabe erfaßbar. Tatsächlich ist diese Arbeit bereits 1972 in Frankfurt/Main in den *Ideologiekritischen Studien zur Literatur*, bearbeitet von Klaus Peter und Dirk Grathoff [u.a.], Essays 1, S. 35–168, veröffentlicht worden. Die Quelle hätte, wie in zahlreichen anderen Fällen auch, nachgewiesen werden können, doch wurde es nicht einmal versucht. Ähnliches S. 44, 51, 54, 55, 62, 64, 75, 78, 96, 97, 101 u.ö.

Da bei der Titelwiedergabe *innerhalb* bibliographischer Angaben nahezu durchgehend nicht zwischen Titelfigur (ohne Anführungszeichen) und gleichlautendem Werktitel (mit Anführungszeichen) unterschieden wird, sind Mißverständnisse unvermeidlich. Die Wiedergabe eines Titels von Jürg Stenzl in der Setzung: „Heinrich von Kleists Penthesilea in der Vertonung von Othmar Schoeck [...]" ist, logisch gesehen, einfach Unsinn. Doch immerhin weiß man noch, was gemeint ist. Nicht so bei der Wiedergabe der folgenden Titel in den Schreibungen „Über literaturwissenschaftliche Erkenntnis oder Was geht mich Michael Kohlhaas an?" (von Jörg [K. L. schreibt „Jorg"] Kurth; S. 62) und „Michael Kohlhaas and Ragtime [...]" (von Duncan Smith; S. 64). Im ersten Fall weiß man nicht, ob die Figur oder das Werk gemeint ist. Der Autor der zweiten Angabe hat zwei Werke miteinander verglichen: „Michael Kohlhaas" von Kleist und „Ragtime", einen Roman des Amerikaners E[dgar] L[aurence] Doctorow. So, wie der Titel bei K. L. steht, gibt er freilich eher Anlaß zu Heiterkeit. K. L.s Buch produziert, infolge dieses merkwürdigen Verzeichnungsverfahrens, ständig ähnliche Fälle.

Manchmal inkonsequent und auch nicht in jedem Falle verdeutlichend ausgewählt hat K. L. verschiedene Schlagwörter und Zwischenüberschriften. Was ließe sich z. B. unter einer „Sowjetische[n] Kleistinterpretation" (S. 198) verstehen? Was genau sind „Metaüberlegungen zur Rezeption(sgeschichte)" (S. 205)? Was wäre „(Forschungs-) Material" (S. 244) in diesem Zusammenhang, was „MORAL/DAS AUSSERMORALISCHE" (S. 320)?

Ab S. 134 führt die Kompilatorin vergleichende Literaturstudien unter der etwas verwaschenen Überschrift „vorkommende Namen Anderer" an. Aufgelistet werden, als Stichwörter, Autoren der deutschen und Weltliteratur, die mit Kleist in Zusammenhang gebracht worden sind. Anfangs wird nur der Nachname des jeweiligen Autors gesetzt, plötzlich aber heißt es: „Bernhard, Thomas" (S. 136), und man weiß nicht so recht, warum. S. 138 *müßte* es hingegen heißen „Brontë, Emily", um deren Namen von denen ihrer ebenfalls schriftstellerisch tätigen Schwestern Anne und Charlotte Brontë zu unterscheiden, es heißt aber nur „Bronte [!]". – Ähnlich S. 142 bei dem Namen „Eliot": In der angelsächsischen Literatur gibt es mehrere Autoren und Autorinnen dieses Namens; gemeint ist hier die englische Schriftstellerin Mary Ann Evans, die im 19. Jahrhundert lebte und unter dem Pseudonym „George Eliot" schrieb. Warum weist die Überschrift nicht – individualisierend – darauf hin? – S. 150 ist von den „Gebrüder[n] Grimm" die Rede; diese Prägung hält sich, zugegeben auch in Arbeiten anderer, hartnäckig statt des richtigen „Brüder Grimm". Man darf nur hoffen, daß „Gebrüder Grimm" nicht eines Tages wegen des allgemeinen Gebrauchs als einzig richtige Setzung ausgegeben wird. – S. 164 ist von „Monk Lewis" die Rede: Dieser englische Autor wird zwar wegen seines Romans „The Monk" (der im übrigen 1796 *anonym* erschienen war) gern so genannt, er heißt aber eigentlich Matthew Gregory Lewis; eine Bibliographie sollte den Realnamen favorisieren.

Solche und andere Inkonsequenzen, Auslassungen, Verkehrungen und Schreibverstöße machen die gut gemeinte Bibliographie von Katinka Lutze zu einem Ärgernis.

Der Behauptung der Kompilatorin, schließlich nur einen „sehr subjektiv[en] Versuch" unternommen zu haben, „Ordnung ins Chaos" der Literaturangaben zu Kleist „zu bringen" (S. 13), kann man nur die nicht ganz so subjektive Behauptung entgegenhalten, hier sei, beim Zusammentragen von Verstreutem, eher Chaos in eine Ordnung gebracht worden, die vorhandenen Teilbibliographien zu Kleist – und deren gibt es immerhin einige – durchaus eignet.

Wolfgang Barthel

Volker Nölle: *Heinrich von Kleist: Niederstiegs- und Aufstiegsszenarien: Versuch einer Phantasmata- und Modell-Analyse; mit einem Exkurs zu Hofmannsthal, Sternheim, Kafka und Horváth*, Berlin: Erich Schmidt Verlag 1997; 320 S.

Mit dem vorliegenden Band wird ein vierteiliges Projekt zur Erforschung dichterischer Phantasie fortgeführt, das sich am Beispiel Lessings, Hebbels, Kleists und Sternheims mit den Voraussetzungen ihres Schaffens beschäftigt. Dies läßt erkennen, daß sich bei V. Nölle das Interesse an der „Grammatik der Phantasie, ohne die sie nichts generieren könnte" (S. 21), spezialisierte. Diesmal geht es um Kleist, um die „dem Dichter verborgenen Regeln und Ordnungsmuster" (S. 11), um ein Aufdecken der „Steuerungsmodelle" seiner Phantasie (S. 18), um deren „apriorische Voraussetzungen" (S. 18).

Volker Nölle konzentriert sich auf die im Werk Kleists als zentral angesprochenen Niederstiegs- und Aufstiegsszenarien, an denen auch die Forschung nicht achtlos vorübergegangen ist, weil in ihnen Wahrnehmung und Affektion der Figuren mit Kleists kritischer Intention vermittelt sind. Doch gibt es in V. Nölles Sicht kaum methodische Gemeinsamkeit mit anderen Kleistspezialisten: Es bestünden „nur wenige Berührungspunkte mit der bisherigen Literatur" (S. 306). In den „Prälimenarien" sucht der Verf. zu trennscharf abgestuften Begriffen zu gelangen, um „Transzendentalien [...] in der spezifischen Phantasiearbeit Kleists" (S. 24) aufdecken zu können. Er führt die Begriffe Phantasma, Phantasmataanalyse sowie Modell und Modellanalyse ein. Phantasma wird als Projektion von Vorstellungen verstanden, „die sich aus dem kollektiven archaischen Unbewußten speise" (S. 15). In der Grundschicht des Phantasmas der Figuren sieht V. Nölle archaische Voraussetzungen und Verweisungen auf Phantasmata Kleists. So zeige sich Kleists Phantasie z. B. fixiert auf das Phantasma der unbefleckten Empfängnis, da es immer wieder in vielfachen Brechungen erscheine: „Denn daß die Marquise in ihrem Erklärungsnotstand Zuflucht zur Vorstellung von der unbefleckten Empfängnis, also bei einem Phantasma nimmt, das ist nicht nur ein Erzeugnis, eine ‚Geburt‘ ihrer Phantasie, sondern verdankt sich der Vorliebe, die Kleist für solche Phantasmata hegt" (S. 16). „Kleists Phantasie springt vornehmlich auf solche Stoffe an, die Gelegenheit bieten, die Erzählung im Horizont des Phantasmas zu gestalten" (S. 17). Phantasmataanalyse bezieht sich auf den Phantasmamodus der Szenarien und auf deren angrenzende Bereiche wie vor allem auf Gärten, wobei ein archaisches Interesse des Publikums angesprochen werde. Wenn hinter einem irdischen Niederstieg die Silhouette eines göttlichen sichtbar ist, sei das ein indirektes Zeugnis für die phantasmatische Dimension, die ins Mythische weise. Das Phantasmatische eigne den Niederstiegsszenarien, die als Konstanten das Rückgrat in Kleists Opus bildeten und von besonderer Dichte und Qualität seien. In Verbindung mit dem Niederstieg erlangen die „Landepisten der Niedersteigenden" (S. 18) als Räume von symbolischer Qualität Untersuchungsrelevanz: paradiesisch schöne Gärten, aus denen die Protagonisten vertrieben werden oder in denen sie der Tod ereilt, auch die

ummauerten oder verbotenen Gärten wie der „hortus conclusius", im weiteren Sinne auch die Lauben und Höhlen, Grotten und Täler mit Eichen und Linden, mit Platanen und Granatapfelbäumen. Archaische Aktionen des Zurückstoßens und Vertreibens und ihre theatralisch eindringlichen Begleiterscheinungen des sinnbildlichen Verriegelns und Zurasselns rahmen die Niederstiegsszenarien.

Mit dem Begriff Modellanalyse sei keineswegs eine exemplarische Analyse gemeint, sondern in erster Linie jenes Verfahren, das die Phantasmataanalyse dort ablöse, wo es um Eruierung der Steuerungsmodelle der Phantasie ginge. „Eine Analyse, die Modelle der Phantasie aufdecken will, muß von dem Resultat der Phantasiearbeit ausgehen, das von dem Produktionsprozeß bereits abgenabelt ist. Man muß also das Werk und resp. bestimmte Bereiche oder Sektoren des Werks analysieren, um etwas von ihren Modellen in Erfahrung zu bringen" (S. 18).

Der Untersuchungsansatz, die „Transzendentalien" künstlerischer Phantasiearbeit (S. 20) zu erforschen, wird auch sprachanthropologisch begründet. „Sprechen ist ohne Regeln und schon immer verfügbare Satzbaupläne nicht möglich. Vergleichbares gilt für die dichterische Phantasie. Ohne vorgängige Modelle und Schemata, ohne Muster und Raster würde sich dichterischer Phantasie kaum etwas zu einem Werk formen, dem man künstlerische Qualität attestieren könnte". Daß seine Suche nach „der Grammatik der Phantasie" einen interpretatorischen Intuitionismus ebensowenig zufriedenstellen wird wie geisteswissenschaftliche Bedürfnisse nach Ganzheit, sieht der Verf. voraus: „Man wird angesichts des nüchternen Untersuchungsgegenstandes wohl kaum [...] ein ‚Behagen' verbreitendes Vorgehen einfordern, das bei ausschließlich geistesgeschichtlich orientierten Betrachtungen am Platze sein mag" (S. 11). Und er nimmt geäußerte Vorbehalte als Bestätigung dafür, daß ein neues Forschungsgebiet erst noch zu etablieren ist: „Weil man die Beschäftigung mit den kategorialen Substraten so sehr scheut, steckt die Erforschung der Transzendentalien der Phantasie noch in den Anfängen, während zur Phantasiearbeit als

solcher wichtige Ergebnisse vorliegen" (S. 23).

Das Buch ist kohärent, weil Begriffe wie Phantasma, Modell und Submodell am Material des Auf- und Niederstiegs durchgehalten werden und Schlußfolgerungen auf Synopsen beruhen. Es geraten *Prinz Friedrich von Homburg*, *Penthesilea*, *Die Marquise von O...*, *Der Findling*, *Das Käthchen von Heilbronn*, Episoden der *Hermannsschlacht* und des *Marionettentheaters*, *Amphitryon*, *Die heilige Cäcilie oder die Gewalt der Musik* sowie *Der zerbrochne Krug* ins Blickfeld.

Aus dem Vergleich z. B. von „phänotypisch so heterogen" wirkenden (S. 224) Episoden der *Hermannsschlacht* und des *Marionettentheaters* werden „deckungsgleiche Schemata" als „partielle Modelle der Phantasie" abgeleitet: Beide Kampfepisoden mit einem Bären veranschaulichten die Instrumentalisierung der Vernunft als Täuschungsmanöver. Hier diene die einem Menschen aufgezwungene Konfrontation mit einem Bären der besiegten Frau als Rache, dort nur im versteckten Sinne der besiegten Gastgebersöhne. Im *Marionettentheater* sei der Bär die Chiffre für das unendliche Bewußtsein Gottes, in der *Hermannsschlacht* für die Erbarmungslosigkeit der Furie, zu der Thusnelda geworden sei. Beide Konfrontationen endeten mit dem Sieg des beauftragten Bären. Der Ausgang für die besiegten Sieger: Der eine verliere sein Leben, der andere sein Sozialprestige (vgl. S. 223 f.).

Auf der Hand liegt, daß eine Hochwertung struktureller Analogien zu Modellen der Phantasie Kleists Unwägbarkeiten grundsätzlicher Art einschließt. Aber da der Nachweis der „Untergrundarbeit der Phantasie" (S. 42) sich an Textmerkmalen orientiert, ist das Verfahren wohl zu akzeptieren. Nölles Analysen von Niederstiegs- und Aufstiegsszenarien im Werk von Kleist wirken perspektivierend auf das Werk zurück, dem sie entnommen wurden, denn Nölle erreicht in seinen Interpretationen von strukturellen Eigentümlichkeiten einen viel weiteren Horizont als den avisierten, durch „nur dezidiert reduktionalistisch-formalistische Analysen" sicherzustellen, „daß allen Abwandlungen der Niederstiegsszenen ein und dasselbe Modell zugrunde liegt, das zugleich die Phantasie bei ihrer Arbeit an

eben diesen Szenen steuert" (S. 27). Er gelangt auf der Basis imponierender Textkenntnis zu Einsichten in das Werk von Kleist, weil sich gegen die vom systematischen Ansatz her drohenden Reduktionen die Textfülle geltend macht. Das Buch gewinnt dort, wo es Kleist (also nicht der eigenen Terminologie) zugewandt ist, eine gute Lesbarkeit, weil der Verf. seine interpretatorische Sensibilität darzubieten versteht und andere Textdeutungen engagiert prüft (z. B. S. 75–78). Von diesem Wechselspiel von theoretischer Entschiedenheit – unter dem dezidierten Aspekt der „Transzendentalforschung" (S. 23) – und Aufgeschlossenheit leben einzelne Kapitel des Buches, das den Blick am Ende auf Autoren des 20. Jahrhunderts öffnet. Auch wegen dieser Offenheit gegenüber anderen Meinungen – die Prälimenarien nehmen kritische Meinungen zur Hebbel-Studie[1] auf – muß man dem Verfasser eine hohe wissenschaftliche Redlichkeit bescheinigen.

Doch benötigt man wirklich den Schlüsselbegriff Phantasma für das kollektive Unbewußte, das in den Figuren Kleists und in Kleists „Schaffensgrammatik" (S. 23) walten soll? Und handelt es sich bei den angeführten Bildwelten am Beginn des 19. Jahrhunderts wirklich um kollektiv unbewußte Archaik? Kleists Bevorzugung von Garten-, Aufstiegs- und Niederstiegsszenarien versteht sich in der mythischen antikchristlichen Bildsphäre, freilich durch den Ton der Desillusionierung idealistischer Sublimationen abgesetzt von ihrem religiösen Grunde. In diesem Sinne ist ja auch das Fehlbild vom rettenden Engel in der *Marquise von O...* bildentsprungen. Ohne Zweifel werden Orientierungswissen und Bildanregungen im großen und ganzen von der mythischen Bildtradition bereitgehalten, aber auch – was nicht berücksichtigt wurde – von anderen sich zugesellenden geschichtlichen Erinnerungen. Selbstverständlich gibt es auch beim Leser/Zuschauer ein bildhaft übereignetes Vorwegverstehen, in dem sich ein Orientierungswissen bekundet, wobei sich eine „Wahrheit" im Rezipienten erst in der Reibung des Vorwegverstehens am innovativen Gestaltungswillen Kleists herstellt. Daß soziale und symbolische Zeichensysteme auf dem Theater durch Gliederung und Hierarchisierung des Raums, durch Lichteffekte und körpersprachliche Zeichen evoziert werden, gehört zweifelsohne auch zu den hier kaum reflektierten Schaffens- und Rezeptionsvoraussetzungen. Ob man den geläufigen Zusammenhang, daß sich im Denken des Künstlers kulturelles System und individuelle Aussageabsicht innovativ verbindet, bis zu einer Metaphysik der Phantasie ausdehnen dürfe, erscheint mir fraglich. Dies aber ist das Hauptanliegen des Verfassers. Man wird die lebendige Wirksamkeit der Werke Kleists mehr fördern, wenn man den Niederstieg nicht so sehr als „transzendentales" und „apriorisches" „Schema" (S. 25) untersucht, sondern als funktionale Konkretisierungen von in der Bildkultur gegebenen Möglichkeiten. Dies würde auch die Geschichte wieder einschließen, die Nölle in ihrer Bedeutung folgendermaßen wegschneidet: „Allerdings hat die Phantasie im Aspekt der Transzendentalforschung am Geschichtlichen nur so lange teil, wie die Raster, Schaffensfolien, Figurensilhouetten etc. noch in Entwicklung oder im Umbruch begriffen sind" (S. 23).

Schon bei der Diskussion des Hebbel-Buches ging es weniger um philologische Einwände, sondern um Fragen der Methode und Begrifflichkeit.[2] Zum Problem wurde die Transformierung traumatischer Komplexe in Kategorien der Phantasie (S. 23 f.) als Vermittlung eines solchen Weges zu Hebbels Dramen. Nach der Fortschreibung der Untersuchungs- und Darstellungsmethode stellt sich nun erneut die Frage, ob die Suche nach Konstanten nicht eines transzendentalen Theorieansatzes entraten könnte. Ich halte es für geraten, die Neubesinnung auf Phantasmata, Schemata, Kategorien und idealtypische Modelle terminologisch umzustellen auf Begriffe wie Motiv,[3] Motivparallelen und symbolische Konkretisierungen, und dies auch gattungsspezifisch bzw. im theatralischen Code funktional zu beschreiben.

Ein Buch, in dem sich „allgemeinliteraturwissenschaftliche Interessen und kleistspezifische" die Waage halten (S. 11), sollte – wie das auf vier Bände ausgelegte Gesamtprojekt – in der Fachwelt Beachtung finden.

Anmerkungen

1 Volker Nölle: *Hebbels dramatische Phantasie. Versuch einer kategorialen Analyse*, Bern 1990.

2 Siehe z. B. die Rezensionen des Buches von Helmut Kreuzer, in: *Zeitschrift für deutsche Philologie* 1995, S. 295–298, von Monika Ritzer im *Kleist-Jahrbuch 1993*, S. 207–210, von Herbert Kaiser in der *Germanistik 1994*, S. 215, und von Andrea Rudolph in den *Beiträgen zur Kleist-Forschung 1992*, S. 79–84.

3 Für Goethe waren poetische Motive „Phänomene des Menschengeistes, die sich wiederholt haben und wiederholen werden und die der Dichter nur als historische nachweist". Vgl. Wolfgang Goethe: *Maximen und Reflexionen*, Nr. 1051, in: *Johann Wolfgang Goethe. Sämtliche Werke, Briefe, Tagebücher und Gespräche*, 40 Bde., herausgegeben von Friedmar Apel, Hendrik Birus, Anne Bohnenkamp, Dieter Borchmeyer u. a., Frankfurt a. M. 1993, Bd. 13, S. 263. W. Krogmann bezeichnete das Motiv als „keinen Bestandteil des literarischen Werkes als solches, sondern als eine von der besonderen Abbildung abstrahierte Grundsituation, die auch anderweitig auftritt, ihre eigene Tradition, ja Topik haben kann". Vgl. Willy Krogmann: *Motiv*, in: *Reallexikon der deutschen Literaturgeschichte*, herausgegeben von Paul Merker und Wolfgang Stammler, Berlin 1926/28, Bd. 2, S. 427. Nach Elisabeth Frenzel bezeichnet das Motiv „mit seinen anonymen Per-

sonen und Gegebenheiten lediglich einen Handlungsansatz [...] der ganz verschiedene Entfaltungsmöglichkeiten in sich birgt". Vgl. Elisabeth Frenzel: *Motive der Weltliteratur. Ein Lexikon dich-* *tungsgeschichtlicher Längsschnitte.* 2., verb. und um ein Register erweiterte Auflage, Stuttgart 1980, S. V.

Andrea Rudolph

Heinrich von Kleist und die *Berliner Abendblätter.* Exposé zur Dissertation

1. Mediale Aspekte, Gattungen, Themen

Kleist hat die *Berliner Abendblätter* (fortan: *Abendblätter*) als sein bereits drittes Zeitungsprojekt nach *Phöbus* 1808[09] und *Germania* 1809 vom 1. Oktober 1810 bis zum 30. März 1811 herausgegeben. Kleists Zeitung – die erste eigentliche Tageszeitung Berlins bzw. eine von Deutschlands ersten Boulevard-Zeitungen – brachte u. a. Informationen über verschiedene Ereignisse und Anlässe des öffentlichen Lebens in Preußen, sensationelle Neuigkeiten und Schreckensmeldungen der Polizei. Außerdem bilden einen erheblichen Teil des Gesamttextkorpus literarisch anspruchsvolle Texte, z. B. ästhetisch-philosophische Abhandlungen, Literatur- und Theaterkritiken, Gedichte und Rätsel, Anekdoten und Novellen. Es handelt sich dabei u. a. um die ersten Fassungen von Kleists *Die heilige Cäcilie oder die Gewalt der Musik, Der Zweikampf* und *Das Bettelweib von Locarno,* Kleists Version von Arnims und Brentanos *Empfindungen vor Friedrichs Seelandschaft* und um den Gesprächsbericht *Über das Marionettentheater.* Als Autoren der *Abendblätter* sind vor allem Adam Heinrich Müller, Achim von Arnim, Friedrich de la Motte Fouqué und Clemens Brentano zu nennen. Für die mit der Zusammenstellung der einzelnen Ausgaben verbundenen Redaktions- und Redigierarbeiten war Heinrich von Kleist allein verantwortlich; an Originalbeiträgen und Quellenbearbeitungen hatte er jeweils einen erheblichen Anteil.

Die Absicht Kleists bei der Herausgabe der *Abendblätter* war es nicht, sich an einen konkreten und engeren Leserkreis zu wenden, statt dessen richtete sich die Zeitung „an alle Stände des Volks"[1]. Die *Abendblätter* wurden bei den zuständigen Behörden als „literarisches Unterhaltungsblatt" angemeldet, welches „das Publikum, insofern dergleichen überhaupt ausführbar ist, auf eine vernünftige Art unterhält"[2]. Die Konzeption der *Abendblätter* umfaßte neben Befriedigung der Neugier auf lokale Nachrichten, des Unterhaltungsbedürfnisses und der Sensationslust der Bevölkerung auch die „Beförderung der Nationalsache"[3] bzw. „Erhebung und Belebung des Antheils an den vaterländischen Angelegenheiten"[4].

Das letzte große Unternehmen in Kleists Leben scheiterte an der Auseinandersetzung mit den Behörden Preußens. Die *Abendblätter* wurden ursprünglich „mit gänzlicher Freiheit der Meinungen [...] bei einer liberalen Ordnung der Dinge"[5] herausgegeben. Sie wollten „nichts, als eine unabhängige Stellung behaupten"[6]. Ab Januar 1811 zwang die Zensur die Redaktion der *Abendblätter* überwiegend zum Nachdruck von Beiträgen aus anderen Organen.[7] Nach Verlauf des ersten Quartals verwandelte sich die Zeitung allmählich in ein „halbministerielles Blatt", das gezwungenermaßen „in Zwecken der Staatskanzlei"[8] gestaltet und demzufolge kaum noch gelesen wurde. In der Folge der Zensureingriffe veränderte sich die Artikelstruktur derartig, daß die Zeitung in ihrer geplanten Konzeption mit dem Ablauf des ersten Quartals bereits als beendet anzusehen ist.[9]

2. Forschungsgeschichte

(1) *Autorenzuweisung und Quellenlage:* Die wissenschaftliche Beschäftigung mit den *Abendblätter*n ist bis heute überwiegend durch die Konzentration auf die Klärung der Verfasserschaft bzw. durch die Fixierung auf einen äußerst eng gefaßten Autor- und Werkbegriff gekennzeichnet. Arbeiten zu Fragen der Quellenlage, der Autorenzuweisung und zum politisch-zeitgeschichtlichen Umfeld sind demzufolge in relativ großer Anzahl vorhanden.[10] Aufgrund der häufigen Verwendung von Siglen sind selbst Probleme der Verfasserschaft bei nicht wenigen Beiträgen trotz der verhältnismäßig großen Anzahl diesbezüglicher Publikationen bis heute noch nicht gelöst. Diese Forschungstendenz hatte zugleich auch erhebliche Folgen für die Editionsgeschichte der *Abendblätter*. Die eindeutig von Kleist stammenden Texte wurden einerseits, herausgelöst aus ihrem jeweiligen Veröffentlichungskontext, in die Werkausgaben aufgenommen, andererseits blieb die Leistung Kleists als Quellenbearbeiter zumeist unbeachtet. Klaus Kanzog hat bereits 1970 in seinen *Prolegomena*[11] darauf hingewiesen, daß die Edition von Kleists *Abendblätter*-Beiträgen im Rahmen einer traditionellen Werkausgabe der *Gesammelten Werke* die

Text- und Quellenlage nicht berücksichtigen kann, da die Grenze zwischen Kleist als Verfasser und Kleist als Bearbeiter nicht leicht zu ziehen ist. Die *Abendblätter* wurden erst 1997 im Rahmen der von Roland Reuß und Peter Staengle herausgegebenen *Brandenburger Ausgabe* erstmals vollständig im Neusatz ediert.[12]

(2) *Das politische Umfeld der ‚Abendblätter‘:* Die Beiträge stehen zweifellos in engem Zusammenhang mit konkreten Ereignissen der Zeitgeschichte. Zu den zeitgeschichtlichen Aspekten der *Abendblätter* wurden – wie zur Autorenzuweisung und zur Quellenlage – vergleichsweise viele Analysen vorgelegt.

(3) *Kleists Publizistik:* Diesbezügliche Publikationen wurden von [Hans-]Jochen Marquardt 1984 und Siegfried Schulz 1989 vorgelegt. Die *Abendblätter* standen jedoch nicht im Zentrum dieser Untersuchungen (Marquardt; sein späterer Aufsatz zu den *Abendblättern* ergänzt seine Dissertation von 1984), bzw. sie zogen nur diejenigen Texte in Betracht, die eindeutig Kleist zuzuweisen waren (Schulz). In diesem Rahmen konnte die mit der Auswahl und Konstellation der Einzel-

beiträge sowie mit den Quellenbearbeitungen verbundene Arbeit – d. h. Kleists Leistung als Redakteur im weiteren Sinne – nicht untersucht werden.

(4)*Redaktionsstrategie, Werkcharakter:* Heinrich Aretz stellte sich die Untersuchung der drei Zeitschriften- und Zeitungsprojekte Kleists (*Phöbus, Germania, Berliner Abendblätter*) zur Aufgabe. Er beschrieb die Journale als Gesamtkomplexe unter Hinzuziehung publizistikwissenschaftlicher Überlegungen. In einem Aufsatz lieferte Hans-Jochen Marquardt 1986 Belege für den Ensemble- und Werkcharakter der *Abendblätter*, indem er „das Vorhandensein einer Funktionalität von Inhalt, Auswahl, Anordnung, Textaufbereitung und periodischer Erscheinungsweise"[13] nachwies. Marquardt begründete damit die Konzeption des vollständigen Abdrucks der Zeitung innerhalb einer Werkausgabe.

3. Zielsetzungen der Promotionsarbeit

Im Rahmen meines Dissertationsprojekts möchte ich an die Thesen des bereits erwähnten Aufsatzes von Hans-Jochen Marquardt über „den mündigen

Zeitungsleser" anknüpfen. Das Anliegen meiner Untersuchung ist es, die Konzeption der *Abendblätter* möglichst umfassend zu rekonstruieren und ihre praktische Umsetzung zu schildern. Dabei wird der Versuch unternommen, die *Abendblätter*-Beiträge sowohl in ihrem thematischen wie auch gattungsmäßigen Spektrum zu erfassen bzw. das Verhältnis von Struktur (der einzelnen Texte, das Verhältnis der Einzeltexte zur Struktur der einzelnen Ausgaben, das Verhältnis der Einzeltexte zum Gesamttextkorpus) und Funktion (politisch intendierte literarische Kommunikation) zu untersuchen. Hans-Jochen Marquardt hat in seinem Aufsatz darauf hingewiesen, daß sein Ansatz einer Verifikation durch gründliche Detailstudien bedarf. Dazu sind die Materialgrundlagen erst 1997 mit der Edition der *Abendblätter* im Rahmen der Brandenburger Ausgabe (zusätzlich auf CD-ROM) in ausreichendem Maße erschließbar geworden.

Der Konzeption der *Abendblätter* liegt nach Hans-Jochen Marquardt neben Sicherung des finanziellen Erfolgs ein aufklärerisch-emanzipatorisches Wirkungsverständnis zugrunde.

Die Hinwendung an die Leser in emanzipatorischer Absicht wurde durch Selektion, Bearbeitung und Konstellation der Artikel realisiert. Für diese Auffassung sind Belege bei Kleist an mehreren Stellen zu finden. Im Brief an Lichnowsky legitimiert Kleist zwei (auch) oberflächlich rezipierbare Beiträge[14] folgendermaßen: „Aufsätze, wie der vom Tambour", sollten „das Volk vergnügen und dasselbe reizen, auch wohl die anderen Aufsätze, die nicht unmittelbar für dasselbe geschrieben sind, zu überlesen."[15] Der Konzeption der *Abendblätter* liegt lt. Marquardt ein in sich abgestuftes Rezeptionsangebot zugrunde, das nicht nur aufgrund des obigen Zitats deutliche Konturen gewinnt, sondern sich auch auf vielen Ebenen des Textkorpus zeigt: im Aufbau der Einzeltexte, in der Konstellation der Artikel innerhalb einer Ausgabe und im Gesamtkontext der *Abendblätter*. Durch diverse Techniken, Komplementarität, so Marquardt, zwischen den Beiträgen zu erzeugen, entsteht ein implizites Verweissystem in den *Abendblättern*.

Diese Thesen sollen im Rahmen meiner Promotionsarbeit durch philologische Detailstudien mit Bezug auf 597 Texteinheiten getestet bzw. eventuell modifiziert oder relativiert werden. Durch die Kenntnis des Gesamtkontextes der Zeitung mögen auch die bislang unabhängig vom Veröffentlichungskontext interpretierten Texte – in erster Linie Kleists, aber auch Arnims, Müllers, Brentanos und Fouqués – eventuell neue Dimensionen gewinnen. Durch die Erschließung von Kleists Kommunikations- und Redaktionsstrategien der *Abendblätter* lassen sich auch neue Bezüge zu Kleists mehr oder weniger unabhängig von den *Abendblätter*n entstandenen Texten des letzten Lebensjahres erschließen (z. B. II. Band der *Erzählungen*, *Prinz Friedrich von Homburg*). Die Untersuchung könnte in wechselseitiger Verschränkung erstens der Quellenforschung in Sachen Kleist dienlich sein, zweitens Probleme der traditionellen Gattungstheorie und der neueren Fiktionsforschung lösen helfen, sie könnte aber auch als eine Beispielanalyse zum besseren Verständnis der Verflechtungen von Trivialliteratur und von kanonisierten Formen fungieren.

Anmerkungen

1 Heinrich von Kleist: Erklärung, *Berliner Abendblätter*, 19. Blatt, 22. 10. 1810 (*BA*, S. 98). Weiterhin werden die folgenden Abkürzungen verwendet: *BA* = Aus den *Berliner Abendblättern* wird stets nach der folgenden Ausgabe zitiert: *Heinrich von Kleist. Sämtliche Werke*, Brandenburger Ausgabe. Hrsg. v. Roland Reuß und Peter Staengle. Stroemfeld (Roter Stern), Basel-Frankfurt 1997, Band II/7–8; *Werke* = *Heinrich von Kleist. Sämtliche Werke und Briefe*. Hrsg. von Helmut Sembdner. Bd. I-II, München: dtv, 1994; *Lebensspuren* = Helmut Sembdner (Hrsg.): *Heinrich von Kleists Lebensspuren. Dokumente und Berichte der Zeitgenossen*, Frankfurt am Main: Insel, 1984; *Chronik* = Peter Staengle: *Berliner Abendblätter. Chronik*, in: *Brandenburger Kleist-Blätter*, 11, S. 369–411.

2 Kleists Ankündigung der *Berliner Abendblätter* in der *Vossischen Zeitung*, 25. 09. 1810 (*Lebensspuren* [wie in Anm. 1], S. 321).

3 Ebenda.

4 Heinrich von Kleist: Ankündigung, in: Der Freimüthige, 20. 12. 1810 (*Chronik*, S. 383).

5 „[…] wenn man mir erlaubt hätte, das Blatt, mit gänzlicher Freiheit der Meinungen, so, wie Ehrfurcht vor das bestehende Gesetz sie, bei einer liberalen Ordnung der Dinge, zu äußern gestatten, fortzuführen […]" (Kleist an Prinz Wilhelm von Preußen, 20. 5. 1811, in: *Chronik*, S. 403). Kleist äußerte sich über das Wesen der Presse an

einer anderen Stelle folgendermaßen: Sie ist „[…] eine gänzliche Privatsache und alle Zwecke der Regierung […] sind ihr fremd […]" (Heinrich von Kleist: *Lehrbuch der französischen Journalistik*, in: *Werke*, S. 361).

6 Kleist an Raumer, 13. 12. 1810 (*Chronik*, S. 38).

7 Die Zahl der Originalbeiträge ging von etwa 80 % auf 25 % im II. Quartal zurück. Vgl. Heinrich Aretz: *Heinrich von Kleist als Journalist. Untersuchungen zum „Phöbus", zur „Germania" und den „Berliner Abendblättern"*, Stuttgart: Akademischer Verlag, 1984, S. 146.

8 „[…] daß sich ein solches halb-ministerielles Blatt, als ich, in diesem Augenblick, in Zwecken der Staatskanzlei, redigiere, sich, auf keine Weise, ohne bestimmte Unterstützung mit officiellen Beiträgen, halten kann." (Kleist an Hardenberg, 13. 2. 1811, in: *Chronik*, S. 396).

9 Für eine Arbeit, die sich zum Ziel setzt, die Konzeption einer Tageszeitung zu rekonstruieren bzw. deren praktische Umsetzung zu untersuchen, empfiehlt es sich, im konkreten Fall, sich in erster Linie stets auf das Textkorpus des I. Quartals zu beziehen.

10 Siehe insbesondere Helmut Sembdner: *Die Berliner Abendblätter Heinrich von Kleists, ihre Quellen und ihre Redaktion*, Berlin, Diss., 1939; Dirk Grathoff: *Die Zensurkonflikte der Berliner Abendblätter. Zur Beziehung von Journalismus und Öffentlichkeit bei Heinrich von Kleist*, in: Klaus Peter (Hrsg.): *Ideologiekritische Studien zur deutschen Literatur, Essays I*, Frankfurt/Main 1972, S. 35–168; Bodo Rollka: *Die Belletristik in der Berliner Presse des 19. Jahrhunderts. Untersuchungen zur Sozialisationsfunktion unterhaltender Beiträge in der Berliner Nachrichtenpresse*, Berlin 1985, sowie zahlreiche andere Arbeiten.

11 Vgl. Klaus Kanzog: *Prolegomena zu einer historisch-kritischen Ausgabe der Werke Heinrich von Kleists*, München 1970, S. 192 und 195 ff.

12 Die der Edition beigefügten *Brandenburger Kleist-Blätter* enthalten „Zensur- und andere Verwaltungsakten" bzw. alle Quellen zu den „Polizeirapporten". Die Präsentation in Buchform wurde durch eine CD-ROM ergänzt, die ein „Vollständigkeit anstrebendes" Archiv von Kleists Quellen zu den *Abendblättern* und ein digitalisiertes Faksimile der Ausgabe von 1810/11 enthält.

13 [Hans-]Jochen Marquardt: *Der mündige Zeitungsleser. Anmerkungen zur Kommunikationsstrategie der „Berliner Abendblätter"*, in: *Beiträge zur Kleist-Forschung*, Frankfurt (Oder) 1986, S. 28.

14 Es handelt sich um die Anekdoten *Der Branntweinsäufer und die Berliner Glocken* und die *Anekdote aus dem letzten Kriege* (*BA*, S. 90 und 96).

15 Kleist an Eduard Prinz von Lichnowsky, 23.10.1810 (*Werke*, S. 840).

Gabriella Gönczy

Phöbus-Hefte erworben

Dem Kleist-Museum ist es gelungen, einige sehr seltene Original-Exemplare des 1808[09] monatlich von Heinrich von Kleist und Adam Heinrich Müller in Dresden herausgegebenen „Journal[s] für die Kunst", *Phöbus*, zu erwerben.

Aus einem Leipziger Antiquariat:

Zweites Stück. Ausgegeben Ende Februar 1808
Es enthält den Erstdruck der Novelle *Die Marquise von O...* und Kleists „Fabel nach Lafontaine", *Die beiden Tauben.*
Preis: 2.800,00 DM

Aus privater Hand:

Viertes und Fünftes Stück. Ausgegeben im Mai 1808
Doppelheft. Es enthält den Erstdruck des Fragments aus dem Trauerspiel *Robert Guiskard, Herzog der Normänner*, den Erstdruck von Fragmenten aus dem Schauspiel *Das Käthchen von Heilbronn, oder die Feuerprobe* und Epigramme Kleists.

Sechstes Stück. Ausgegeben Mitte November 1808

Es enthält die – fragmentarische – Erstfassung der Novelle *Michael Kohlhaas* und Epigramme Kleists.

Achtes Stück. Ausgegeben vermutlich Ende 1808

Neuntes und Zehntes Stück. Ausgegeben vermutlich Anfang 1809
Doppelheft. Es enthält weitere Fragmente (Erstdruck) aus dem Schauspiel *Das Käthchen von Heilbronn, oder die Feuerprobe* und *Kleine Gelegenheitsgedichte* Kleists.

Eilftes und Zwölftes Stück. Ausgegeben Ende Februar 1809
Doppelheft. Es enthält Kleists Idylle *Der Schrecken im Bade.*

Über den Preis der *Phöbus*-Hefte, die aus privater Hand erworben wurden, ist mit dem Verkäufer, der ungenannt bleiben möchte, Stillschweigen vereinbart worden.

Der *Phöbus* war der erste von drei Versuchen Kleists, sich als Publizist auf dem literarischen Markt zu etablieren. 1809 folgte der Versuch eines patriotischen Wochenblatts *Germania*, das nicht zustande kam, und vom 1.10.1810 bis zum 30.3.1811 gab

Kleist die erste Berliner Tageszeitung, die *Berliner Abendblätter*, heraus, die täglich außer sonntags erschien.

Kleists Mitherausgeber des *Phöbus*, Adam Heinrich Müller (1779-1829), hatte bereits am Schluß seiner zwölf vom 28. Januar 1806 an wöchentlich im Dresdener ‚Hotel de Pologne' gehaltenen *Vorlesungen über die deutsche Wissenschaft und Literatur* angekündigt: „Der Schluß dieser gegenwärtigen Arbeit [dieser Vorlesungen, H.-J. M.] ist zugleich Anfang einer größeren. Die aufgestellte Idee wird mit näherer Rücksicht auf die einzelnen Autoren und Werke der Deutschen in einem nächstens erscheinenden *Journale für die vermittelnde Kritik* durchgeführt werden."[1] Unter anderem die von Müller in diesen Vorlesungen entwickelten Ideen der „*vermittelnden* Geschichte" und der „*vermittelnde[n] Kritik*" wurden für den *Phöbus* konzeptionsbildend. Dementsprechend stammen maßgeblich, wenn nicht allein von Adam Müller die Texte *Phöbus. Ein Journal für die Kunst. herausg. von Heinrich v. Kleist und Adam H. Müller* (von Kleist mitgezeichnet; Ende 1807, z.T. auch Anfang 1808 in einer Reihe

von Zeitungen und als Einzeldruck erschienen) und *Anzeige, betreffend den Phöbus, ein Journal für die Kunst, herausgegeben von Heinrich von Kleist und Adam H. Müller. Mit Kupfern* (gez.: „Die Redaktion des Phöbus"; im Januar 1808 als Einzeldruck verschickt). Allein von Müller stammen die ebenfalls konzeptionell auf den *Phöbus* bezogenen Texte: *Popularität und Mystizismus* (anonym im Ersten Stück des *Phöbus*), *Kunstkritik. An die Leser des Phöbus* (im Sechsten Stück des *Phöbus*) und die „Einleitung" der als „Beilage zum Phöbus" im Siebenten Stück erschienenen *Philosophische[n] und kritische[n] Miscellen*. Für den Text *An die Interessenten des Journals Phöbus, herausgegeben von H. v. Kleist und Adam Müller* (im November und Dezember 1808 in einigen Zeitungen und Zeitschriften erschienen) hat die Forschung, sofern sie sich in dieser Frage überhaupt festlegte, Kleist als Verfasser geltend gemacht.

Bis zum Erwerb der oben genannten Einzelhefte durch das Kleist-Museum war, dem *Jahrbuch der Auktionspreise* zufolge, seit 1965 insgesamt viermal ein jeweils vollständiges Exemplar des *Phöbus* (Jahrgang 1808: 12 Stücke in 9 Heften) im Auktionshandel: 1965, 1975, 1988 und 1992; vermutlich hat es sich dabei jedes Mal um das gleiche Exemplar gehandelt. In der Bibliothek des Kleist-Forschers Helmut Sembdner (1914-1997) befand sich nur Stück 2 des *Phöbus*; es wurde 1985 versteigert. An weiteren Einzelstücken wurden versteigert: Stück 1 (1962), die Stücke 1 und 2 (1975) und wiederum 1975 die Stücke 1, 2, 7, 9/10 und 11/12.

Einige der erworbenen *Phöbus*-Hefte sind Bestandteil der am 15. Oktober 2000 eröffneten neuen ständigen Ausstellung *Heinrich von Kleist (1777–1811). Leben – Werk – Wirkung. Blickpunkte*, und zwar Stück 2 mit dem Erstdruck der Novelle *Die Marquise von O...*, Stück 4/5 mit dem Erstdruck des Fragments aus dem Trauerspiel *Robert Guiskard, Herzog der Normänner*, Stück 6 mit der Erstfassung (dem Fragment) der Novelle *Michael Kohlhaas* und Stück 8. Letzteres wird ausgestellt, um zu dokumentieren, was erst mit den vom Kleist-Museum erworbenen Einzelheften öffentlich dokumentiert werden kann, daß näm-

lich, wie Helmut Sembdner im Kommentar zu seiner Kleist-Edition anmerkte, „[V]om 6. Heft an [...] das Umschlagbild des Phöbus [von Ferdinand Hartmann: Phöbus auf dem Sonnenwagen über Dresden] fortgelassen"[2] und statt dessen einfacher Schriftgestaltung der Vorzug gegeben wurde.

Damit fehlen dem Kleist-Museum noch die Stücke 1, 3 und 7; gleichwohl verleihen unter anderem die bereits erworbenen *Phöbus*-Hefte der neuen ständigen Ausstellung einen wesentlich höheren Grad an Authentizität, als dies zuvor der Fall sein konnte. Deshalb wertet das Kleist-Museum den Erwerb der genannten *Phöbus*-Hefte – angesichts der äußerst ungünstigen Überlieferungslage in Sachen Kleist – als einen wichtigen Erfolg.

1 Adam Müller: *Vorlesungen über die deutsche Wissenschaft und Literatur*, in: Ders.: *Kritische, ästhetische und philosophische Schriften*. Kritische Ausgabe, hrsg. von Walter Schroeder und Werner Siebert. 2 Bde., Bd. 1, S. 137.

2 *Heinrich von Kleist. Sämtliche Werke und Briefe*, 2 Bde., hrsg. von Helmut Sembdner. München: Carl Hanser, 6., ergänzte und revidierte Auflage, 1977, Bd. 2, S. 962.

Hans-Jochen Marquardt

Heinrich-Zschokke-Gesellschaft gegründet

In der „Blumenhalde", Aarau, Schweiz, wo der aus Magdeburg stammende Schriftsteller Heinrich Zschokke von 1802 bis zu seinem Tode lebte, fand am 10. März 2000 die Gründung einer Heinrich-Zschokke-Gesellschaft statt. Die Gesellschaft „bezweckt", wie es in den *Statuten* heißt, „die Förderung der wissenschaftlichen und publizistischen Beschäftigung mit Heinrich Zschokke (1771–1848), seinem Werk und Wirken, seinem Kreis und seiner Zeit". Sie möchte „noch nicht gedruckte oder schwer zugängliche Werke, Briefe und andere Autographen von Heinrich Zschokke sowie ihn betreffende Texte, Dokumente und ikonographisches Material [...] sammeln, Interessierten zugänglich [...] machen und [...] publizieren". Außerdem sollen Forschung und Publikation angeregt, unterstützt und koordiniert, Vorträge und Ausstellungen, „literarische oder andere künstlerische Darstellungen zu Heinrich Zschokke und seiner Zeit" veranstaltet oder gefördert werden.

In einem Pressecommuniqué anläßlich der Gründung der Gesellschaft heißt es u.a.: „Heinrich Zschokke [...] entsproß einer Magdeburger Tuchmacherfamilie. Er wurde zunächst als Dichter von Theaterstücken berühmt und kam 1795 in die Schweiz, wo er sich schon bald als Publizist und Pädagoge einen Namen machte. Seine bekanntesten Werke waren *Der aufrichtige und wohlerfahrene Schweizer-Bote*, eine der ersten deutschsprachigen Volkszeitungen, und die achtbändigen *Stunden der Andacht zur Beförderung wahren Christentums und häuslicher Gottesverehrung*, die seinerzeit neben der Bibel als eines der meistgelesenen Werke in kaum einem Haushalt fehlten und in unzählige Sprachen übersetzt wurden. Neben zahlreichen humoristischen Erzählungen schrieb er historische Werke wie *Des Schweizerlands Geschichte für das Schweizervolk*, *Der Freihof von Aarau* und *Addrich im Moos*.

Dieser große Volksschriftsteller, der als Politiker Wegbereiter der modernen Schweiz und Mitbegründer zahlreicher kultureller und gemeinnütziger Institutionen war, ist zu Unrecht in Vergessenheit geraten. Die wissenschaftliche Auseinandersetzung ist an ihm mehr oder weniger vorbeigegangen, und von seinen Werken ist heute kaum noch etwas bekannt."

Letzteres gilt auch für die frühe, Frankfurter Zeit Zschokkes. Dieser hatte an der Königlichen Universität in Frankfurt a.d.O., Viadrina, seit Ostern 1790 Philosophie, Rechtswissenschaft und Theologie studiert und im März 1792 mit einer Dissertation unter dem Titel *Hypothesium iudicatio critica* (1792 bei Apitz in Frankfurt a.d.O. gedruckt) sowie mit einem theologischen Examen sein Studium abgeschlossen. Nach einem mehrmonatigen Erholungsurlaub in seiner Geburtsstadt Magdeburg kehrte er nach Frankfurt zurück, wo er ab Herbst 1792 als Privatdozent tätig war. Er hielt Vorlesungen über Welt- und Kirchengeschichte, Moralphilosophie, Ästhetik, Naturrecht und Exegese des Neuen Testaments und wurde am 4. Mai 1795 Mitglied der Königlichen Gesellschaft der Wissenschaften und Künste, erhielt jedoch nicht die erhoffte Professur. Noch im selben Monat verließ er die Oderstadt, in die er nie wieder zurückgekehrt ist.

In Frankfurt gab er 1793 kurzzeitig die *Frankfurter Ephemeriden für deutsche Weltbürger* und 1794 ein *Litterarisches Pantheon* heraus. Während dieser frühen Zeit erschienen u. a. auch seine Romane *Die schwarzen Brüder* (bei Apitz 1791–1795) und *Abällino* (1793); letzteren arbeitete er zu einem Bühnenstück um, das 1795 bei Apitz veröffentlicht wurde. Außerdem erschienen: *Die Männer der Finsterniß* (1795), *Stephan Batori, König von Polen* (1796), die Dramen *Charlotte Corday* (1794) und *Julius von Sassen* (1797; das noch in Frankfurt entstanden war) und dem Herzog Friedrich Franz von Mecklenburg gewidmete *Ideen zur psychologischen Ästhetik* (1793).

Präsident der Schweizer Zschokke-Gesellschaft ist Thomas Pfisterer, „Ständerat und Landammann des Kantons Aargau [...] ein Ururur-Enkel von Heinrich Zschokke". Informationen über die Gesellschaft können von Herrn Dr. Werner Ort, Seebacherstraße 36, CH-8052 Zürich, erbeten werden.

W.B.

ANSCHRIFTEN DER AUTOREN

Wolfgang *Barthel*
Kleist-Museum, Faberstraße 7, 15230 Frankfurt (Oder)

Dr. Martin *Beckmann* (†)
Marienburger Weg 4, 29225 Celle

Meike *Bohn*
Sixt-von-Arnim-Straße 27, 35578 Wetzlar

Gabriella *Gönczy*
H-1056 Budapest, Váci u. 45

Horst *Häker*
Sonnenhof 1, 14055 Berlin

Dr. habil. Hans-Jochen *Marquardt*
Weinbergweg 46, 15236 Frankfurt (Oder)

Dr. Werner *Ort*
Ettenfeldstraße 12, CH-8052 Zürich

Prof. Dr. Jens *Reich*
Wolfshagener Straße 68, 13187 Berlin

Dr. habil. Andrea *Rudolph*
Dr.-Salvador-Allende-Straße 4/903, 17036 Neubrandenburg

Dr. Eberhard *Siebert*
Salzunger Pfad 9, 12209 Berlin

Alexander *Weigel*
Giesestraße 9, 12621 Berlin

Prof. Dr. Hermann F. *Weiss*
University of Michigan, German Department,
    3420 MLB, Ann Arbor, Michigan 48109

Beiträge zur Kleist-Forschung. Herausgegeben von Wolfgang Barthel und Rudolf Loch (1995 und 1996: von Wolfgang Barthel; ab Jg. 1997: von Wolfgang Barthel und Hans-Jochen Marquardt). Frankfurt (Oder): Kleist-Gedenk- und Forschungsstätte (ab Jg. 2000: Kleist-Museum)

Jg. 1990; 97 S.; 8 Abb.; Preis: 10,– DM
Jg. 1992; 108 S.; 5 Abb.; Preis: 10,– DM
Jg. 1993; 170 S.; 14 Abb.; Preis: 20,– DM
Jg. 1994; 177 S.; 8 Abb.; Preis: 20,– DM
Jg. 1995; 126 S.; 5 Abb.; Preis: 20,– DM
Jg. 1996; 165 S.; 1 Abb.; Preis: 20,– DM
Jg. 1997; 217 S.; 1 Abb.; Preis: 20,– DM – ISBN 3-9805717-1-8
Jg. 1998; 239 S.; 5 Abb.; Preis: 20,– DM – ISBN 3-9805717-7-7
Jg. 1999; 213 S.; 1 Abb.; Preis: 25,– DM – ISBN 3-9806758-2-3
Jg. 2000; 300 S.; 7 Abb.; Preis: 25,– DM – ISBN 3-9806758-7-4

Leben – Werk – Wirkung. Blickpunkte. Katalog zur Dauerausstellung im Kleist-Museum Frankfurt (Oder). Herausgegeben von Wolfgang Barthel und Hans-Jochen Marquardt. Mit Beiträgen von Hans-Jochen Marquardt und Barbara Wilk-Mincu. Frankfurt (Oder). Kleist-Museum 2000; 330 S; mit zahlr. Abb. Preis: 30,– DM

Kleist-Bildnisse von Peter Friedel bis André Masson. Mit Erläuterungen und einem Essay von Barbara Wilk-Mincu. Begleitheft zur Ausstellung (Ausstellung: Ingelore Rudolph.) Frankfurt (Oder): Kleist-Museum 2000; 40 S.; mit Abb. – Preis: 12,– DM

Heinrich von Kleist (1777–1811). Chronik seines Lebens und Schaffens. Auf Grund von Selbstaussagen, Dokumenten und Aussagen Dritter. Bearbeitet von Wolfgang Barthel. Frankfurt (Oder): Kleist-Museum 2000; mit Abb. – Preis: 12,– DM

Richard Samuel: *Heinrich von Kleists Teilnahme an den politischen Bewegungen der Jahre 1805–1809.* Deutsch von Wolfgang Barthel. Frankfurt (Oder): Kleist-Gedenk- und Forschungsstätte, 1995; XII, 387 S. – Preis: 40,– DM

Heinrich von Kleist. 2. Graphikfolge: *Dramen.* Im Auftrage der Kleist-Gedenk- und Forschungsstätte Frankfurt (Oder) herausgegeben von Rudolf Loch. Frankfurt (Oder) 1984; Mappe m. 8 Bl. – Preise: Nr. 1-25: je 1000 DM; Nr. 26-50: je 800 DM

M. Arbeiten von Gerhard Wienckowski, Joachim John, Andreas Dress, Rainer Herold, Nuria Quevedo, Michael Morgner, Armin Münch u. Rolf Kuhrt

Heinrich von Kleist. Der große Bekenntnisbrief an Adolphine von Werdeck, 28./29. Juli 1801. (Mit Faksimile und einem Kommentar von Rudolf Loch.) (Berlin:) Kulturstiftung der Länder (= PATRIMONIA. 75); 32 S., mit Abb. – Preis: 10,– DM

Heinrich von Kleist und Achim von Arnim. Zwei Autographen aus dem Jahre 1810. Mit Faksimiles und einem Kommentar von Horst Häker. Frankfurt (Oder): Kleist-Gedenk- und Forschungsstätte, 1995; 18 S. – Preis: 10,– DM

Friedrich de la Motte Fouqués Biographie seines Lehrers Sachse aus dem Jahre 1830. Erstveröffentlichung. Mit Faksimiles und einem Kommentar von Horst Häker. Frankfurt (Oder): Kleist-Gedenk- und Forschungsstätte, 1996; 30 S. – Preis: 10,– DM

Drei Briefe Friedrich de la Motte Fouqués aus den Jahren 1823, 1824 und 1829. Erstveröffentlichung. Mit Faksimiles und einem Kommentar von Horst Häker. Frankfurt (Oder): Kleist-Gedenk- und Forschungsstätte, 1997; 21 S. – Preis: 10,– DM

Reinhard Kusch: *Leopold von Braunschweig 1752–1785. Herkommen, Leben und Tod. Portraitskizze eines fürstlichen Philanthropen.* Frankfurt (Oder): Kleist-Gedenk- und Forschungsstätte, 1995; 48 S., mit Abb. – Preis: 10,– DM

Literaturmuseum – Facetten. Visionen. Im Auftrage der Kleist-Gedenk- und Forschungsstätte herausgegeben von Wolfgang Barthel. Frankfurt (Oder): Kleist-Museum, 1996; 82 S. – Preis: 8,– DM

Frankfurter Buntbücher/Literarische Miniaturen. Herausgegeben von Wolfgang Barthel im Auftrag des Kleist-Gedenk- und Forschungsstätte e.V. und des Förderkreises Kleist-Museum Frankfurt (Oder) e.V. (im Zusammenwirken mit dem Schiller-Nationalmuseum Marbach a/N.). – Je 16 S.; mit Abb., Lageplänen und Kurzbiographien der Autoren. – Preis je Heft: 5,– DM, ab Nr. 20: 6,– DM – Bisher sind erschienen:

Nr. 1: Wolfgang Barthel: *Der Traum vom Nationaldenkmal. Gottlieb Elsters Denkmal für Heinrich von Kleist in Frankfurt an der Oder* (1991)
Nr. 2: Lutz Patitz: *Joachim Georg Daries (1714–1791). Universitätslehrer in Frankfurt an der Oder* (1991)
Nr. 3: Hans-Jürgen Rehfeld: *Gottfried Benn und Klabund am Frankfurter Friedrichs-Gymnasium* (1991)
Nr. 4: Gustav Erdmann: *Das Haus am Hange. Carl und Gerhart Hauptmann in Schreiberhau* (1991; deutsch und polnisch)
Nr. 5: Ute Wermer: *Das Fidus-Haus in Schönblick, Woltersdorf, Mark* (1992)
Nr. 6: Rolf Lang: *Wilhelm Bölsche und Friedrichshagen* (1992)

Nr. 7: Jürgen Barber: *Bettine von Arnim (1785–1859) zu Wiepersdorf. Aus Briefen* (1992)

Nr. 8: Jürgen Husen: *Moritz Heimann (1868–1925) und Kagel* (1992)

Nr. 9: Lonny Neumann: *Hermann Kasack (1896–1966) in Potsdam* (1993)

Nr. 10: Gesa M. Valk: *Georg Kaiser (1878–1945) in Grünheide. 1921–1938* (1993)

Nr. 11: Ingrid Patitz: *Ewald von Kleists letzte Tage und sein Grabdenkmal in Frankfurt an der Oder* (1994)

Nr. 12: Kai-Uwe Scholz: *Bernhard Kellermann (1879–1951). Seine Beziehungen zu Werder/Havel und Potsdam 1921–1951* (1994)

Nr. 13: Wolfgang Barthel: *Heinrich von Kleist und Brandenburg. Schauplätze. Erinnerungen* (1994)

Nr. 14: Horst Häker: *Friedrich de la Motte Fouqué (1777–1843) und Nennhausen* (1995)

Nr. 15: Elisabeth Emter: *Paul Gurk (1880–1953). Ein vergessener Dichter aus Frankfurt an der Oder* (1995)

Nr. 16: Marion Brandt: *Gertrud Kolmar (1894–1943) in Falkensee-Finkenkrug bei Berlin* (1995)

Nr. 17: Harald Riebe: *Die Uraufführung von Lessings „Miß Sara Sampson" 1755 in Frankfurt an der Oder* (1996) [z. Zt. vergriffen]

Nr. 18: Peter Goldammer: *Theodor Storm in Potsdam 1853–1856* (1996)

Nr. 19: Hans-Jürgen Rehfeld: *Hermann Sudermann (1857–1928) in Blankensee, Mark. 1897–1928* (1997) – ISBN 3-9805717-0-X

Nr. 20: Horst Mühleisen: *Ernst Jünger in Berlin 1927–1933* (1997) – ISBN 3-9805717-3-4

Nr. 21: Johannes Graf: *Friedo Lampe (1899–1945). Die letzten Lebensjahre in Grünheide, Berlin und Kleinmachnow* (1998) – ISBN 3-9805717-4-2

Nr. 22: Horst Häker: *Ernst von Houwald (1778–1845) und das Neuhaus in Lübben-Steinkirchen* (1998) – ISBN 3-9805717-5-0

Nr. 23: Kai-Uwe Scholz: *Gottfried Benn (1886–1956). Kindheitsorte. Mansfeld/Westprignitz, Sellin in der Neumark und Frankfurt an der Oder* (1998) – ISBN 3-9805717-6-9

Nr. 24: Peter Goldammer: *Gottfried Keller in Berlin 1850–1855* (1999) – ISBN 3-9806758-0-7

Nr. 25: Hans Joachim Nauschütz: *Victor Blüthgen (144–1920) und Freienwalde. Mit Seitenblicken auf weitere Lebensstationen* (1999) – ISBN 3-9805717-8-5

Nr. 26: Erik Glossmann: *Ein Schwede in Friedrichshagen. Ola Hansson 1891–1893* (1999) – ISBN 3-9805717-9-3

Nr. 27: Horst Mühleisen: *Ina Seidel in Eberswalde 1914–1923* (2000) – ISBN 3-9806758-1-5

Nr. 28: Beate Margarete Lehner: *Martin Beradt. Jurist und Dichter in Berlin* (2000) – ISBN 3-9806758-3-1

Nr. 29: Klaus Jarmatz: *Heinrich Mann in Berlin* (2000) – ISBN 3-9806758-4-X

Die Publikationen können bestellt werden bei:
Kleist-Museum, Faberstraße 7, D-15230 Frankfurt (Oder)
Tel. 0335/53 11 55 – Fax: 0335/500 49 45
kleist-museum@t-online.de
www.kleist-museum.de